# 高校家庭经济困难学生
## 成长成才研究

臧小林　任江林◎著

GAOXIAO JIATING JINGJI KUNNAN XUESHENG
CHENGZHANG CHENGCAI YANJIU

四川大学出版社
SICHUAN UNIVERSITY PRESS

项目策划：梁　胜　陈　纯
责任编辑：陈　纯
责任校对：孙滨蓉
封面设计：墨创文化
责任印制：王　炜

图书在版编目（CIP）数据

高校家庭经济困难学生成长成才研究 / 臧小林，任
江林著．— 成都：四川大学出版社，2021.11
　ISBN 978-7-5690-5193-3

　Ⅰ．①高… Ⅱ．①臧… ②任… Ⅲ．①高等学校－特
困生－学生工作－研究－中国②高等学校－助学金－学校
管理－研究－中国 Ⅳ．① G645.5

中国版本图书馆 CIP 数据核字（2021）第 240488 号

| 书名 | 高校家庭经济困难学生成长成才研究 |
| --- | --- |
| 著　　者 | 臧小林　任江林 |
| 出　　版 | 四川大学出版社 |
| 地　　址 | 成都市一环路南一段 24 号（610065） |
| 发　　行 | 四川大学出版社 |
| 书　　号 | ISBN 978-7-5690-5193-3 |
| 印前制作 | 四川胜翔数码印务设计有限公司 |
| 印　　刷 | 郫县犀浦印刷厂 |
| 成品尺寸 | 170mm×240mm |
| 印　　张 | 21.5 |
| 字　　数 | 411 千字 |
| 版　　次 | 2021 年 12 月第 1 版 |
| 印　　次 | 2021 年 12 月第 1 次印刷 |
| 定　　价 | 68.00 元 |

◆ 读者邮购本书，请与本社发行科联系。
　电话：(028)85408408/(028)85401670/
　(028)86408023　邮政编码：610065
◆ 本社图书如有印装质量问题，请寄回出版社调换。
◆ 网址：http://press.scu.edu.cn

四川大学出版社
微信公众号

# 立德树人育英才　筑梦三峡铸华章

## （代序）

思想政治工作是经济工作和其他一切工作的生命线。高度重视思想政治工作，是我们党的优良传统和政治优势。近年来，重庆三峡学院深入学习贯彻习近平新时代中国特色社会主义思想，落实党的十九大和全国高校思想政治工作会议精神，着力构建"1+1+2+10+N"育人体系。第一个"1"是指围绕立德树人这一根本任务，出台《中共重庆三峡学院委员会关于加强和改进思想政治工作的实施意见》（三峡学院委〔2017〕102号），做好办学方向、价值取向和育人导向"三篇文章"，培养社会主义建设者和接班人。第二个"1"是指制定一个宏观管控的文件《中共重庆三峡学院委员会关于加强和改进"三全育人"工作的意见》（三峡学院委〔2018〕67号），坚持"三全育人"，五育并举。"2"是指抓住思政课程和课程思政两大重点，一方面，十分重视思想政治理论课主渠道建设；另一方面，全面推进课程思政建设，思政课程和课程思政在思想上同心、在目标上同向、在行动上同行，全面提高人才培养质量，形成"门门有思政、课课有特色、人人重育人"的良好局面。"10"是指根据《高校思想政治工作质量提升工程实施纲要》（教党〔2017〕62号）等文件精神，印发学校《大学生思想政治工作质量提升工程"十大育人体系"实施方案》，细化了课程、科研、实践、文化、网络、心理、管理、服务、资助、组织等"十大育人"实施方案，从指导思想、工作目标、工作原则、工作内容等方面对育人工作做了统筹部署和安排，并通过牵头分工的形式进行任务划分，明确牵头单位、配合单位的职责。各单位围绕相关工作内容开展了卓有成效的工作，持续抓好"三全育人"综合改革。经过几年的探索与实践，已经形成了有学校特色的学生工作新品牌、新机制和新局面，一些主流媒体和网站相继报道了重庆三峡学院党建和思想政治工作的创新举措和进展效果，在社会上产生了积极影响。

习近平总书记在党的十九大报告中提出："健全学生资助制度""坚决打赢脱贫攻坚战"。学生资助工作是高校人才培养工作的重要组成部分，是促进教育公平、培养社会主义合格人才的重要举措。据统计，家庭经济困难学生约占高校学生总数的 20％～25％。2017 年全国约有 500 多万家庭经济困难学生，75％以上家庭经济困难学生来自农村。在国家大力推行精准扶贫的背景下，构建家庭经济困难学生发展型资助育人体系意义重大。重庆三峡学院是离重庆主城区最远的一所公办二本院校，位于三峡库区腹地的全国扶贫开发工作重点区县——重庆万州，在校家庭经济困难学生数远高于全国平均数。从 2000 年开始，学校就设立勤工助学中心，为学生提供校内勤工助学岗位、校外家教以及营销等助学工作，启动学生助学贷款。经过 20 年的探索与实践，学校逐步构建起贯穿全过程、服务全方位的家庭经济困难学生"1356"发展型资助育人体系，实现"扶困"与"扶智""扶志"有效结合，着力提高资助育人效果，促进家庭经济困难学生全面发展，确保每个学生不因家庭经济困难而失学，确保每个学生成才，为三峡库区经济社会发展提供了有力的人才支撑。"1"是指一个目标，即坚持以家庭经济困难学生的全面发展为目标；"3"是指三点发力，即从济困、扶志、强能三个方面着手，三维立体资助，健全人格品性，把国家资助、学校奖助、社会捐助和学生自助结合起来，运用奖、免、助、贷、补、勤等措施，使每一位家庭经济困难学生都能安心上学，愉快生活；"5"是指五大平台，即为家庭经济困难学生搭建思想教育、校园文化、社会实践、志愿服务、科技创新五大平台，深化诚信教育、励志教育、感恩教育、心理健康教育和就业创业教育，建立物质帮助、道德浸润、能力拓展、精神激励有效融合的精准资助育人长效机制；"6"是指六大核心竞争力，即培养家庭经济困难学生"一颗红心、一个专业、一项专长、一些情商、一门外语、一副身体"六个核心竞争力，帮助他们顺利就业，充分就业。

学校被市教委评为重庆市学生教育管理工作先进集体、2018 年就业创业工作先进集体、2019 年毕业生就业创业工作成绩突出集体荣誉称号。中国教育电视台"新春走基层"特别节目于 2018 年 3 月 2 日和 3 日分别以"重庆三峡学院——扶"贫""志""智"三管齐下资助贫困学生"和"重庆三峡学院太阳鸟众创空间：让有梦想的学生展翅翱翔"为题做了专题报道，受到社会广泛好评。2019 年 3 月 28 日，教育部党组书记、部长陈宝生到我校"太阳鸟"众创空间视察，对我校资助育人工作给予充分肯定。高校家庭经济困难学生"1356"发展型资助育人体系的经验做法被重庆市教委网站和重庆市学生资助管理中心网站报道 6 次，家庭经济困难学生进社区开展志愿服务工作被新华社

《高管信息》2019年第50期报道。高校家庭经济困难学生"1356"发展型资助育人体系的探索，被重庆市委教育工委批准为重庆高校思想政治教育"十大育人"精品项目，丰富和拓展了学校大学生思想政治教育工作的事业，树立了校园新风尚，弘扬青春正能量，涌现出"感动万州十大人物""中国大学生自强之星提名奖"邹海涛、"感动重庆校园十大人物"刘小珍、"感动重庆校园十大人物"王林伟、"全国大学生就业创业人物"彭俊华、创办"三峡特购网"的创业达人潘鸿鹰、重庆青年五四奖章获得者和中国优秀青年志愿者先进个人穆龙、"中国大学生自强之星"何雪莹等家族经济困难学生先进典型，为学校赢得了荣誉，催生了"星耀三峡"现象。

《高校家庭经济困难学生成长成才研究》一书系统整合了学校家庭经济困难学生"1356"发展型资助育人体系构建与实践中的理论探索和实践案例，凸显了学校以"三全育人"综合改革为动力，以十大育人体系建设为抓手，注重顶层设计、内涵发展和实际效果，全面加强和改进大学生思想政治教育工作的有效经验和理性思考，为其他高校开展资助育人提供了有益启示。本书具有三个显著特点：第一，整体性。根据时代发展要求以及在整合现有经验做法的基础上，坚持思想政治教育的整体观，强调从人的整体性出发，尊重人、关心人、温暖人、激励人、发展人，做到以人为本，以生为本，把实现人的全面发展作为思想政治教育的本质要求和根本目的，改变过去保障型、救济型资助模式，创造性地提出发展型资助育人理念。第二，实践性。在整体教育观指导下，结合大学生成长实际和思想政治教育状况，用"三全育人"统领资助工作的运行，把"三全育人"既作为一种教育理念，也作为一种教育实践，以大学生成长为主线，从思想、学习、交往、勤工俭学、社会实践、志愿服务、就业创业等大学生活的方方面面娓娓道来，各部分既单体运行又协同配合，各板块既层次分明又协调一致，形成家庭经济困难学生资助育人的教育体系、实践体系和管理体系，可操作性很强。第三，创新性。本书贯彻创新、协调、绿色、开放、共享五大新发展理念，把学生放在中心位置来思考问题和开展工作，尊重学生主体性，倡导开展绿色教育，共建美丽中国，教育理念先进，着力形成高校家庭经济困难学生立体化、复合式、全景式思想政治教育模式，从而解决高校家庭经济困难学生成长成才研究的理论与实践脱节、教育方法相对单一、实效性不强等难题。相信本书的出版，无论是对做好高校家庭经济困难学生资助工作，加强和改进大学生思想政治教育，还是对推进思想政治教育学科发展，都具有重要的参考价值。

实践发展永无止境，理论创新就永无止境。做好高校思想政治工作，要因事而化、因时而进、因势而新。我们要坚持问题导向、目标导向和结果导向，进一步把"三全育人"综合改革和十大育人体系构建工作引向深入，做深做实做细家庭经济困难学生发展型资助育人的各项工作，经得起看，经得起问，经得起查，提升大学生思想政治教育工作的质量，推动思想政治教育的实践和研究，全面提高人才培养能力和水平，在全面建成小康社会、实现"两个一百年"奋斗目标进程中书写高等教育的"奋进之笔"。

2020 年 6 月 13 日于重庆万州

# 目　　录

# 第一章　理想之树：高校家庭经济困难学生思想教育研究

青年兴则国家兴，青年强则国家强。青年一代有理想、有本领、有担当，国家就有前途，民族就有希望。

——习近平

贫困是一种复杂的社会现象，摆脱贫困是人类的梦想。习近平总书记指出："让老百姓过上好日子是我们一切工作的出发点和落脚点。"2020年3月6日，习近平总书记出席决战决胜脱贫攻坚座谈会并发表重要讲话时指出："脱贫攻坚工作艰苦卓绝，收官之年又遭遇疫情影响，各项工作任务更重、要求更高。我们要不忘初心、牢记使命，坚定信心、顽强奋斗，夺取脱贫攻坚战全面胜利，坚决完成这项对中华民族、对人类都具有重大意义的伟业！"学生资助是一项重要的保民生、暖民心工程，事关教育公平，事关社会公平，事关全面建成小康社会。在2020年五四青年节前夕，习近平总书记寄语新时代青年强调："今年是决胜全面小康、决战脱贫攻坚的收官之年，也是实现'两个一百年'奋斗目标的历史交汇之年。新时代中国青年要继承和发扬五四精神，坚定理想信念，站稳人民立场，练就过硬本领，投身强国伟业，始终保持艰苦奋斗的前进姿态，同亿万人民一道，在实现中华民族伟大复兴中国梦的新长征路上奋勇搏击。"学习贯彻党和国家领导人青年成长成才思想，加强家庭经济困难学生思想政治工作，帮助家庭经济困难学生坚定理想信念，高扬自信的风帆，走好人生路，是本章的研究内容。本章主要从贫困的概念、高校家庭经济困难学生的类型、存在的问题及思想教育途径等方面进行阐述。

## 第一节　高校家庭经济困难学生概述

### 一、相关概念界定

#### （一）贫困的内涵和类型

1. 贫困的定义

（1）国外学者和国际组织对贫困的经典解释。

贫困现象早已存在，国外学者和组织从各自不同的视角对贫困进行了不同的解释。如最早研究绝对贫困的英国学者西勃姆·郎特里以是否达到基本生活水准，获得基本生活资源为视角解释贫困，"如果一个家庭的总收入不足以维持家庭人口最基本的生存活动要求，那么这个家庭就基本上陷于了贫困之中。"[①] 英国学者汤姆森在《英国的贫困：家庭财产和生活标准的测量》一书中提出："所有居民中那些缺乏获得各种食物、参加社会活动和最起码的生活和社交条件的资源的个人、家庭和群体就是所谓贫困的。"[②] 英国学者奥本海默在《贫困真相》一书中指出："贫困是物质上的、社会上的和情感上的匮乏、它意味着食物、保暖和衣着方面的开支要少于平均水平。"[③] 印度经济学家阿玛蒂亚·森认为："贫困必须被视为是一种对基本能力的剥夺。"[④]

国际组织更多地以是否拥有发展能力和机会为视角对贫困进行定义。联合国开发计划署在《人类发展报告（1997）》中对人文贫困的定义是：人文贫困是指人们在寿命、健康、居住、知识、参与个人安全和环境等方面的基本条件得不到满足、从而限制了人们选择的状况。[⑤] 世界银行在《2000—2001 年世界发展报告》中指出，"贫困"范围还包括面对风险时人们的无能为力，缺乏话语权以至于自身需求无法表达出来并引起关注，缺乏对他人及社会的影响力。具体可以解释为两个方面：一方面，当市场波动、经济危机等因素给收入带来风险时，是否脆弱地缺乏应对手段；另一方面，是否在经济上和政治上都是边

① 王长银. 英国反贫困政策和落后地区开发研究 [J]. 经济开发论坛，1998（07）.
② 张晓，叶普万. 世界反贫困战略的变迁及其启示 [J]. 生产力研究，2006（06）：163—166.
③ 奥本海默. 贫困真相 [M]. 北京：北京经济出版社，1993.
④ 阿马蒂亚·森. 以自由看待发展 [M]. 北京：中国人民大学出版社，2013.
⑤ 联合国开发计划署. 人类发展报告 [R]. 1997. www.undp.org.cn.

缘人状态，是否拥有发言权和政治权利。① 欧共体委员会的社会资源贫困论认为："贫困应该被理解为个人、家庭和人的群体所拥有的社会资源（物质、文化和社会的）十分有限，以至他们被排除在社会可以接受的最低限度的生活方式之外。"② 亚洲和太平洋经济社会第 59 届会议指出："贫穷包含多种内容。贫穷的多种方面可以归结为：缺钱、缺少机会以及缺乏权力。"

（2）国内学者和组织对贫困的解释。

立足中国的实际，我国的学者和组织对贫困也进行了不同的定义。中国古代，贫困问题就被仁人志士们特别关注，在很多文中都提到"贫困"一词。如，战国时期著名思想家韩非的《韩非子·奸劫弑臣》中"夫施与贫困者，此世之所谓仁义"；西汉经学家刘向的《新序·杂事二》中"馀衍之蓄聚於府库者，境内多贫困之民"；北宋杰出的思想家、政治家、文学家范仲淹的《答手诏条陈十事》中"今百姓贫困，冗官至多，授任既轻，政事不举"；清代黄宗羲的《柳敬亭传》中"敬亭丧失其资略尽，贫困如故时。"③

在现代，国家统计局《中国城镇居民贫困问题研究》课题组认为：贫困一般是指物质生活困难，即一个人或一个家庭的生活水平达不到一种社会可接受的最低标准。④ 国家统计局农村社会经济调查总队深入研究，在课题组撰写的研究报告中认为：贫困是指个人或家庭依靠劳动所得和其他合法收入不能维持其基本的生存需要。⑤ 中国社会科学院语言研究所编辑的《现代汉语词典》（第 7 版）明确贫困的现代释义为：形容"生活困难、贫穷"。

### 2. 贫困的标准

由于贫困标准具有特定的历史阶段性、鲜明的地域性，世界各国、国际性组织都会根据历史时期和地域变化制定相应的贫困标准。其一，世界银行的贫困标准。世界银行作为研究国际社会问题的主要机构，其划分的贫困标准在全球极具参考性。世界银行对贫困标准的划定也经历了三个阶段：1990 年世界银行以 12 个最贫困国家划定的贫困标准 275～370 美元，设定了每人每年 370 美元的贫困标准；2008 年世界银行以当时 15 个最不发达国家贫困线的平均数为依据设定了每人每天 1.25 美元的贫困标准；2015 年将贫困标准上调至每人

① 穆惠涛. 习近平教育扶贫思想研究. [D]. 长春：东北师范大学，2019.
② 唐钧. 确定中国城镇贫困线方法的探讨. 社会科学研究 [J]. 1997（02）：62-73.
③ 穆惠涛. 习近平教育扶贫思想研究 [D]. 长春：东北师范大学，2019.
④ 国家统计局《中国城镇居民贫困问题研究》课题组. 中国城镇居民贫困问题研究 [J]. 统计研究，1991（06）.
⑤ 《中国农村贫困标准》课题组. 中国农村贫困标准研究 [J]. 统计研究，1990（6）：37-42.

每天 1.9 美元。① 此外，世界银行还在 2018 年 10 月发布两年一期的《贫困与共享繁荣 2018：拼出贫困拼图》报告（*Poverty and Shared Prosperity Report* 2018：*Piecing Together the Poverty Puzzle*）中提出中等收入国家两条补充性贫困线，即人均日收入低于 3.20 美元和 5.50 美元。② 依照世界银行的贫困标准，目前世界范围内仍有 7.67 亿人处于极度贫困状态。而"近半数中国人已经摆脱了贫困。""短短 36 年中国政府让 7 亿人快速摆脱贫困。"③ 其二，欧盟的贫困标准。欧盟作为世界第一大经济体和世界最具影响力的国际组织，其对贫困线的确定是基于其成员国（都是西方国家）收入角度的相对贫困标准，在分析总结大量调查结果的基础上，将一个国家人均收入 60% 作为这个国家的贫困标准，低于这个标准的人口即为贫困人口。目前，对于这个标准对发达国家和发展中国家普遍适用存在一定争议。其三，联合国多维贫困指标。联合国在《人类发展报告》中公布贫困指标，提出"三维＋10 个指标"的方法，衡量贫困水平。三维是指健康、教育、生活标准；10 个指标是指营养、儿童死亡率、入学年限、儿童入学率、烹饪燃料、卫生间、水、电、地板以及资产等。10 个指标中，缺少 3 个以上即可被列入贫困行列。④

中国根据本国的实际情况制定了自己的贫困标准，并且中国贫困标准线也处于不断调整中。不同于世界银行以人均日收入为计量贫困指标，中国以人均年收入作为计算贫困标准线的贫困指标。按照这种计量指标，中国生产力不断发展，贫困线也不断提升。2011 年确定的贫困线标准，农村（人均纯收入/年）贫困标准为 2300 元，这比 2010 的 1274 元贫困标准提高了 80%。2015 年贫困标准在 2011 年基础之上上调至人均年收入 2800 元，2016 年贫困标准又一次提升为人均年收入 3000 元。经过多次大幅上调，参照世界银行国际贫困标准（国际赤贫标准）为一人一天 1.9 美元标准，中国国家扶贫标准线与世界银行的名义国际贫困标准线的距离为史上最近。现行贫困标准线不是最终标准线，还会继续进行调整，习近平指出"2020 年全国脱贫标准约为人均年纯收入 4000 元"，脱贫标准应该反映实际生活水平。⑤

---

① 张弘. 基于国际比较的中国贫困标准理性思考 [J]. 齐齐哈尔大学学报（哲学社会科学版），2017（11）：62−64.

② 程蹊，陈全功. 较高标准贫困线的确定：世界银行和美英澳的实践及启示 [J]. 贵州社会科学，2019（06）：141−148.

③ 胡敏. 精准扶贫精准脱贫需要新思路 [N]. 中国经济时报，2015−07−28（05）.

④ 穆惠涛. 习近平教育扶贫思想研究 [D]. 长春：东北师范大学，2019.

⑤ 习近平. 关于《中共中央关于制定国民经济和社会发展第十三个五年规划的建议》的说明 [N]. 人民日报，2015−11−04（01）.

3. 贫困的类型

按照不同角度划分，贫困可以有诸多类型：

（1）按贫困程度分类，可分为极端贫困与高贫困（次贫困）。世界银行2015年发布的世界贫困标准，提到两种贫困，即极端贫困和高贫困。极端贫困是日收入低于1.9美元的生活水平，属于"基本温饱水平"；高贫困是日收入高于1.9美元、低于3.1美元的生活水平，属于"稳定温饱水平"。

（2）按绝对相对分类，可分为绝对贫困与相对贫困。绝对贫困，是指不能满足最基本生活水平所需的资源和手段，其特征为缺衣少食、居无定所，是贫困标准线以下的贫困状态，关乎生存问题。相对贫困，是一个相对性的概念，它强调的不是由于人们的经济收入极端低下而面临生存危机，重在强调不同地区、不同阶层、不同群体以及本地区、本阶层、本群体内部的经济收入存在差异性，难以公平发展。

（3）按广义狭义分类，可分为狭义贫困与广义贫困。狭义贫困更多的是从经济状态方面来定义贫困，指经济收入水平极其低下，低至无法获取到最基本的生存资料，人们基本的生存、生理需求无法满足，生命的存在和延续存在困难。广义贫困不仅仅是经济概念，将对贫困的认识由物质贫困逐步扩大到权利贫困、能力贫困、人类贫困，将贫困发生的原因由经济因素扩大到政治、法律、文化、制度等因素。

此外，关于贫困类型还有城市贫困、新城市贫困、收入性贫困、周期性贫困、集体性贫困、代际性贫困、隐性贫困等等。

## （二）高校家庭经济困难学生的界定、类型和规模

1. 高校家庭经济困难学生的认定

由于高校所在地消费水平不均衡、生源地的经济情况不平衡、学生家庭经济状况具有差异性，导致全国范围对于高校家庭经济困难学生的统一具体标准难以确定。根据国家相关政策，目前对于高校家庭经济困难学生的界定比较统一的说法为，学生家庭及其本人所能筹集到的资金，难以支付其在校学习期间学习和生活基本费用的学生。在高校开展资助工作具体实践中，绝大多数高校主要依据三个因素来认定：一是学生学习生活每月消费支出情况；二是学生家庭人均年收入情况；三是学生缴纳学费情况。其中，学生在校期间吃、穿、用、行等方面的消费支出水平最能反映学生家庭经济状况。

2. 高校家庭经济困难学生的类型

目前对高校家庭经济困难学生的划分，主要根据家庭经济因素、特殊群体

因素、地区经济社会发展水平因素、学生支出与消费因素、突发状况因素和其他影响家庭经济状况的有关因素，划分为特别困难、比较困难、一般困难三类。

第一，特别困难：家庭人均月收入为城市居民最低生活保障标准60%以内的。参考条件如下：最低保障家庭学生、特困供养学生、孤残学生；农村建档立卡贫困家庭学生、烈士子女；直系亲属或本人因患重大疾病，需自费支付大额医疗费用；单亲家庭且农村居民只以种田为业；家庭发生重大意外事件而造成经济特别困难者；遭遇重大自然灾害致使家庭财产损失特别严重的；其他特殊情况，且经校学生资助中心核查认可的。

第二，比较困难：家庭人均月收入为城市居民最低生活保障标准80%以内的。参考条件如下：城镇户口，父母一方或双方暂时失业，家庭收入不足以维持学生正常学习和生活；家庭成员中有两名及以上正在接受非义务全日制教育的；父母务农，父母中有一方因残疾或疾病而丧失劳动能力；家庭成员因患重大疾病需支付较大医疗费用的；老少边穷地区，家庭收入不足以支付正常学习及生活费用的；遭受自然灾害致使家庭财产损失较为严重的；其他特殊情况，且经校学生资助中心核查认可的。

第三，一般困难：家庭人均月收入低于居民最低生活保障标准的。

根据高校家庭经济困难学生的形成与构成特点，划分为自然历史条件型和社会结构变迁型。

自然历史条件型是指由于自然历史原因造成家庭贫困的高校家庭经济困难学生。这类高校家庭经济困难学生一般是由于家庭长期处于贫困状态下、无力提供子女教育费用或者由于突然的变故而失去承担子女教育能力而造成。这类高校家庭经济困难学生主要有：①来自老、少、边、穷地区型。老、少、边、穷地区是指高校家庭经济困难学生的主要来源地属于革命根据地、边疆、少数民族、自然条件恶劣的贫困地区。②弱势家庭型。弱势家庭型是指由于家庭长期处于贫困状态，生活窘迫而无力承担子女的学费，如残疾人家庭、单亲家庭或父母双亡家庭等造成的高校家庭经济困难学生。③天灾人祸型。天灾人祸型是指由于意外的天灾人祸导致家庭财产的损失或家中主要经济收入者丧失劳动能力或死亡等失去以往的经济来源而造成的高校家庭经济困难学生。

社会结构变迁型是指由于社会结构的变迁而造成家庭贫困形成的高校家庭经济困难学生。目前，它是高校家庭经济困难学生增多的主要原因，其类型又可分为体制转化型和收入差距扩大型。①体制转化型。当前，随着改革开放的持续深化，我国经济社会发展正经历着一个特殊的转型时期，社会结构也发生着剧烈的变化。市场经济的建立和完善，产业结构的调整优化，导致部分职工下岗、失业，使其生活陷入困顿。由于父母下岗、失业而失去经济来源，直接影响其子女的教育，是造成城市高校家庭经济困难学生增多的主要原因。②收入差距扩大型。改革开放虽促进了国家经济的整体繁荣和人民生活水平的提高，但同时也带来了地区间的不平衡和家庭收入差距的扩大。这种不平衡和收入差距的扩大折射到高校中，表现为相当数量的高校家庭经济困难学生队伍。随着不平衡和收入差距的持续扩大，这支队伍的数量也会日益增多。

3. 高校家庭经济困难学生的整体规模

近十几年来，随着高校招生全面并轨，特别是扩招步伐的加快，给大众带来更多接受高等教育机会的同时，高校家庭经济困难学生的人数和比例也不断增长。如何解决这一部分学生的学习生活问题成为社会关注的焦点。教育部历年发布的相关信息显示，2005 年我国高等院校在校学生人数为 1450 万，其中经济困难的学生人数为 294 万，约占学生总人数的 20% 左右。家庭经济困难学生中还有 123 万特困生，这些学生家庭贫困，没有经济能力让学生到高校学习深造，占总人数的 8%。2009 年全国高等院校在校生人数达到 2285 万人，其中家庭经济困难学生数量为 527 万人，约占总数的 23% 左右，166 万特困生，约占总人数的 7.27%。2013 年全国高等院校在校人数已经高达 3460 万人，其中家庭经济困难学生总量已经达到 722 万人，约占高校学生总量的 20.9%，特困生总量 231 万人，约占总人数的 6.67%。2017 年全国高等院校学生总人数已经增加到 3699 万人，其中家庭经济困难学生人数为 736 万人，约占高等院校学生总量的 19.90%，特困生 238 万人，约占总人数的 5.4%。①

## 二、关于高校家庭经济困难学生成长成才的相关概念

### （一）大学生成长成才的含义

现代社会对于人才的定义很多，首都经贸大学黄津孚教授从学术角度阐述人才的概念：“人才是指在对社会有价值的知识、技能和意志方面有超常水平，在一定社会条件下能做出较大贡献的人。人才既包括知识超常的知识分子，又包括技能超常的能工巧匠、艺人和‘领袖’，还包括意志超常的‘英雄’。再简单一点，就是社会需要的高素质的人。”人才学专家西南大学罗洪铁教授认为：

---

① 潘金德. 广西高校贫困生资助管理研究［D］. 天津：天津大学 2018.

"人才，是指具有良好的内在素质，能够在一定条件下通过不断地取得创造性劳动成果，对社会的进步和发展产生了较大影响的人。"① 可以看出，所谓人才，是指在一定社会环境条件下，具备相关的专业知识和专门技能，能以其创造性的劳动成果，对社会发展、人类进步做出较大贡献的人。

大学生成长成才就是指高等学校在党的教育方针指导下，按照教育学的基本原理和人才成长的基本规律，通过科学的方法和途径，将大学生培养成具有良好道德人格和一定专业技能，并能够从事创造性劳动的社会主义建设者和接班人。

### （二）家庭经济困难学生成长成才的基本内容

高校家庭经济困难学生作为大学生的重要组成部分，他们要从以下几个方面提升自己的综合素质：

#### 1. 思想道德素质

思想道德素质是指人在一定的社会环境和教育的影响下，通过个体自身的认识和社会实践，在政治倾向、理想信仰、思想观念、道德情操等方面养成的较稳定的品质。思想道德素质是人的综合素质的灵魂，也是其他方面素质的基础。

#### 2. 专业素质

在现代科学技术飞速发展、生产的发展越来越多地依靠科学技术的今天，劳动者科学文化素质的高低，对生产的发展、社会的进步有着决定性的影响。现代社会对从业人员的文化素质、知识结构的要求越来越高，不仅要具备宽厚扎实的基础知识，还需具有广博精深的专业知识和大量的新知识储备。

专业素质是大学生学习的专业知识、基本理论和技能，及自我学习能力、创新能力等。我国高等教育的职能主要是培养高级专门性人才，是高层次的专业化教育。但这样的专业素质是全面的，即在牢固掌握综合理论知识的基础上培养各种专业人才。大学生只有具备了融会贯通的专业知识和综合知识，才能真正地提高自身的科学文化素质。

#### 3. 身体和心理素质

健康的体魄、良好的身体素质已经成为人才竞争的重要资本。德、识、才、学、体是人才的内在因素，而体是最基本的，是一个人成长成才的基本

---

① 罗洪铁. 人才学原理 [M]. 成都：四川人民出版社，2006.

前提。

在社会经济飞速发展的今天，多种文化的激荡、新旧价值观念的冲突、激烈的社会竞争、物质生活的悬殊、社会发展和经济发展不协调等因素，无不冲击着当代青年的心灵，引起了部分学生认知偏颇和行为失范。因此，拥有健康向上的心理素质十分重要。健康的心理素质能使学生正确地认识自我和评价自我，能够正确对待挫折，以良好的心态迎接各种挑战。

# 第二节　家庭经济困难学生应树立科学的成长成才观

让青年学生成长成才是党的青年工作的重要目标。党和国家领导人关于青年学生成长成才的重要思想论述，深刻揭示了党和国家事业对人才需求的历史变化，明确提出了青年学生德才兼备、全面发展的系列要求。这些重要论述思想精辟、内容丰富、寓意深刻，有利于把握中国共产党的执政规律，为高校家庭经济困难学生成长成才指明正确方向。

## 一、马克思主义人的全面发展观

人的全面发展观是马克思和恩格斯在继承前人关于人的发展观的基础上对人的发展所进行的全面的、科学的阐释。在马克思和恩格斯之前，已经有一些哲学家对人的全面发展问题进行了初步的探索。比如，亚里士多德曾提出过德智体和谐发展，卢梭曾提出身体和心灵都要健康、自由发展。马克思和恩格斯在此基础上对人的全面发展问题进行了科学的分析和概括。在资本主义的生产力快速发展的 19 世纪，由于社会分工和社会发展的不均衡，人的现实发展存在着一些隐患，或是片面或是畸形。马克思认识到人们得不到全面发展的社会现实，他指出："不仅是工人，而且直接或间接剥削工人的阶级，也都因分工而被自己用来从事活动的工具所奴役；精神空虚的资产者为他自己的资本和利润欲所奴役；法学家为他的僵化的法律观念所奴役，这种观念作为独立的力量支配着他；一切'有教养的等级'都为各式各样的地方局限性和片面性所奴役，为他们自己肉体上和精神上的短视所奴役，为他们的由于接受专门教育和终身从事一个专业而造成的畸形发展所奴役"。①

## （一）马克思主义人的全面发展观的主要内容

马克思主义人的全面发展观的基本内涵是：第一，人的活动的全面发展。马克思强调：作为人，他所从事的活动必须是建立在人的自由自觉的基础上，并且这种自觉性已经脱离了单纯的工具性，实现了以人的发展为目的的价值性和科学性的统一，也就是说人的实践活动不再是资本主义下的异化劳动，而是以人的自由全面发展为目的的自觉性的创造实践。在这一前提下，人的劳动不再是迫于生存需要的满足，不再受社会分工的支配。第二，人的需要的全面发展。作为现实生活中的人，人在社会实践活动中总会有各种各样的需要，这些需要必须靠人的劳动去满足，在满足需要的过程中又不断形成新的需要，需要的满足为人们发展提供强大的内在动力支持。因此，随着社会实践活动的不断发展，人的需要也从片面到全面、由低级逐步向高级迈进。第三，人的能力的全面发展。人的能力的全面发展是指人的各项能力即综合素质的全面发展，"作为一个完整的人，占有自己的全面的本质"。② 在人的能力体系中，既包括个体能力与集体能力、自然力与社会能力，也包括潜力与现实能力、智力和体力，而德智体则是更为重要的几个方面。第四，人的社会关系的全面发展。人本身就是社会的产物，体现着社会关系，在生产、分工、交换、消费的过程中，人突破了各种阻碍个体发展的因素形成了更加广泛而密切的形式，人与人之间的社会关系逐渐丰富起来，社会关系逐渐被人所掌控和支配。人们在社会各种交往中，人的主体地位得到尊重和确立，人们自己也不断得到充实、完善，从而获得更加充分而自由的全面发展。

## （二）马克思主义人的全面发展观对高校家庭经济困难学生成长成才的指导意义

我国历来重视马克思主义人的全面发展观在高校学生思想政治教育工作中的重要指导作用，把"人的全面发展看成是思想政治教育的最终目的，应该成

---

① 中共中央马克思恩格斯列宁斯大林著作编译局. 马克思恩格斯文集（第9卷）[M]. 北京：人民出版社，2009：309.

② 中共中央马克思恩格斯列宁斯大林著作编译局. 马克思恩格斯全集 [M]. 北京：人民出版社，1979：23.

为指导思想政治教育一切工作的基点"。① 第一，以马克思主义人的全面发展观为价值引领，高校以生为本，尊重家庭经济困难学生的个性差异及需要，在教育工作实践中因材施教，突出学生在发展过程中的主体地位，建立以学生发展需要为主的高校家庭经济困难学生成长成才模式，最大限度地开发学生的潜力，促使其全面发展。第二，在高校家庭经济困难学生的教育方法上，马克思主义的全面发展观关心人、爱护人的理念，指导高校要在帮助学生解决经济困难的同时，更要注重对他们的人文关怀，要走进他们的内心世界，了解其心理状况，帮助学生满足情感需求、关系需求、发展需求，帮助其成长成才。第三，在高校家庭经济困难学生的教育内容上，马克思主义人的全面发展观要求实现人的身心的全面发展、人的需要、能力、个性、社会关系的全面发展，既要学习理论知识，更要参与社会实践活动，成为德智体美劳全面发展的大学生。

## 二、中国共产党领导人的青年大学生成长成才观

中国共产党历代领导集体在各个历史阶段形成的青年成长成才观，对高校家庭经济困难学生成长成才具有极其重要的指导意义。

### （一）毛泽东的青年成长成才观

#### 1. 正确认识青年，科学评价青年

第一，准确概括了青年的本质特征。毛泽东在《中国革命和中国共产党》一文中提出"数十年来，中国已经出现了一个很大的知识分子群和青年学生群……他们有很大的革命性。"② 同时也客观、理性地分析了青年的缺点和不足，"……但是，知识分子在其未和群众的革命斗争打成一片……往往带有主观主义和个人主义的倾向，他们的思想往往是动摇的……"③。此外，毛泽东还将青年划分为农民青年、工人青年、学生青年、知识青年，他认为，相比农民青年、工人青年，学生和知识青年最少保守思想，最具有批判和挑战精神，他们拥有先进的思想观念，敢于挑战，既活泼又勇敢。第二，高度评价青年的

---

① 谢晓娟. 论马克思人的全面发展理论对高校思想政治教育的价值引领［J］. 辽宁大学学报（哲学社会科学版），2009，37（02）.

② 毛泽东. 毛泽东选集（第2卷）［M］. 北京：人民出版社，1991.

③ 毛泽东. 毛泽东选集（第2卷）［M］. 北京：人民出版社，1991.

地位和作用。毛泽东认为青年是民族解放斗争的先锋队，是社会主义建设的主力军。革命战争年代，成千上万的有志青年在中国共产党的领导下，满腔热忱积极投身到反对帝国主义、封建主义和官僚资本主义的斗争中去，成为推动中国革命进程的重要力量和先锋部队。在《青年运动的方向》一文中，毛泽东明确指出："'五四'以来，中国青年们到底发挥着怎样的作用呢？起了某种先锋队的作用，这是全国所有人几乎都不可否认的，除开顽固分子以外。先锋队的作用具体指的是什么呢？其实就是模范带头作用，就是站在革命队伍的前头，冲锋陷阵、毫无畏惧。"① 在社会主义建设时期，毛泽东认为青年最具活力、有思想、敢闯敢干，为社会主义的建设注入了新鲜血液，是社会主义建设的生力军。他多次发表文章，对青年给予充分肯定。"青年是整个社会力量中的一部分最积极最有生气的力量。他们最肯学习，最少保守思想，在社会主义时代尤其是这样。"② 1953 年 6 月 30 日，毛泽东在接见中国新民主主义青年团第二次全国代表大会主席团时强调指出："青年团在党的领导下，积极参加各方面的革命工作，做出了很大的成绩，出色地完成了党所交给的所有任务，无论是在工厂、农村的革命建设，还是在军队、学校的革命事业中，中国青年发挥着不可替代的作用，没有青年们的奋力前进，就不可能取得胜利。"

2. 把握青年成长规律，重视青年人才培养

第一，要增强为人民服务的意识。早在湖南湘乡高等小学读书时，毛泽东在《救亡图存篇》就引用顾炎武的"天下兴亡，匹夫有责"和"精忠报国"这些字，引导青年将个人的利害得失与国家的兴衰荣辱紧密结合。1915 年，面对丧权辱国的"二十一条"，毛泽东对广大青年说："国民奇耻，何以报仇，在我学子。"③ 此外，他还在青年中树立了很多典型的模范，如毫不利己专门利人的国际共产主义战士白求恩，坚守岗位、奋战在一线的赵占魁。"生的伟大，死的光荣"的刘胡兰。为人民服务的好同志雷锋。第二，尊重青年学生的自身特性。毛泽东青年观既强调青年是整个社会中最活跃的一部分，是每个时代中最先觉悟的一个社会群体，又强调青年中不同的时间区别，尤其是阶级区别。在《中国革命和中国共产党》一文中毛泽东指出："数十年来，由于局势的动荡发展，中国各界群体出现了一个很大的知识分子群和青年学生群。在这一群人中间，除去一部分接近帝国主义和大资产阶级并为其服务而反对民众的知识

---

① 毛泽东. 毛泽东选集（第 2 卷）[M]. 北京：人民出版社，1991.
② 中共中央文献研究室. 毛泽东文集（第 6 卷）[M]. 北京：人民出版社，1999.
③ 郝幸艳. 毛泽东与青年 [M]. 北京：中国社会科学出版社，2015.

分子外，大多数是受帝国主义、封建主义和大资产阶级的压迫，面临着失业和失学的双重困境。因此，他们具有极大的反抗意识和革命思想。"可以看出，对于特殊的青年群体，毛泽东认为不能"一视同仁"，将他们一般看待，抹杀他们的特性和优点，要因时因势而变，紧跟青年自身的发展需求，积极引导青年朝着身体好、学习好、工作好的方向发展。第三，强调青年要注重实践。毛泽东一直认为理论知识只是人们战胜困难的工具，不是最终的学习目的，多次提出青年要将知识运用到实践中，才能真正锻炼自己、增长才干。在五四运动 20 周年纪念会上，毛泽东讲道："知识分子的属性是革命的或不革命或反革命的标准只有一个，即看其是否愿意且主动与工农民众相结合。"在《整顿党的作风》一文中他谈道："我们现在看看一些学生，看看那些同社会实际活动完全脱离关系的学校里面出身的学生，他们的现实发展情况又是怎么样的呢？即使一个人从小学上到大学，学到了很多书本上的知识，但是，他不会学以致用不能将书本上的知识转化为指导实践的重要依据，对于社会的发展现状不甚了解，甚至没有参加过任何实际活动……更重要的，真正能够善于将这些知识应用到生活和实际中去，解决现实问题。因此，我希望更是劝诫那些只重视理论知识而不付诸行动的人，或者实践经验过于贫乏的人，请正视自己的缺点，放低自身的姿态，谦虚谨慎的向他人学习、讨教。"① 总而言之，毛泽东非常重视青年的理论知识学习与革命实践相结合，真正将所学知识运用到实际生活，深入群众，融入群众，充分发挥青年在中国革命和建设中的重要作用。

3. 充分相信青年，关心爱护青年

毛泽东非常重视青年人才发展，在选人用人时，他始终坚持德才兼备的用人基准，坚持任人唯贤，知人善任的选拔政策，不拘一格，大胆起用青年。青年思想先进、积极上进、具有极大的潜力，青年的创造性举动也得到毛泽东的大力支持。解放初，山西大学罗元贞给主席写信，认为《七律·长征》中的"金沙浪拍悬崖暖"中的"悬"缺乏诗意，又与浪重复，建议将"悬"改成"云"、将"浪"改成"水"。毛泽东看到他的来信，表示同意，并复信赞扬了他的创造性举动。毛泽东还写信夸赞了年轻女作家丁玲，说："我一口气读完《田保霖》，很高兴。这是你写工农兵的开始，希望你继续写下去……"毛泽东关心青年，教育青年应该把坚定的政治方向放在首位。早在 1920 年夏，毛泽东就与友人在长沙创办了文化社，向青年销售宣传进步书刊。土地革命时期，毛泽东恢复和创办了中国工农红军大学，在课程设置上要求青年以军事和

---

① 毛泽东. 毛泽东选集（第 3 卷）[M]. 北京：人民出版社，1991.

政治并重。抗战时期，毛泽东还开办了陕北公学、马列学院、青年干部训练班，他通过亲自授课、出席讲话、与学员谈心的方式，在青年中开展思想政治教育工作，唤醒青年学生的民族意识和爱国意识，帮助他们成为真正的马克思主义革命者。

### （二）邓小平的青年成长成才观

邓小平一直非常关注青年一代的成长和培养教育，对培养什么样的青年，如何培养青年都有一系列精辟的论述，对于大学生成长成才教育具有重要的指导作用，指引着中国大学生成长成才教育的发展方向。

#### 1. 青年的历史地位

邓小平同志十分重视青年人，他认为"青年是社会主义接班人"，"青年是党的后备军和可靠助手"，明确指出了青年在国家发展中的地位和作用。早在20世纪50年代，邓小平就明确指出："我们毫不怀疑青年是我们的希望和我们的未来。""科学的未来在于青年。青年一代的成长，正是我们事业必定要兴旺发达的希望所在。"[①] 在改革开放时期，作为总设计师，他认为青年是时代的"闯将"，"干革命，搞建设，都要一批勇于思考，勇于探索，勇于创新的闯将。没有这样一批闯将，我们就无法摆脱贫穷落后的状况，就无法赶上更谈不上超过国际先进水平。"[②]

#### 2. 青年成长成才的目标是成为"四有"新人

邓小平从社会主义现代化建设的具体实际出发，在继承发展马列主义、毛泽东关于培养共产主义新人的相关思想的基础上，明确指出青年人才的培养目标，即培养"四有新人"，同时也为我国教育发展指明了方向。《人民日报》1982年5月4日发表的社论《当代青年的历史使命》中把邓小平的题词延伸为"培养青年成为有理想、有道德、有文化、有纪律、有强健体魄的新一代。"1985年，邓小平同志在全国共青团思想政治工作会议上提出：要加强和改进新时期的青年思想政治工作，在四化建设的伟大实践中培养和造就一代有理想、有道德、有文化、有纪律的共产主义新人。此后，"四有"新人成为我国青年教育培养重要的价值评判标准。

#### 3. 青年成人成才的必由之路是教育

对于如何培养和造就社会主义现代化建设需要的人才，邓小平同志提出了

---

① 中共中央文献编辑委员会. 邓小平文选（第2卷）[M]. 北京：人民出版社，1994：87.
② 中共中央文献编辑委员会. 邓小平文选（第1卷）[M]. 北京：人民出版社，1994：63.

培养途径。邓小平同志指出要大力发展教育事业，教育是现代人才培养的基础。为迎接世界经济、科技激烈竞争的严峻形势，同时面对我国经济基础薄弱、资源严重不足、人口众多的基本国情，邓小平得出"科学技术是第一生产力"的科学论断，同时指出，"科研是要靠教育输送人才的，一定要把教育办好。"① 1983 年，邓小平在为景山学校题词中写道："教育要面向现代化，面向世界，面向未来。"邓小平反复强调"要实现现代化，关键是科学技术能上去，发展科学技术，不抓教育不行。"② 并号召全国各族人民要团结合作，为我国教育事业的发展多做实事，贡献自己的力量。

### （三）江泽民的青年成长成才观

党的十三届四中全会以来，以江泽民同志为核心的党中央领导集体，根据国际国内形势发生的新变化，创造性地提出一系列关于大学生成长成才的新思想、新观点和新论断，与毛泽东思想、邓小平理论既一脉相承又与时俱进，是对马克思主义中国化的创新性发展，是"三个代表"重要思想的重要组成部分，成为新世纪新阶段做好高等教育工作的理论指南。

#### 1. 青年成长成才的目标

在青年人才培养目标上，江泽民继承了邓小平的"四有"思想。1994 年 1 月 24 日，江泽民在全国宣传思想工作会议上指出："培养有理想、有道德、有文化、有纪律的新人，是建设社会主义精神文明的根本目标。"同年，江泽民在全国教育工作会议上发表重要讲话，强调指出："各级各类学校都要全面贯彻党的教育方针，坚持社会主义办学方向，努力培养德智体全面发展的'四有'新人。"同时，江泽民还将青年大学生成长成才的具体目标具体到"五个成为"。2001 年 4 月 29 日，江泽民同志在清华大学建校九十周年大会上的重要讲话中指出，广大青年学生的生命价值、优秀人才的聪明才智只有在为祖国和人民奋斗的伟大实践中才能更加完美地展现出来，并通过在座的大学生向全国的大学生提出五点希望："希望你们成为理想远大、热爱祖国的人；希望你们成为追求真理、勇于创新的人；希望你们成为德才兼备、全面发展的人；希望你们成为视野开阔、胸怀宽广的人；希望你们成为知行统一、脚踏实地的人。"

"五个成为"是江泽民同志在新的历史条件下，将马克思主义人的全面发

---

① 中共中央文献编辑委员会. 邓小平文选（第 2 卷）[M]. 北京：人民出版社，1994：111.
② 中共中央文献编辑委员会. 邓小平文选（第 2 卷）[M]. 北京：人民出版社，1994：40.

展观与中国当代教育实践相结合做出的具有鲜明时代特点的新论述，进一步回答了青年大学生的健康成长成才相关问题，是对马克思主义青年教育理论的继承和创新性发展，也是新形势下党和国家对青年培养目标提出的新要求。

2. 加强大学生思想政治工作，是促进大学生健康成长成才的必需途径

江泽民认为，大学生是否能够健康成长成才，不仅和大学生本身智力因素、学习中的刻苦程度、健康的身体素质、积极向上的心理素质等相关，更重要的还要有较高的思想政治素质。"要说素质，思想政治素质是最重要的素质。不断增强学生和群众的爱国主义、集体主义、社会主义思想，是素质教育的灵魂。"① "抓好教育和青少年思想教育工作，直接关系到我们实施科教兴国战略能否取得成功，关系到我国社会主义现代化建设能否取得成功，大家都要从这样的高度来认识问题开展工作。"② 加强对大学生的思想政治教育，不但是贯彻党的教育方针的必然要求，更是为社会主义现代化建设提供较高思想道德素质和科学文化素质人才的坚强保证。

3. 关于大学生成长成才的教育原则与方法

第一，大学生成长成才教育应坚持马克思主义重要思想为指导的原则。2000 年 6 月 28 日，江泽民同志在中央思想政治工作会议上强调指出："只有坚持以马克思主义为指导，才能正确制定和宣传贯彻党的路线方针政策，才能发展先进思想、克服落后思想。如果放弃马克思主义的指导地位，在指导思想上搞多元化，势必导致人心大乱、天下大乱，给党和国家带来灾难。这是决不允许的。"③ 第二，坚持解决思想问题与解决实际问题相结合原则。大学生在成长成才中遇到一些思想问题是难免的，思想问题的根源往往来源于实际问题，把解决思想问题与解决实际问题结合起来，一直以来是我党的政治工作方法，更是大学生成长成才教育的有效办法。1994 年 8 月 31 日，中发〔1994〕9 号文件《中共中央关于进一步加强和改进学校德育工作的意见》进一步指出："德育工作要与关心指导学生的学习、生活相结合，与加强管理相结合。德育工作者要深入到学生中去，通过谈心、咨询等活动，指导他们处理好在学习、成才、择业、交友、健康、生活等方面遇到的矛盾和问题。"④ 第三，坚

① 中共中央文献编辑委员会. 江泽民文选（第 2 卷）[M]. 北京：人民出版社，2006：332.
② 江泽民. 关于教育问题的讲话 [N]. 人民日报，2000-03-01.
③ 中共中央文献编辑委员会. 江泽民文选 [M]. 北京：人民出版社，2006，03：86.
④ 全国普通高校"两课"教育教学调研工作领导小组. 普通高校思想政治教育课程文献选编（1949-2003）[M]. 北京：中国人民大学出版社，2003：153.

持理论教育与社会实践相结合的原则。1994 年 6 月 14 日，在全国教育工作会议上，江泽民深刻地指出："教育与生产劳动相结合是坚持社会主义教育方向的一项基本措施。"[①] 1994 年 8 月 31 日，《中共中央关于进一步加强和改进学校德育工作的若干意见》明确要求："高中和高等学校要把社会实践纳入教学、教育计划，组织学生参加社会调查、生产劳动、科技文化服务、军政训练、勤工俭学等活动。"[②]

此外，江泽民还对大学生成长成才教育的具体方法、工作手段做出强调。如，要求把学校教育、家庭教育、社会教育紧密地结合起来时，他指出，"帮助大学毕业生和毕业研究生健康成长，使他们在建设和改革事业的广阔天地里充分发挥自己的智慧和才干，是各级党委和政府以及社会各界的光荣责任。"[③] 江泽民认为，营造良好的校园文化环境有利于大学生的成长成才。1994 年 1 月 24 日，在全国宣传思想工作会议上，江泽民同志强调："我们的宣传思想工作，必须以科学的理论武装人，以正确的舆论引导人，以高尚的精神塑造人，以优秀的作品鼓舞人。"[④] 1995 年 11 月 23 日颁布的《中国普通高等学校德育大纲》进一步指出："加强校园文化建设，优化育人环境，发挥环境的育人作用。"[⑤]

## （四）胡锦涛的青年成长成才观

党的十六大以来，中国处于改革开放和社会主义现代化建设的关键时期，经济体制、社会结构、利益格局调整、思想观念等都发生着深刻变化，高校大学生思想政治教育工作面临机遇与挑战，以胡锦涛同志为总书记的党中央非常重视大学生的思想政治教育工作，针对大学生成长成才教育发表多篇专题讲话和报告，阐述了大学生思想政治教育的教育原则、教育目的、教育重点和教育方法等一系列重大问题，初步形成完整系统的有机整体。

---

① 中华人民共和国教育部、中共中央文献研究室. 毛泽东邓小平江泽民论教育 [M]. 北京：中央文献出版社、人民教育出版社、北京师范大学出版社，2002：249.

② 全国普通高校"两课"教育教学调研工作领导小组. 普通高校思想政治教育课程文献选编 (1949—2003) [M]. 北京：中国人民大学出版社，2003：154.

③ 中共中央政策研究室. 江泽民论社会主义精神文明建设 [M]. 北京：中央文献出版社，1999：349.

④ 中共中央宣传部. 毛泽东邓小平江泽民论思想政治工作 [M]. 北京：学习出版社，2000：39.

⑤ 全国普通高校"两课"教育教学调研工作领导小组. 普通高校思想政治教育课程文献选编 (1949—2003) [M]. 北京：中国人民大学出版社，2003：167.

**1. 关于大学生成长成才的教育目标**

胡锦涛指出："培养什么人、如何培养人，是我国社会主义教育事业发展中必须解决的根本问题。"① 他强调："办好高校，首先要解决好培养什么人、如何培养人这个根本问题。"② "要使大学生成长为中国特色社会主义事业的合格建设者和可靠接班人，不仅要大力提高他们的科学文化素质，更要大力提高他们的思想政治素质。只有真正把这项工作做好了，才能确保党和人民的事业代代相传、长治久安"。2007年，胡锦涛致信中国青年群英会，希望广大团员和青年要"努力成为理想远大、信念坚定的新一代，品德高尚、意志顽强的新一代，视野开阔、知识丰富的新一代，开拓进取、艰苦创业的新一代。"③ "四个新一代"的寄语，体现了以胡锦涛为总书记的党中央对青年的殷切期望和热情关怀。

**2. 大学生成人成才的重要教育内容**

第一，要以理想信念为核心深入进行大学生的人生观、世界观、价值观、荣辱观教育。理想信念教育包含两层含义，一是中国特色社会主义的共同的理想信念，二是共产主义的远大理想信念。第二，要对大学生进行爱国主义和民族精神教育。胡锦涛在同中国农业大学师生代表谈话时说道："在当代中国，爱国主义最鲜明的主题就是不断发展中国特色社会主义，在改革开放中加快推进社会主义现代化，全面建设小康社会，把中华民族伟大复兴的宏伟蓝图变成美好现实。"④ 第三，要以基本道德规范为本进行公民道德教育。胡锦涛特别重视对全国人民进行公民道德教育，并在2006年提出要牢固树立以"八荣八耻"为内容的社会主义荣辱观。"八荣八耻"也成了对大学生进行思想道德教育的行为准则，要求大学生要坚持马克思主义、热爱祖国和人民、崇尚科学、勤劳互助、诚实守信、遵纪守法、艰苦奋斗。第四，要对大学生进行素质教育最终促进大学生全面发展。胡锦涛指出："坚持以人为本就是要以实现'人的全面发展'为目标，从人民群众的根本利益出发，谋发展、促发展，不断满足人民群众日益增长的物质文化需要，让发展的成果惠及全体人民。"⑤ 科学发

---

① 胡锦涛. 在全国加强和改进大学生思想政治教育工作会议上发表重要讲话［N］. 人民日报，2005-01-19.

② 胡锦涛. 在全国加强和改进大学生思想政治教育工作会议上发表重要讲话［N］. 人民日报，2005-01-19.

③ 胡锦涛. 致中国青年群英会的信［N］. 人民日报，2007-05-05-01.

④ 胡锦涛. 在同农业大学师生代表座谈时的讲话［N］. 中国共青团网，2009，05-02.

⑤ 新华日报. 十六大以来党和国家重要文献选编［M］. 北京：人民出版社，2005：1053.

展观的核心是"以人为本"，高等教育中贯彻落实科学发展观，就是要树立"以生为本"的教育理念，把学生当作教育主体，培养出全面发展的优秀人才。

### （五）习近平的青年成长成才观

党的十八大以来，习近平总书记非常关注青年学生的成长成才，他多次深入实际走到青年学生中间，多次以讲话、评论、回信等方式，提出了青年学生成长成才的一系列新思想、新观点、新论断和新要求。习近平总书记对青年成长成才做出一系列重要论述，回答了"为什么重视青年人才""青年要成为什么样的人才""怎样成为这样的人才"等问题，构成了内涵丰富、逻辑鲜明的青年成长成才观。

1. 习近平青年成长成才观的主要内容

（1）关于"为什么重视青年人才"这一问题，是习近平青年成长成才观的首要问题和逻辑起点。

习近平总书记强调，广大青年是勇做走在时代前列的奋进者、开拓者、奉献者，青年要在一代又一代的接力中将中华民族伟大复兴的中国梦变为现实。青年的成长成才是社会前进与发展的驱动力量，赢得青年人才，就会赢得未来。因此，认清青年人才的地位非常重要，能够为国家和民族的未来积淀青春力量。

（2）关于"青年要成为什么样的人才"这一问题，是习近平青年成长成才观的核心所在。

习近平总书记因事而化、因时而进，从多个维度出发提出对当代青年成长成才目标的具体要求：坚定理想信念、练就过硬本领、勇于创新创造、矢志艰苦奋斗、锤炼高尚品格。第一，理想信念是青年成长成才的指南针和精神之钙。习近平总书记强调广大青年一定要坚定理想信念，理想指引人生方向，信念决定事业成败。没有理想信念，就会导致精神上缺钙。第二，练就过硬的本领是青年成才的拼搏力量和基础条件。习近平总书记在同青年座谈会、同北大师生座谈会以及在安徽调研时，都勉励青年要具有扎实的本领，练就好基本功，成就自己的事业，担当历史使命。第三，勇于创新创造是青年成长成才的不熄引擎和金钥匙。习近平总书记提出青年是社会上最富活力、最具创造性的群体，理应走在创新创造前列。"唯有创新才能充分发挥青年人才的聪明才智，打开众多领域的未知大门"[1]。第四，艰苦奋斗是青年成才的精神保障和重要

---

[1]　程明星. 新时代习近平关于青年大学生成长成才思想研究［J］. 课程教育研究，2019（20）：13.

法宝。习近平总书记多次强调，伟大的事业和成就离不开艰苦奋斗，新时代是奋斗者的时代，只有奋斗的人生才能称为幸福的人生。青年如果只知道享乐，就会停滞不前。第五，锤炼高尚品格是青年成才的内在归宿和必备条件。正如习近平总书记所言，一个人只有明大德、守公德、严私德，才能用得其所。

（3）关于"青年要怎样成为这样的人才"这一问题，是习近平青年成长成才观的关键所在。

习近平总书记从各级党委和政府、共青团、青年模范人物、家庭以及青年自身多个方面提到青年要怎样成为人才。第一，各级党委和政府要为青年成长成才搭建平台。习近平总书记指出："各级党委和政府要充分信任青年、热情关心青年、严格要求青年，为青年驰骋思想打开更浩瀚的天空，为青年实践创新搭建更广阔的舞台。"① 第二，共青团组织要成为培养青年成长成才的主力军。习近平总书记为新形势下共青团指明工作方向，强调共青团要做好青年的思想引导，适应时代和青年的变化，真正使思想入脑、入心。第三，要发挥青年模范人物榜样的力量。习近平总书记指出："青年模范人物是广大青少年学习的榜样，肩负着更多社会责任和公众期望，在青少年中乃至全社会都有着很强的示范带动作用。"② 第四，家庭是青年成长成才的第一课堂，父母是孩子的第一个老师。习近平总书记指出："家长要时时处处给孩子做榜样，用正确行动、正确思想、正确方法教育引导孩子。"③ 第五，青年自身要成为自己成长成才的圆梦人。习近平总书记指出："学习是成长进步的阶梯，实践是提高本领的途径。"④ 青年要将学习作为首要任务，练就本领，将个人梦和中国梦结合起来，促进自己成长成才。

2. 习近平青年成长成才观的三个维度

（1）关于"什么是青年"的"四可"论——育人工作对象的角色属性。

当代青年是可爱、可信、可贵、可为的，这是习近平总书记在 2014 年五四青年节与北京大学师生座谈时对新时代青年的描述。习近平总书记指出，"青年一代有理想、有本领、有担当，国家就有前途、民族就有希望。代表广

---

① 习近平. 在同各界优秀青年代表座谈时的讲话 [N]. 光明日报，2013-05-05-02.

② 习近平. 在同各界优秀青年代表座谈时的讲话 [N]. 光明日报，2013-05-05-02.

③ 习近平. 在北京市海淀区民族小学参加学校少先队主题队日活动时的讲话 [N]. 人民日报，2014-05-31-02.

④ 习近平. 在同各界优秀青年代表座谈时的讲话 [N]. 光明日报，2013-05-05-02.

大青年、赢得广大青年、依靠广大青年是我们党不断从胜利走向胜利的重要保证。"[①] "青年兴则国家兴，青年强则国家强。"[②] "青年是标志时代最灵敏的晴雨表。"[③] "青年最富有朝气、最富有梦想，是未来的领导者和建设者。"[④] "青年人朝气蓬勃，是全社会最富有活力、最具有创造性的群体。"[⑤] "中国的未来属于青年，中华民族的未来也属于青年。青年一代的理想信念、精神状态、综合素质，是一个国家发展活力的重要体现，也是一个国家核心竞争力的重要因素。"[⑥] 这些显示着马克思主义真理性光芒的重要观点和论断，是习近平在新的历史条件下对青年角色的精准认知。2018 年高考之后，全国高校迎来第一届 2000 年出生的"世纪宝宝"，习近平总书记对青年的"四可"论为评价"95后""00 后"提供了指导思想和指南，他们是网络化的一代，信息化的一代，也是独立自主、个性释放的一代，同时也是敢于追求梦想、价值观趋于理性、自信自立的一代。

（2）关于"培育什么样的青年"的"时代新人"论——育人工作成效的目标属性。

习近平总书记在党的十九大报告中提出了"培养担当民族复兴大任的时代新人"这一重大命题，并多次强调，高校的根本任务是为中国特色社会主义事业培养德智体美全面发展的建设者和接班人。时代新人的标准是什么？首先，需要具备"四个服务"能力：为社会主义服务，为中国共产党治国理政服务，为改革开放和社会主义现代化建设服务，为巩固和发展中国特色社会主义制度服务。前两者主要体现接班人的角色，后两者主要体现建设者的角色。其次，德智体美劳全面发展，具体说来就是要怀有共产主义的崇高理想和中国特色社会主义共同理想，强烈认同和积极践行社会主义核心价值观，学风优良，具备理性平和、意志坚定、敢于担当等人格品质，具有创新意识和实践能力。

（3）关于"怎样培育青年"的全程全方位育人论——育人路径的实践属性。

① 习近平. 习近平在同团中央新一届领导班子成员集体谈话时强调代表广大青年赢得广大青年依靠广大青年让广大青年敢于有梦勇于追梦勤于圆梦［J］. 课程教育研究：学法教法研究，2019（20）：13.

② 习近平. 携手建设中国——东盟命运共同体［N］. 人民日报，2013－10－04－02.

③ 习近平. 青年要自觉践行社会主义核心价值观——在北京大学师生座谈会上的讲话［N］. 人民日报，2014－05－05－02.

④ 习近平. 在联合国教科文组织第九届青年论坛开幕式上的贺词［N］. 2015－10－27－01.

⑤ 习近平. 在知识分子、劳动模范、青年代表座谈会上的讲话［N］. 人民日报，2016－04－30－02.

⑥ 习近平. 在中国政法大学考察时强调立德树人、德法兼修抓好法治人才培养励志勤学刻苦磨炼促进青年成长进步［N］. 人民日报，2017－05－05－02.

习近平总书记在 2013 年同各界优秀青年代表座谈时指出，"为实现中华民族伟大复兴的中国梦而奋斗，是中国青年运动的时代主题。……要用中国梦打牢广大青少年的共同思想基础，教育和帮助青少年树立正确的世界观、人生观、价值观，永远热爱我们伟大的祖国，永远热爱我们伟大的人民，永远热爱我们伟大的中华民族，坚定跟着党走中国道路。"[①]"理想指引人生方向，信念决定事业成败。没有理想信念，就会导致精神上'缺钙'。中国梦是全国各族人民的共同理想，也是青年一代应该牢固树立的远大理想。"[②] 关于社会主义核心价值观的引导和教育，习近平总书记在 2014 年、2018 年五四青年节与北京大学师生座谈时先后提出了八字方针和八字要求，即勤学、修德、明辨、笃行，爱国、立志、求真、力行，这是高校开展社会主义核心价值观教育的基本原则和根本指南。

习近平青年成才观涵盖了青年学生的理想信念、价值观、艰苦奋斗、意志品质、科学思维、创新创造、社会实践、责任担当等内容，系统回答了"如何认识青年学生、如何教育引领青年学生、如何发挥青年学生作用"等重要现实问题，为高校引导青年学生健康成长的一系列工作提供了行动指南。

## 第三节　高校家庭经济困难学生的思想教育路径

高校资助政策的目标是解决家庭经济困难学生的就学问题，使他们能够上得起学，不让一个学生因家庭经济困难而失学。高等教育的任务是培养具有创新精神和实践能力的高级专门人才，这两个目标和任务决定了高校资助育人工作的基本工作思路和内容。能否将二者有效结合，将资助家庭经济困难学生接受高等教育转化为资助家庭经济困难学生接受并完成高等教育，体现了资助育人工作的有效性。

### 一、高校家庭经济困难学生存在的问题

在对高校家庭经济困难学生的成人成才教育实践中，通过文献分析、调查研究和个案访谈发现，发现他们还存在以下问题：

---

① 习近平. 在同各界优秀青年代表座谈时的讲话 [N]. 光明日报，2013-05-04.
② 习近平. 在同各界优秀青年代表座谈时的讲话 [N]. 光明日报，2013-05-05-02.

## （一）思想存在消极因素

当前我国高校完善的资助体系，很大程度缓减了家庭经济困难学生的经济压力，实现了不让一名学生因为家庭经济困难而失学的目标，保障了高校和社会的和谐与稳定。但由于他们承受着沉重经济负担，在求学道路上也经受着比非家庭经济困难学生更为严峻的人生考验。

## （二）缺乏感恩意识和奋斗精神

部分家庭经济困难学生受不良价值观的影响，不思进取，获得资助后感到"心安理得""理所当然"，不懂感恩，从未向党、国家、社会、学校、资助人等表达过感激之情。未获资助学生则感到"十分不解""难以接受"，出现怀疑同学、质问老师等现象。有的同学将资助经费用于高档消费或网络游戏，在入不敷出时欺瞒父母申请网络高利贷，部分学生还参与"裸贷"，还未工作就负债累累，给家庭带来额外的经济压力，甚至有的家破人亡。部分家庭经济困难学生不愿意通过付出劳动获取报酬来缓解家庭压力，拒绝参加勤工助学活动，期望"一夜暴富"，将助学贷款、资助金额用于炒股票、做生意等非可控性投资中，给家庭、学校、社会都带来一定风险。

## （三）学业上存在困惑

因为家庭经济条件有限，家庭经济困难学生在高考前，将进入大学作为主要奋斗目标，家庭经济的主要投资都用在单纯学习活动上，综合素质的经费投入较少，视野相对较窄，其余技能特长缺乏。伴随社会的进步和不断发展，学校、社会对于人才的评判标越来越复合化和多元化，学习成绩不再是评价人才的唯一标准。较高的综合素质，拥有一定的技能特长也是用人单位考量人才的重要标准。为了缓解家庭经济压力，更好地满足自己校园生活各类开销，部分家庭经济困难大学生不同程度地进行各类勤工助学和兼职，消耗了他们大量的体力和精力。个别家庭经济困难学生为了生计甚至"翘课"去兼职，影响到正常上课时间内的学习质量和效果，导致学业成绩不理想。此外，随着互联网的普及，高校中"微课""慕课""翻转课堂"、各类在线学习平台等越来越多地运用到大学生的日常学习中。部分家庭经济困难大学生因为对计算机和互联网缺乏了解，甚至有部分特困生购买不起电脑、智能手机，谨慎使用网络费用，造成他们在这类学习中举步维艰。

### （四）存在一定心理困惑

家庭经济困难大学生大多来自贫困山区或者地区经济不发达的贫困家庭，有部分学生将学习看成是改变家庭经济状况、社会地位的唯一途径。由于家庭经济困难大学生成长的经济环境和精神环境相对劣势，造成他们在大学学习期间与其他大学生生活水平、人文知识、学习能力、语言技能、课外娱乐、人际交往等多方面存在差距，这无形中给家庭经济困难大学生增添了生活压力，学业压力，就业压力，等等，家庭经济困难学生心理上不可避免地会出现一些问题，如自卑倾向、焦虑情绪、狭隘意识、行为敏感、交往障碍等。这些压力不仅严重影响着家庭经济困难学生的心理健康，还阻碍了他们自身学习能力的提升。

## 二、高校家庭经济困难学生思想教育的主要内容

### （一）坚定理想信念，补充思想上的"钙"

理想信念是人民群众在实践与认识活动中形成的对于未来生活状态的憧憬与期盼以及为实现这一状态所需的意志与毅力，是人们精神生活的根本动力，是一个民族振兴的精神支撑。"理想指引人生方向，信念决定事业成败。没有理想信念，就会导致精神上'缺钙'。"[①] "青年时代树立正确的理想、坚定的信念十分紧要，不仅要树立，而且要在心中扎根，一辈子都能坚持为之奋斗。这样的有志青年，成千上万这样的有志青年，正是党、国家、人民所需要的。"[②]

1. 坚定共产主义理想信念，成为新时代的有志青年

理想信念是在中国社会主义革命、建设和改革的过程中逐渐提出和形成的，理想信念既是一种精神追求，也是一种价值导向，它是思想和行为的"总开关"。青年一代要树立为实现共产主义和建设中国特色社会主义不懈奋斗的崇高理想，旗帜鲜明地高举中国特色社会主义的伟大旗帜，坚定"中国梦"，坚定"四个自信"理想信念，勇做新时代的奋进者、开拓者和奉献者，积极投

---

① 中共中央文献研究室. 十八大以来重要文献选编（上）［M］. 北京：中央文献出版社，2014：278.

② 中共中央文献研究室. 习近平关于青少年和共青团工作论述摘编［M］. 北京：中央文献出版社，2017：23.

身社会建设，推动社会进行创新变革，在实现中国梦的生动实践中放飞青春梦想，在为人民利益的不懈奋斗中书写人生华章。

2. 培育和践行社会主义核心价值观，成为引领社会进步的时代新人

青年时期是一个人价值观形成的关键时期。习近平总书记强调青年自觉践行社会主义核心价值观的重要性，"这就像穿衣服扣扣子一样，如果第一粒扣子扣错了，剩余的扣子都会扣错，人生的扣子从一开始就要扣好。"① 体现了对青年群体自觉践行社会主义核心价值观的深切希望，也体现了加强青年对核心价值观认同的重要意义。社会主义核心价值观从国家、社会和个人三个层次对青年提出全面发展的要求，使青年有正确的价值取向和行动指南。青年大学生应始终把社会主义核心价值观作为日常学习、工作、生活的基本遵循，"扣好人生的第一粒扣子"。

3. 出彩人生，塑造职业理想信念

当今中国最鲜明的时代主题就是实现"两个一百年"的奋斗目标，实现中华民族伟大复兴的中国梦。新中国从成立以来经历了从站起来，到富起来，再到强起来的伟大历史飞跃，中国梦的内涵是国家富强、民族振兴、人民幸福。中国梦与个人梦紧密地联系在一起，中国梦为青年大学生的成长成才提供了广阔的空间和平台。青年大学生应当树立远大的职业理想，历练本领，立业为民，鼓励青年大学生到基层和艰苦的地方去锻炼，用实际行动去诠释不一样的"出彩"。

（二）做可爱、可信、可为的大学生

习近平总书记在 2016 年 12 月 7 日的全国高校思想政治工作会议上的讲话中首次对"95 后"大学生群体做出点评：他们朝气蓬勃、好学上进、事业宽广、开放自信，是可爱、可信、可为的一代。对当代高校学生，党和人民充分信任、寄予厚望。② 这一重要论断既是对当代大学生群体的充分肯定，更是对大学生成长成才目标的进一步具体化。

1. 勤学，做有本领的可爱之人

知识即美德。习近平总书记语重心长地鞭策青年："青年朋友们，人的一

① 习近平. 习近平谈治国理政（第一卷）［M］. 北京：外文出版社，2018：172.
② 习近平. 习近平首次点评"95 后"大学生［N］. 人民日报，2017-01-03-02.

生只有一次青春。现在，青春是用来奋斗的；将来，青春是用来回忆的……"① 可爱是青年大学生的本色、底色，要将美好的青春梦想转化为积极探索科学知识、勇于攀登科学高峰的实际行动，通过学问提升境界，通过读书学习升华气质。"让勤奋学习成为青春飞扬的动力，让增长本领成为青春搏击的能量"，让自己成为一个有本领的可爱之人。

2. 明德，做有理想的可信之人

德高之人才可信，德好之人才能信。"德"是实现可信的核心要素。习近平总书记 2014 年在北京大学师生座谈会上指出，"道德之于个人、之于社会，都具有基础性意义，做人做事第一位的是崇德修身。这就是我们的用人标准为什么是德才兼备、以德为先，因为德是首要、是方向，一个人只有明大德、守公德、严私德，其才方能用得其所"。在培养青年的品德修为方面，习近平指出，"人无德不立，品德是为人之本"，并要求广大青年要"善于从中华民族传统美德中汲取道德滋养"。②

3. 笃实，做有担当的可为之人

习近平多次教育青年："要力行，知行合一，做实干家……不论学习还是工作，都要面向实际、深入实践，实践出真知；都要严谨务实，一分耕耘一分收获，苦干实干。"③ 青年要把艰苦环境作为磨炼自己的机遇，把小事当作大事干，一步一个脚印往前走，要积极参加社会实践活动，读万卷书，行万里路，在社会实践中认识世界、了解世界，增长本领和才能，要为实现"两个一百年"奋斗目标和中国梦而不懈奋斗。

### （三）让青春之花绽放在祖国最需要的地方

习近平总书记在党的十九大报告中指出，要"鼓励引导人才向边远贫困地区、边疆民族地区、革命老区和基层一线流动"，要"培养造就一支懂农业、爱农村、爱农民的'三农'工作队伍"，对服务乡村振兴人才提出了新要求。2018 年，中央一号文件《中共中央国务院关于实施乡村振兴战略的意见》明确提出"实施乡村振兴战略，必须破解人才瓶颈制约，要把人力资本开放放在首要位置""创新乡村人才培育引进使用机制"，指出了实施乡村振兴战略离不开高素质人才的支撑。高校家庭经济困难学生"要不怕困难、攻坚克难，勇于

① 习近平. 在同各界优秀青年代表座谈时的讲话 [N]. 人民日报，2013-05-05-02.
② 习近平. 在纪念五四运动 100 周年大会上的讲话 [N]. 人民日报，2019-5-1-02.
③ 习近平. 在北京大学师生座谈会上的讲话 [M]. 北京：人民出版社，2018：13-14.

到条件艰苦的基层、国家建设的一线、项目攻关的前沿，经受锻炼，增长才干"①。"到基层和人民中去建功立业，让青春之花绽放在祖国最需要的地方，在实现中国梦的伟大实践中书写别样精彩的人生"②。

（四）用欣赏、互鉴、共享的观点看待世界

习近平总书记统筹国内国际两个大局，科学认识当今世界发展规律，向世界提出了构建人类命运共同体的倡议，并认为在这一凝聚人类共同利益的事业中，年轻一代代表了世界的未来，是推进人类和平与发展崇高事业的强大力量。青年是人民友谊的生力军。青年人情趣相近、意气相投，最谈得来，最容易结下纯真的友谊。③ 高校大学生应以"平等、尊重、爱心"看待不同国家，以"欣赏、包容、互鉴"体验各国文明，争做播种友谊的使者、友好关系的建设者、深化合作的推动者，肩负起在全球治理中的责任担当，为消除极端贫困、战胜不平等和不公正以及遏制气候变化，追求更好的未来，构建人类命运共同体做出应有贡献。

## 三、高校家庭经济困难学生的思想教育路径

（一）以小见大，个体教育与集体教育相统一

每一个个体案例都会反映出不同的学生问题，如家庭经济困难学生往往会面临学习缺乏后劲、与人交际不自信、缺乏社会实践阅历等多方面的困难。辅导员在一对一帮扶处理时都会有针对性地开展有效的个体教育，结合学生自身的成长环境对症下药，点对点地进行疏导工作。但是作为思想政治教育的工作者，辅导员必须要有敏锐的问题意识与分析能力，要能够透过学生的个体现象看到群体问题，将对学生的教育引导工作放在日常工作中。辅导员要避免仅靠报告会、讲座、课堂等单向性的说教形式开展教育，应该以学生的需求和特点为出发点，在学生能广泛参与、实践性强的社会实践、校园活动、主题晚会、学习讨论等活动中，渗透理想信念教育与素质教育，引导学生树立正确的人生观、世界观、价值观，使其形成自律、自强的精神品格，促进学生全面协调

---

① 习近平. 在同各界优秀青年代表座谈时的讲话［N］. 人民日报，2013－05－04－02.

② 习近平. 给河北保定学院西部支教毕业生群体代表的回信［N］. 人民日报，2014－05－04－01.

③ 人民日报评论部. 习近平讲故事［M］. 北京：人民出版社，2017：241.

发展。

## （二）循序渐进，短期目标与长期目标相配合

解决问题的办法要站在学生的角度上，遵循事物发展的规律，循序渐进地落实改进。第一，要明确当下目标，将最为紧急、重要，学生最为关心的问题作为当下解决的重点。这就要求辅导员要直面学生问题，结合心理学、管理学等多学科知识，及时有效地做好学生的心理疏导、思想疏解工作。第二，要明确近期目标，通过长时间的介入干预，发挥好辅导员的中介作用。依托学生干部、优秀典型、校园活动、知识竞赛等，多方形成教育合力，鼓励家庭经济困难的学生主动参与，从而在持续的活动中推进教育帮扶工作，达到成风化人的效果。第三，要树立长远目标，树立全局观念，统筹健全大学生思想政治教育工作机制。辅导员要全面筛查、及时弥补并整合学生反映出的问题，了解并筛查家庭经济困难学生的问题信息，做好档案记录，及时跟进教育，在引导中不断激发学生自我教育意识，督促家庭经济困难的学生将教育与自我教育相结合，充分调动其积极主动性，引导他们强化自我教育、自我管理。

## （三）加强思政教育，提高思想认识，突出价值引领

高校家庭经济困难学生急于通过兼职、就业赚取生活费，缓解家庭经济问题，但又因学习受限或自身准备不足，还不具备足够的业余兼职时间、就业技能、专业知识、待人接物等方面的经验，导致他们产生焦虑、逃避等心理问题，从而对待学习的态度也时有消极，容易产生厌学情绪，造成思想上的滑坡。因而，加强家庭经济困难学生的思想政治教育迫在眉睫。辅导员的教育工作应始终坚持育人导向，突出价值引领，对于家庭经济困难学生的教育帮扶，辅导员要有针对性地将资助育人与理想信念教育、道德观念教育、价值理念教育有机结合。第一，要抓好思政教育的主课堂，通过思想政治理论课、班会等课堂学习，扎实开展"不忘初心，牢记使命"主题教育，弘扬和培育民族精神，培养学生积极向上的精神状态、努力奋斗的作风。第二，要抓好思政教育的网络主阵地，将思想政治教育的目的和学生的成长特点与新媒体相结合，建设集思想、趣味、服务、知识于一体的主题教育网站、微信公众号、抖音视频等，举办学生喜闻乐见的网络文化建设活动，改变以往的"我说你听"单向输出性的教育传播方式。

### （四）加强心理健康教育，完善工作机制，培育自强性格

心理健康教育与思想政治教育是相辅相成、互相促进的。辅导员既要熟练掌握心理健康教育本领，又要能从家庭经济困难学生的实际出发、从工作的实际出发，透过家庭经济困难学生个体反映的问题挖掘其背后的普遍性问题，明确问题的本质与解决的方法。同时辅导员要在工作机制上下功夫，畅通心理咨询服务渠道，注意保护学生的隐私，一对一开展咨询，并适时预防，制定详细的心理健康教育内容和计划。在广泛深入地开展谈心过程中，辅导员要根据学生身心发展特点，有规律性、针对性地帮助家庭经济困难学生处理好就业、学习等方面的具体问题，培养其良好的心理品质，从而使其筑牢理想信念的心理根基。

### （五）解决实际问题，教授知识技能，提高综合素质

辅导员不仅要重视教育引导人，更要注重关心帮助人，帮助家庭经济困难学生顺利完成学业的同时，也要注重以全面发展为目标，不断提高学生的综合素质。第一，引导学生牢固树立学习意识，通过在校课程学习、朋辈互助学习、自我学习等多种学习模式，掌握自身专业知识，获取学习能力。第二，鼓励学生广泛参与实践，通过参加大学生创新创业大赛、歌手大赛、绘画征文、志愿服务等活动，丰富学生的业余生活，拓宽其自身的交际圈、朋友圈，在实践中不断提升技能本领。第三，引导学生树立纪律意识，通过管理育人，教育学生熟知校规校纪，强化纪律观念，使其牢固树立责任意识，培养自尊自律的优良素质。

总之，"做青年朋友的知心人，做青年工作的热心人"是辅导员新时代的角色定位，"坚定理想信念、心系广大青年、提高工作能力、锤炼优良作风"是对团干部的要求也是辅导员开展工作的素质要求。对于家庭经济困难学生的思想教育，辅导员教育工作的出发点和落脚点都要牢牢抓住学生这个主体，从学生的角度探究教育的内容和方式，不断提高思想教育引导工作的有效性。

# 第二章　资助之道：高校家庭经济困难学生精准资助研究

　　要推进教育精准脱贫，重点帮助贫困人口子女接受教育，阻断贫困代际传递，让每一个孩子都对自己有信心、对未来有希望。

——习近平

　　习近平总书记强调：保障贫困地区办学经费，健全家庭经济困难学生资助体系。教育扶贫被赋予了"阻断贫困代际传递"的使命，而高校作为教育精准扶贫的重要组成部分，承担着对家庭经济困难大学生的资助重任。2002 年以来，高校逐步建立和形成了以"奖、贷、助、补、免"多位一体的资助体系。各种资助政策的落实，对家庭经济困难学生学业的完成起到了重要作用。但是在学生资助过程中，如何对高校的家庭经济困难学生进行精准识别和准确认定，如何合理、公平、公正分配有限资助资金、如何有效利用高校资助资金，如何对受资助的学生进行科学的管理，已经成为高校和社会关注的热点问题，同时也是高校资助工作中的难点。本章主要从高校精准资助概述，高校精准资助的现状与实现路径、基于大数据的精准资助模式、高校贫困生精准资助的保障机制四个方面进行阐述。

## 第一节　高校家庭经济困难学生精准资助概述

　　党的十八大以来，以习近平同志为核心的新一届中央领导集体对扶贫开发工作做出新一轮全面部署，提出"精准化扶贫"和"看真贫、扶真贫、真扶贫"的要求。党的十九大报告提出，坚决打赢脱贫攻坚战，让贫困人口和贫困地区同全国一道进入全面小康社会，这是我们党的庄严承诺。《教育脱贫攻坚

"十三五"规划》中明确提出：要精确瞄准教育最薄弱领域和最贫困群体，实现"人人有学上、个个有技能、家家有希望、县县有帮扶"，坚决打赢教育脱贫攻坚战。

## 一、高校家庭经济困难学生精准资助的时代背景

### （一）习近平精准扶贫理念的提出

2013 年 11 月 3 日，习近平总书记在湘西土家族苗族自治州花垣县排碧乡十八洞村考察时首次提出了"精准扶贫"概念。习近平总书记指出："扶贫要实事求是，因地制宜。要精准扶贫，切忌喊口号，也不要定好高骛远的目标。"习近平在各地调研时多次强调精准扶贫，并于 2015 年 6 月在贵州提出，扶贫工作要做到"切实落实领导责任、切实做到精准扶贫、切实强化社会合力、切实加强基层组织"，并将精准扶贫概括为"扶贫对象精准、项目安排精准、资金使用精准、措施到户精准、因村派人精准、脱贫成效精准"。国务院也出台了《关于印发〈建立精准扶贫工作机制实施方案〉的通知》《关于印发〈扶贫开发建档立卡工作方案〉的通知》，对精准扶贫工作模式的顶层设计、总体布局和工作机制等方面都做了详尽规制。

### （二）学习贯彻习近平精准扶贫理念，做好教育精准资助工作

习近平总书记历来高度重视教育扶贫工作，强调治贫先治愚，扶贫必扶智；扶贫既要富口袋，也要富脑袋；再穷不能穷教育，再穷不能穷孩子；贫困地区教育事业是管长远的，必须下大力气抓好等重要论述，既强调了教育扶贫在脱贫攻坚中的重要地位，又对教育扶贫的目标和任务提出了明确要求，是教育扶贫工作的行动纲领。教育扶贫是阻断贫困代际传递的根本之策，是提升扶贫脱困质量和可持续性扶贫的有效路径，是培育贫困人口内生动力的重要内容。教育部在建立健全教育扶贫制度体系上，先后制定出台了《教育部等七部门关于实施教育扶贫工程的意见》等政策性文件，明确了打赢教育脱贫攻坚战路线图和时间表。各地教育部门也出台了本区域教育扶贫规划和行动计划，共同组成了与国家脱贫攻坚战略部署相衔接、与地方脱贫攻坚落实举措相协调的教育扶贫制度框架。

### （三）高校家庭经济困难学生资助工作"三个精准"的要求

教育部前副部长杜玉波在谈到"十三五"时期学生资助工作的总体思路时

强调：教育部门将坚决落实中央"精准扶贫、精准脱贫"基本方略和习近平总书记的"扶贫先扶智"，做到"三个精准"，一是力求在"预算分配"上更加精准。各级教育部门要摸清本地区家庭经济困难学生底数，根据家庭经济困难学生分布状况研究制定合理的资助资金分配方案，避免"平均分配"现象。二是力求在"资助对象"上更加精准。各地、各学校要结合当地实际，研究制定家庭经济困难学生认定办法，规范认定程序，坚决杜绝"轮流受助"现象。三是力求在"资助力度"上更加精准。除国家政策有明确规定的以外，各地和学校要根据受助学生贫困程度分档发放资助资金，特别是要加大对建档立卡家庭学生的资助力度，避免"平均资助"现象。

## 二、高校家庭经济困难学生精准资助的内涵

"精准化"一词在管理学领域常常被提及，因此，探讨精准资助内涵当从精准化管理说起。精准化管理是以量化管理为基础，以项目团队为单元的管理运营系统。"精"主要指简化、易操作，"准"是指要量化、细化、可操作化。精准资助的内涵包括六个方面：

### （一）资助政策要精准

精准资助的实现要有一套完备的资助政策体系。政策体系要能够实现精准化资助"两个一"目标，即应助学生"一个都不能少"，不应助学生"一个都不能有"，从而为家庭经济困难学生的资助提供保障，为实现资助目标提供方向指引，最终达到资助暖人心、扶人志、教育人的效果。

### （二）资助需求要精准

资助需求精准要求高校精准资助的定位准确与目的明确。学生资助工作的目的不仅仅是为家庭经济困难学生解决经济问题，更要让家庭经济困难学生在获得资助的过程中得到发展，达到"授人以鱼不如授人以渔"的效果[①]。

### （三）学生识别要精准

高校根据国家制定的资助政策，要建立精准识别机制，特别是要建立家庭

---

① 宋晓周. 高校精准资助的内涵、价值及其对育人工作的意义 [J]. 兰州教育学院学报，2018，（03）：94—96.

经济困难学生认定的量化评价指标体系，在科学调查摸底、学生民主评议的基础上，采取定量与定性相结合的方法，切实掌握家庭经济困难学生的实际情况，根据困难程度分类细化资助对象，精准识别资助目标。

### （四）资助形式要精准

家庭经济困难学生认定后，高校要针对学生的困难原因、等级和需求，采取有针对性的举措，确保资助金精准发放，同时在资助过程中要注意保护学生的隐私，不能因为资助对学生造成二次伤害。促进受助学生健康成长与发展。资助形式精准的主要落脚点是高校精准资助的过程与方法的精准。高校现行的资助政策主要以无偿资助为主，有的家庭经济困难学生把无偿资助作为一项福利，产生了"等、靠、要"的依赖心理，视享受资助为理所当然，这不仅违背了国家资助的本意，也违背了高校育人的宗旨。

### （五）资助管理要精准

精准管理是在动态调整中实现"扶真贫、真扶贫"。高校要将家庭经济困难学生的基本资料信息录入系统，并进行动态管理，实现资助对象有进有出，使资助金真正起到"雪中送炭"的作用。

### （六）资助效能要精准

资助工作要建立科学的绩效评价体系，精准的资助绩效评价能提高资助工作效能。精准的资助绩效评价要把家庭经济困难学生经济保障作为评价的基础指标，把价值引领作为评价的核心指标，把能力提升作为根本指标，通过个性化、人本化、层次化和差别化的资助手段，最大程度地发挥资助工作的效能。这就要不断提升资助工作信息化水平，充分运用大数据来实现精准资助工作的精细化管理，从而提升资助育人的水平和层次。资助效能精准要通过精准资助的评价结果来体现。而评价结果主要由两部分组成，一是资助政策的落实情况，二是资助育人的成效[①]。

---

① 宋晓周. 高校精准资助的内涵、价值及其对育人工作的意义 [J]. 兰州教育学院学报，2018，（03）：94－96.

## 三、高校家庭经济困难学生精准资助的特征

### （一）资助目标明确

精准化资助最显著的特征是资助目标明确，主要包括三个方面：一是通过科学认定方法，精准识别应资助对象；二是通过各种途径掌握应资助学生的情况，开展困难等级认定，采取有针对性的资助措施；三是对受资助对象进行精准化管理，特别是学生受助后的管理。

### （二）彰显法治思维

党的十八届四中全会强调用法治思维和方式推动改革和发展，以精准化资助方式落实国家"真扶贫、扶真贫"要求，这是法治思维和方式在高校资助领域的实践。法治追根溯源是追求公平、公正、公开。精准化资助强调在资助过程中树立规则意识，以规则为基准进行理性资助，从而促进教育公平与社会公平[①]。

### （三）具有高度灵活性

精准化资助在方式选择上强调分出层次、拉开档次，并着眼于学生的长远发展，注重在资助过程中教育学生树立自信、自强、自立的意识，培养学生参与社会实践和创新创业活动的知识和能力，体现发展性资助理念。精准化资助实施动态管理，全面掌握资助对象受资助情况和自身情况的变化，使资助对象有进有出，具有高度灵活性[②]。

## 四、高校家庭经济困难学生精准资助的价值意义

### （一）政治价值

精准资助的政治价值主要表现为促进教育公平[③]。精准化资助强调在资助工作中以学生需求为导向，着眼学生长远发展，并有效保障资助公平，从而推

---

① 刘云博，白华. 精准化资助：高校学生资助工作新思维 [J]. 教育评论，2016（02）：67—70.
② 刘云博，白华. 精准化资助：高校学生资助工作新思维 [J]. 教育评论，2016（02）：67—70.
③ 宋晓周. 高校精准资助的内涵、价值及其对育人工作的意义 [J]. 兰州教育学院学报，2018，（03）：94—96.

动教育公平和社会公平的实现。教育公平是社会公平的基础。资助工作的出发点及落脚点正是教育公平，然而在资助工作中，常常因为不能有效的做到公平，而使资助工作面临包括道德风险、失信风险、心理健康风险等在内的一系列风险，而精准资助通过精准化的资助政策保障公平，精准化的资助活动体现公平，精准化的资助育人内化公平，从而实现资助的社会期望，保证教育的公平和效率，进而推动社会公平的实现。并且这些措施有利于增强学生对党和国家的政策的认同感，有利于资助工作的和谐、健康发展，具有良好的政治导向作用。

### （二）经济价值

国家通过对家庭经济困难学生的资助，帮助他们完成学业，提升个人价值，从而阻止了贫困代际传递，提高了人力资本回报率，为我国社会主义现代化建设培养优秀人才，具有显著的社会经济效益。对学生来讲，学生不仅可以获得经济上的支持，也能得到精神的抚慰与能力的提升，这为学生进一步发展打下了坚实的基础。对于经济困难家庭精准资助可以通过改变寒门学子的命运来改变家庭的命运，帮助促进社会层级的合理流动，为改善社会结构奠定基础，为脱贫攻坚提供助力。对于那些子女能够接受高等教育的经济困难家庭来说，资助好与培养好这些学生使其成功就业，就是拔掉穷根的最佳途径。同时，通过实施精准资助，国家的每一笔投入都有因可考、有据可查，由此减少了由于资助识别不清、定位不准、措施不当等造成的资源浪费现象，加快实现国家财政利用效率最大化的目标。因此，精准资助是国家实施精准扶贫最有效、最直接的方式之一。此外，精准资助能有效提升资助的质量和效率，减少由于定位不准、措施不当造成的资源浪费，更好地实现资助的经济价值。

### （三）教育价值

高校资助工作的教育功能主要体现在两个方面：一是教育受助学生，调动他们自我教育、自我发展的积极性；二是教育社会其他群体，通过宣传引导，吸引社会多方力量关心和支持资助工作，形成互助友爱的社会风气。精准化资助提倡差异化帮扶、以需求为导向和"造血"式的理念。高校要努力争取社会资源，通过勤工俭学、社会实践和项目运作等手段，培养学生的实践能力，组织能力和管理能力，增强学生的自信心，教育学生感恩并珍惜机会。概言之，精准化资助有助于更好地实现资助育人功能，彰显教育价值①。

## 第二节　高校家庭经济困难学生精准资助现状与实现路径

新形势下，精准资助是高校学生资助工作发展的必然趋势和内在要求。要实现精准资助，必须要了解高校精准资助的现状以及存在问题，在分析问题的基础上提出解决办法。

### 一、探索高校家庭经济困难学生精准资助取得的成果

#### （一）国家层面的既有成果

2016 年 12 月，教育部办公厅印发《关于进一步加强和规范高校家庭经济困难学生认定工作的通知》，对各地各高校精准认定家庭经济困难学生工作做出部署，要求合理确定认定标准，在分配资金和名额时不搞"一刀切"，对民族院校、以农林水地矿油核等国家需要的特殊学科专业为主的高校给予适当倾斜，保护受助学生隐私、尊严等。为了使资金的发放更加精准有针对性，教育部学生资助管理中心制定了《2017 年国家奖学金评审工作手册》。组织各地完成了 143.77 万受助学生名单与学籍系统一对一核对工作，采取"当年资金预拨，次年资金结算"方式科学管理资金，确保了把免除学杂费资金精准落实到每一名受助学生身上。2018 年 3 月 1 日，《人民日报》发表了教育部部长陈宝生同志关于进一步加强学生资助工作的文章，强调"坚持精准扶贫、精准脱贫"②。精准不仅是扶贫工作的基本要求，也是学生资助工作的基本要求。精准资助就是要做到资助对象精准、资助标准精准、资金发放精准。资助对象精准，就是要确保家庭经济困难学生应助尽助。资助标准精准，就是要确保资助标准与家庭经济困难学生的受助需求相适应。资金发放精准，就是要在学生最需要资助的时候，将资助资金及时足额发放到学生手中，充分发挥资助资金的使用效益，增强家庭经济困难学生及其家庭的获得感。2018 年，教育部会同有关部门印发了《关于做好家庭经济困难学生认定工作的指导意见》（教财〔2018〕16 号），第一次从制度上全面规范了各教育阶段家庭经济困难学生认

① 刘云博，白华. 精准化资助：高校学生资助工作新思维 [J]. 教育评论，2016（02）：67-70.
② 陈宝生：进一步加强学生资助工作 [N]. 人民日报，2018-03-01-13.

定的工作原则、工作依据和工作程序等，为精准认定提供了制度保障，为精准资助夯实了基础。

### （二）省市层面的既有成果

各地积极探索符合地区特色和需求的精准资助方案。内蒙古通过深入经济困难家庭走访，认真核实各乡镇中职学生精准扶贫人数、中职学生就学信息和家庭成员信息等，建立"发展教育脱贫一批"学生电子档案；广西采用"人脸＋指纹＋身份证"三者结合的管理技术，对受助学生进行精准识别，实现了与学籍信息管理系统、全国学生资助管理信息系统、认证系统的无缝对接。安徽启动"智慧资助"平台，安徽大学等 11 所高校参与试点。"智慧资助"系统是建立在智慧城市脱贫攻坚信息服务平台基础上的，资助系统可以与扶贫、民政、残疾、房产、卫健等 8 个相关职能部门共享 941 类数据，涵盖了受资助学生家庭的各种收支情况，只要输入学生身份证和姓名，其家庭信息都可在系统里一目了然。在资助对象精准识别、简化工作流程、数据互融互通、资助资金精准分配起到了关键作用。重庆市学生资助管理中心开发上线"重庆市属高校资助资金统发管理系统"，市资助管理中心联动高校、银行，对家庭经济困难学生认定情况、奖助学金评定情况、奖助学金每月发放名单、全市统一发放情况进行全过程跟踪管理。实现了 63 所市属高校资助资金按月统一时间统一发放，所有国家资助资金发放由两家代发银行每月 10 日前按月统一发放，确保所有市属高校按月发放。两家代发银行将银行发放系统与资助统发系统链接，发放情况一目了然，可查可追溯。高校国家资助项目、校内资助项目、社会资助项目均可通过资助统发系统统一发放。

### （三）高校层面的既有成果

湖南大学通过食堂消费数据筛选（用餐金额、频次、波动幅度）、家庭经济困难学生数据库信息比对、学院辅导员核实，确定隐形资助的对象，定期进行资助金额的发放。通过大数据筛选，2018 年处理了 800 多万条数据信息。扬州大学利用数据"云平台"推动资助"精准化"[①]：一是动态更新家庭经济困难学生数据库。扬州大学组织全校辅导员不断学习数据库的使用和维护方法，动态更新学生信息，全面掌握家庭经济困难学生的受助情况，合理分配各项资助名额。二是依托数据库，不断改进家庭经济困难学生认定指标体系。学

---

① www. xszz. cee. edu. cn/pwblic/index. php/shows/4/3032. html

校采用数据指标与考察调研相结合的办法认定家庭经济困难学生。同时，依托辅导员、班主任和学生干部进行座谈，并结合学生的日常生活和消费水平，走访学生家庭，了解学生家庭情况和当地生活水平，综合认定学生实际困难。三是建立动态困难认定机制。扬州大学将常态困难认定和突发困难认定相结合，每年定期开展家庭经济困难学生的认定工作，同时，全年对于家庭发生突变，遭受自然灾害等事件的学生，及时关注，动态更新"数据库"。江苏大学以手机消费调查促进家庭经济困难学生再认定。江苏大学结合手机在学生中已经普及这一实际，通过手机消费调查，对家庭经济困难学生进行再认定。一是对全体非毕业班家庭经济困难本科生开展调查。调查涉及的时间为 2 个月，一般为学生较完整在校的 3 月份、4 月份，或者 10 月份、11 月份；调查内容为学生 2 个月的手机平均消费，含套餐及固定费，套餐外短信、彩信费，套餐外语音通信费，自有增值业务费等在手机上发生的一切费用。二是确定家庭经济困难学生与其手机消费挂钩的认定标准是：如无特殊情况，月平均手机消费为 100~150 元（含 100 元）的学生，至多被认定为"家庭经济一般困难"，如果已被认定为"家庭经济特别困难"，将降级到"家庭经济一般困难"；月平均手机消费超过 150 元（含 150 元）的学生，学校将取消其家庭经济困难学生资格；月平均消费在 100 元以下（不含 100 元）的学生，将保留其原有认定等级。三是采取有效措施，确保数据真实有效。第一，收取并统计手机消费数据。即指定的 2 个月手机消费数据由学生本人提供，学生工作处对数据进行统计。第二，开展数据分类。学生工作处将整理好的手机消费数据按消费额度分类反馈，对手机月平均消费在 100 元以上的学生进行了解、排查。第三，学院了解并上报学生情况。各学院通过调查、约谈等方式对手机月平均消费在 100 元以上的学生一一进行了解，掌握学生手机使用偏多原因。第四，公布家庭经济困难学生再认定结果。根据学院上报的排查情况，学生工作处进行二次复核。对于因手机捆绑消费、创业、兼职、科研、家庭变故等特殊情况产生的高额手机消费的学生，维持原家庭经济困难学生认定等级；而对无特殊情况以及本人自愿退出家庭经济困难学生库的学生，则降低原认定等级或取消家庭经济困难学生资格。手机消费调查的再认定结果在全校范围内公布，并更新学校家庭经济困难学生库。话费调查增强了家庭经济困难学生认定工作的严肃性，提高了学生资助工作的精准性，促使学校各类资助款项真正用于需要的学生身上。中国矿业大学采取了"四三二一"的办法精准认定家庭经济困难学生[①]。"四级评

---

① www.xszz.cee.edu.cn/pwblic/index.php/shows/4/3032.html

议"，即实行学生建档资格审查。每年9月，需要申请建档的学生需如实填写《中国矿业大学家庭困难学生申请建档登记表》，并向所在学院提交加盖家庭所在乡、镇或街道民政部门公章的《高等学校学生及家庭情况调查表》或家庭经济困难证明，且对所提供证明材料的真实性做出书面承诺。学校对申请材料采取"四级评议"，即：班级评议、年级评议、学院学生工作领导小组评议、学校资助管理中心评议。"三方监督"，实时监督学生消费水平。第一方监督为同学监督，如发现学生铺张浪费情况，可以及时向学院反映情况。第二方监督为辅导员、班主任监督，如发现学生存在弄虚作假行为，经查实将取消学生的家庭经济困难认定，并对学生进行处分教育。第三方监督为学校资助管理中心监督。如发现学生连续数月消费金额远超其家庭经济承受能力，将结果反馈学院，由学院调查清楚后进行相应处理。"二层教育"，即实际提高学生诚信和感恩意识。第一层教育为学校教育。学校成立学生服务总队，凡申请家庭经济困难建档的同学都纳入其中，定期在学校图书馆、机房和校园内进行志愿服务活动，培养学生的感恩意识和奉献精神。第二层教育为学院教育。根据学校的要求和安排，学院会定期与家庭经济困难学生进行交流，了解学生动态，鼓励学生努力学习，助力学生成长成才。"一次调研"，实地了解学生家庭经济情况。学校每年暑假都会组织各学院学生工作干部进行"溪水行动"，即对建档学生家庭进行走访。一方面，是为了掌握学生真实的家庭经济情况，防止家庭经济困难认定过程中弄虚作假；另一方面，也是建立与家长的联系，共同帮助学生成长成才。

## 二、高校家庭经济困难学生资助工作中存在的问题

面对学生资助工作的新要求，各地及各高校都采取了一些有效的措施，进一步提高学生资助的精准性，但是，精准资助是一个复杂的系统，仅仅依靠单一的手段难以做到。高校要实现精准资助的"两个一"目标——在对家庭经济困难学生的认定上，应助学生"一个都不能少"，不应助学生"一个都不能有"。总体上看，高校学生资助还存在以下几个问题。

### (一) 资金分配不平衡

#### 1. 从国家教育经费投入来看

我们都知道，兴办教育需要大量资金投入，不论是发达国家还是发展中国家都会在不同程度上遇到资金困难，特别是在我国这样一个拥有 14 亿人口的国家发展高等教育遇到资金的困难相对更大。数据显示 2012—2018 年我国教育经费占 GDP 比例[①]：2012 年是比例最高的，达到 4.28％，之后 2013 年 4.16％，2014 年 4.15％，2015 年 4.26％，2016 年 4.22％，2017 年 4.14％。2018 年我国财政性教育经费占 GDP 比例为 4.11％，评价一个国家对教育投入的重视程度，不是看绝对的经费数据，而是看相对的比例。整体上看，我国的教育经费的投入虽然离发达国家还有一定差距，但教育经费支出连续 7 年保持在 GDP 的 4％以上，这殊为不易。在高校经费投入这块，存在两个明显的特征。一是部属高校和地方高校的差别大，二是发达地区高校和中西部地区高校的差别比较大，教育部直属高校的生均拨款每年 2 万元以上，发达地区的高校每年在 1.6 至 1.8 万之间，但中西部高校的生均拨款每年是 0.8 到 1.2 万之间，生均拨款达不到 1.2 万元的水平。

#### 2. 从高等学校资助经费投入来看

随着我国经济发展和居民消费水平的提高，高等教育资助的额度也在不断增加，覆盖面逐渐扩大。历年《中国学生资助发展报告》数据统计显示，我国普通高等学校的资助总额稳步提升，2017 年高等学校资助总额更是首次突破了 1000 亿元大关，比 2006 年增长了 5 倍多。

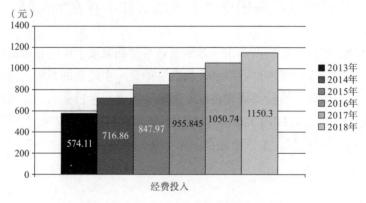

图 2.1  2013－2018 年高校资助经费总额

---

① http://finance.sina.com.cn/roll/2019—04—30/doc—ihvhiewr9150321.shtml

如图 2.1 所示，虽然资助经费的总额在提升，但是提升的速率已经在减缓。而财政资金是高等教育资助的主要组成部分，由于各省市各地区的经济发展水平不同，财力不均衡，对大学生资助的力度也差别较大。以 2016 年为例，根据《中国教育经费统计年鉴（2016）》中的普通高等学校助学金数据和《中国统计年鉴（2016）》中的普通本专科在校生数据，可算出各省份人均助学金额度。其中，北京市的普通高等学校人均资助金额最高，为 17138 元，其"资助首位度"（首位城市与第二位城市的人均资助金额之比）为 4.2，而其他省市的人均资助额度范围在 1136~4092 元之间。发达地区的人均资助金额也明显高出西部地区一大截，说明普通高等学校资助金的分配存在严重失衡。

**3. 从高校资助金来源分配来看**

从历年发布的《中国学生资助发展报告》可以看出，财政资金仍然占主导地位，2018 年普通高校资助财政投入 530.31 亿元，占普通高校资助资金总额的 41.50%。2018 年国家助学贷款 325.54 亿元，占普通高校资助资金总额的 25.48%，学校从事业收入中提取支出资助资金共 291.97 亿元，占资助资金总额的 22.85%，社会资助资金超过 130 亿元，占资助资金总额的 10.17%，如图 2.2 所示。

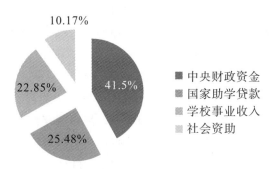

**图 2.2  2018 年全国高校资助资金来源分布**

从以上对四类资金的分析，我们明显可以感觉到资助金的分配存在失衡现象。西部地区经济不发达，贫困人口多，西部地区的高校本身从招生对象来讲，除开 211、985 或者学科非常有特色的学校外，普通高校生源可以说约 70% 都是来源于西部地区，家庭经济困难学生非常多。以笔者所在学校为例，笔者所在学校的特殊群体学生是同市 211 高校的两倍。再有，2018 年全国高校从事业收入中提取支出资助资金共 291.97 亿元，占资助资金总额的 14.29%，实际上对一般的普通院校而言，事业收入远远低于重点高校，因此提取的资助金虽然都达到了国家要求的最低标准，但是从总的金额来看，绝对额是比较小的，社会资助方面可以说更是差距巨大。社会资助一般说来有两种比较集中的情况，一种是由学校毕业的校友进行捐赠，比如马云向杭州师范大学捐赠 1 亿元；另一种是企业与高校合作设立专项奖学金。对普通高校来讲，因为生源，人才培养，学校所在地的经济水平等因素，这两种情况都不占优，因此社会资助即使有，金额也相对较小。

### （二）家庭经济困难学生认定不精准

要实现对学生的精准资助，精准认定是前提和基础，只有对象精准了，才谈得上资助精准。但是如何精准认定成了高校资助工作的难点和痛点。在了解学生家庭经济情况时，有的学生诚实、有的学生隐瞒情况、有的甚至有撒谎情况。和拥有健全税收体系的国家不同，我国没有统一的税收系统来客观评价家庭经济困难学生的贫困程度与困难等级，家庭经济困难学生认定工作主要依靠学生个人申请与班级评议的方式展开。在这过一程中，由于家庭经济困难学生困难认定申请动机多元化、学生个体性格存在差异以及学生对贫困和受助的认识差异性，在认定工作中往往触及道德底线，出现"假家庭经济困难学生"等不公平现象，影响了资助工作的公平性和教育投入的效用，更无法确保"不让一个学生因家庭经济困难而失学"的资助目标的实现。应该说，家庭经济困难学生认定，特别困难的学生是比较容易认定的，难就难在一般困难的学生。纵观高校困难学生认定，各地及高校关于家庭经济困难学生认定的办法和标准，确实是五花八门。有的高校规定提出在外租房或经常去网吧的学生，不能认定为家庭经济困难学生，就出发点和技术层面而言，未尝没有一定道理。只是，如此具体而微的限制条件，稍具备常识的人，都知道存在问题。比如，不能经常去网吧，那么自己购买笔记本电脑，算吗？因为学习需要，买不起电脑难道也不能去网吧？过去就有高校要求购买笔记本电脑的学生不能被认定。按照这个逻辑，经常上网就不能被认定为家庭经济困难学生，显然有违常识。高校家庭经济困难学生认定的不精准，主要由下列问题引起。

第一，高校家庭经济困难学生认定建档模式单一。大部分高校采取如下认定方式：学生提交认定材料——班级民主评议（认定）——学校建档的模式。此种认定模式存在几个明显的问题：一是认定缺乏多元化机制，仅仅依靠文字材料，即由政府相关部门出具证明学生家庭经济困难的书面材料，但是部分学生为获得困难资助存在虚开贫困证明现象和谎报家庭困难情况，因此可信性不强；二是学校家庭经济困难学生认定主观因素占比重较大。学生由于彼此之间对家庭不熟悉不了解，因此在民主评议过程中，学生更多是靠学生之间的熟悉程度进行评议，准确性较差，特别是新生入学期间的首次认定更是不能准确反映学生的情况。在实际工作中，政府相关部门出具证明学生家庭经济困难的书面材料，应该说有较大的可信度。但是部分学生为获得困难资助存在虚开贫困证明现象，为高校认定带来了困难。

第二，高校家庭经济困难学生认定缺乏科学合理方法。虽然从教育部到各省市到学校都出台了关于家庭经济困难学生认定的指导意见，但由于高校学生人数多，个人情况复杂，且整个社会资源的数据库没有建立，对家庭收入没有一个明确的统计。《教育部关于取消一批证明事项的通知》（教政法函〔2019〕12号）规定：取消家庭经济困难学生家庭经济情况证明，学生的家庭经济情况改为学生本人或学生家长承诺。由学生本人所填写的家庭经济情况调查表，家庭的经济来源，这对学生诚信、家长诚信是一种考验。这一重大举措，更是为高校精准资助工作带来了挑战。

### （三）高校家庭经济困难学生管理不精准

高校对家庭经济困难学生的管理涉及方方面面，比如对建档学生的档案管理、资助金的发放、获得资助学生的动态管理，包括休学、复学、违纪、勤工助学等。目前，高校家庭经济困难学生的管理存在不精准现象体现在以下几点：

第一，存在重资助评定轻助后管理的现象。有的高校没有对受助学生资助金使用进行监督，只注重完成评定任务，对学生的资助金使用情况基本不了解；学校没有对通过不正当途径获取资助金的行为进行严厉的处罚，对个别虚开证明材料或者虚构家庭情况而获取资助等没有进行严厉的处罚；学校对受助学生的约束机制建设不到位，有的高校有约束机制，但可操作性较差。

第二，对受助学生缺乏有效监管机制。目前高校对受助学生的管理虽然也出台了一些管理制度，比如无偿参加公益活动，有违纪现象的收回助学金等。但是始终存在管理空心化现象，制度浮于表面。如对学生资助金的使用方面，缺乏有效的监管机制，对学生的消费行为，缺乏有效的监督和管理。导致部分学生评定助学金后把资助金不用于学习，而用于高消费等。没有把学生的学业管理与助后管理结合起来。缺乏科学有效的管理制度和方法，加强助后学生的管理。

第三，存在重物质帮扶轻精神关爱。家庭经济困难学生承受着较大的压力，学生容易出现自卑、孤僻、人际关系敏感、自我封闭等心理问题。一方面，他们把自己视为校园中的弱势群体，自卑心理严重；另一方面，他们又不希望被贴上贫困的标签，自我封闭，很少参加集体活动，甚至不愿承认自己是家庭经济困难学生。甚至有些学生视"贫困"为羞耻，自惭形秽，采取逃避、退缩的消极态度。而有的高校只重视物质方面的帮助，缺乏对家庭经济困难学生需求的重视，给予家庭经济困难学生在人际交往、学业、个人成长等方面提供帮助。

## 三、高校家庭经济困难学生精准资助的实现路径

### （一）树立精准资助理念

#### 1. 树立实事求是的资助理念

实施精准资助就是要改变以往粗放的资助模式，通过完善资助体系，树立实事求是理念，改革资助方式和方法，实现学生资助精细化、科学化、管理精准化，解决因人情资助、关系资助造成应扶未扶、扶富不扶穷等不公问题，杜绝弄虚作假，切实帮助广大家庭经济困难学生顺利入学并完成学业，真正体现教育公平。

#### 2. 树立学生参与的资助理念

学生是资助工作的对象，改变被动式资助，鼓励和引导学生参与资助工作，提升学生在自身利益问题上的话语权，能有效增强学生对政策的认同感。高校可针对学生的地域、专业、文化、民族等特点，创建特色资助项目，建立资助项目运行机制，开展特色资助服务。让学生参与资助，在项目实践活动中磨炼自我、提升自我，实现物质与精神的双重祛贫。

#### 3. 树立问题导向的资助理念

家庭经济困难学生各自家庭致贫原因不同，对资助的需求也不同。家庭经济困难学生的资助需求呈现多样化的发展趋势，主要表现为三个层面：一是确保家庭经济困难学生在学习和生活上有基本的保障，主要面向全体家庭经济困难学生，其基本目标是实现"不让一名学生因家庭经济困难而辍学"的承诺。二是通过资助工作促使学生德才兼备、全面发展。三是通过资助育人工作将一部分优秀的家庭经济困难学生培养成为创新创优型人才。要根据不同阶段、不同环节、不同对象，有针对性地开展学生资助政策宣讲活动，分类指导，突出主题，注重实效。因此，学校在制定资助政策时，在考虑经济济困的同时，还要考虑到家庭经济困难学生个体的差异。有些学生需要保障性的生活资助，有些学生需要发展性的能力资助，有些学生需要心理和情感方面的扶助。只有深

入了解学生的需求，才能实现精准化资助的目标。

### （二）强化精准资助队伍建设

学校资助队伍建设是落实精准资助的首要保障，高校应该从两方面入手。首先，要建立专门的学生资助机构。资助机构可以挂靠学生工作部。资助机构的主要职能包括：宣传资助政策、建立精准识别家庭经济困难学生的指标体系、建立资助管理信息系统、提供实践服务培训平台。其次，要配齐配强专职资助工作队伍，要按照 1∶2500 的规定进行人员配置。专职资助工作队伍包括学校、学院资助机构的教师和辅导员，这支队伍必须熟练领会和掌握国家、学校的相关资助政策与措施，能够与学生深入交流，并熟悉学生基本情况，掌握受助学生及其家庭经济情况的变化，为资助工作提供可靠的信息支持，树立精准化资助的新理念，从而确保资助对象和措施精准化。

### （三）构建精准识别机制

在高校精准资助工作开展过程中，家庭经济困难学生认定是首要环节，是开展精准资助的基础，是制约精准化资助的关键所在，也是最容易产生问题的环节。精准识别家庭经济困难学生，首先，应当明确参与认定的各个主体的权责关系，逐步完善行政问责机制，着力形成国家宏观指导、地方政府微观实施和高校具体实施的科学工作格局。其次，高校家庭经济困难学生认定要坚持以下四个基本原则：一是坚持实事求是、客观公平。认定家庭经济困难学生要从客观实际出发，以学生家庭经济状况为主要认定依据，认定标准和尺度要统一，确保公平公正。二是坚持定量评价与定性评价相结合。既要建立科学的量化指标体系，进行定量评价，也要通过定性分析修正量化结果，更加准确、全面地了解学生的实际情况。三是坚持公开透明与保护隐私相结合。既要做到认定内容、程序、方法等透明，确保认定公正，也要尊重和保护学生隐私，严禁让学生当众诉苦、互相比困。四是坚持积极引导与自愿申请相结合。既要引导学生如实反映家庭经济困难情况，主动利用国家资助完成学业，也要充分尊重学生个人意愿，遵循自愿申请的原则。再次，在建立量化评价指标体系过程中，量化评价指标体系应将生源类别、生源地收入水平、就学地消费水平、健康状况、家庭人口及供养关系、家庭收入、消费数据、资助需求、已获资助等信息作为主要参数，建立贫困程度的量化评定公式及分类办法。最后，负责资助工作的领导、教师、学生干部要充分与资助对象沟通，掌握其真实的心理状况以及量化考核无法评价的情况，增强家庭经济困难学生认定的灵活性。

同时，要构建多元认定模式。包括：家访方式。学校应该对学生开展家访，这项工作实际是一举两得。一方面，了解这部分学生的真实家庭经济情况；另一方面，对学生本人承诺的家庭经济情况也是一种检验，对向学校虚假承诺家庭情况的学生是一种震慑；消费数据调查方式。学校应建立学生消费数据信息库，信息库应尽可能多的包含学生消费数据，如：学生的食堂消费情况，学生的电子产品的使用情况、学生网络购物情况、学生电信（话费、宽带）消费情况。跟踪关注学生的消费数据，对学生的消费数据进行分析，通过消费数据了解学生家庭经济情况；大数据查阅方式。教育部门要推动各级学校建立学生资助信息电子档案，档案包括学生从小学到中学的受助情况，建立受助学生的公共查询平台，为每一所高校提供查询功能、数据导出功能或者可由省市招生部门每年向学校提供；学生个别访谈方式。学校要建立学生个别访谈机制，辅导员要对每一个学生进行深度的访谈，通过访谈了解学生家庭成员构成情况，父母工作情况，家庭收入情况；民主评议方式。学校要成立以辅导员为组长，班级学生代表为成员的评议小组，在结合前期各类数据的情况下，进行民主评议，要加强对评议结果的运用。

## （四）构建多元精准资助模式

在遵守国家政策要求的前提下，在保证资助工作公平公正的情况下，高校要充分考虑贫困学生的利益诉求，尊重家庭经济困难学生的意愿与选择，着力促进家庭经济困难学生个人发展能力的提升。要建立贫困学生数据库，全面了解和把握学生的思想动态和学习情况，并结合谈心谈话和宿舍走访等手段，更好地发现学生的具体需求，提高精准扶贫的质量，使扶贫更加及时、可靠。因材施教，因势利导，将简单的经济资助升华为情感抚慰和能力提升，将向家庭经济困难学生"输血"的资助流程，转变为培养家庭经济困难学生自身"造血"能力的过程，提高家庭经济困难学生在资助工作中的参与度与个人自我实现的满足感。

### 1. 建立以学校制度为主体的经济资助模式

学校资助制度的设立，要充分考虑各类学生资助的需求，比如建立临时困难资助——精准资助学生家庭和学生本人突发状况引起的临时困难；学费减免资助——精准资助孤儿、优抚对象、家庭或本人遭遇突发变故造成家庭经济困难；勤工助学资助——精准资助愿意参加校外社会实践的家庭经济困难学生等。高校要积极争取中央和地方政府专项财政资金，要严格按照政府有关文件规定，按高校事业收入的一定比例足额提取资助经费，专项用于学费减免、助学贷款风险补偿、勤工助学、奖学金、助学金、困难补助等。除此以外，高校还应通过校友会、基金会等渠道筹集社会捐助资金，吸引各类企事业单位、社会团体和个人在学校设立奖学金、助学金，为家庭经济困难学生提供更多的资助途径。

2. 建立以结对帮扶为主体的精神资助模式

对于家庭经济困难学生精神层面的需求，学校应充分考虑每个学生的个性特点，开展领导干部结对帮扶，党员教师结对帮扶，搭建师生帮扶的桥梁，以精准到位的关心指导促进其健康成长。一是学校要将"帮困助学"与"育人筑梦"紧密结合。定期开展心理健康教育，对家庭经济困难学生的心理健康状况进行普查，并通过心理辅导教师、班级心理委员等细心观察家庭经济困难学生动态，开展适当的心理辅导，帮助他们减轻心理压力、摆脱成长困惑。倾听他们的心声，帮助他们解除自卑感和胆怯心理，树立克服困难的信心和决心，培养良好的心理素质，关注自身发展，努力提升和完善自我。二是加强对家庭经济困难学生进行国家资助政策的宣传，帮助他们树立正确的荣辱观，引导他们正确面对眼前的困难，积极主动地利用国家资助完成学业。三是坚持资助育人导向，以资助评选为契机，对家庭经济困难学生进行相应教育和培养：在奖学金评选发放环节，培养学生奋斗精神和感恩意识；在国家助学金申请发放环节，深入开展励志教育和感恩教育，培养学生爱党爱国爱社会主义意识；在国家助学贷款办理过程中，深入开展诚信教育和金融常识教育，培养学生法律意识、风险防范意识和契约精神。

3. 建立以项目管理为主体的参与资助模式

根据学生的发展需求，学校必须探索构建发展型、参与型的资助模式，使家庭经济困难学生从被动接受走向主动寻求。一是开展项目化管理。通过实施项目制管理，系统化解决家庭经济困难学生成长成才过程中的困难。通过项目化资助和方向性引导，增强学生团队合作意识和服务祖国、回报社会的责任意识，培养学生社会实践能力、科技创新能力和职业技能，从根本上改革传统"无偿经济资助"模式，实现有效资助与能力提升"双赢"。比如，学校可确定学习能力、专业技能、创新能力提升等资助大类，在此框架下设立学习型项目、社区志愿服务型项目、活动组织型项目、创业创新型项目等，促使家庭经济困难学生申请并完成适合自己的项目受助，同时实现自我发展。也可以对家庭经济困难学生开展职业技能提升帮扶，鼓励他们认真学好专业基础知识，牢固掌握专业技能，与此同时，紧密围绕社会就业需求，并结合学校自身办学特色，定期开展各类职业技能培训，促进家庭经济困难学生综合素质全面提升，帮助他们更好更快地适应职场需求。

### （五）构建受助学生精准管理机制

高校要实现精准资助必须要有一套精准管理的机制，使之能够对受助学生资助金使用进行监督，对通过不正当途径获取资助金的行为进行严厉的处罚。因此有必要建立受助学生的精准管理机制。对学生资助实施过程管理，高校要以信息化建设为突破口，建立学生资助工作动态管理信息系统。线上系统应涵盖资助工作的全部内容，包括评奖评优、学生资助、助学贷款、勤工助学等模块，学校要利用"互联网＋"，将学生管理系统与传统资助方式紧密结合，使教师可以全方位、动态性地把握每一个受助学生的情况，从而精准高效地实施个性资助。高校要建立建档调整机制。通过学生举报或家访发现与认定不符的情况，学校也应对学生的困难指数进行重新调整。调整包含认定等级的调整，主要由高调低，或者直接调出。高校要建立资助退出机制。对因约束条件达到一定限度的，直接给予退出，收回资助金。对因突发情况致贫的学生及时加入家庭经济困难学生库。高校要建立受助学生的约束机制和预警机制。比如诚信约束条件、消费约束和违纪约束等。对受助学生的家庭经济承诺要建立诚信档案，对因各种约束条件达到一定限度的，给予预警，并告知受助学生，已经发现有虚假承诺的，要追究学生责任。

## 第三节　基于大数据的高校家庭经济困难学生精准资助模式

高校学生资助工作出现资金分配不平衡、家庭经济困难学生认定不精准、家庭经济困难学生管理过程不完善等现象，需要构建适应精准资助要求的管理模式。基于大数据的高校家庭经济困难学生资助模式就是把与学生相关的大数据信息引入家庭经济困难学生资助管理的认定、建档、助后管理全过程，实现对高校家庭经济困难学生的精准识别、精准帮扶。

### 一、利用大数据开展精准资助的可行性分析

所谓大数据是指一种在数据存储、获取、管理具有超强能力的数据集合，它具有海量数据规模，快速数据流转，多样数据类型和价值密度低四大特征。

大数据的意义不仅在于对这些信息数据进行加工，产生远大于数据相加的巨大"增值"。当前时代，获取信息的渠道越来越多，各类信息内容多元、繁杂、看似独立存在但又包含着某种关联性，通过大数据分析处理挖掘事物的内在联系，获取更有价值的信息。利用大数据具有全体性、可扩充性、有待挖掘性等特点，将其引入资助工作，可充分利用大数据的特点，将家庭经济困难学生的各类信息进行关联分析，准确判断该类学生的资助需要，然后对症下药，实现精准资助和精准管理。

### （一）利用大数据能实现点与面的有机融合

大数据具有全面性的特点。所谓全面，即数据既要涵盖学校的教育评价、资金发放、日常管理及日常活动，又要包括学生校内学习、生活和消费、家庭等数据，还要包括学生校外其他相关信息。就校内而言，学生每天产生大量数据，从某种角度说，所有学生数据汇聚在一起，学校就形成了一个数据库。通过采集、筛选、分析上述的非结构化数据，挖掘出学生学习、生活相关的有效信息。如对家庭经济困难学生的认定其实就是对资助工作的"数据挖掘"的过程。借助大数据技术，可以通过实时数据信息实现动态分析、让数据说话，实现认定工作的定量与定性相结合，"挖掘"出真正的家庭经济困难学生。学生的个人数据点，与学校层面的资助体系有机融合在一起，从而实现对每个家庭经济困难学生的特定贫困情况的精准资助[1]。

### （二）利用大数据可建立资助工作跟踪机制

资助工作跟踪机制包含两个层面：一是在学校中对学生情况进行跟踪；二是针对家庭经济困难学生毕业后的就业及还款跟踪。大学生的就读年限一般为四年，具有周期性。因此，除在新生进校之初通过大数据技术建立精准贫困数据库以外，每年还应根据学生的消费情况、劳动力人口数、家庭收入情况、家庭经济变化情况、突发事件情况等进行分门别类的量化分析，然后根据贫困程度、资助需求构建本学年本班级最新的贫困数据库，避免学生每年提交同样的证明材料、重复填写同样的表格及在工作中出现信息泄露的现象。

此外，在家庭经济困难学生毕业后，根据其就业情况、受助情况进行就业指导及还款提示。总之，以数据采集及数据分析为优势的大数据技术的运用，不仅可以代替低效率的人工数据采集及分析方式，还可以提供多样化、分门别

---

① 黄燕. 大数据技术助力高校学生精准资助 [J]. 高教论坛，2018 (01)：80—82.

类以及具有安全及隐蔽性的信息数据库，从而保护学生隐私，保障数据安全，最终形成资助工作数据安全及动态的跟踪机制，实现精准管理，提高精准资助的效率。

## 二、数据采集与数据处理

对学生来讲，围绕学生的数据内容很多。从数据来源的结构来说①，数据主要来源于民政部门、各级资助管理部门、学院、班级、家庭、学生社团等组织；从数据来源的主体来看，数据主要来源于政府相关工作人员、资助工作负责教师、辅导员、班主任、专任教师、学生等；从数据来源的工作来看，数据主要来源于绿色通道、各类奖助学金、国家助学贷款、学费免和缓缴、勤工助学、资助育人活动等方面。从这里的分析可以看出，无论是从数据来源的机构，还是数据来源的主体和工作，都表明数据来源是多样化的，但是，从当前来看，主要的数据来源是学校的资助管理部门的数据较多，来源于民政部门、家庭或其他方面的数据相对较少，并且来源于经济资助的数据较多，来源于精神资助或资助育人方面的数据较少，尤其是资助育人方面的数据还未被充分重视。

因此，在数据的收集过程中，我们把学生数据分为包括家庭基础数据、学校基础数据、学生消费基础数据、发展需求基础数据四大类。我们需要从大量的现实数据中找出与我们学生资助相关联的数据。那么对学生的数据采集，应该包含以下内容，见表2.1、表2.2、表2.3、表2.4。

表 2.1　家庭基础数据

| 数据项 1 | 数据项 2 | 数据项 3 | 数据项 4 |
|---|---|---|---|
| 家庭人口数 | 成员健康状况 | 经济收入情况 | 低保情况 |
| 家庭人员构成 | 成员工作情况 | 主要支出情况 | 建卡户情况 |

---

① 安哲锋，李颖，王文杰. 大数据背景下高校学生资助数据分析及应用思考 [J]. 高教学刊，2018 (15)：60—62.

表 2.2　学校基础数据

| 数据项 1 | 数据项 2 | 数据项 3 |
|---|---|---|
| 受资助情况 | 勤工助学情况 | 学习成绩情况（补考、学分） |
| 民主评议情况 | 社会实践情况 | 日常表现情况（违纪、诚信） |

表 2.3　消费基础数据

| 数据项 1 | 数据项 2 | 数据项 3 |
|---|---|---|
| 电子产品消费 | 网络消费情况 | 购物、话费、游戏 |
| 电脑、手机、平板 | 生活消费情况 | 食堂、超市、旅游、高档物品 |

表 2.4　发展需求基础数据

| 数据项 1 | 数据项 2 |
|---|---|
| 学习需求 | 学业、就业、考研 |
| 个人综合需求 | 社交、心理、人际 |

　　上述所提出的四大类数据中，家庭基础数据和学校基础数据这两类还是比较明确，消费基础数据和发展需求基础数据的获取比较困难，如网络消费数据中的话费、流量等需要运营商提供相关数据，食堂和超市需要学校"一卡通"提供消费数据，而高档物品、旅游、购物等则需要日常的观察和统计。电子产品消费，主要看拥有电子产品的价格而不是看数量。发展需求数据，由于每个家庭经济困难学生成长的环境不一样，需求千差万别，可以归类进行统计。数据收集完成则可以建立家庭经济困难学生大数据中心。如图 2.3 所示：

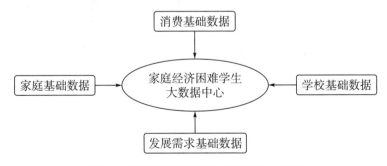

图 2.3　家庭经济困难学生大数据中心结构

　　数据分析是整个基于大数据资助系统构建的关键，数据分析中特别值得关注的是家庭经济困难学生的认定，这是精准资助的前提。科学的家庭经济困难学生认定离不开大量的基础数据，只有家庭经济困难学生认定精准才能谈精准资助。在认定过程中可以建立认定模型，可以考虑建立一个基于大数据的量化认定体系，见表2.5。

表 2.5 　认定体系构成

| $X$ | 表示资助认定工作所需要考虑的各项指标 |
|---|---|
| $W$ | 表示指标的权重 |
| $E(X)$ | 表示考虑学生整体情况后的经济困难程度 |
| $E(X)$ | $X_1W_1 + X_2W_2 + X_3W_3 + X_4W_4 + X_5W_5 + X_6W_6 + \cdots\cdots$ |

其中 $X$ 所表示的各项指标值代表（经济困难程度越高，各项指标的赋值越高，最低为 0，最高为 100），例如：$X_1$ 表示低保、当地民政，扶贫等部门的信息数据；$X_2$ 表示父母的工作、身体健康、家庭人口数、家庭收入来源等状况；$X_3$ 表示家庭遭受自然灾害情况及家庭成员遭受重大疾病等状况；$X_4$ 表示话费消费、银行卡消费、一卡通消费等情况；$X_5$ 表示生源所在地经济发展水平；$X_6$ 表示班级民主评议情况等。

$W$ 表示根据各项指标的重要性水平赋以的权重（各项权重总和为 1），其中：

例如：$W_1 + W_2 + W_3 + W_4 + W_5 + W_6 + W_7 + W_8 + \cdots\cdots W_n = 1$，可以考虑 $W_1$—0.30；$W_2$—0.2；$W_3$—0.10；$W_4$—0.10；$W_5$—0.0；$W_6$—0.0；$W_n\cdots\cdots$

因此，基于以上量化模型，所得的数学期望 $E(X)$ 越高，说明学生家庭经济状况越差。

当然这里应该考虑极值的情况，可以根据以往大数据的分析，设立满足家庭经济困难学生条件的 $E(X)$ 的最低值，从而筛选出确实需要资助的家庭经济困难学生。同时将 $E(X)$ 划分成三个梯度，分别对应特殊困难，困难和一般困难。该模型只适用于正常状态下的家庭经济困难学生的认定工作，特殊情况下，需要辅导员老师进一步核实。

这里的数据分析还可以重点考虑学生的消费数据，可以考虑几个数据的比较，如：全校学校在食堂的月平均消费次数、月平均消费金额等。数据处理可以参考以下路径，如图 2.4 所示。

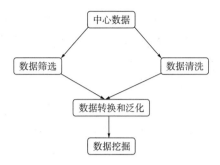

**图 2.4　数据分析与处理流程**

数据筛选：选取适量和适当的中心数据作为实验数据，把数据划分为训练数据和验证数据。

数据清洗：主要包括检查数据的真实性和一致性，对缺失值的处理，对无效的信息和无关的信息进行剔除。

数据转换和泛化：根据数据的特点，将数据转换为统一的形式，方便数据挖掘。一是在数据的处理过程中还可以考虑利用在线分析处理①（On Line AnalysisProcessing，OLAP）。通过 OLAP 操作，实现多角度、多层次的多维数据组织与分析，具体是指使用一卡通系统数据库中的数据转换来统计学生的消费信息，可以月份为单位把每名学生消费金额、主要的消费时段、内容和地点都作统计处理，总结处理学生的生活状况，计算出基本消费水平。二是数据挖掘。基于学生校园卡消费的关键指标，可使用 SPSS Modeler 中的 K－Means 算法进行挖掘建模。进行两阶段聚类。第一阶段是粗类，用来区分家庭经济困难学生与非困难学生两个大类；第二阶段是细聚类，对家庭经济困难学生分为特别困难、比较困难、一般困难三级即三个细类。在此基础上比对分析各细类间的消费情况。找出学生学校基础数据、学生家庭基础数据、学生消费数据中各数据在家庭经济困难学生认定中的权重。对挖掘结果的复杂度和预测准确性进行分析，建立基于大数据的家庭经济困难学生认定模式，选取验证数据对新模式的可行性、准确性进行验证分析。后续还可以对受资助的学生进行动态管理。

通过家庭经济困难学生大数据中心收集的学生各类基础数据，建立受助学生的约束机制，约束机制通过数据中心根据设定条件自我进行判断。具体条件可设置如下学习约束条件：包括受助学生学习绩点、补考情况、重修情况、休学、退学、参军入伍等异动情况。消费约束条件：高档生活用品、高档电子产

---

①　朱杰. 基于数据挖掘技术的高职院校学生精准资助体系框架研究［J］. 文化创新比较研究，2020，4（03）：192－194.

品、一卡通消费、电话网络消费、旅游消费等。操行约束条件：受助学生违纪情况、上课情况、寝室表现、诚信情况。这里也可以根据学校自己的实际情况，建立更多的约束条件，加强对受助学生助后的管理，处理。预警机制：对因各种约束条件达到一定限度的，给予预警，并告知受助学生。建档调整机制：包含调整认定的困难等级，包括由高调低，或者直接调出。退出机制：对因约束条件达到一定限度的，直接给予退出，收回资助金。

通过家庭经济困难学生大数据中心收集的学生需求基础数据，建立受助学生的成长服务平台。通过建立成长服务平台为学生提供精准的个人成长帮扶。服务平台由学校多部门分工协同建立。应包括招生就业处、学工部、团委、科研处、教务处等部门。并且可以通过平台对学生的成长进行跟踪，如图2.5所示。

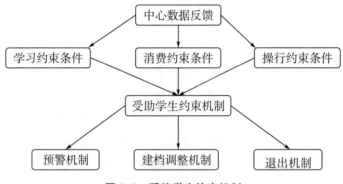

图 2.5　受助学生约束机制

学校主要建立三大服务平台。一是学业服务平台：包括学业辅导、就业辅导、考研辅导、专业技能辅导等。二是个人服务平台：包括提供心理咨询、提供职业生涯规划、社交、艺术、体育、美术、创业等培训。三是社会服务平台：包括参与各类公益服务项目，参与各类勤工助学活动等，如图2.6所示。

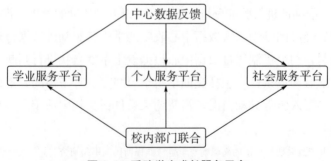

图 2.6　受助学生成长服务平台

把大数据引入高校的学生资助工作，把学生相关的大数据信息引入家庭经济困难学生资助管理的认定、建档、助后管理、帮扶全过程，通过采取新模式可以有效提高高校家庭经济困难学生认定的准确性，提升高校学生资助管理水平，有利于高校精准资助工作的深入落实，如图2.7所示。

图 2.7　基于大数据的资助管理模式框架

## 三、基于大数据的高校家庭经济困难学生精准资助管理系统

构建基于大数据的家庭经济困难学生资助管理模式，是一个系统工程，涉及数据量大，对计算机能力要求高。学生精准资助管理系统是实现学校精准资助的基石，系统必须以学生实时动态数据为支撑，由资助业务模块，资金发放模块，学生认定模块，消费分析与预警模块，学生助后管理与预警模块，受助学生个人成长的精准服务模块组成，使学校的管理线上线下有机融合为一体，如图2.8所示。

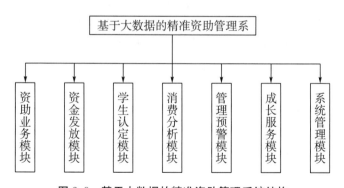

图 2.8　基于大数据的精准资助管理系统结构

### （一）资助业务模块

资助业务模块是整个系统的核心，它包含所有的资助业务以及业务流程。该模块包含三大类，分别为奖学金模块，助学金模块以及日常资助模块。其中

奖学金模块包含国奖奖学金、励志奖学金、校内设立的各类奖学金、社会奖学金等业务从申请到审批到发放的业务流程。助学金模块包含国家助学金、校内助学金以及社会助学金等业务从申请到审批到发放的业务流程。日常资助工作模块包含绿色通道、节假日慰问、勤工助学、生源地贷款、应征入伍退役复学学生学费补偿、基层就业学费补偿以及临时资助、特殊困难资助、学费减免等业务从申请到审批到发放的业务流程。

## （二）资金发放模块

助学金涉及家庭经济困难学生的民生，有的学生需要助学金解决吃饭等生活费问题，所以要尽可能在学生需要的时候，把钱及时、足额地发放到他们手里。如国家助学金等需要在每月月初及时发放到学生手中，临时困难资助等则需要及时审核，及时发放。为确保精准发放，需要在资金发放模块中增加短信推送和设立咨询投诉邮箱等。

## （三）学生认定模块

学生线上申报、线上提交辅助证明材料、线上签订承诺。辅导员和管理人员线上线下双审核、学生民主监督反馈，采用分权重方式对学生贫困等级初步评定，并根据学生校园消费得分情况进行校正。学生登录系统选择模块[①]，进入申请页面，填写相关信息，提交申请，系统将申请移动到数据库中。建立审核页面，系统显示本院系管理范围内申请者的应用信息，自动与数据分析模块比对后提供申请者类归属的参考信息，并提醒辅导员要审查学生的申请。如果批准，结果将提交到数据库；如果没有，则返回通知。校学生资助部门或院系管理员登录系统后，系统将根据部门或院系级别审核辅导员批准的学生申请信息。如果申请获得批准，信息将存储在数据库中，同时向学生反馈有新的工作通知，并且申请不会返回到请求中。学生也可以查询批准结果。

## （四）消费分析模块

这是系统的核心，系统与一卡通中心互连，实现学生消费数据的共享。根据实际需要抓取学生在校园一卡通中的消费数据，对学生校园消费情况进行适时动态分析。可以以月、周为统计精细粒度，从食堂消费顿数、顿均消费金

---

① 朱杰. 基于数据挖掘技术的高职院校学生精准资助体系框架研究［J］. 文化创新比较研究，2020（03）：192-194.

额、顿最高消费金额、顿最低消费金额、超市消费数据、贷款数据、欠费数据、水卡和网卡消费数据、校车数据、洗衣数据等多个维度的消费数据建立家庭经济困难学生精准识别统计模型，并根据综合得分情况调整建档过程中的困难等级。根据学生的消费数据自动分析及等级评价，对家庭经济困难学生的高消费行为进行及时的引导，让学生形成正确的消费观念，同时也便于从消费变化角度及时观测各种学生资助政策的实施效果。对于系统数据评价非困难低消费学生，通过辅导员线下的及时核实和反馈，结合临时性家庭经济困难学生资助制度建设，让隐形家庭经济困难和临时性家庭经济困难的学生能够得到及时的资助。

### （五）管理预警模块

管理预警模块首先要和与学生紧密相关的各个领域的系统相互共享。包括教务、学工、财务、团委、就业等学生在校内一切学习、生活和其他活动的系统。高校再利用组织结构的优势，将各类数据通过建立学习约束条件，操行约束条件对因各种约束条件达到一定限度的，给予预警，并告知受助学生。同时，根据实际情况调整建档过程中的困难等级甚至直接予以退出，并收回资助金。

### （六）成长服务模块

成长服务模块对学生前期填报的需求基础数据进行汇总和分类。按照学生的需求反馈给学校相应的部门。相关部门根据学生的需求制定相应的资助计划或者培训计划等，同时可以通过线上对学生的需求进行细化调研，也可以由部门发起协作服务。

### （七）系统管理模块

系统管理模块[①]包含两部分：系统的基本设置和功能参数的设置。其中，系统的基本设置具有用户管理与权限设置功能。用户登录是系统的窗口界面，主要用于判断用户类型，根据用户名和密码来分配相应权限，具有添加、修改、删除用户与用户密码等维护功能。权限设置有班主任或辅导员、院系管理员、部门管理员和超级管理员等四类，即四级管理员，其中超级管理员具有所

---

① 朱杰. 基于数据挖掘技术的高职院校学生精准资助体系框架研究［J］. 文化创新比较研究，2020（03）：192-194.

有的权限。每类管理员的权限由系统做统一分区，上级管理员有权限来管理下一级管理员。管理员之间的相同级别的信息是独立的。各级管理员可以根据自己的权限对系统用户进行管理，只能在相应的权限内查看、修改和删除管理信息数据，有效地保护系统的安全。学生是一个普通用户，本人可以通过学生ID（学号）和密码登录系统。学生通过登录系统可进行资助业务的申请，查看资助信息，此应用的一般发布置于学校校园网的系统界面上，对资助工作的组织和实施进行信息传播。功能参数包括信息审核与发布、数据备份与恢复、日志管理等。在功能参数设置方面，数据备份与恢复模块可以设置自动数据备份的间隔，手动或自动备份数据库数据，即使在数据丢失时也能恢复数据。

　　系统采用线上为主，线下为辅的有机结合工作模式。线上，通过系统的建设运行，把原来学生资助评审的资料收集整理、评审、反馈工作网络化，极大地减轻了学生、辅导员的工作负担；通过分级分类授权方便查询和汇总统计，增强了信息透明度，促进了学生资助工作的公平、公正和公开；无论学生消费行为预警和引导还是学生动态关怀针对性更强，更加精准；能够实现学生资助工作从申报、评审、资金发放、效果监测、反馈的全周期管理。线下，辅导员通过疑点排查和家访核实进一步加强对家庭经济困难学生的认定。如认定系统中的定性指标，如果出现明显与家庭经济困难学生家庭情况不相符的情形，如：父母在政府工作、家里有小汽车、购买商品房、学生使用奢侈品等，辅导员可以通过面谈的形式对有疑点的情况一一排查，该方式在确保认定精准度的同时提高认定工作的效率，确保数据的真实性。学校可以在每年寒暑假开展家庭经济困难学生家访工作时了解学生家庭实际情况，确保认定工作的真实有效。通过家访和调查，如发现存在虚假证明材料、夸大经济困难程度等情况，及时开展思想教育，并要求学生重新进行认定。

## 第四节　高校家庭经济困难学生精准资助的保障机制

　　要保证精准资助的开展质量，需要在实施方案上进行科学调控，既满足家庭经济困难学生的学习和成长需求，又要为高校教育的长效发展提供根本保障。目前，高校家庭经济困难学生精准资助的运行机制还存在不健全的地方，需要社会、政府、高校、家庭和学生等各方面的通力合作。

## 一、信息共享机制

### （一）打破信息孤岛

大数据时代，从全国到地方各级各类部门都收集了相当数量的数据，而各部门之间却存在数据不畅通，使信息成为孤岛。比如民政系统有低保等数据、扶贫系统有建档立卡学生家庭数据、退役军人管理有退役军人数据、残联部门有残疾家庭和残疾学生数据，这些数据都孤立地存在。对高校而言，情况更为复杂，同一省市这些数据整合相对容易，跨省的话无疑难度更高。因此，国家层面应该出台相应政策，整合这些数据，为高校学生家庭经济状况的核实认定工作提供必要依据和支持，每年向高校提供建档立卡贫困家庭学生、最低生活保障家庭学生、特困供养学生、孤残学生、烈士子女、家庭经济困难残疾学生及残疾人子女等信息数据。或者出台政策让高校可以对接全国扶贫系统，这样高校可以将提供的数据和扶贫系统数据作为重要参照指标，将增加数据可信度。

### （二）建立资助档案

档案是社会发展到一定阶段的产物，是历史的必然。档案管理是精准资助的奠基石，为工作开展提供借鉴，促进反思与调整；是资助公平的有力佐证，是学生诚信的助推剂。但是，在我国高校资助诚信档案还没有获得应有的重视。现有的资助体系缺乏对各资助渠道的相互交流和协调，导致有的家庭经济困难学生一人能得到几项资助而有的却一项也没有的局面。因此，国家和各级地方政府应利用当地的资助中心建立专门的学生资助档案。这个档案应该包括学生从小学开始到中学的受资助情况、感恩回馈各个方面的原始资料，按记录功能可分为个人经济信息、申请审批信息、感恩回馈信息。资助档案将伴随学生的学业生涯。政府也可以以本地生源为基本对象建立学生资助的信息共享平台，建立学生的受助电子档案。使资助档案可以支持大数据查找，为做好精准资助、了解资源配置的合理程度提供便利条件。学生在进入高校后，高校教师可以翻阅学生的资助档案，了解学生的家庭经济情况和受资助情况，增加资助的精准度。

## 二、学校保障机制

学校应建立完整地保障机制，确保各项工作能顺利开展。

### （一）制度保障

高校资助工作应建立与之相适应的资助政策，除完善与遵循现有的资助政策外，还应建立资助工作部门的信息保障制度并提供相应的工作经费保障。资助工作部门信息保障机制的建立，主要涉及大数据技术在高校家庭经济困难学生认定过程中有关的信息及数据。如何保障该类信息及数据的安全及真实，如何保障信息及数据的使用规范，如何保障信息及数据绩效评估反馈，等等，都内在地要求建立资助部门相应的信息保障制度，从而使高校资助部门相关的资助工作内容有据可依。此外，还应建立经费使用保障制度。大数据技术要在资助工作中得以运用，需要有充足的经费支持技术开发，以及有关技术指标的设计、使用标准的规划等。

### （二）人员保障

大数据技术在高校资助工作中的运用，需要资助工作者具有大数据相关知识、处理信息的技术能力及熟练的工作经验等，才能应对资助中出现的种种问题，也才能精准地识别家庭经济困难学生，做到精准资助。因此，要构建高校资助工作的人员保障制度，应根据人才发展需求及工作晋升机制建立一套人才培养体系。

## 三、监督机制

实现精准化资助，必须用法治思维指导资助工作，依靠法律、制度规范资助工作，加强权力运行的制约和监督，对在资助工作中徇私舞弊、消极怠工的责任人，要依法依规进行处理，对在资助申请中弄虚作假的责任人要加强责任追究，同时追回资助资金，从而使资助政策精准无误差地落到实处。同时高校要严格发放流程，确保资助经费实名到账。凡是发放学生的各类奖助资金，无论经费来源，严禁现金支付或由他人代办，一律实行银行实名制转账，通过采集学生个人学籍编号和银行账号，将各类资助资金直接转入受资助学生银行账户，实现资助发放环节的准确性和高效性。

　　要构建由审计、监察、社会力量参与的学生资助监督机制，保证资助工作全方位全过程在阳光下运行，确保所有资助项目公开、所有申请条件公开、所有评审过程公开、所有资助结果公开，对分配资金和资助名额进行监督，不搞简单的划比例、"一刀切"；要建立和完善学生资助监督检查和专项审计制度，加强对社会、企业助学资金的规范管理，完善透明机制；要加强投诉举报受理，严肃查处各种违规违纪行为，通过设立学生资助工作热线电话、咨询邮箱等多种途径，畅通群众反映渠道，接受社会各界监督。确保各项资助精准落实。

## 四、部门联动机制

　　大数据视域下，对于高校精准资助的有关数据的收集与获取需要多方形成合力，主要涉及学生、教务、财务、就业等部门，需要得到这些部门的通力合作和支持。需要指出的是，对所获得的数据进行分析和研究也同样需要技术与管理相结合，而结果的处理同样也亟待每个系统的协调与配合。此外，家庭经济困难学生基本生活需求之外的发展需求的满足，必须得到相关部门数据的充分支撑。包括了解被资助对象所学专业、学习计划、学习进度和其他具体学习情况数据，以及了解被资助对象追求卓越需求的突出成绩和贡献等具体数据。

　　总之，在精准扶贫重要指示的引领之下，精准扶贫开始在各个领域贯彻落实，以便实现有困必助和应助尽助。高校在推进精准扶贫的过程中，要进一步完善教育扶贫工作，就必须要对家庭经济困难学生实施精准资助，让这类学生能够真正用知识改变自己的命运，实现个人价值，并为社会发展和国家建设贡献力量。

# 第三章　进步之门：高校家庭经济困难学生学习方法研究

> 善学者，师逸而功倍，又从而庸之；不善学者，师勤而功半，又从而怨之。
>
> ——《礼记·学记》

近年来，高校家庭经济困难学生逐渐被社会各界关注，国家对家庭经济困难学生资助项目不断扩充，采取多形式多途径的资助方式，解决他们在校期间的学习、生活问题。有的高校特设专业奖学金，发放给予专业成绩优异、综合表现优秀的家庭经济困难学生，鼓励其更加奋发向上。研究表明，大学生的学习行为是一个系统过程，家庭经济困难给大学生的学习行为带来了不可忽视的影响，部分家庭经济困难学生因经济上、心理上的压力影响学习，导致成绩相对落后，甚至出现挂科现象。针对他们学习状况的帮扶工作仍存在不足，需要进一步的研究完善。本章以家庭经济困难学生的学习现状为研究对象，全面分析他们在学习中存在的问题，并针对性地提出解决措施，实施积极有效的帮扶，以提高家庭经济困难学生的学习积极性、生活自信心，确保家庭经济困难学生更快更好地成长成才。

## 第一节　高校家庭经济困难学生的学习现状及教育对策

### 一、高校家庭经济困难学生的学习现状

学术界对高校家庭经济困难学生学习方面的研究大多数关注学生的学业成

绩、学习能力和投入、学习倦怠、学习动力等方面的内容。从现有的调查研究分析，发现家庭经济困难学生的学习现状不容乐观。

## （一）高校家庭经济困难学生在学习成绩与获奖方面存在的问题

高校家庭经济困难学生挂科率较年级平均挂科率要高，部分同学甚至一学期有多门挂科、连续两学期均挂科现象。有学者对高校家庭经济困难学生的学业现状调查，发现超过80％的学生出现过不及格科目，大部分成绩处于60～70分，低于班级平均水平。有研究发现，39％的高校家庭经济困难学生在最近一学年内有课程补考或重修记录，其中不及格科目达到两门或两门以上的占17％。一项对200名高校家庭经济困难学生进行学习现状的调查发现，有65％的同学成绩一般或较差。高职院校家庭经济困难学生的考试成绩情况统计数据显示，13.49％的学生有考试不及格现象，86.51％的学生考试成绩全部及格，44.16％的学生考试成绩平均分达到76分以上。高校家庭经济困难学生在前10％排名中的总体占比偏低（6.9％），在其他区段的占比略高于平均水平。低年级阶段，家庭经济困难学生的学业表现明显落后于非经济困难学生。随着年级的升高，家庭经济困难学生的学业水平逐渐改善，位于"前10％"的学生占比逐渐增加，而位于"后20％"的占比明显降低。也有研究者认为高校家庭经济困难学生在学业上表现出明显的两极分化态势，其中学习成绩优异的占少数，家庭经济困难学生普遍学习成绩中等偏下。

在校级奖学金评定结果中，高校家庭经济困难学生的比例并不高。研究发现60％高校家庭经济困难学生学分绩点都能达到3.0以上，少部分人学分绩点在3.0以下，但是奖学金获得量却很低，奖学金获得率没有超过30％。高校家庭经济困难学生中获得奖学金的人不多，其比例与奖学金评选比例相差甚远，而高校家庭经济困难学生即使获得奖学金，等次也比较低。以某学院调查为例，获得过奖学金的占全院家庭经济困难学生的22.93％，大部分家庭经济困难学生综合测评排名偏后，排名在前20％占全院家庭经济困难学生的13.80％。N大学的调查结果发现，在高校家庭经济困难学生中，少数同学学习成绩优秀，多数同学成绩处于中等及偏下水平；高校家庭经济困难学生取得专业资格证书人数少，城市家庭经济困难学生英语和计算机表现佳，评优获奖情况可观，农村家庭经济困难学生获奖次数多。

### （二）高校家庭经济困难学生在学习能力和学习投入方面存在的问题

在问到"对自身学习能力的认识"时，高校家庭经济困难学生组中回答"较好""一般"的分布 21%、60%（高校非家庭经济困难学生组分布是 26%、62%），对自己的学习能力不满意的占 19%（非家庭经济困难学生组为 12%）。43.94% 的家庭经济困难学生表示课余投入很少时间在专业学习上，有 70.2% 的学生很少投入时间到专业学术研究上，60.61% 的家庭经济困难学生表示很少去听学校组织的各种讲座，有 68.69% 家庭经济困难学生偶尔利用学校图书馆资源。63% 家庭经济困难学生表示学习目的比较明确，64% 家庭经济困难学生表示"根据学习目的选择相应的学习材料"，34% 的家庭经济困难学生表示"经常购买学习资料，如英语四级考题、计算机过级考题等"，46% 选择"善于利用网络获取学习资料"，41% 的家庭经济困难学生表示"自己与其他同学相比，教师技能（如计算机操作技能等）有差距"。有研究者认为"90 后"家庭经济困难大学生与非家庭经济困难学生相比，缺乏一定的技能特长且学习投入时间精力相对较少，造成他们学业压力较大，学习成绩不理想，甚至"挂科"现象时有发生。

### （三）高校家庭经济困难学生的学习倦怠现象

研究者采用学习倦怠量表调查高校家庭经济困难学生的学习倦怠情况，发现高校家庭经济困难学生处于较低的学习倦怠水平，"较重"学习倦怠及"严重"学习倦怠的比例分别为 22.9% 及 1.4%。高校家庭经济困难学生虽然总体倦怠水平不高，但"较重"及"严重"学习倦怠的比例仍不容忽视。这意味着部分家庭经济困难学生可能出现较严重学业问题。研究者发现高校家庭经济困难学生在学习倦怠水平上存在性别差异，其中男生的学习倦怠水平明显高于女生。不同年级的家庭经济困难学生在学习倦怠上存在显著差异。大三的学习倦怠水平高于大二学生，其他年级的学生并无显著差异。城镇家庭经济困难大学生的学习倦怠水平高于农村家庭经济困难学生。男生在学习方面可能更容易放弃，更容易产生倦怠情绪。每个年级所面临的学习任务不同，必然所产生的学习倦怠也不同，大三面临的考试也很多，四六级考试的机会越来越少，考研复习慢慢展开，这些因素导致更高的学习倦怠感。城镇家庭经济困难大学生的学习倦怠水平要高于农村的家庭经济困难大学生，这与各自的心理韧性水平和自我控制水平关联很大，导致城镇家庭经济困难大学生处理学习困难的能力要弱于农村家庭经济困难大学生。研究发现，高校家庭经济困难学生情绪低落、行为不当以及学习倦怠总分都显著低于非家庭经济困难学生，这说明家庭经济困难学生的学习心理更积极。这是因为他们能深深体会到，在家庭经济条件窘迫的情况下，能进入大学学习非常不容易，因此非常珍惜难得的学习机会，把努力学习作为改变生活境遇的重要途径，学习动力更强。男生情绪低落、行为不当、学习倦怠总分显著高于女生。一方面，可能是男生进入大学后继续成长的动力减弱，自我监控能力缺乏，对学习较为放松。另一方面，可能是女生受到了更多的就业歧视，处于不利地位，因此，只有通过加强专业学习来增加自己的就业筹码。高校家庭经济困难学生不同社会支持水平，对家庭经济困难学生学习倦怠的影响显著，低社会支持组在情绪低落、行为不当、成就感低及其学习倦怠总体方面的得分都显著大于高社会支持组。社会支持与学习倦怠呈显著负相关。社会支持是学习倦怠的一个影响因素，并负向预测学习倦怠。社会支持水平越低，个体产生学习倦怠的可能性越高，而社会支持水平越高，个体出现学习倦怠的可能性相对较低。社会支持能够缓解高校家庭经济困难大学生各方面的压力（经济压力、就业压力、人际交往压力等）对降低家庭经济困难大学生学习倦怠发生率有一定的帮助。学习倦怠与社会支持和自尊呈显著负相关，高校家庭经济困难学生感知到的社会支持程度越高、自尊越高等情况下，出现学习倦怠现象的可能会相对减少。

## （四）高校家庭经济困难学生的学习动机

调查发现高校家庭经济困难学生的学习动机，有87.6%是"为了自己将来找到好工作，更好地生活"，有75.4%学习是"为了减少家庭负担，改变家庭经济现状"，有83.1%是"为了将来谋求理想的职业"，有60.3%是"为报答家人的养育之恩"，有50.2%是"为了证明自己的能力，实现人生价值"，有53.1%是为了"培养社会竞争能力，适应社会发展"，有76.6%是为了"学一技之长，更好地胜任未来工作"，有23.6%家庭经济困难学生选择"受到家长、老师的督促，成绩不好会受到他们的责难"，30.4%的学生是"可消除寂寞，打发无聊时光"，34.1%选择"成绩不好会让自己丢面子，会在他人心目中降低形象"。高校家庭经济困难学生在未来发展、社会报答、人生价值方面的学习动机较强烈，而消极应付动机较弱。研究者认为高校家庭经济困难学生的学习动机分为人生价值、环境影响、未来发展、社会报答、地位形象、消极应对和学业成就等几种类型，发现学习活动与家庭经济困难学生的"人生价值"动机和"学业成就"动机显著正相关，两种动机水平越高，越能促进个体的学习活动。研究者认为家庭经济困难学生学习动机存在多元化和由社会报答型逐渐转向未来发展型。高校家庭经济困难学生的学习动机主要分为未来发展型、社会报答型、人生价值型、地位形象型和学业成就型动机。家庭经济困难学生的学习动机由社会报答型逐渐转变成未来发展型。报答型动机背后的心理主要是为了减轻父母的负担和家庭的经济压力，不辜负家人对自己的期望，等等。但随着经济的高速发展，大学毕业生的数量逐年增多，大学生不再是"天之骄子"，家庭经济困难学生日益感受到社会竞争激烈的环境氛围，家庭经济困难学生的学习动机也逐渐从社会报答型转向未来发展型，个人取向更强，希望通过学业成功谋求未来的发展，增强就业竞争力，更好地胜任日后的工作，摆脱贫穷。研究也发现家庭经济困难学生的学习动机受到家庭经济困难学生家庭情况因素、父母文化水平与职业因素、生源地和性别因素、专业与年级等方面的影响。

## 二、高校家庭经济困难学生学习现状的原因分析

### （一）学习基础不牢

高校家庭经济困难学生大部分来自农村地区，教育教学质量相对薄弱。考上大学在生源地学生中算是学习上的佼佼者，但与其他来自城市的受到高质量素质教育和思维训练的学生相比，原有的文化基础不扎实，导致对自己的学习能力缺乏自信，专业学习困难，和非家庭经济困难学生差距很大。家庭经济困难学生在高考前，他们人生的主要目标就是考上大学，因为家庭经济条件有限，他们家庭经济的主要投资都用在与学习有关的活动上，与学习无关的培训和活动很少投入。除了学习之外，其余技能特长缺乏。比较明显的是，往往他们的英语考试成绩并不差，但是因为口音重，缺乏必要的锻炼和培训，造成了在校园中举办的各类"英语角""英语沙龙"，甚至是英语课堂上羞于开口、不愿开口、不敢开口。另外，随着互联网的普及，高校中"微课""慕课""翻转课堂"等各类在线学习平台等越来越多地运用到大学生的日常学习中。但是，部分家庭经济困难学生对计算机和互联网缺乏了解，甚至有部分家庭经济困难学生购买不起电脑或者智能手机，造成他们在这类学习中举步维艰。缺乏上述的各类技能，对他们的大学学习是极其不利的。

### （二）学习投入不足

家庭经济困难学生背负家庭经济压力，部分学生进入大学后，为减轻家庭

的经济压力，想边打工边学习，自食其力，把大量的时间花费在勤工俭学上。普通学生争取时间补习功课、复习上课重点，而家庭经济困难学生将课后时间用来做家教、做促销等兼职，体力与精力逐渐被兼职消耗，挤占大量的学习时间，形成一个恶性循环。个别学生忽视自己的本职，花在学习上的时间太少，或认为学习成绩"及格万岁"，以至于学习成绩较差。大学期间的学习时间是有限的，如果家庭经济困难学生把大多数时间用于勤工俭学，学习的时间就会被挤占一些，从而大大影响学业成就。

（三）学习方法陈旧

有的家庭经济困难学生从小接受的是"填鸭式"教育模式，方法呆板，对于上大学要学什么、怎么学等大学生学习的特点不了解，对于大学生学习方法不掌握，学习方法还停留在高中的学习方式方法，导致事倍功半，学习成绩不良。同时，部分家庭经济困难学生对于自己所学的专业课程不感兴趣或不喜欢，认为自己不适合所学专业或者认为所学专业对自己的发展没有用处，对专业课程学习不上心甚至放弃专业学习，导致学业困难。

（四）学习信心不足

家庭经济困难学生担负着沉重的物质和精神包袱，心理上较普通学生自卑，性格内向，缺乏强大的自信心。在学习和生活中，很多具有自卑心理的家庭经济困难学生孤立、离群、抑制自信心。一方面，当受到周围人的轻视、嘲笑或侮辱时，他们的自卑心理会大大加强，甚至以嫉妒、自欺欺人的方式表现出来。另一方面，家庭经济困难学生会进行自我否定，自卑导致家庭经济困难学生采用逃避、退缩等消极的行为方式。在学习过程中遇到困难时，家庭经济困难学生不敢主动求助他人和向他人请教，不敢与人交流，逐渐封闭自己的内心，缺乏与同学们的合作，导致专业学习有困难和主动性不强，学习成绩不容易提高。

（五）学习意志力不坚定

经历过高考激烈的竞争筛选后，有的家庭经济困难学生对于自己今后的发展产生了焦虑，缺乏学习规划，同时受一些不良风气的影响，认为只要成绩不挂科就可以，抱着"混"文凭的想法，放弃对自我学习上的要求，降低学习目标和无心学习。有些家庭经济困难学生意志力不够坚定，开始沉迷于网络、游戏等虚无缥缈的世界，经常旷课，导致课程考试挂科，进而导致延期修读或被退学。

## 三、促进家庭经济困难学生学业成就的措施

### （一）学校层面

#### 1. 优化高校助学体系

经济基础决定上层建筑，经济条件对高校家庭经济困难学生学习的影响主要是通过生产力水平实现的，它提供的物质生活资料为高校家庭经济困难学生成长提供坚实的物质基础。马斯洛需求层次理论指出，只有在满足基本物质生活需求之后，个体才会去追求交往和尊重最终达到自我实现的需求。因此，要提高家庭经济困难学生的学习效果，首先就要完善助学解困的工作，满足其基本的学习生活需求。当前，全国高校基本上都建立了"奖、助、补、减、贷、勤、免"大学生资助体系，进一步完善资助体系，包括前期的家庭经济困难学生的认定，中期的奖、助、贷学金的发放以及后期的监督管理，促使各项资助金额落到实处，让真正贫困的学生获得资助，免除经济压力的困扰，全力以赴学好科学文化知识，提升自己的文化素养与就业竞争力。在资助方面，充分发挥资助育人功能，将扶困、扶智、扶志相结合，在资助方式上遵循无偿有偿结合原则，将立志成学作为资助的目标，避免家庭经济困难学生养成"等、靠、要"思想，培养家庭经济困难学生的进取心和责任意识，避免养成不劳而获、坐享其成的思想，促使学校的资助政策激发其学习动力，树立榜样，表彰先进。通过国家励志奖学金等形式奖励自立自强学习勤奋的家庭经济困难学生，通过开展讲座或表彰仪式，让品学兼优的家庭经济困难学生现身说法，用身边优秀案例感染受助学生，激发他们的学习热情，勉励高校家庭经济困难学生通过自己的努力改变现状。

#### 2. 加强思想政治教育

思想政治教育是指社会或社会群体用一定的思想观念、政治观点、道德规范，对其成员施加有目的、有计划、有组织的影响，使他们形成符合一定社会所要求的思想品德的社会实践活动。高校教育工作者要树立以"学生为本"的工作理念，深入到家庭经济困难学生中去，掌握他们的思想动态，了解他们在学习和生活方面的困难，有针对性地对他们进行思想政治教育。加强高校家庭经济困难学生世界观、人生观和价值观教育。通过课堂教育、党团组织教育、社会实践等途径，引导家庭经济困难学生学会做人，学会把正确的人生观教育

渗透到他们的成才观、幸福观、苦乐观、荣辱观等具体教育之中，使他们认清人生的意义，树立远大理想。要加强学生艰苦奋斗教育，发扬艰苦学习、勤俭节约的精神，要学会在逆境中坚定信念、开拓进取的思想品德。加强高校家庭经济困难学生励志教育，增强历史使命感和社会责任感，珍惜来之不易的学习机会，自强不息、刻苦学习、全面发展，立志成才、报效祖国；全面开展诚信教育，引导学生树立诚信意识，塑造诚实守信的好品格，树立自强自立、发奋成才的先进典型，培养家庭经济困难学生正视困难、战胜困难的优良品质。

3. 开展学习帮扶

对于家庭经济困难学生的学习困难，高校要有针对地开展学习帮扶，加强教师与家庭经济困难学生之间的学习互动。学校为家庭经济困难学生配备专业导师，提高其专业知识及能力。通过为家庭经济困难学生配备学术水平较高的优秀专业教师，指导他们的专业技能学习，同时也对学生的学习、思想、生活、个人发展等进行有效指导，从而做到一对一帮扶。从大一入学开始，帮助家庭经济困难学生选聘专业导师，帮助他们认识大学学习、专业特点、就业前景、认清自我，与家庭经济困难学生一起制订详细的个人专业技术提升计划，导师在不同的执行阶段要对所指导的学生进行反馈，便于及时修正。加强家庭经济困难学生的专项能力培训，通过开展英语强化训练、计算机技能培训、心理辅导与潜能开发等活动，建立辅导团队开展学习精准辅导，提高家庭经济困难学生的个人能力和综合素质，使他们有更好的素质和能力参与社会竞争。同学之间亲密无间，大部分时间在一起学习、生活，同学之间的互助可以起到事半功倍的效果。教师应严格把握教学质量，在组建学习小组的时候，有意将家庭经济困难学生和成绩优秀的学生分在一个小组，让成绩优秀的学生主动帮助、在学习中将自己的良好学习习惯传递给家庭经济困难学生，使师生间的交流沟通更加顺畅，营造和谐轻松的学习氛围，收到更好的学习效果。

4. 加强心理健康教育

心理健康是一种持续的、积极的心理状态，个体在这种良好状态下能适应环境，生命具有活力，能充分发挥身心潜能。高校对家庭经济困难学生开展心理健康教育，符合大学生身心特点和成长规律，符合教育管理内在要求。通过心理普查，建立心理档案，有针对性开展工作。对于测查出来需要引起重视的家庭经济困难学生，要根据情况区别对待。对存在一般发展性问题和适应性问题的学生，可以通过团体辅导和朋辈辅导的方式，使他们在体验和互动中成长；对于有人格方面或者有轻度心理障碍者，要实行个别咨询和跟踪辅导；对于出现心理危机情况的学生，比如自伤或伤人倾向的学生，要及时通知其家长，共同做好预防工作。对于家庭经济困难学生的心理档案，要遵守严格的保密制度。积极开展心理健康教育活动，通过举办心理专题讲座、开设心理课程、团体辅导、个别辅导、心理训练等方式，帮助家庭经济困难学生了解和掌握必要的心理健康知识，提高他们对自身心理健康水平的认知程度，引导家庭经济困难学生学会自我调适，帮助他们树立信心，战胜自我，排解心理困惑，融入日常的学习生活中，促进其成长成才。

## （二）个人层面

自我教育是指受教育者以一定的世界观和方法论，认识主观世界和教育自己的全部过程。即人们在自己已经形成的思想品德基础上提出一定的奋斗目标，并监督自己实践和评价自己实践的过程。家庭经济困难学生要充分重视自我教育，发挥受教育者的主体作用，注意运用自我教育的方法，树立明确的是非观念和对真、善、美的追求，培养自我认识、自我监督和自我评价的能力。

### 1. 正确认识自己，树立自信

家庭经济困难学生要正确认识自己，善于接受现实、悦纳自我。每个人都有自己的优势和长处，虽然客观条件不如别的同学好，但一定要有其他人所没有的资源和特点，这些都是实现生命价值不可或缺的因素。现实中的差距无处不在，家庭经济困难学生与其他人在许多方面存在差距，这是客观事实，那就接受现实。悦纳自我、坦然接受自己的优缺点是心理健康的重要标准。一个人既不可能十全十美，也不可能一无是处，大可不必把时间花在自己的弱项和失败上，而应把注意力转移到自己感兴趣、擅长的事情上，从中获取乐趣和成就感，以强化自信，驱散自卑的阴影，缓解心理压力和紧张。家庭经济困难学生在遇到心理问题时，要及时进行自我调适，增强自信心，并在个人无法解决时，主动联系心理咨询人员，抒发内心的困惑并寻求相应的帮助。在学习生活中保持乐观积极的态度，能够使人在面对困难的时候不退缩，而消极态度则会使人颓废和一蹶不振。不在贫困带来的压力面前退缩，而是通过自我调适，战胜困难，自立自强。

### 2. 改进学习方法，提高学习效率，重视知识技能的培养

作为当代大学生，社会实践能力固然重要，但是一个学生应该具备的最基本的能力就是学习的能力。高校家庭经济困难学生整体较其他同学更为刻苦努力，但在学习方法和知识技能方面却呈现出明显的劣势。学习效率是指学生最

有效的使用时间、精力、体力和资源完成学习任务以达到较少的投入实现更多的学习愿望和需求的目的，家庭经济困难学生不但要用功学习，而且要掌握科学的学习方法，学习方法对头，往往能提高学习效率，起到事半功倍的成效。针对学习效率较低的状况，家庭经济困难学生要重视学习方法的改进，和以往高中时教师每天"耳提面命"的情况不同，大学学习需要主动出击，在学习上遇到困难时，要及时与老师同学沟通，积极发言，拒绝课堂"沉默现象"。惜时如金、孜孜不倦，下一番心无旁骛、静谧自怡的功夫，特别是克服浮躁之气，静下来多读经典，多知其所以然。同时大学具有明显的职业导向性，要学会独立的支配学习时间，在知识学习方面，要经常阅读当下新闻，了解社会发展趋势，积极准备日后工作所必备的基本技能。家庭经济困难学生在进入大学之前对英语运用和计算机的操作远远落后于非家庭经济困难学生，因此不能就此放弃对英语和计算机的学习，主动创造机会和克服困难，为未来的职业发展打下良好的基础。在就业形势日益严峻的今天，家庭经济困难学生应该克服困难，在力所能及的情况下，多去了解并考取专业技能证书，给未来就业增加有力的筹码。

3. 增强学习动机，制定明确的自我规划

大学生职业生涯规划的重要内容之一即学业生涯规划。所谓学业生涯规划就是指大学生在对自己的兴趣、性格、能力等有清晰的认识之后，结合自身发展情况和外部制约因素，确定大学期间学业发展目标，并为此制定详细的行动方案，循序渐进最终达到目标的过程。有了合理的目标，就会时时刻刻激励自己，严格要求自己。最好的目标规划是进行有步骤的学习，遵循循序渐进的原则，不要把学习目标定得过高，一旦动机过强或者急于求成，反而会阻碍行为，容易产生紧张感。确定目标之后，要制订详细的实施计划，将目标切实落实到行动之上，细化到每学期、每星期、每天，评价现实，看看已经达到了什么程度，这意味着对自己要诚实，真正了解自己的学习、学科情况。

4. 端正学习态度

大学生在自我教育和学习过程中，要树立远大的学习理想，端正学习态度。端正的学习态度是完成学习任务并提高学业成就的重要前提。这是当代大学生必须明确的基本要求，端正学习态度，就是因为它既是成才的关键，又是抵御不良倾向的法宝，只要家庭经济困难学生保持积极向上的精神状态，认准学习目标，坚持不懈，奋发努力，全面提高自己的综合素质，就会向成功目标迈进。

5. 积极参加社团活动，扩大见识

要积极参加集体活动，通过主动与人交往，消除心理上的抑郁与焦虑。要广泛地参与社会实践活动，扩大自己的视野，扩展自己的人际交往范围，消除各种不利于学习的心理障碍，发现自己的价值，产生成就感，建立自信心。如果说课堂上的教学是培养大学生接受知识的场所，那么，学生社团则是培养和锻炼大学生综合能力的最佳场所，社团活动则是大学生进行素质拓展的最好载体。让学生在丰富多彩的社团活动中实践和锻炼，来增强自我的动手能力、扩大自己的视野、增长自己的见识，增强自己的自信心，实现自我教育与提高等。

# 第二节　高校家庭经济困难学生学习方法与习惯养成

## 一、高校家庭经济困难新生学习方法的转变

大学学习要想获得成果，必须要了解大学学习与中学学习的不同，以更好地适应大学学习。与中学教育相比，大学学习的显著特点就是学生具有更多的主动性、独立性和创造性。大学生要认识到大学学习方法与中学的不同，掌握大学学习方法，实现学习方法的转变，适应大学阶段的学习。

（一）学习方法

大学学习从学习方法上看，要强调主动性。在中学里，学生在老师的指导下，摸索出了一套适合中学的学习方法。中学的学习方法带有很大的被动性，不少学生习惯于依赖教师，只会死记硬背。怎样系统科学地安排各门课程的学习时间和进度，怎样在学习中抓住重点，怎样记笔记，怎样在学习中发现问题和思考问题，怎样制订学习计划，怎样阅读参考书，等等。对于刚入学的家庭经济困难学生来说，这些问题，往往不知所措。因此，在大学学习中首先要做到主动学习。学习的主动性表现在以下几个方面：主动安排学习时间，做学习时间的主人；主动预习、复习和总结，做学习功课的主人；主动看参考书，浏览对学习有帮助的网页，做学习环境的主人，要充分利用大学的环境和学习资源。

### （二）学习内容

大学学习在学习内容上强调创新性和选择性。大学教学一个很重要的特点是教学内容的前沿性和探索性，而且内容比较深，比较广，比较新，这与中学大不相同。在大学，越到高年级，这个特点越突出。大学教师讲课内容多，信息量大，速度快，课堂不能完全解决问题，课后要靠学生自己去钻研。大学所设课程分基础课、学科基础课、专业课和公共课，还要进行通识教育。课程也可以分为人文社会科学课程和自然科学课程，还可以分为必修课和选修课。因此，大学生在学习过程中，要把学习知识与发现知识结合起来，既是已知领域的继承者，又是未知领域的探索者。大学学习过程就是一个学习与发现逐步结合的过程。学习的钻研性主要表现在独立思考上，预习、听课、做作业，以及做实验和观察实验现象，都要独立思考。要勤于思考，善于思考。思考是学习与研究成败的关键。大学不同于中学，中学是基础教育，教学内容是共同的，每个学生都必须具备的，是不可缺少的，所以不存在学习内容的选择问题；大学则完全不同，除了专业教学计划的必修课之外，在学分制管理中的选修课，将在教师的指导下由自己选择，而且，除了必修课、选修课之外，还有主、副修专业的系统课；课堂之外进行阅读的各种参考书、资料等学习内容的选择。相比于中学，有着更大的选择性。

### （三）学习方式

大学学习从学习方式上看，强调实践性。中学学习的主要方式是课堂讲授。大学实施的是专业教育，要运用专业理论解决实际问题，这是大学教育的重要目的之一。因此，实践性教学占有很大比重。学是为了用，学习过程的实践性也就成为大学生学习的重要特征。大学除了开设较多实验课程外，还安排有各类实习、课程设计、毕业设计和科学研究等实践环节。完成这些学习任务，既需要综合运用基础理论知识，也需要专业知识及技能，同时，还要以正确的学习观、思维方法和工作方法去观察、思考、研究、总结，解决专业技术领域的实际问题。在实践教学过程中，大学生既要重视分析问题、解决问题能力培养，更要重视动手能力培养。

### （四）学习阶段

从学习阶段上看，要把握各年级的学习重点。大学一年级以基础课为主，各门课都要学好，无论是数理化还是计算机英语等。学生的当务之急是尽快实现由中学到大学学习习惯的转变。二年级专业基础课学习中要看教材以外与本专业相关的参考书。三年级专业课学习中要适当看2~3种本专业的科技期刊，了解学科的发展方向。四年级要重视实践环节。各专业教学计划中都有实验、实习、综合教学实习、毕业实习等。它们是培养动手能力的重要环节，也是运用所学知识的尝试。其中，四年级的毕业实习更是综合运用所学知识进行实践的过程，使大学生学会如何在生产中发现问题、分析问题、解决问题。学会把所做的分析进行总结，写成毕业论文。含有创新点的学术论文是每个学科学、用科学的人对科学进步的贡献。大学生应该尽早学会撰写学术论文。

## 二、高校家庭经济困难学生良好学习习惯的养成

古语说："养成大拙方为巧，学到如愚始见奇"。良好的学习习惯，对于大学生学习效率提高和学业成就具有重要作用。良好的学习习惯是与人的成长规律和学习规律相适应的最佳行为模式，能使人付出更少，收获更多。不良的习惯则相反，往往与学习规律相违背。对于大学生的成长和学习而言，学习习惯主要表现为两个内容：一是对学习活动的监控习惯，二是具体的学习习惯。

### （一）对学习活动的监控习惯

对学习的监控习惯是学习活动的一般性习惯，主要包括以下几个方面内容：

#### 1. 学习的计划性习惯

学习的计划性习惯是指学生自觉制订切实可行的完成各项学习任务的学习计划。学习的计划并不能仅仅停留在大脑之中，而是要通过一种物化的形式表现出来。这种物化的学习计划性在相当大的程度上可以通过作息时间的合理安排来实现。通过作息时间表发展学习习惯，高效率地进行时间管理，制订详细的可操作性的计划。调查表明，不少大学生（特别是新生）学业失败的很大原因是学习的"散漫"与"无序"，这是与没有合理而科学的学习计划紧密相关的。在大学生的学习过程中，科学而合理地制订学习计划，至少有两个好处：一是使自己的学习有明确的目标，并让学习活动井然有序，充满节奏与韵律感；二是使自己的学习活动有一种"外挚力"，即有一种相应的监督及"自控"机制，因为计划表会像一面镜子照着你的学习，也会像一把标尺衡量着你的学习。大学生在制定具体的学习目标时，要全面、认真地分析自己所学的专业的教学计划和全面、客观地审视自己，这样制订的计划才具有科学性和现实的可

行性。制定一个有效的学习计划，要注意计划性与灵活性的结合、全面统筹与兼顾重点的结合、长计划与短安排的结合、劳与逸的结合。同时大学生学习计划的表述应该尽量明确、具体，防止抽象、笼统和含糊不清。为此，大学生可以制订日计划表、周计划表、月计划表和年计划表。

### 2. 学习的坚持性习惯

学习的坚持性习惯是指学生能够长期按照已经制订的学习计划，坚持高质量地完成学习任务的品质。俗话说：制订计划容易，执行计划难。因为执行计划不仅要求大学生对计划抱有严肃认真的态度，而且要持之以恒、坚持始终的意志力，坚韧不拔、勇于克服困难的精神以及自我统筹协调的能力。因此，在努力实现学习目标的过程中，必须建立一种自我管理、自我约束的机制，保证学习计划顺利、有效地执行。这种机制有两个要点：一是要建立计划的定期检查、评估制度；二是防止和排除外界的干扰和诱惑。这些干扰主要有不良信息的骚扰、过多的社会应酬、失常的异性交往，尤其是网络、游戏的诱惑等。这些干扰和诱惑在现实社会中是客观存在而且难以避免的，不仅对我们的学习影响极大，而且对我们人生道路的选择有不可低估的影响，必须予以重视，并在心理上、行为上加以防范。

### 3. 学习的自主性习惯

自主性学习就是大学生自己主动地学习、有主见地学习。自主性就是发自大学生内心的自觉自愿的主动性极强的"我要学"的学习原则和学习观念。大学学习是为了培养高级专门人才打基础、做准备的。一个高级人才必须具备自学能力、独立工作能力以及分析问题和解决问题的能力，而这些能力的培养和提高必须以大学生能很好地开展自主学习为前提。同时大学教学管理实行学分制，学生要根据自身情况，有计划、主动地选读不同课程来获取知识，构建自己的知识结构，这都取决于学生是否有相当高的学习自觉性，是否主动地、有主见地学习。自主学习有主动性、能动性和独立性等特征。主动性表现为大学生"我要学"的态度。大学生学习的内在需要表现为学习兴趣。大学生有了学习兴趣，就有旺盛的求知欲，学习对于他们来说就不是负担，而是一种享受和愉快的过程，就会喜欢上学习、热爱学习。自主学习的能力性特征表现为大学生在学习活动之前，能够确定自己的学习目标、制定学习计划等；在学习过程中，能够对自己的学习过程、状态进行观察和调节；在学习过后能够对学习结果进行自我检查与总结和自我补救。独立性就是自主学习的核心特征，相对于传统学习的依赖性而言，自主学习者都具有独立的意识、独立的人格、独立的追求，不依赖于老师、学校、社会、家庭及他人的安排和帮助；不拘泥于书本，不满足于教师的传授，能按照既定目标，独立探索知识，主动驾驭自己的学习。

## （二）具体的学习习惯

具体的学习习惯是指针对具体的学习任务和学习活动而言的，包括课前预习习惯、课堂认真听讲习惯、记笔记习惯、课后复习习惯、完成课后作业习惯、良好阅读习惯和重视其他课堂教学环节的习惯。

### 1. 课前预习习惯

课前预习能预先了解课程的主要内容，在老师上课时就能跟着老师的讲课思路去听课，化被动为主动，带着问题听课，让听课更加具有针对性。预习越充分，听课的效果就越好。课前预习着重是阅读前言、绪论及篇章目录以及篇章内容提要和小结，进而了解课程性质、目的、任务等。课前预习可以采用粗读方式，初步把握内容要点、重点、难点和疑点，并区分出懂与不懂的大致范围，从不懂中找出问题，然后将发现的问题在教材上加以标注或记在听课笔记上。预习的主要目的是为了更好地听课，没有必要在预习时把将要学习的内容全部弄懂。究竟预习到什么程度，可以根据不同的情况灵活掌握，一般以能顺利听课为宜。预习过度亦会降低整体学习效率。

### 2. 课堂认真听讲习惯

课堂教学依然是大学教学基本的组织形式，因此课堂学习也是学生学习的基本途径。课堂认真听讲应该做到"五到"：即心到、眼到、耳到、脑到、手到。"五到"是互为依存，互为促进，在正常顺利的情况下，五者是没有矛盾的。大学生课堂上教师不照本宣科，而是将重点、难点、思路教予学生，讲述教师自己对课程的心得体会和学科发展。这些内容在教材上是很难找到的，必须事先进行预习。如果没有预习，听课时候"听到"障碍未扫除，心中就会无数，五者协调关系就会被破坏，造成"脑到"有问题，无法主动想，耳听不到，手记跟不上，眼看不清，心急火燎无法安心。事先预习后，善于带着预习中的问题，随着教师的逐步深入讲解去主动地探求答案，最后达到与教师的思维共鸣，才能更好地提高听课效率和听课效果。

### 3. 记笔记习惯

高等学校教材内容较多，教师在课堂上往往只讲授重点，而讲的内容书上又不一定有，况且教师的思路与教材上的内容体系也不一定一致，所以学生需要边听课边记笔记。记笔记需要耳听、眼看、手记并举。常常会感到听与记有很大矛盾，顾了听，顾不上记；忙于记，又影响听。总的说来，"记"应该服从于听。听懂是第一位的，记好是第二位的。逐渐做到既要听懂又要记好。因此，课堂笔记要注意把教师讲授的重点、要点以及自己理解上的难点、疑点快速记下，以便课后复习。记笔记要学会详略得当，力求简略。一般来说，定理、定义等概念性知识要准确，教师的推理、判断可较详，其余的可以简略。要抓住知识的内在规律性，记清教师讲授的思路、逻辑推理方法、纲目要点、基本结论等，尤其要记录下教科书上没有的内容。要学会定期整理笔记。课堂记的笔记由于时间紧，条理、系统、完整性都会有问题，应该在复习时加以补充、整理、完善。

4. 课后复习习惯

遗忘规律决定了复习的必要性。任何初学过的知识，只有经过及时的，而且还要有一定间隔的多次复习才能得以掌握和巩固。课后日常复习主要是针对教师课堂讲授的内容，结合笔记钻研教材，参阅参考书进行系统的再学习。目的是进一步消化、巩固和深化所学知识，强化记忆，发展自学能力和思维能力。它是学习过程中的一个重要环节。日常复习要注意以下几点。一是，要及时复习。遗忘规律表明，课后越早复习，就越少遗忘，可增强记忆效果。二是，要过度复习。根据记忆规律，150％的过度学习其记忆保持的效果最佳。三是，在复习两门课程或两门以上课程时，要注意调节，转化复习内容和思维方式，特别要注意中间休息，防止疲劳和内容间的相互干扰。四是，要动员多种感官参与，采用多样化的复习方法，以多种感官去记忆的效果比单一感官的记忆效果要好很多。

5. 完成课后作业习惯

作业是帮助学生理解和掌握课堂学习内容的一种形式。通过做作业可以帮助学生发现概念似乎明白但实际模糊的地方。做作业是将概念和理论综合应用的训练，可以检验理论掌握的程度。大学的习题有一定的难度和深度，有些问题还需要自学一定的资料才能解决。特别值得注意的是一些综合性练习题，需要各种知识的综合应用和综合分析能力，这种综合分析的思维能力，对于工程类专业的学生十分必要。练习也带有技能的成分，主要是心智技能，也有部分属于动作技能，只有通过足够数量的训练才能形成。获得作业的正确答案，并不是作业完成的最后，而是应继续进入学习循环的再认识阶段。

6. 良好阅读习惯

大学生通过阅读以补充、完善、加强其专业学科方面的知识，达到强化专业技能的目的；通过阅读以持续发挥自己的优势，张扬自己的个性，成为独具特色的人才；通过阅读以扩充自己的知识面、开阔视野，提升思想境界，净化自身灵魂，成为复合型的人才；通过阅读以达到愉志悦情，消闲逸趣，得以调整身心的目的。大学生应有选择性、针对性地进行阅读。阅读可分为快速阅读法和研习精读法。快速阅读法适用于大学生阅读扩充知识，满足开阔视野的需要，或者满足愉志悦情、调节身心的需要。快速阅读时眼球要均匀移动，使用引导工具如圆珠笔形的器具，用其指着所读句子均匀移动，无声阅读，集中注意力以提高效率。快速阅读也采用跳跃阅读，即在上述阅读的具体方法基础上，抓概要、抓逻辑结构、抓核心要点、抓首尾呼应和抓关键词语等方式进行阅读，就能快速掌握一篇文章、一部著作。研习精读法，适用于促进其专业技能的完善、强化，促进其创造性思维的塑造，促进其思想境界的升华。研习精读法采用 SQ3R 五步阅读法：第一为浏览（Survey），第二为提问（Question），第三为阅读（Read），第四为复述（Recite），第五为复习（Review）。同时研习精读法要求做好读书笔记。

7. 积极参与学习实践和社会实践的习惯

实践是理论联系实际的桥梁，是理性认识和感性认识相互转化的重要渠道，是贯彻素质教育最主要的课题，是实现创新最重要的源泉。通过实践活动，培养全面的能力结构，包括自主学习能力、解决问题能力、创新能力及组织管理能力。大学生在校期间要积极参与教育实践和社会实践活动。教育实践是为了培养学生的实践能力和创新能力，学校在教学计划中安排了相对独立的实践教学体系，包括：军训、实验、课程设计、毕业实习、毕业设计（论文）等各种实践环节，贯穿于学生培养的全过程。这些教育实践是以发挥学生的主观能动性，培养学生独立操作能力和探索与创新能力为目的的教学活动，要引起高度重视。积极参与社会实践活动，能发现自身的不足，弥补自身的缺陷，巩固所学专业知识，在社会实践中也认识社会、了解社会，增长才干。

8. 重视小组合作学习习惯

小组合作学习是以学习小组为基本形式，系统利用教学中动态因素之间的互动，促进学生的学习，以团体的成绩为评价标准，共同达成教学目标的教学活动。小组讨论能够锻炼大学生的思考能力，特别是思维的严谨性和逻辑性。小组合作也有利于培养合作精神和社会适应性。小组合作，不仅仅是知识上的增长，在人际交往、合作交流、耐心倾听等方面都会有所提高。并且小组成员之间也会有互相的激励和竞争作用，能进一步激发学生的学习动机。因此，在开展小组学习之前，要做好准备工作，针对要学习的内容提前做好资料收集；在小组学习时，要积极参与，发挥思维的主动性、灵活性，要勇于提出自己的疑惑和问题，同时要耐心倾听小组同学们的讨论；在小组学习后，要及时梳理，对所获得的知识、信息加以整理、理解和巩固。

9. 充分利用网络课堂的习惯

慕课英文直译"大规模开放的在线课程"，慕课课程和传统的大学课程一样循序渐进地让学生从初学者成为高级人才。绝大部分资源都是免费的，并且课程范围广泛，不受时间和空间的学习限制。网络课堂将传统以教师为中心的教育模式转变为以学生为中心的个性化学习。大学生可以根据自身需要来选择适合自己的课程。网络课堂不受时间和地点的制约，使得碎片化的时间也可以被充分利用起来。通过网络课堂的自主学习可以让大学生增加知识量，开阔视野，有助于学业成就。

10. 重视其他课堂教学环节的习惯

除了课堂讲授以外，还有习题课、讨论课等其他课堂教学环节。根据课程性质，还会有不同类型的课后作业要完成，如习题、小论文、读书报告、小型专题调研、编写案例等。这些辅助性课堂教学环节都是十分重要的，可以加深对教师讲授内容的理解，同时扩大学生视野，启发思维，理论联系实际，把教师讲授的知识学活用好。学生完成这些教学环节要和上课一样做好充分准备，尽可能通过图书馆、阅览室、上网等途径收集、学习相关资料。学生要自主完成这些环节，并在完成中充分发挥创新精神，提出自己的新思路、新见解和新方法。

## 三、毕业论文与毕业设计的学习方法

### （一）毕业论文

毕业论文是毕业前由学生独立完成的比较规范、带有总结性的论文，其实质是一种习作性的学术论文。论文写作的目的在于：促进学生掌握专业知识；培养学生的思维能力，把握研究方法；促进学生关心社会、了解社会；提高学生的表达能力以及增强学生为社会做贡献的信心。同时论文写作还有评价功能。专业论文质量高低，是学生自己对掌握知识的深浅、运用专业知识解决实际问题能力大小的自我考核，也是对学校教育工作的检查。

撰写毕业论文的基本要求有以下几点：

首先，要树立正确的写作指导思想，即以认真虚心的态度，贯彻理论联系实际的原则，运用唯物辩证的方法，从本专业学科实际出发，努力探索并解决本专业学术领域的有关问题，提出自己的见解和建议。

其次，要把握专业论文写作的基本要素（论点、论据和论证）及其要求和论文的结构与文体。具体要求如下：论点必须正确、深刻、新颖，而且要鲜明地集中表现出来。论据是论文的基础，要真实、充分。论据有事实论据和理论论据两种，对事实性论据要鉴别其真伪，理论性论据要正确理解其内涵。论证要符合逻辑的要求。即在概念、判断、推理的使用上遵循思维规律，符合辩证逻辑。要合理地安排文章的结构。论文结构一般由引论、正文和结论三部分组成。在引论中要说明问题提出的背景和现实意义，界定问题范围，阐明基本要领和全文的中心论点；正文是论证的核心部分，论证要围绕中心论点及与其相关的分支论点；结论应成为本论文整体分析的必然结果，对论证的全部内容加以综合、提炼并展望未来。行文用语要平实准确，严谨规范。

## （二）毕业设计

毕业设计是对大学生进行科学教育、强化工程基本训练和提高工程实践能力的重要环节。也是对大学生进行综合素质教育，培养严肃认真的科学态度，优良的思维品质和严谨求实的工作作风的重要途径。

毕业设计的主要特点：毕业设计的选题首先要考虑教学基本要求，同时也要结合社会实际；毕业设计具有时间的限定性及学业标准的规定性；毕业设计是在教师指导下由学生独立完成的，指导教师可以是学校教师，也可以是厂、院、所的工程技术人员；毕业设计应满足工程设计的基本要求：即设计思想的科学性、设计内容的新颖性、设计表达的规范性、设计约束的严密性、设计过程的综合性以及设计结果的实用性。

毕业设计的基本程序是：第一，确定设计题目，明确设计要求。第二，毕业调查实习，查阅文献，收集有关资料。在此基础上撰写调查实习报告并在报告中提出设计的基本思路。第三，设计阶段。以机械产品设计为例，一般应包括方案选择设计和论证、总体设计以及详细计算、局部结构设计计算、试验或编程几个步骤。第四，编写设计说明书。要在教师指导下严格按规定的格式编写。说明书撰写大体上要经过拟写提纲、写成初稿、修改、定稿等步骤。第五，毕业设计答辩。答辩成功与否首先决定于毕业设计过程中的实际成果水平，但也与答辩准备是否充分有关。答辩是一次口头考试，也是一次学生口头表达能力锻炼的机会。

艺术类专业一般用毕业创作、毕业演出等综合训练独立作品作为毕业设计。

## 第三节　高校家庭经济困难学生学业发展问题及对策

对于家庭经济困难学生来说，面对多元化、丰富多彩的大学生活，不知道从何学习，难免会有困惑、迷茫和无所适从的感觉。还有部分大学生在学习上有一种"混文凭"的松懈心理甚至是厌学，缺乏正确的学习目标，没有强烈的学习动力。家庭经济困难学生在大学学习过程中出现一些学习问题，包括学习不适应、厌学、考试焦虑、学习失信等问题。

### 一、高校家庭经济困难学生学习适应不良及其调试

#### （一）高校家庭经济困难学生学习适应不良的表现

（1）对学习缺乏应有的兴趣。部分家庭经济困难学生刚进入大学时无法在学习上找到新的支撑点，因此感到空虚无聊，甚至有少数家庭经济困难学生在浑浑噩噩中度过了美好的大学时光。

（2）学习方式未改变，目标缺失。家庭经济困难学生在高中主要的学习方式是"老师牵着走"，而在大学中学习的内容、范围、性质和教学方法变化了，在学习上更多的时间是"师傅领进门，修行靠个人"。对于家庭经济困难的大一学生来说，大学的教学内容和方法和中学不同，课程安排也比较少，自学时间增加，难以适应大学学习。

（3）未完全掌握大学学习的特点和规律。大学生课余时间多，家庭经济困难学生不知道如何有效开展学习活动。一些家庭经济困难学生学习缺乏独立性，习惯于中学时的学习方法，由教师安排自身的学习内容、学习计划、学习时间等，对教师的依赖性较强。

（4）学习精力投入不足。高校家庭经济困难学生由于家庭经济条件有限，很多人会选择课后做兼职补贴生活费用，导致学习时间和精力不足，不能全身心投入专业学习，未能培养起专业技能。

#### （二）高校家庭经济困难学生学习适应不良的主要原因

（1）大学的教学相对于中学来讲，在特点、方式和内容上有很大不同。大

学的教学着重培养学生的自学能力以及对学习的兴趣，要求学生具有独立思考的自觉性和研究学习的自觉性。大学的课程门类较多，教师讲课又不拘泥于一本教材。这样一来，依旧沿着中学的思维模式和学习方法进行学习的学生便产生了学习适应困难的感觉。

（2）对新环境不熟悉，人际关系生疏，思念父母的心理不能摆脱等，这些给心理素质尚未成熟的大学生带来了情绪的波动和不安，以致影响学习。

（3）大学生心理发展不成熟，由于他们缺乏生活阅历，在客观环境发生变化时，明显地暴露出适应能力差，不能尽快地随着环境的变化及时调整自己的缺陷，以致影响学习。

### （三）高校家庭经济困难学生学习适应不良的调试

（1）尽快熟悉和利用学校的学习资源。大学新生刚入学的时候，在思想上应认识到要想在学业上获得成功，一定要充分利用现有的学习条件，掌握、运用自己所学的知识，提高自己的能力。在入学最初的几个月里，大学新生在熟悉新的生活环境和新的老师、同学的同时，还要迅速熟悉学校中的教学及辅助设施，如教学办公地点、图书馆、实验室、复印室等的开放时间和使用方法。充分利用现代多种高科技教学手段来掌握、运用自己所学的知识，提高自己的能力。

（2）尽快适应大学的学习氛围。大学学习氛围是外松内紧的，很少有人监督；很少有人主动指导……但这并不代表没有竞争。在社会飞速发展的今天，分数并不是衡量人的重要指标，人们更看重的是综合能力的培养和全面素质的提高。竞争是潜在的、全方位的。因此，从大一开始，家庭经济困难学生就要为今后的人生做规划和准备，而不是被动地等待上课、考试、实习、毕业。

（3）要转变关于成功的认识。进入大学后，许多家庭经济困难学生发现"天外有天，人外有人"，以前的风光优秀不复存在，于是便消沉下去，放松对自己的要求。其实这是对现实的一种逃避。每个人都有自己的优势和不足，真正的成功应该是"做最好的自己"。我们应该花些时间来倾听自己内心的声音，寻找自己的兴趣和长处所在，提高自己的综合素质，塑造良好的人格魅力。这样，在大学毕业时回顾大学时光，觉得自己没有虚度光阴，有收获、有成长。

（4）调整学习方法。自学能力的高低是影响学业成绩的最重要的因素。进入大学后，以教师为主导的教学模式变成了以学生为主导的自学模式。因此家庭经济困难学生一定要调整自己的学习方法。一方面，课堂上教师讲授知识后，学生要消化理解课堂上学习的内容；另一方面，还要大量阅读相关书籍和文献资料，要对本专业的相关知识和相关职业进行了解，要注重综合能力的培养和素质的提高。

（5）要合理地安排课余时间。首先要对自己在近期内的活动有一个理智的分析。看看自己近期内要达到哪些目标，长远目标是什么，自己最迫切需要的是什么，各种活动对自己发展的意义又有多大等，然后做出最好的时间安排，并且在执行计划中不断修正和发展。

## 二、高校家庭经济困难学生考试焦虑及其调适

### （一）高校家庭经济困难学生考试焦虑的表现

考试是一种复杂的智力劳动。考试焦虑是大学生常见的一种学习障碍。考试焦虑往往指由于担心考试失败或渴望获得更高的分数而产生的一种忧虑、紧张的心理状况，往往也伴随着一些生理变化。研究表明，考试焦虑与学习效率之间呈现"倒 U"形关系。当考试焦虑处于中等水平时，个体的学习效率达到顶峰；当考试焦虑处于零状态或高焦虑水平时，个体的学习效率将被抑制。在焦虑水平高的状态下，学生的分析、综合、抽象、概况等具体思维能力无法正常发挥，从而导致考试失败。考试焦虑具体表现有：

（1）情绪上表现出担忧、焦虑、烦躁不安。

（2）认知上表现为注意力不集中，记忆力下降，看书效率低，思维迟钝。

（3）行为上表现为坐立不安，手足无措。

（4）身体上表现为头痛、食欲下降、恶心、心慌、睡眠不好等。

具有高度考试焦虑的学生在考前还会出现明显的生理心理反应，如：过分担忧、恐惧、失眠健忘、食欲减退、腹泻等；在临考时心慌气短、呼吸急促、手足出汗、发抖、频频上厕所、思维混乱、判断力下降、大脑一片空白。个别学生在考场上甚至出现视觉障碍，如看不清题目、看错题目、漏题丢题，出现动作僵硬、手不听使唤、笔误等现象。

### （二）高校家庭经济困难学生考试焦虑的原因

考试焦虑的原因有如下几种：

（1）生理因素。个体的遗传素质存在着差异。个人的遗传基因以及胎儿时期内、外环境的不同，使人的神经类型及其他生理特点各不相同。有些人的神经系统属于弱型，极易对环境刺激产生紧张反应，这种类型的人较易产生高的

考试焦虑水平。另外，个体的身体健康状况也是影响考试焦虑水平的因素之一。身体健康状况良好的人，精力充沛，情绪稳定，能够对考试做出积极反应，因而考试的焦虑水平较低。而身体健康状况不佳的人，极易受到考试的烦扰，特别是面临重大考试时，情绪很容易波动，考试焦虑水平较高。

（2）认知评价能力。认知评价能力取决于对刺激性质的认识程度，包括对刺激利害关系的预测程度以及对自身应付能力的估计程度。认知评价能力对个体的考试焦虑水平影响非常大。假如一个人对某一次考试很重视，把它看作是对自己的一生有重大影响的事件，那么他就十分在意自己能否考好，考试焦虑水平相应地也就较高。反之，焦虑水平就比较低。另外，当考生对自己的水平不太有把握的时候焦虑水平也会提高。

（3）知识经验。考生自身所具备知识的多寡也决定着其考试焦虑水平的高低。如果考生在考前准备较为充分，对将要测验的内容已做到心中有数，便会泰然等待考试的来临，在考试中也会镇定自若地答题，而不会产生焦虑情况。否则，便会产生焦虑感。

（4）应试技能。具备良好的应试技能使考生能在考场上得心应手，自如地答题，焦虑水平自然较低。而没有良好地掌握基本应试技能的人，在考场上极易陷入慌乱之中，要么时间不够，要么答卷涂改过多等，如此便会引起考生的焦虑。

（5）外在环境因素。外在环境因素主要是指家庭、学校和社会三方面对考生的影响。家庭中父母望子成龙，对子女的期望过高；学校过于重视分数，片面追求升学率；社会对落榜学生或考试成绩低的学生存在偏见等；诸如此类的情形，都会使考生产生较高的焦虑水平。

## （三）高校家庭经济困难学生考试焦虑的调适

（1）认真复习，充分备考。知识经验准备得是否充分，是影响考试焦虑的重要因素之一。所以，家庭经济困难学生要降低考试焦虑，首先就要认真复习功课，全面地、灵活地掌握所学的知识。这样，在考场上就不会因为不会做题而慌张，引起焦虑。从这个意义上讲，考试没有捷径可走，唯一可行的方法是认真复习功课为考试做尽可能充分的知识上的准备。

（2）增强考试的自信心。许多家庭经济困难学生产生焦虑的原因不是知识经验不足，而是自信心不足，对自己的估价低于自己的实际水平。所以，要消除考试焦虑，家庭经济困难学生就必须对自己树立起信心，相信以自己的知识水平能够自如地应付将要到来的考试，并能在考试中取得令人满意的成绩。当然，自信心应当建立在一定的知识基础上，没有知识准备的盲目自信，不仅不会有利于焦虑的消除，反而会使家庭经济困难学生考试失败后陷入更大的失望与焦虑之中。

（3）学会放松。自我放松的方法较多，可采用深呼吸、肌肉放松等方法缓解过度焦虑。

（4）寻求考前心理咨询。对有一些敏感、焦虑、抗挫折能力差、有心理冲突和心理问题的家庭经济困难学生来说，可以在考试前有针对性寻求心理咨询以缓解其心理压力，使自己客观地认识自我，提高心理素质，有效化解外来压力，发挥出应有的水平。

## 三、高校家庭经济困难学生厌学行为及其调适

### （一）高校家庭经济困难学生厌学的表现

厌学是一种典型的心理疲倦反应，是指学生在学习过程中厌恶学习，或对学习感到厌倦而不愿学习的心理。由于在认识上对学习存在偏差，于是在情感上消极，在行为上远离学习活动。高校家庭经济困难学生的厌学主要表现在：

（1）学习不主动，课前不认真预习，课后不及时复习。

（2）情绪消极，作业拖拖拉拉，敷衍了事。

（3）注意力分散，上课不认真听讲。

（4）学习不主动，经常上课迟到，甚至逃课。伴随而来的是学习效率降低，考试成绩下降。

### （二）高校家庭经济困难学生厌学的主要原因

1. 学习动机和情感、意志等方面出现偏差

主要表现为：一是学习目的不明确，缺乏远大的理想和抱负；二是学习上主动性和积极性不足，学习态度消极，在学习过程中，往往不能自制，不能坚持始终；三是好高骛远，眼高手低，不求甚解。这部分学生大多数意志薄弱，感情脆弱，抗挫折能力弱，学习过度焦虑。由于学习上的失败，常受到嘲笑和奚落而形成心理创伤，有的家庭经济困难学生因此产生自卑心理、反抗心理、逆反心理等；还有的因为不良的性格特征，如孤独、不爱言语、怯场或性格蛮横，在学习上很难得到同学和教师的帮助，在厌学方面表现为多学科的持续状态，其中少部分表现为局部厌学。

2. 学习不得法，学习效率低

主要表现为：学习方法机械、呆板、理解慢、总是死记硬背、不了解和不能掌握知识的内在联系。因此，学到的知识总处于零散的无序状态，无法形成系统的知识结构，从而造成理解能力、迁移能力差，缺乏去粗取精、概括归纳、举一反三的能力，更不能在学习、实践中运用知识。这部分家庭经济困难学生很努力，但很难获得学习上的成功，因此，他们常常处于委屈、苦恼、孤独之中，他们渴望同学的友谊，希望得到优秀学生的帮助，有较强的自尊心，有时又很自卑，常处于矛盾状态。在厌学方面往往表现对部分学科的持续性厌倦。

3. 其他

个人疾病、家庭变故、家庭文化环境差，家庭经济出现严重困难，师生关系紧张，社会不良影响，交友出现问题或品德滑坡等原因导致厌学。家庭经济困难学生的主要特征是因特殊原因而不愿坚持上学，或者在学习中精神不振作，疲劳、懒散而造成厌学。少数的带有思想品德、作风上的不良倾向，还有的出现单科或几科厌学是因为心理状态不稳，这部分学生的厌学原因比较复杂，大多数表现为阶段性的或局部性的厌学。

（三）高校家庭经济困难学生厌学的调适

1. 个人层面

一是家庭经济困难学生要培养良好的学习兴趣。兴趣是在认知的基础上形成的带有强烈情绪色彩的心理倾向，是人的需要的反映。学习过程既是理性的又是感性的，在学习过程中不仅要调动思维和记忆等理性的心理元素参与，而且要充分调动兴趣、热情、想象等感性元素的参与。因此，厌学的学生要多丰富感性认识，多观察自然和社会现象，多参加实践活动，使学习不仅是抽象的、理性的、富有逻辑性的，同时也是形象的、生动的、富有乐趣的。家庭经济困难学生要设法变"厌"为"喜"，厌学心理也就不难根治。二是要讲究学习方法，提高学习效率。一方面，要学会科学利用时间。在大脑兴奋、精力充沛时进行创造性的思维活动，使学习紧张而富有弹性。在精力不足、大脑疲劳时，进行一般性的学习，如整理资料、摘录等工作，使大脑得到休整，恢复精力。另一方面，学习上不能急于求成，要循序渐进，改变不良心态，制订科学的学习计划，并保证计划的有序性、节奏性及弹性。这样就能较为有效地克服冷热心理和急于求成的心理。再则，对暂时不能理解而不影响深入学习的知识，不妨将其跳过，放在一边，有时把后面的知识学会了，前面的知识也就明白了。

### 2. 学校层面

一是要树立良好的校风学风，建设丰富多彩的校园文化环境，陶冶学生的情操。通过丰富的校园文化调节学生学习中的疲劳感，满足学生追求快乐的需要，使学生融入良好的文化环境，发挥校园文化潜移默化的影响作用。高校应开展丰富多彩的文体活动，营造积极向上的文化氛围，发挥校园主流文化的导向功能，让学生的身心得到健康的发展，让学生的才能得到充分的发挥。二是要充分发挥教师的引导作用。首先，教师要尊重学生。教师应该让学生在爱的氛围里学习和生活，如经常肯定和赞扬学生，能大大增加学生的自信心；对学生充满爱心的鼓励，会使学生更加自尊、自信和自强，并形成良好循环。其次，把尊重学生、关爱学生和了解学生相结合，创造条件帮助学生获得成功，引导其端正学习动机，激发其学习兴趣。最后，教师要有意识、有计划、有步骤地培养学生的意志力，培养他们克服困难，战胜困难的信心和承受挫折的能力。三是要运用多种评价方式，增加学生的成功体验。对于原先学习基础差的学生，学校不应单以成绩好坏作为衡量学生的唯一标准，而应区别对待，发现每个学生身上的"闪光点"。教师应该用多种标准综合看待学生，坚持客观、公平地评价每个学生，善于发现每位学生身上的积极因素，使每个人都能体验到成功感，看到自己的价值，这样才能避免出现逃学等自暴自弃的行为。四是帮助学生协调好人际关系。人际关系差，也是学生厌学的一个原因。由于学生来自不同文化、经济条件和涵养的家庭，各自的性格亦有很大差异，有些学生由于性格孤僻，不善交往，人际关系自然就差。如果老师和同学们再对他们冷漠，他们就会更感孤独和不安，不良情绪、厌学情绪就会产生。因此，对这些性格存在缺陷的学生，我们要伸出友爱之手，关心他们，帮助他们。

## 四、高校家庭经济困难学生的学习拖延及其调适

### （一）高校家庭经济困难学生学习拖延的表现

学习拖延是指在学习情境中出现的拖延现象。比如，在最后期限的凌晨才忙乱地赶作业；刚开始做作业时心不在焉，总是做其他无关紧要的事，或者在学习过程中玩手机、吃零食、逛电商平台等，容易被其他事情影响，将自己的学习计划向后退了又退。学习拖延的学生常常有学习的意向，却缺乏与意向相

匹配的行为，期间还伴随着焦虑、不安、抑郁、失落等不良情绪。学习拖延不仅会影响学生的学习表现，阻碍学习进步，增加学习压力，产生的不良情绪也严重影响学生的身心健康。

## （二）高校家庭经济困难学生学习拖延的原因

### 1. 人格方面的因素

具有"完美主义"人格特征的人力图将所有的事情都做到尽善尽美，这种人格特征的大学生不会匆匆忙忙地开始自己的学习，而是在万事俱备的情况下再开始行动。适度地追求完美，有利于提高大学生的学习质量，但过分追求完美则会提高学生完成学业的迟疑程度。

### 2. 缺乏组织规划能力

学习拖延的学生大多数缺乏组织规划能力。他们解决问题的方式不是衡量任务的轻重缓急，而是从"方便"入手，先做方便、有趣的事情，再将重要、紧急的任务拖延到最后。拖延者还容易分心，缺乏学习的坚持性和自我控制能力。他们总能为拖延的时间找到借口，掩饰自己的行为失调。正是由于缺乏组织规划能力，他们在面对困难的任务时，不能将大任务分割成小块，而是继续拖延。

## （三）高校家庭经济困难学生学习拖延的调适

### 1. 养成良好的学习习惯

在学习时，大学生要给自己打造一个良好的学习环境，远离导致拖延的诱因，断开电脑网络、关掉手机等，寻找充满自律的学习环境，如图书馆、自习室等。很多时候大学生选择拖延是因为觉得学习任务很难完成，因此就会拖着不做。大学生可以把注意力转向过程，每次完成一个小的学习任务。在想要放弃学习的时候，要求自己再坚持10分钟。这样就能有效避免拖延。行动是克服拖延的第一步。在高效完成一项任务后，可以给自己一些奖励或者休息一下。

### 2. 确立学习目标

积极的学习者都会给自己设立目标，学习目标应该是清晰的、具体的、可量化的、实施性强的。如果大学生有拖延的习惯，请给自己每学期、每门课、每堂课都设置一个目标。与此同时，每天确立一个学习目标，确立好目标后将目标划分成一系列具体的学习小任务。比如，可以计划每天读10页书，并复习之前学过的知识。这样的内容和进度都适合大学生开展学习活动。

3. 学会时间管理

通过掌握时间管理的方法，能够改变大多数的拖延。很多家庭经济困难学生不懂管理时间，比较集中地体现在两方面：一是与中学相比有了大块的可支配的时间，但不知道怎么安排，让时间白白浪费掉了；二是不会分配时间，不知道怎样处理学习与社会工作、社会活动、社会实践、勤工俭学等方面的矛盾。家庭经济困难学生可以做一张一周时间表，分配好自己的学习、工作和休闲时间。每周就可以利用这张时间安排表进行对照检查，提高学习效率。学会管理时间也是战胜拖延的一个重要方法。

## 五、高校家庭经济困难学生的学习失信及其调适

### （一）高校家庭经济困难学生学习失信的表现

高校家庭经济困难学生学习失信是指在学习上不诚信的行为，主要表现在考试作弊和抄袭作业两方面。调查发现，家庭经济困难学生在回答"你对考试作弊行为的看法"时，48.6％人认为可以理解。在问及"考试时您遇到不会做的选择题，刚好您能看到隔壁同学的答案，你会如何做"，回答"等老师不注意的时候抄袭隔壁同学的答案，及格重要"和"悄悄地问同学答案是什么"分别是30.9％和7.1％。回答"您认为您所在学校的各种闭卷教育中诚信度如何"时，59.6％和9.3％的同学认为"有轻微作弊现象"和"作弊抄袭现象很严重"。

### （二）高校家庭经济困难学生学习失信的原因

1. 个人与家庭因素

高校家庭经济困难学生大多数来自经济比较落后的偏远农村，由于父母文化程度不高，精力主要放在解决经济困难上，很少有时间对子女进行诚信教育。有的父母自身道德意识不健康，怕孩子"吃亏"，把唯利是图、弄虚作假的不良行为灌输给孩子。一些家庭经济困难学生对于诚信没有全面、深入地认识，缺乏诚信意识。部分家庭经济困难学生由于长期从事兼职工作，没有处理好学习与工作的时间关系，过多的时间花在解决生活、经济上的困难，为了完成学业就采取抄袭他人的作业的方式来完成作业任务。

### 2. 学校因素

家庭经济困难学生是高校一个较为特殊的群体，他们比普通学生更容易产生自卑和消极情绪，由于在长期匮乏的物质中不断受挫，当现实与理想冲突的时候，他们更容易倾向现实，这会导致诚信意识薄弱及诚信认知偏差。高校对家庭经济困难学生的教育缺少持续性和系统性，方法上缺少创新性和多样化，没能起到潜移默化效果，没能让学生达到知行统一教育目标。

### 3. 社会因素

在市场经济、网络信息的时代，社会上制假造假的现象屡见不鲜，追逐功利，见利忘义的思潮冲击校园，一些自控力差的学生容易受到网络上一些不良信息的毒害，这些都给家庭经济困难学生的诚信教育产生负面影响。目前，我国还处于个人信用制度相对薄弱的阶段，缺乏一个全国联网的个人信用档案和个人信用情况评价体系，无法有效评估一个人的信用状况，家庭经济困难学生对个人信用档案没有引起足够的重视，没有意识到失信的成本，致使他们在学习上表现出失信的行为。

## （三）高校家庭经济困难学生学习失信的调适

### 1. 家庭经济困难学生应该加强自律

家庭经济困难学生要端正学习态度，对于分数和评价有正确的认识，要加强意志锻炼，提高抵制不良诱惑的能力；掌握科学学习方法，做好日常作业和功课，杜绝不诚信的学业行为。

### 2. 营造诚信的校园环境

学校应该营造"诚信待人、诚信做事、诚信学习、诚信立身"的校园氛围。通过开展各种形式的教育活动，帮助学生们懂得诚信的重要性，引导他们自觉地诚实守信。改变传统单一说教的教学方法，可邀请优秀校友、社会成功人士现身说法讲诚信，还可以积极引入案例教学、道德难题讨论、角色扮演等多种教学方法，通过学生参与讨论，形成师生之间、学生之间的相互学习与交流。要提高诚信教育活动的思想性、知识性和趣味性，如举办诚信征文活动、社会调查、图片展览、诚信知识讲座、辩论赛、演讲赛、主题报告会、观看专题片等。另外，可以利用微博、QQ、网站、微信公众号，宣传诚信的重要性、分享诚信的小故事、宣传诚信之星、征集诚信征文等，利用网络传播快、便捷、关注度高的特点开启诚信教育的线上模式，不断加强诚信教育的广度和深度。抓住时间点，分阶段开展诚信教育。从大一新生入学经济困难认定开始，到毕业离校前的承诺还贷结束，不同阶段开展不同形式的教育。首先，以新生入学教育为契机，开展诚信第一课，如组织学生在开学典礼上进行诚信宣誓，还可专门为家庭经济困难学生开设一堂"立志成才诚信感恩"的特别课程，树立诚信意识；其次，大学期间陆续开展一系列诚信教育活动，在活动中让家庭经济困难学生感知诚信的重要性，坚定诚信理念；最后，通过诚信考试、诚信还贷、诚信就业等行动，让家庭经济困难学生践行诚信承诺。

3. 严肃处理不诚信行为

对作业抄袭、考试作弊等违反学业诚信的行为要严肃处理。作业抄袭和考试作弊的相关处罚办法如果不严格实施，就会导致学生产生侥幸心理，会促使学生为了完成作业或为了及格或者为了拿高分铤而走险，因为成本低收益高。针对考试作弊现象，在考试之前对学生进行考试规则等方面的教育，加强监考教师的责任心，保证足够的监考人力物力，加大巡考力度。只有严格考场纪律，严格监考，对考试作弊被抓到的同学严肃处理，这样才能对作弊的学生起到惩罚和教育作用，对所有的大学生起到教育作用和威慑作用。

4. 建立家庭经济困难学生个人诚信档案

建议高校建立大学生的诚信档案，通过合理规划大学生诚信档案的内容，在此基础上，完善家庭经济困难学生诚信档案的建档管理。大学生诚信档案包括：家庭经济困难学生诚信承诺书、个人资料、家庭经济情况、思想品德综合鉴定、学习成绩、健康状况、图书借还情况、贷款状况、奖惩记录、个人意见、班主任意见、学院意见、学校意见、备注等内容。

5. 营造良好的社会诚信环境

要加大开展宣传诚信教育力度，发挥舆论导向作用，全方面多角度开展诚信宣传。要大力弘扬中华民族的传统美德，宣传和贯彻《公民道德建设实施纲要》，使诚信理念深入人心，在全社会形成"诚信为本，操守为重"的良好风尚，营造一个政府讲诚信、公众讲诚信、人人讲诚信的氛围，在全社会形成诚信者受尊重，失信者遭鄙视的社会氛围。

总之，部分家庭经济困难学生学习成绩不理想，与其学习态度、学习方法及求学精神有密切联系，这就需要高校既要在经济上给予家庭经济困难学生帮助，更要在学业上给予全力帮扶。习近平总书记在北京大学师生座谈会上的讲话中提出："希望广大青年珍惜大好时光，求真学问，练真本领，更好为国争光、为民造福。"高校应当引导家庭经济困难学生树立谦虚谨慎的学习态度、科学有效的学习方法及孜孜不倦的求学精神，鼓励家庭经济困难学生正视困难，勇敢挑战人生，合理分配在校学习时间，充分利用学校资源，发奋努力，争取取得优异成绩，争做全面发展的高素质人才，报效祖国和人民。

# 第四章 心灵之约：高校家庭经济困难学生人际交往研究

最难忍受的孤独莫过于缺少真正的友谊。

——培根

友谊能增进快乐，减轻痛苦；因为它能倍增我们的喜悦，分担我们的烦忧。

——爱迪生

人生最美好的东西，就是他同别人的友谊。

——林肯

要想得到别人的友谊，自己就得先向别人表示友好。

——爱默生

理解绝对是养育一切友情之果的土壤。

——威尔逊

家庭经济困难学生作为高校中的一个特殊群体，不仅受到"物质贫困"的困扰，同时还面临严重的"心理贫困"危机。近年来，国家出台一系列资助帮扶政策，减缓了家庭经济困难学生的经济压力，为他们顺利完成学业提供了保障，经济资助满足了家庭经济困难学生的物质需求，但尚未完全满足他们的精神需求。总体上看，高校家庭经济困难学生心理健康状况呈现积极、健康、稳定、向上的好的态势，但是调查发现，家庭经济困难学生群体心理问题主要表现为自卑、敏感、封闭、多疑和偏执心理。相较于普通大学生群体，他们更内向，有更多的内心冲突，更容易产生焦虑、抑郁、敏感和敌对情绪。高校在开展心理健康教育的过程中，需要考虑到特殊家庭学生心理问题的特殊性和复杂性，采取相适应的人文式辅导策略，增强家庭经济困难学生的心理健康意识，建设一支专业化的心理健康教师队伍，健全由点及面的家庭经济困难学生心理帮扶体系。本章主要围绕高校家庭经济困难学生人际交往的现状、类型、特点、意义展开，针对高校家庭经济困难学生常见人际交往困惑，提出调适策略。

## 第一节　人际交往知多少
### ——高校家庭经济困难学生人际交往概述

著名的人际关系学大师戴尔·卡耐基这样说过：一个人事业上的成功，只有15％是由于他的专业技术，另外的85％则要依赖人际关系、处世技巧。良好的人际关系是心理健康的重要指标，它让人有安全感和归属感。进入大学以后，与他人保持良性互动，维持良好的人际关系，不仅是顺利度过大学生活的需要，也是保持健康心理，获得学业成功，适应社会生活的需要。在当前高校的心理咨询案例中反映出，交友、恋爱是导致大学生出现心理问题的两个主要原因，而恋爱方面的问题有很大部分也是由于不能很好地处理异性朋友之间的人际关系引起的。尤其是家庭经济困难学生，人际交往方面更是问题重重。有研究表明，大学生人际交往能力受经济状况影响非常明显，家庭经济困难学生的人际交往能力远远低于经济状况良好的学生。这部分学生甚至会因经济困难产生交往心理障碍，进而影响正常的学习生活。高校应当帮助家庭经济困难学生正视贫困现状、保持平和心态，学会交往技巧，以积极心态妥善处理人际交往中的问题和困惑，更好地适应社会生活。

**案例一**

#### 我不敢与人说话

"老师，我不敢进教室，不敢看别人，不敢跟别人说话。哪怕是跟最好的朋友，也不能正常交流，他们都说我看人的眼神很奇怪。"心理咨询室里，来自贫困山区的小陈同学焦虑地、不安地、怯怯地对咨询老师说。通过交谈，咨询老师了解到，在中学时代小陈同学聪明、开朗、自信，很受老师的器重和同学的喜欢，感到满满的自信。进大学后情形却发生了变化，他发现自己知识的贫乏、穿着的土气、蹩脚的普通话常常引起他人的嘲笑，中学时的成绩优势在这里也不值一提。逐渐地总觉得别人在背后议论他的平凡、嘲笑他的土气，心理极度的自卑起来。慢慢地他就变得不敢跟别人说话、不敢直视别人，不敢面对老师和同学，整天逃学躲在寝室里。显然小陈同学在人际交往中存在严重的交往障碍，急需及时的治疗。

## 一、什么是人际交往

人际交往也称为人际沟通，是指人与人之间通过一定方式进行接触，从而在心理上或行为上发生相互影响的过程。人具有社会属性，总会与他人发生这样或那样联系。通过人际交往，个体之间可以相互交换各自的思想、态度、个性、行为模式及价值观，从而实现彼此间的相互影响。

人际交往的心理因素包括认知、动机、情感、态度、行为等。认知是个体对人际关系的知觉状态，即对自己、对他人、人与人之间关系的认识，是人际关系的前提。在与人交往中，个体通过对自己、对他人、对人与人之间关系、对角色身份等的认知，有针对性地调节与他人的关系，实现良好的人际交往效果。动机在人际交往中有着引发、指向和强化的功能，人与人之间的交往总会因为某种需要、愿望或诱因。情感是人际关系的重要调节因素，人们在交往过程中，总会伴随着一定的情感体验，如高兴或不高兴、满意或不满意、喜爱或厌恶，人们正是根据交往过程中感受到的某种情感体验来不断调整人际关系。交往过程中情感需要的满足程度，即为心理距离的远近，"但热闹是他们的，我什么也没有"这句话表现的就是心理距离的远。"海内存知己，天涯若比邻"表达的就是心理距离的近。态度是人际交往的重要变量，交往中每时每刻都在表现某种态度，比如积极、主动、热情等，态度直接影响着人际关系的建立、形成与发展。行为是指言语、举止、作风、表情、手势等一切表现个性的外部动作，是建立和发展人际关系的交往手段，在人际交往中，不论是认知、动机还是情感、态度，都要通过一定的行为表现出来。

认知、动机、情感、态度、行为等心理因素的不同组合、相互作用，形成人际交往不同的思想基础、动作特征、感情色彩、态度倾向和行为方式，从而表现出人际关系的不同层次和发展水平。

## 二、高校家庭经济困难学生的人际交往

高校家庭经济困难学生由于他们特定的成长环境，以及成长过程中的主观感受，使他们在心理上和思想上产生不同变化，反应在人际交往中，交往的类型、交往的特点与普通学生相比有其特殊性。

### （一）高校家庭经济困难学生人际交往的类型

高校家庭经济困难学生平时学习、生活的主要场所是学校，他们的人际交往主要发生在校园中。同时，家庭经济困难学生为缓解家庭经济压力，很多同学会选择勤工俭学，从事营销、家教等兼职活动，与职场人士也会有广泛的接触。其交往类型与普通同学略有不同。根据高校家庭经济困难学生发生人际关系的连接纽带，其人际交往表现出以下几个类型。

#### 1. 励志奋进而产生的学习交往

学习交往指因学习生活而产生的人际交往。大学阶段的主要任务仍然是学习，所以大学生的人际交往也主要因学习活动而产生，围绕所学专业而形成人际交往关系，主要包括师生关系、班级同学关系、室友关系。进入大学后为了顺利完成学业，获得在交往关系中的尊重、认可，部分家庭经济困难学生对待学习往往比普通同学更加勤奋，他们想通过努力学习来获得比他人更多的成功机会。他们认真分析大学学习特点，重新评估自己的学习状况，找到自己的学习不足，制定周密学习规划，细化自己每天甚至早、中、晚各个时段的学习任务。在这过程中有着同样学习目标的同学，因共同的理想和目标而结成较好的人际关系，这种朋友关系可能跨越了本班级、本专业、本年级的人际范围。

#### 2. 勤工助学而产生的工作交往

工作交往指因工作关系而产生的人际交往。当前，各高校为实现"只要分数够，决不让你'辍学'"的承诺，在奖学金、助贷学金、学费减免、特困生补助等方面做了大量的工作，以切实保证每位学生不因贫困而辍学。作为家庭经济困难学生群体，他们在学习之余，也大多积极寻求勤工助学机会，来改善自己的学习和生活条件，并缓解家庭经济负担，同时也通过这种方式来提高自身的综合素质。一般来说参与勤工助学的同学相互间会共享用工信息，互相推荐工作。工作中也会与同事交流，听从上级管理者的工作安排。与普通同学相比家庭经济困难学生在"朋友圈"中又多了"工作圈"。

#### 3. 经历相似而产生的互助交往

家庭经济困难学生大多来自偏远的农村或城镇的低保家庭，其中还有很多是留守儿童。在童年成长中，他们希望像其他小孩一样，有父母的宠爱与陪伴，无忧无虑的快乐成长；有游乐场玩、好玩的玩具、漂亮的衣服、可口的小零食。然而现实生活却是，父母为了生计要外出打工，把他们交给爷爷奶奶或外公外婆，甚至寄养在亲戚家或独居在家。孤独、寂寞成了他们的朋友，带着这种心理缺失进入了大学。有着相似成长经历的家庭经济困难学生彼此似乎觅到了知音，自然而然地容易成为朋友，相互倾诉、相互慰藉、相互帮助。

**4. 地域相近而产生的人际交往**

地域相近指来自相同或相邻地方而结成的人际交往关系，这主要表现为同乡交往关系。家庭经济困难学生进大学前的生活环境相对比较闭塞，人生目标也很单一，就是考上理想的大学，学习以外的东西既缺少关心也少有机会接触，对大城市的生活既向往又有很强的陌生感，初进大学时显得难以融入新的环境。来自相同或相近地方的同学，有着共同的家乡文化以及相近的生活方式、语言习惯，在人地两生疏的环境中相遇倍感亲切，"他乡遇故知"的感觉油然而生，更容易形成亲密的人际互动。

**5. 情感空虚而产生的网络交往**

网络交往是指交往者以 QQ、微信、微博、论坛、贴吧、网络游戏等网络平台为交流纽带，在虚拟的网络空间中频繁互动并由此而形成的人际交往。现实生活中，部分家庭经济困难学生通常会主观地认为自己知识面窄、形象气质欠佳、谈吐不够得体，别人瞧不起他，进而陷入深深的自卑中，不敢主动与他人交往，久而久之也就养成不愿与人交往的习惯。渴望友谊避免孤独的本能驱使他们在网络中寻找存在感，寄托自己的情感。在虚拟空间中打造自己理想的人设，以超现实的完美形象呈现在网友面前。有的家庭经济困难学生在网络交往中容易迷失自己，或沉溺于网络游戏而荒废学业、或轻易相信他人而陷于网络诈骗、或钟情于网恋而情感受伤害。

## （二）高校家庭经济困难学生人际交往的特点

当前，家庭经济困难学生在交友方面，与同龄人一样有着思想开放性、形式网络化、内容丰富性等特点，同时受其成长环境和家庭经济压力的影响，又有着不同的特点。

**1. 交友愿望迫切**

交友是人们的正常心理需求，大学生正值青春浪漫季，对友谊充满渴求，特别是很多大学生远离熟悉的生活环境和人际环境，容易产生孤独感和失落感，正常的人际交往能满足他们社交的需要，帮助他们更好的学习、生活。家庭经济困难学生父母的主要精力放在养家糊口上面，努力为孩子们提供相对优厚的物质生活，忽略了孩子们心理上对亲情的需求。这造成很多家庭经济困难学生从小缺乏亲情关怀，对亲情、友谊充满渴求和期待。在人际交往比较自由的大学校园，他们交友的范围更大、选择面更宽，与普通同学相比更迫切希望通过自己努力得到同学、老师的尊重、关心、理解、信任。

2. 交往注重情感

家庭经济困难学生的生活环境比较单纯、人际关系比较简单，养成真诚待人的习惯。加上正处于 17、18—22、23 岁之间的青春期，情感比较丰富，心理尚未完全成熟，在人际交往中常常表现出情感性大于理智性的特点。他们在与人交往中真情对待、真心付出，有着极为强烈的情感性色彩。交友对象上也主要选择有着共同兴趣爱好、共同人生理想、共同奋斗目标的同学。对待那些主动关心、真心帮助过自己的同学，更是感激万分，倾情付出，坦诚相待。

3. 交往范围狭窄

家庭经济困难学生在中学时代生活圈子比较窄，交往的圈子也主要是老师、同学、家长，与社会接触相对较少。进入大学也基本是从一个学校进入另一个学校，交往范围宽度方面只有量的增加没有质的区别。面对大学新的环境、新的学习特点，家庭经济困难学生对自己许多方面不能正确的、客观的认识，在人际交往中往往缺乏自信，交往对象以接触较多的班级同学或室友为主。同时，因大学教学管理特殊性，与老师的接触没有中学时那样紧密，他们对老师的态度采取的是能避免接触尽量避免，有的同学大学四年甚至连辅导员都没主动接触过。再加上有的同学学习之余还要参加勤工俭学以缓解经济压力，更没有时间与人深度交往，使得他们的交往范围更显狭窄。

4. 交往观念平等

大学阶段是学生自我意识高速发展期，"成人感"意识强烈，期望获得尊重的需要，人际交往上追求民主、平等。在情感上彼此尊重、彼此理解，在消费上强调 AA 制，平均分摊。家庭经济困难学生受经济压力的影响，交往中平等性的要求更加强烈，希望在人际交往中摆脱经济上的弱势心理，获得他人的尊重，因此他们更喜欢与态度诚恳、为人坦率的人交往。因经济的压力，在与普通同学交往时，容易因消费观念和消费能力产生分歧，久而久之，他们可能会减少与普通同学的交往频率，寻求与自己有着同等消费水平的同学作为亲密朋友。

5. 交往动机明确

家庭经济困难学生除了应对繁重的学习任务，还负担着较为沉重的经济压力，课余时间还要做兼职，休闲时间非常有限，使得他们没有太多精力去追求生活品质和生活情调，凡事讲求高效实用。与普通同学相比，他们的学习生活目标更加明确：学有所成、劳有所获。反映在人际交往动机上，那就是目的性也更为明确，他们更愿意同与自己在学习上相互促进、工作上相互帮助、生活上相互照顾的同学或朋友交往。

### （四）良好人际交往对高校家庭经济困难学生成长的意义

每个人的成长都离不开与人交往，总在与他人保持良好的互动关系中，不断完善自己、成就自己。良好的人际交往对家庭经济困难学生的成长意义非常重大，是社会适应良好的重要标志之一。

1. 良好人际交往有利于社会化

大学阶段是大学生完成社会化的关键时期，人际交往是社会化的起点，良好的人际交往关系是促进社会化的重要途径。家庭经济困难学生生活圈子较窄，人际互动相对比较贫乏，良好的人际交往对帮助家庭经济困难学生适应社会生活更显意义重大。在与同学、老师的互动中积累社会生活经验，不断学习融入社会生活的知识、技能、态度、价值观、道德规范等，学会与他人在竞争中和平相处、包容互信，养成尊重社会规范和伦理道德、遵纪守法的良好习惯，加速社会化的成熟，从而更好地适应社会、依从社会。

2. 良好人际交往有利于心理健康

情感的孤独、精神的空虚往往会导致不良的心理体验，成为心理疾病的病因。孤独、自卑、空虚消极情绪又时常伴随家庭经济困难学生左右，他们更容易产生负面情绪体验。良好的人际交往可以帮助他们获得更多的友谊支持，有机会倾诉爱恨情愁、缓解心理压力、获得心理上的满足。良好的人际交往为家庭经济困难学生营造和谐的人际环境，帮助他们克服自卑心理，培养乐观、积极、开朗、向上等良好的个性心理品质。

3. 良好人际交往有利于完善自我意识

大学阶段是学生自我意识发展的高峰期，认识自我、悦纳自我、发展自我、完善自我是这个阶段最重要的心理过程。成长过程中人们往往不能很好地、客观地认识和评价自己。家庭经济困难学生在人际交往中更容易产生自我认识偏差，过分夸大自己的不足，忽视自己的优势。"以人为镜可以明得失"，通过良好的人际交往，借助别人对自己的赞赏或批评、尊重或轻视、亲密或疏远、热情或冷淡等态度和反应，来帮助辨别自己究竟是怎样的人，从而获得自我评价和他人评价的一致性。

4. 良好人际交往有利于获得成长资源

萧伯纳这样说过："如果你有一种思想，我有一种思想，彼此交换，我们每个人就有了两种思想，甚至多于两种思想。"人际交往是获得信息、交流思想的重要途径。在你来我往的交往中彼此交换着思想、情感、知识、经验、信息等，得到的就可能是加倍的。家庭经济困难学生接触面比较窄，原有的社会知识面、信息源等相对较少。通过良好人际交往，可以吸收借鉴他人的学习、生活、工作经验，获得更加丰富的成长资源。

**心灵故事一：**

### 友谊的天堂

有一个人问上帝："为什么天堂里的人快乐，而地狱里的人一点儿也不快乐呢？"上帝说："你想知道吗？那好，我带你去看一下。"上帝说先带他去看地狱，他们来到一间房子，里面有一个长条形的桌子，桌子上摆满了各种很香的食物，围着桌子坐了一群瘦骨伶仃的人，每个人都表现出饥饿难忍又痛苦失望的样子：原来他们手里的勺子太长了，没法把食物送到自己的嘴里，虽然食物很可口，可是他们吃不到，所以一直很痛苦。上帝说："我们再去天堂看看吧。"于是他们来到天堂，也是到了一个房间，看见的景象是这样的：里面也有一个长条形的桌子，桌子上摆满了各种很香的食物，他们手里的勺子也是很长，可不同的是，这里的人都显出既快乐幸福又无比满足的样子。这个人感到很奇怪，因为这里和地狱有着同样的场景，人们状态却截然不同，难道有什么魔力吗？"感到奇怪吗？"上帝笑着说，你看下去就知道了。晚饭时间到了，只见这里的人围坐在桌边，用勺子把食物送到别人的嘴里。原来天堂和地狱唯一的区别就是，人们用勺子的方法有所不同。

**启示：**

一个人的痛苦往往来自孤独，一个人的幸福往往是因为有了朋友。自私自利注定要一世孤独；要想获得真正的友谊，必须伸出友爱之手，相互关心、相互帮助、相互扶持，幸福就会伴随你左右。人际关系要和谐想来也很简单，那就是主动为需要的人提供帮助。

**心理训练一：**

### 20个"我是谁"[①]

**训练目的：**强化自我认识，促进自我接纳

---

① 郑淑杰. 大学生心理健康教育［M］. 北京：教育科学出版社，2014.

**步骤：**

请根据自己的实践情况，写出 20 句 "我是一个_____的人"，要求尽量选择一些能反映个人风格的语句，避免出现类似 "我是一个男生" 这样的句子。

1. 我是一个_____的人。

2. 我是一个_____的人。

3. 我是一个_____的人。

......

20. 我是一个_____的人。

你完成的速度如何？完成速度与你对自己的了解程度有关，也与你多大程度表露自己有关。

你写的内容的深度如何？是反映表面性问题的句子多还是反映自己看法观点的句子多。表面性句子反映了自我意识的深度不够，或者不愿意让别人了解自己的内心世界。

将 20 项内容进行分类：

1. 身体状况（你的体貌特征，如年龄、身高、体型、是否健康）。

编号：

情绪状况（你常持有的情绪情感，如乐观开朗，振奋人心，烦恼沮丧）。

编号：

3. 才智状况（你的智力、能力情况：聪明、灵活、迟钝、能干等）。

编号：

4. 社会关系状况（与他人的关系，对他人常持有的态度、原则，如乐于助人的，爱交朋友的，坦诚的，孤独的）。

编号：

5. 其他。

编号：

分类是为了了解自己对自己各方面的关注和了解程度。健全的自我意识应能较为全面地关注和了解自己。某一类项目多，说明你对这方面的关注和了解多；某一类项目少或没有，说明你对这方面的关注和了解不多或根本就没关注甚至不了解。

评估你对自己的陈述是积极的还是消极的。在你列出的每句话的后面加正号（＋）或负号（－）。正号表示 "这句话表达了你对自己肯定、满意的态度"，负号的意义则相反，表示 "这句话表达了你对自己不满意、否定的态度"。看看正号与负号的数量各是多少。

正号数量多，说明自我接纳状况良好

负号接近或超过一半，表示不能很好地接纳自己，你的自尊程度较低，需要内省，寻找根源。是什么原因使你成为这样？有没有改善的可能？

"20问法"是了解一个人自我意识的一种简便有效的方法，通过20问，你可以了解自己的自我意识状况和特点。

**小结：**

老子说过：知人者智，自知者明。胜人者有力，自胜者强。说的就是清楚地认识自己的重要性。"20个我是谁"活动就是带领大家认识自己，更重要的是接纳自己，不仅接纳自己的长处，也要接纳自己的不足。当然接纳自己的不足不是要我们满足现状，而是要努力地做到"长善救失"。

**心理测试一**

### 人际交往中你属于哪种类型的人[①]

请对下列各题做出"是"或"否"的选择。

1. 我碰到熟人时会主动打招呼。　是（1分）否（0分）

2. 我常主动写信给友人以示想念。　是（1分）否（0分）

3. 我旅行时常与不相识的人闲谈。　是（1分）否（0分）

4. 有朋友来访，我从内心里感到高兴。　是（1分）否（0分）

5. 没人引见时我很少主动与陌生人谈话。　是（0分）否（1分）

6. 我喜欢在群体中发表自己的见解。　是（1分）否（0分）

7. 我同情弱者。　是（1分）否（0分）

8. 我喜欢给别人出主意。　是（1分）否（0分）

9. 我做事总喜欢有人陪伴。　是（1分）否（0分）

10. 我很容易被朋友说服。　是（1分）否（0分）

11. 我总是很注意自己的仪表。　是（1分）否（0分）

12. 约会迟到我会长时间感到不安。　是（1分）否（0分）

13. 我很少与异性交往。　是（1分）否（0分）

14. 我到朋友家做客从未感到不自在。　是（0分）否（1分）

15. 与朋友一起乘公共汽车我不在乎谁买票。　是（0分）否（1分）

16. 我给朋友写信时常诉说自己最近的烦恼。　是（1分）否（0分）

17. 我常能交上新的知心朋友。　是（1分）否（0分）

18. 我喜欢与有独到之处的人交往。　是（1分）否（0分）

---

① 鲁忠义，安莉娟. 大学生心理健康教育［M］. 北京：教育科学出版社，2015.

19. 我觉得随便暴露自己的内心世界是很危险的。　是（0分）否（1分）

20. 我对发表意见很慎重。　是（0分）否（1分）

**计分方法：**

第1、2、3、4、6、7、8、9、10、11、12、13、16、17、18题答"是"得1分，答"否"得0分；第5、14、15、19、20题答"是"得0分，答"否"得1分。

**测量结果的解释：**

1—5题得分表示交往的主动性水平。得分高说明交往偏于主动型，得分低偏于被动型。

主动型的人在人际交往中总是采取积极主动的方式，对自己在人际关系方面比较自信，即使在交往中遇到一些误解或挫折，也能坦然对待。适合于从事需要顺利处理人与人之间复杂关系的职业，如推销员、HR、教师等。被动型的人在社交中总是采取消极、被动、退缩的方式，总是等待别人主动接纳他们。适合于不太需要与人打交道的职业，如科研工作者、程序设计员等。

6—10题得分表示交往的支配性水平。得分高说明交往偏于领袖型，得分低偏于依从型。

领袖型的人有强烈的支配和命令别人的欲望，一般具有好强、固执、积极、自信、武断、自视甚高、攻击性强等特点。比较适合从事管理工作。依从型的人不喜欢支配和控制别人，一般比较谦卑、温顺、随和、惯于服从，喜欢稳定而有序，愿意从事按照既定工作要求、比较简单刻板的职业，如流水线工人、办公室文员等。

11—15题得分表示交往的规范性程度。得分高说明交往讲究严谨，得分低说明交往较为随便。

严谨型的人有很强的责任心，为人忠诚、细心周到、有始有终。适合从事警察、业务主管、社团领袖等职业。随便型的人比较随性，原则性、规则意识不强。适合从事艺术类、自由职业类工作。

16—20题得分表示交往的开放性程度。得分高说明交往偏于开放型，得分低说明交往偏于闭锁型。

开放型的人比较随和、宽容、体贴、有信用，易于相处与合作；有安全感、对人无猜忌，易于适应环境。适合从事服务类职业、会计等工作。闭锁型的人严于防范，与其他人保持距离，比较固执己见，不易上当受骗。适合从事持久、细致的职业。

（本测验仅供参考）

# 第二节　高山流水知音难觅——高校家庭经济困难学生人际交往的困惑

### 案例二

## 有人在追杀我

"老师，我被一群××省的人追杀了！"早晨 7：00 刚过，正准备上班的刘老师突然收到大一的武同学的短信。今天是春季开学的第一天，来自全国各地的学生将陆续返校。"赶快打 110 报警！"刘老师迅速地回了这句话。有着多年心理健康教育的刘老师回了短信后突然意识到，事情没那么简单。武同学来自西北农村，是位非常内向胆小的女生，初来大学时既不能说普通话、也不敢于与人大方交流，甚至最初和老师说话都小声的接近耳语。这样的同学怎么会引来一群人的追杀了呢？她极可能心理上出了问题。于是她赶紧打电话给武同学。电话中武同学反复说"一群××省的人追杀我，列车员跟他们是一伙的，照片到处都是，学校也已经有了，老师同学们都看到了，不能回学校了。"通过反复对话交流，从零散的信息中刘老师拼接出了事情的大致轮廓：武同学正乘火车从老家来学校，这是她第一次独自乘火车出远门。现在火车停靠在一个站点，她已经下了火车，因火车上有人追杀不敢返回，而火车马上就要启动了。那为什么会有人追杀她呢？原来春运期间，火车上人很多，没有座位的人就集中在车厢交接处。武同学去上厕所时，一群操着某地方言的男乘客正在厕所附近大声聊天。武同学看到厕所门上显示无人，聊天的男乘客们也说里面没人。可是在她推开门的一瞬间却发现里面有一位男乘客，吓得她一声尖叫，狂奔离开。随后就产生被××省的人追杀以及看到人上厕所场景照片到处流传的幻觉，火车一停靠站就马上逃离。武同学这种症状是典型的旅行性精神障碍。为了帮助武同学能顺利返校，刘老师叫她不要挂电话，老师会在电话里教她怎么做，可武同学说手机快没电了。幸运的是，当刘老师问她在火车上有没有认识的人，武同学说看到了大三的学长张同学，刘老师马上联系到张同学（互换了他们的电话）拜托他赶快下车，无论如何把武同学找到带回学校，火车启动前张同学终于找到了手机没电了的武同学。结果如你所盼，武同学得到及时医治，顺利康复。

武同学来自西北偏僻农村的贫困家庭，进大学前从来没离开当地，不会说甚至都听不太懂普通话，人际关系几乎处于封闭状态。和武同学一样，家庭经济困难的大学生，由于与普通学生有着不同的成长环境和成长经历，在人际交往方面往往会遇到比普通同学更多的问题和困难。

## 一、高校家庭经济困难学生常见人际交往困惑

处于青春期的大学生离开熟悉的交往圈和生活圈，一时间在人际交往中出现一些不适状况在所难免。家庭经济困难学生除了与其他同学同样面临各种人际交往困惑外，还因家庭经济困难学生这一特殊身份，让他们背负更多的心理压力，人际交往中更容易受阻，存在这样或那样的问题、困惑。

### （一）严重自卑

自卑心理是自我评价过低的心理现象，自卑心理表面上是担心别人看不起自己，而实质上是自己看不起自己，缺乏自信心。不少家庭经济困难学生长期受经济条件困窘的影响，总觉得自己不论是在穿着、审美、见识方面，还是在语言表达能力、处事应变能力、组织协调能力等方面都差强人意，总比别人弱那么一点点。在人际交往中总是小心翼翼，察言观色。如果遭遇他人的嘲笑、侮辱，也总是选择忍气吞声，担心辩驳会引起更严重不堪的后果。自卑的人是自己主观地认为自己不行，其实内心是很希望能在他人面前展示一个完美的自己，但因太过在意成败而总不能很好地表达自己的本真，结果总是呈现出一个不满意的自我形象。

### （二）内心孤独

孤独感是个体在主观上认为自己与他人、与社会疏远、隔离的负性心理体验。在孤独心态下，人们往往会感到寂寞、郁闷、焦虑、空虚、无助、冷漠甚至绝望，常伴有铭心刻骨的精神空落感。很多家庭经济困难学生因父母的关注重点在谋求生计而从小缺少亲情与关怀，内心对友情、亲情充满渴求，然而又苦于缺少友情、亲情资源，常常陷入孤立无援的感觉中，特别是在遇到诸如学业、交友、考研、就业等在他们看来人生中非常重要的决定、重大选择的时候，因缺少来自亲友的有价值的意见或建议时，孤独感更加强烈。

### （三）胆小羞怯

羞怯即是羞涩、胆怯的心理状态，主要表现为紧张、难为情、脸红、语无伦次、举止失常等现象。羞怯感是一种常见的心理现象，在与陌生人打交道、

说错话、办错事、被开玩笑等时，很容易出现羞怯感。在人际交往中家庭经济困难学生身上的羞怯感更加明显、更加常态。他们因缺少人际交往经验，总担心因说错话、办错事而让人笑话，所以在公开场合过多约束自己的言行，能不说话他们尽量不发言；能不与他人发生交集，他们尽量躲避。正因为这样，在不得已要公开表达自己意愿的时候，总是会高度关心自己的表现：说的话对不对、手放在什么地方合适、声音够不够大，经常会出现心跳加速、满脸涨红、动作扭怩等现象。

### （四）嫉妒心理

嫉妒是对与自己有过联系的人的成绩、优势等产生的一种不服、不悦、冷漠、失落、排斥、仇视、甚至带有某种破坏性的负面情绪体验。嫉妒是通过自己与他人进行比较后产生的一种消极心理，当自己熟知的人获得新成绩时，不会因此而由衷祝福，反而通过冷漠、排斥、挖苦等方式来贬低、诋毁、甚至攻击对方，以此来维护自己的心理平衡，"吃不到葡萄说葡萄酸"表现的就是嫉妒心理。并不是比较的对象一定比自己优秀才产生嫉妒心理，有时会因为只要对方有成绩也会产生嫉妒心理，比如"看不得穷人吃饱饭"。部分家庭经济困难学生很无奈于自己的经济弱势地位，但并不认为自己其他方面比别人差，然而在现实中又屡屡受挫，无法证明自己的实力，这时就很容易因心理失衡而产生嫉妒心理。

### （五）自我封闭

自我封闭是指将自己与周围环境隔离开来，很少或几乎没有人际交往活动，常常独来独往，不苟言笑。除了必要的学习、生活场景外，很少在其他地方能看到他的身影。在他人看来，显得高冷，不可捉摸。在大学校园里，这类独行客基本都是家庭经济困难学生。他们不愿向他人敞开自己的心扉，平时寡言少语，总是默默地、安静地做着自己的事情，将自己与班级、同学之间设立一道心理上的隔离墙。有的为了减少与外界接触，出现逃课现象，甚至吃饭都是叫外卖。整天待在寝室里玩手机、打游戏、睡大觉，或者在网络世界里去虚构一个理想的我，去满足成功的人际交往带来的获得感。长期脱离集体使他们正常的人际交往需求得不到满足，尤其是一些负面情绪得不到适当的宣泄，会让他们倍感无助，进而更深地封闭自己。

## （六）文饰虚荣心

部分家庭经济困难学生因为经济压力而无法满足高水平消费造成自尊心受伤害，进而产生虚荣心。大学阶段学生的自我意识以前所未有的高速发展，他们更在意自己在他人心目中的形象，更在乎他人对自己的评价。与有的家庭经济困难学生为节省开支精打细算不同，虚荣心强的家庭经济困难学生为了掩饰自己的财力不足，常常会在消费上不切实际地跟其他同学攀比，有的同学为了不暴露自己的家庭经济困难学生身份，甚至连助学金都不愿申请。他们想方设法买高档服饰、化妆品以及名牌手机等。为此，有的同学人前大方、私下节俭，有的同学想方设法做兼职，有的同学编造各种理由找家里要钱，甚至有的同学不惜冒险网贷而陷入骗局。在这种被文饰过的高消费背后，家庭经济困难学生承担着更大的心理压力，不能以平常心正常心态与人交往。

## （七）主动交往难开口

大学阶段是完成社会化的关键时期，人际交往能力的培养是这个阶段的一项重要任务。家庭经济困难学生也很想在这阶段提升自己的人际交往能力，像其他同学那样，能很快与不同的人建立朋友关系，能在他人面前侃侃而谈。然而因中学阶段只关注学习，对人际交往的必备常识、礼节均无接触，再加上知识面相对较狭窄，不知道怎样才能与人找到共同话题。所以在人际交往中，虽然有强烈的交往愿望，但不知道怎样才能打开局面。再加上自卑、胆怯等心理因素的影响，在集体活动中，只被动等待别人的关注，难以主动与别人打招呼。

## （八）异性交往情难为

正值青春期萌动的大学生，对异性充满好奇和渴求。家庭经济困难学生同样有着向往与异性交往的心理需求，希望能获得异性的友情，但现实中并没那么美好，常常是困难重重。一方面，他们想象通过自己的诸如与众不同的谈吐、行为增加魅力值，能吸引住异性目光，但在别人看来，似乎有些哗众取宠的嫌疑。另一方面，他们因经济拮据、相貌平平、身高受限、气质平庸等原因缺乏主动示好的勇气，即使有异性主动示好，也不敢相信别人的诚意。个别家庭经济困难学生因为交不到异性朋友而陷入深深的苦恼之中，为了满足心理需求，极个别同学甚至有偷偷打望等行为。

## 二、高校家庭经济困难学生出现人际交往障碍的原因

高校家庭经济困难学生出现人际交往问题是客观存在的，找到影响家庭经济困难学生人际交往问题的原因，可以帮助他们更好地克服交往困难。从家庭经济困难学生自身角度来看，主要有以下几个方面。

### （一）自我认同感低

家庭经济困难学生进大学后，自我意识虽然迅速发展，但仍然很不完善、不成熟，自我认同感低。在新的环境与人交往，面对很多以前没有接触过的人，经历很多以前没有遇到过的事，他们倍感自己的差距与不足，而且还老喜欢用自己的缺点来与其他人的优点相比较，对自己的负面评价远远多于正面评价，自我认同感非常低，在内心构筑的是"你好我不好，你行我不行"的人际交往模式。这种低认同的自卑心理使他们在人际交往中十分脆弱敏感、畏首畏尾，如果遭到别人的批评、嘲笑，便会万分沮丧，产生严重的受挫感。

### （二）缺乏交往技巧

人际交往成功与否，与是否掌握必备的交往技巧有很大的关系。家庭经济困难学生从小生活圈子比较窄，人际交往几乎不需要技巧，所受教育中这方面的知识涉及也很少。大学其实就是社会的缩影，人际关系远比中小学复杂。同学们来自各地，各有特点、各有习惯，学习生活也更丰富多彩，同时各种实践活动还要和社会人广泛接触，这些都需要一定的交往技巧。家庭经济困难学生常常会因为交往技巧不足，而不知怎样调解和同学的矛盾、不知怎样说拒绝、不知怎样恰当表达自己的善意与感激、不知怎样和陌生人交谈、不知怎样寻找共同话题，以及不懂得一些必要的交往礼仪等，在人际交往中四处碰壁。

### （三）消费观念差异

高校家庭经济困难学生大多来自偏远农村或城镇低保家庭，大多养成了勤俭节约、精打细算的消费观念，吃什么、穿什么、玩什么都严格控制开销。中学时周围接触的人也大多数是经济条件差不多的人，也没觉得有多大差别，即使有悬殊也会被高考目标所冲淡。大学期间学费生活费开销都比较大，除了必要的开支外，手中能额外支配的资金有限。然而家庭经济条件稍好的同学，却开始追求高品质的生活，两者的消费水平形成鲜明对比，易产生心理落差。大

学同学之间交往更加自由，可能经常约着一起吃饭、一起逛街，这不仅会增加家庭经济困难学生的消费压力，同时他们也觉得这种消费太过浪费。时间久了，他们就会远离同学聚会，交往频次减少，其他同学也会因为他们的离群而觉得难相处。

## （四）知识面狭窄

人与人之间交流需要相应的话题，或由共同话题引起的共鸣、或因不同观点引起的相互学习，总之相互能对话需要有话可说。家庭经济困难学生主要以完成学业为主要任务，基本没上过各种兴趣班，音乐、美术特长没有，各类传统体育活动或新式运动项目基本不会，平板、智能手机等各类新型的电子产品少有接触，总之就是见得不多、会的更少。这就造成了在人际交往中，面对同学们的侃侃而谈，他们却插不上话，只能做一个静静的听众，久而久之也就成了被忽略的对象。

## （五）性格方面的缺陷

在人际交往中，性格开朗、热情、豁达、幽默的人总是会获得更多的关注，结识更多的朋友，在需要的时候也总会获得更多的帮助。家庭经济困难学生因经济困难，难免有更大的心理压力，反映在性格方面，一般表现为内向、敏感、多疑、压抑等特点。在与他人交往时总是察言观色、小心谨慎，生怕自己稍有不慎就会冒犯或冲撞对方，抑或引来对方的轻视或嘲笑，对别人的帮助也总担心无以回报而拒人千里，对他人的不满也不当面表达而是独自生闷气，这些不但不能帮助他们更好地与人交流，而且还会让他们更加自我封闭，影响正常人际交往。

### 心灵故事二

#### 拔掉坏脾气①

有一个男孩脾气很坏，于是他的父亲就给了他一袋钉子，并且告诉他："孩子，每当你发脾气的时候，就拿一颗钉子钉在我们家后院的篱笆墙上。"第一天，这个男孩发了 37 次脾气，他钉下了 37 根钉子。慢慢地他每天钉下的数量开始减少了，他发现控制自己的脾气，要比钉下那些钉子来得容易。终于有一天，这个男孩再也不会失去耐性地乱发脾气了，他变成了一个很好的孩子，他把这件事告诉父亲，他的父亲又对他说："现在开始，每当你能控制自己的

---

① 徐亮. 为心灵打开一扇窗——大学生心理健康教育［M］. 天津：南开大学出版社，2014.

脾气的时候，你就拔出一根钉子。"一天天地过去了，这个男孩最后告诉他的父亲说，他终于把所有钉子都拔出来了。父亲握着他的手，把他拉到后院跟他说："你做得很好，孩子，但是你看看那些篱笆墙上的洞，篱笆将永远不能恢复成从前。想一想，你生气的时候说的话，就像这些钉子一样，钉在了人家的心上，你就算拔掉了，还是会留下伤痕，不可能恢复成从前。如果你拿刀子捅别人一刀，不管你对人家说多少次的对不起，那个伤口虽然愈合了，但是永远的存在。"

**启示：**

良好的人际交往一定要有良好的心境，那将会给人以春风般的温暖。而冲动的脾气却会像钉子一样刺伤别人，刺穿友谊的小船。如果任由你的坏脾气去伤害朋友，那你最终将会成为孤家寡人，不会有一个真心实意的朋友。要像拔钉子那样，一次次去克制冲动的脾气，不要让它去伤害身边的朋友，天长日久你就会发现你是一个多么受欢迎的人。

**心理训练二**

### 优点大轰炸①

**训练目的**：学习发现别人的优点并欣赏，促进相互肯定与接纳

**步骤：**

1. 5～8 人一组围成圆圈坐下。请一位成员坐或站在团体中央。其他人轮流说出他的优点及欣赏之处（如性格、相貌、处事……）。

2. 称赞的人必须说出 5 个不同的优点，态度要真诚，努力去发现被称赞者的长处，不能毫无根据地吹捧，否则反而会伤害别人。别人已经说过的优点不能重复说。

3. 每个人轮流到团体中央接受优点轰炸。

4. 被称赞的人要说明哪些优点是自己以前觉察的，哪些是没有意识到的。对没意识到的优点经赞美后，加强了对自身优点、长处的认识。

5. 每个人都要注意体验被人称赞时的感受如何？怎样用心去发现他人的长处？你在赞美别人的时候感到自然吗，为什么会这样？怎样做一个乐于欣赏他人的人？

6. 小组成员交流被优点轰炸时的体会：当别人赞美你的时候，你的感觉如何？

---

① https://wenku.baidu.com/view/56b83fc4f5335a8103d2203c.html

**小结：**

每一个人都有独特的优点，这些优点有的可能是自己已经意识到的，有的可能连自己都不知道。在与人交往中，每个人都期望对方能够欣赏自己，欢迎自己。所以我们如果善于发现对方的优点，并真心去赞美他，收获的将是真诚的朋友。

**心理测试二**
## 大学生人际关系综合诊断量表①

这是一份人际关系行为困扰的诊断量表，共 28 个问题，在每个问题上，选"是"的打"√"，计 1 分；选"非"的打"×"，计 0 分。请你认真完成，然后对照后面对测验结果做出的解释，检查自己的人际关系是否和谐。

1. 关于自己的烦恼有口难言。（　　）
2. 和生人见面感觉不自然。（　　）
3. 过分羡慕和妒忌别人。（　　）
4. 与异性交往太少。（　　）
5. 对连续不断的会谈感到困难。（　　）
6. 在社交场合感到紧张。（　　）
7. 时常伤害别人。（　　）
8. 与异性来往感觉不自然。（　　）
9. 与一大群朋友在一起，常感到孤寂或失落。（　　）
10. 极易受窘。（　　）
11. 与别人不能和睦相处。（　　）
12. 不知道与异性相处如何适可而止。（　　）
13. 当不熟悉的人对自己倾诉他的生平遭遇以求同情时，自己常感到不自在。（　　）
14. 担心别人对自己有什么坏印象。（　　）
15. 总是尽力使别人赏识自己。（　　）
16. 暗自思慕异性。（　　）
17. 时常避免表达自己的感受。（　　）
18. 对自己的仪表（容貌）缺乏信心。（　　）
19. 讨厌某人或被某人所讨厌。（　　）
20. 瞧不起异性。（　　）

---

① 郑日昌. 大学生心理诊断［M］. 济南：山东教育出版社，1999.

21. 不能专注地倾听。（　　　）

22. 自己的烦恼无人可申诉。（　　　）

23. 受别人排斥与冷漠。（　　　）

24. 被异性瞧不起。（　　　）

25. 不能广泛地听取各种意见、看法。（　　　）

26. 自己常因受伤害而暗自伤心。（　　　）

27. 常被别人谈论、愚弄。（　　　）

28. 与异性交往不知如何更好地相处。（　　　）

**测量结果的解释：**

如果你得到的总分是 0~8 分之间，那么说明你在与朋友相处上的困扰较少。你善于交谈，性格比较开朗，主动关心别人，对你周围的朋友都比较好，愿意和他们在一起，他们也都喜欢你，你们相处得不错。而且，你能够从与朋友相处中得到许多乐趣。你的生活是比较充实而且丰富多彩的，你与异性朋友也相处得很好。一句话，你不存在或较少在交友方面的困扰，你善于与朋友相处，人缘很好，获得许多人的好感与赞同。

如果你得到的总分是在 9~14 分之间，那么，你与朋友相处存在一定程度的困扰。你的人缘很一般，换句话说，你和朋友的关系并不牢固，时好时坏，经常处在一种起伏波动的状态之中。

如果你得到的总分是在 15~28 分之间，那就表明你在同朋友相处上的行为困扰较严重；分数超过 20 分，则表明你的人际关系的行为困扰程度很严重。而且在心理上出现较为明显的障碍。你可能不善于交谈，也可能是一个性格孤僻的人，不开朗，或者有明显的自高自大、讨人嫌的行为。

（本测验仅供参考）

# 第三节　搭建友谊之桥
## ——高校家庭经济困难学生人际交往能力的培养

### 案例三

### 我说的是真话

"老师，寝室的同学都孤立我，我想换寝室。"苏同学委屈地向辅导员张老师哭诉。"那你跟寝室同学都有哪些矛盾呢？"苏同学在那数了半天，也没说出两件仇深似海的矛盾纠纷。那是什么原因让苏同学这么想逃离室友呢？细心的张老师和苏同学进行了深入的交谈，又找来寝室同学以及班级同学了解情况。原来，苏同学来自农村，父母常年在外打工，他跟着爷爷奶奶长大。虽然家里经济状况不怎么好，但作为家中的独生女儿，也是被捧在手心里长大，特别是父母因没时间照顾她而觉得有所亏欠，对她的要求都是尽力满足。久而久之，苏同学养成了想说就说、想做就做的率性习惯。最让室友们受不了的是她的口无遮拦，直来直去，直指别人的缺点、直触别人的痛点。最初大家还能包容她，但时间久了就开始烦她，对她爱答不理的。然而苏同学还是觉得自己委屈：我明明说的都是事实呀，比如李同学就是胖了穿什么衣服都不好看；王同学就是黑呀，擦那么厚的粉老远就看得到，而且只擦脸不擦脖子太丑了；还有孙同学就是说话嗓门太大呀。这都是真的，她们为什么都不能听真话呀！张老师告诉她，与人交往不但要真诚，而且还要懂得交往技巧和说话艺术，同样的意思用不同的话表达，效果可能天壤之别。建议她以后这样给同学提建议：李同学要是你再瘦那么一丢丢穿这身衣服就更好看了；王同学你其实不要在意皮肤黑，那是健康色，我都羡慕惨了，哪还需要用粉盖住哟；孙同学你说话太豪放了，跟你这淑女的气质有些不搭耶。苏同学糊涂了，说个话还要绕着弯说，那不太假吗？

对于人际交往中应遵循什么原则、讲究什么技巧等，在大学以前的知识体系中，大多学生都不具备。但很多同学会受家庭教育以及所接触的学习生活环境的影响，或多或少会懂一些零散的知识并能运用一些技能。家庭经济困难学生生长的环境中，人们的重心大多放在柴米油盐上面，主要满足于生理需要和安全需要，对交往方面的礼仪礼节知识来源于生活习俗，更适用本地。他们来到大学，与有着不同地域文化的同学产生广泛的交流，就需要掌握通识的交往常识，丰富自己的内涵，提升人际交往的能力。

## 一、心灵有约：人际交往过程中的心理效应

我们在与人交往中总会给彼此留下不同的印象，有好的也有令人不满意的。而所留下的这些印象很有可能与真实情况有较大差距，形成这种差距的原因就是我们下面要谈的各种"效应"。了解影响人际交往的"效应"，可以帮助我们给他人留下良好的印象，同时也可以帮助我们克服这些"效应"的消极因素，客观公正地评价他人。

### （一）首因效应

首因效应又叫"优先效应"或"第一印象效应"，是指交往双方形成的第一次印象对今后交往关系的影响，也即是"先入为主"带来的效果。素不相识的两个人第一次见面，总是根据对方的外貌、衣着、打扮、谈吐、表情、礼节、体态等方面，来进行初步判断和评价，形成或好或坏的印象。第一印象一旦形成，就不太容易改变，即使通过后来的了解发现与最初的印象不太一致，往往受第一印象的影响，改变起来也比较困难。首因效应一般发生在初次相识的陌生人之间。

心理学家曾做过一个实验：用内容相同但顺序不同的两段文字描述詹姆的学习生活片段，然后让两组水平相当的中学生阅读并对詹姆的性格进行评价。一种是先描述表现詹姆性格热情外向的内容，再描写表现他性格内向的内容；另一种是先描述詹姆性格冷淡内向的内容，再描写他性格外向的内容。结果表明，阅读先描写热情外向内容的被试者中有 78％的人认为詹姆是个比较热情而外向的人；阅读先描写性格冷淡内向的被试者只有 18％的人认为詹姆是个外向的人。

研究发现，与人初次会面，45 秒钟内就能产生第一印象。"新官上任三把火""恶人先告状"等就是首因效应的应用。我们在评价一个人时应尽量不受第一印象的影响；同时我们也要善于运用首因效应，给人留下良好印象，为以后的进一步交往打下基础。

如何才能给人良好的第一印象呢？人际关系学大师卡耐基给出六条建议：真诚地对别人感兴趣；微笑；多提别人的名字；做一个耐心的倾听者，鼓励别人谈他们自己；谈符合别人兴趣的话题；以真诚的方式让别人感到他自己很重要。

## （二）近因效应

近因效应也叫"新颖效应"，是指新近获得的信息比原来获得的信息影响更大的现象。印象的形成主要取决于后来出现的刺激，交往过程中，我们对他人最新的认识占了主体地位，掩盖了以往形成的对他人的评价。近因效应常发生于熟人之间。

心理学家把上述首因效应的实验方式进行调整，在向两组被试者介绍完材料第一部分内容后，插入其他作业，如做一些数字演算、听历史故事等不相干的事，之后再介绍第二部分内容。实验结果表明，两组被试者，都是对第二部分的材料留下的印象深刻，近因效应明显。

近因效应对人际交往启发是：认真对待每次交往，要有好的开始，也要重视好的结尾，否则再好的"第一印象"也会打折；与他人之间一时之气而发生冲突或是训责别人时，事后一定要记得及时安慰他人和道歉；说话的语序会影响沟通；在评价人或事时，要历史地、全面地看，而不能只看一时一事，这样才可能避免因近因效应导致的认知偏差。

## （三）晕轮效应

晕轮效应又叫"成见效应""光圈效应""日晕效应"，指在人际知觉中所形成的以点概面或以偏概全的主观印象。一个人的某种品质，或一个物品的某种特性一旦给人以非常好的印象，在这种印象的影响下，人们对这个人的其他品质，或这个物品的其他特性也会给予较好的评价。"一美遮百丑"说的就是晕轮效应。

心理学家用实验证明了晕轮效应。实验者向两个班的学生分别宣布了同一位代课研究生的特征，一个班的介绍信息为：热情、勤奋、务实、果断等多项品质；另一班除了将"热情"换成了"冷漠"之外，其余各项都相同，而学生们并不知道介绍的是同一个人。两种介绍造成的结果差别是：下课之后，前一班的学生与研究生一见如故，亲密攀谈；另一个班的学生对他却敬而远之，冷淡回避。可见，仅介绍中的一词之别，竟会影响到整体的印象。学生们戴着这种有色镜去观察代课者，而这位研究生就被罩上了不同色彩的晕轮。

晕轮效应最大的问题在于以偏概全、以点代面，以个别特征代替整体特征，这很不利于客观地认识和评价他人。受晕轮效应的影响，甚至会主观地歪曲一个人的形象，影响正常的人际交往活动。一方面，在与人交往中，我们要尽量避免受晕轮效应的影响，形成对他们的偏见；另一方面，要懂得恰当运用晕轮效应，如注重外在形象、谈吐文明、举止优雅，让自己给他人留下深刻的印象。

### （四）刻板效应

刻板效应又称刻板印象，是对一个社会群体的一种普遍的、固定的观念和看法。如认为运动员四肢发达爱冲动、老师办事认真爱较劲、女孩子软弱男孩阳刚、北方人厚道南方人精明等。我们在认识和评价他们时，往往并不是把个体作为孤立的对象来认识，而总是把他看成是某一类人中的一员，认为他具有某一类人的所有品质。当把人笼统地划为固定、概括的类型来加以认识，刻板印象就形成了。刻板印象不一定有事实依据，也不考虑群体内部的个体差异。

刻板印象可以简化社会认知活动，使人们更容易、更快地理解事物的作用。因为当知道他人一些信息时，常根据该人所属的人群特征来推测他所有的其他典型特征。但刻板印象由于把同样的特征赋予团体中的每一个人，而不管其成员的实际差异，所以很可能形成某种偏见，影响交往的顺利进行。如有的城市学生认为农村学生土气、少教养，而有的农村学生认为城市学生娇气、爱做作，于是都带着这种固有的态度看待对方，结果必然会产生许多误会和隔阂。

### （五）投射效应

投射效应是指在认知过程中，将自己的特点归因到其他人身上的倾向，在认识和对他人形成印象时，以为他人也具备与自己相似的特性的现象，把自己的感情、意志、特性投射到他人身上并强加于人。比如，一个心地善良的人会以为别人都是善良的；一个经常算计别人的人就会觉得别人也在算计他，等等。"推己及人""以小人之心度君子之腹"说的就是投射效应。

苏东坡和佛印和尚是好朋友，一天，苏东坡去拜访佛印，与佛印相对而坐，苏东坡对佛印开玩笑说："我看见你是一堆狗屎。"而佛印则微笑着说："我看你是一尊金佛。"苏东坡觉得自己占了便宜，很是得意。回家以后，苏东坡得意地向妹妹提起这件事，苏小妹说："哥哥你错了。佛家说'佛心自现'，你看别人是什么，就表示你看自己是什么。"

心理学家做过这样的实验来研究投射效应，在 80 名参加实验的大学生中征求意见，问他们是否愿意背着一块大牌子在校园里走动。结果，48 名大学生同意背牌子在校园内走动，并且认为大部分学生都会乐意背；而拒绝背牌的学生则普遍认为，只有少数学生愿意背。可见，这些学生将自己的态度投射到其他学生身上。

由于人类有许多本质上共同的特征，因此投射效应有时能帮助人们互相理解。但过多地受制于此，便会适得其反。比如某男生暗恋一女生，在平时交往中自然会察言观色，以探虚实。但由于投射效应的作用，他把对方表现出来并不具有特定含义的信息解释成为：她也喜欢我。于是鼓足勇气表白，却被女生断然拒绝。男生对自己的判断深信不疑，认定对方是不好意思。于是采取了更加强烈的追求，结果给女生带来困扰。

虽然人有一定的共同性，会有相同的欲望和要求，在很多情况下，人们对别人做出的推测都是比较正确的，但人与人之间虽然有共性，但又各有个性，如果投射效应过于严重，总是以己度人，那么人们将无法真正了解别人，也无法真正了解自己。克服投射效应，关键是要认清别人和自己的差异，客观地认识自己，不断完善自己。

（六）定势效应

人际交往中的定势效应是指对交往对象的心理准备状态，它会对后续的交往活动的发展产生影响。在日常生活中，人们有意无意会将人根据不同的性别、年龄、相貌、文化程度、职业、地域等归为不同类型，每一种类型的人都有其共同特点。在人际交往中凡是属于同一类型的人，便会不自觉地用这类人共同特点去理解认识他。我们必须认识到这种共同性很难完全代表所有人，定势效应有时候会影响正常的人际交往。

苏联心理学家曾做过这样一个经典的关于"心理定式"的实验：研究者向参加实验的两组大学生出示同一张照片，但在出示照片前用不同的文字分别描述了照片上这个人的身份。向第一组学生说：这个人是一个十恶不赦的罪犯；对第二组学生却说：这个人是一位大科学家。然后他让两组学生各自用文字描述照片上这个人的相貌，结果非常有趣。第一组学生的描述是，深陷的双眼表明他内心充满仇恨，突出的下巴证明他沿着犯罪道路顽固到底的决心；第二组的描述是：深陷的双眼表明此人思想的深度，突出的下巴表明此人在认识道路上克服困难的意志。对同一个人的评价，仅仅因为先前得到的关于此人身份的提示不同，得到的描述竟然有如此戏剧性的差距，可见心理定式对人们认识过程的巨大影响！

## 二、距离产生美：保持适度的人际交往距离

我们来设想这样一个场景，一天，你正在一个空荡荡的教室里看书，这时

走进一个陌生人，他来到你身边的座位坐下。请问，这时你是什么心理反应？你又会怎么做？我想你可能会想"这人有什么企图呢？"然后很怪异、不安地看他几眼后选择换个位置抑或离开教室。或者我们换个角度，一天你来到教室，发现教室里只有一个陌生人在靠着窗边的座位上静静地看书。请问你会选择他旁边的位置坐下吗？我想答案肯定是否定的。相反的，如果来到你身边座位的是你最好的朋友，或者你到最好朋友身边坐下，那却正是你期盼的。之所以产生这种心理现象是因为人际交往有心理距离。

在社会心理学中，人际交往距离是指交往双方的人际关系以及所处情境决定着相互间自我空间的范围。人与人之间需要保持一定的空间距离。任何一个人，都需要在自己的周围有一个自己把握的自我空间，它就像一个无形的"气泡"一样为自己"割据"了一定的"领域"。而当这个自我空间被人触犯就会感到不舒服，不安全，甚至恼怒起来。

心理学家做过这样一个实验。在一个刚刚开门的大阅览室里，当里面只有一位读者时，心理学家就进去拿椅子坐在他或她的旁边。试验进行了整整80人次。结果证明，在一个只有两位读者的空旷的阅览室里，没有一个被试者能够忍受一个陌生人紧挨自己坐下。

这种类似的心理反应我们生活中到处都能感受到。在饭店里吃饭，我们肯定首选跟其他人有一定距离的位置坐下；在乘坐公交车时，如果人少我们也肯定会挑跟别人有距离的座位去坐。

合理运用你和他人的人际交往距离，会使你取得意想不到的交际效果。那么应该保持什么样的距离才算合适呢？一般而言，交往双方的人际关系以及所处情境决定着相互间自我空间的范围。人类学家爱德华·霍尔博士认为，由于人们之间的关系不同，距离也不同。他将人际交往距离划分了四种区域或距离，各种距离都与对方的关系相称，如图4-1所示。

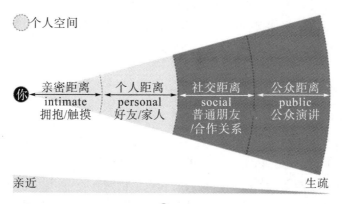

**人际距离①（网络图片）**

## （一）亲密距离

亲密距离是人际交往中的最小间隔或几乎没有间隔，"亲密无间"就是指这种距离，范围在 0～18 英寸（约 0～46 厘米）。一般是亲人、很熟的朋友、情侣和夫妻才会出现这种情况。其中亲密距离的近范围在 6 英寸（约 15 厘米）之内，彼此之间可能肌肤相触，耳鬓厮磨，以至相互能感受到对方的体温、气味和气息；亲密距离的远范围是 6～18 英寸（约 15～46 厘米），这是伸手能够触及对方的距离。身体上的接触可能表现为挽臂执手，或促膝谈心，仍体现出亲密友好的人际关系。

就交往情境而言，亲密距离只限于在情感上联系高度密切的人之间使用，在社交场合，大庭广众之下，两个人（尤其是异性）如此贴近，就不太雅观。正因为是私下情境，所以在高校学生管理中会强调公共场合恋人之间要举止文明，不要将私下情境中的亲昵举动曝光在大众眼中，这是不太符合社交距离的。亲密距离在同性别的人之间，往往只限于贴心朋友，彼此十分熟识而随和，可以不拘小节，无话不谈。在异性之间，仅限于夫妻和恋人之间。所以说在人际交往中，一个不属于这个亲密距离圈子内的人随意闯入这一空间，不管他的用心如何，都是不礼貌的，会引起对方的反感，也会自讨没趣，比如你想跟一个不太熟悉的人套近乎，去摸他的头、拍他的肩会适得其反的；当无权进入亲密距离的人闯入这个范围时，也可能会令人不安，比如正在争吵的双方，如果贸然闯入，会被认为要攻击对方。而在拥挤的公共汽车、地铁和电梯上，

① http://image.baidu.com/search/index?tn=baiduimage&ps=1&ct=201326592&lm=-1&cl=2&nc=1&ie=utf-8&word=%E4%BA%BA%E9%99%85%E8%B7%9D%E7%A6%BB

由于人员的拥挤，亲密距离常常遭到侵犯。于是，人们尽可能地在心理上保护自己的空间距离，比如保持沉默、面无表情、身体随意动弹、眼神始终避免同他人眼神的接触、看着头上的楼层号码等。

### （二）个人距离

个人距离一般是用于朋友之间的交往距离，此时人们说话温柔，可以感知对方大量的身体语言信息。范围在 1.5～4 英尺（约 0.46～1.22 米），就像伸手碰到对方那样，虽然认识，但是没有特别亲密的关系。这是在进行非正式的个人交谈时最经常保持的距离。我们在和人谈话时，不可以站得太近，一般保持在 50 厘米以外比较合适，这是人际间隔上稍有分寸感的距离，较少有直接的身体接触。其中个人距离的近范围为 1.5～2.5 英尺（约 0.46～0.76 米），正好能相互亲切握手，友好交谈。这是与熟人交往的空间。而陌生人进入这个距离会让人感觉受到了侵犯；个人距离的远范围是 2.5～4 英尺（0.76～1.22 米）。任何朋友和熟人都可以自由地进入这个空间，不过，在通常情况下，较为融洽的熟人之间交往时保持的距离更靠近远范围的近距离（2.5 英尺，即 0.76 米）一端，而陌生人之间谈话则更靠近远范围的远距离（4 英尺，即 1.22 米）一端。

人际交往中，亲密距离与个人距离通常都是在非正式社交情境中使用，在正式社交场合则使用社交距离。

### （三）社交距离

社交距离，是彼此认识的人之间的交往距离。用于具有公开关系而不是私人关系的个体之间，如上下级之间、顾客与售货员之间、医生与病人之间等。范围大概是在 4～12 英尺（1.22～3.65 米），就像隔一张办公桌那样。一般工作场合人们大多采用这种距离交谈，在小型招待会上，与没有过多交往的人打招呼可采用此距离，是体现出一种社交性或礼节上的较正式关系。其中社交距离的近范围为 4～7 英尺（1.22～2.13 米），一般在工作环境和社交聚会上，人们都保持这种程度的距离。社交距离的远范围为 7～12 英尺（2.1～3.65 米），表现为一种更加正式的交往关系。电视场景中我们经常会看到，公司的经理们常用一个大而宽阔的办公桌，并将来访者的座位放在离桌子一段距离的地方，这样与来访者谈话时就能保持一定的距离；企业或国家领导人之间的谈判，工作招聘时的面谈，教授和大学生的论文答辩，等等，往往都要隔一张桌子或保持一定距离，这样就增加了一种庄重的气氛。在社交距离范围内，已经没有直接的身体接触，说话时也要适当提高声音，需要更充分的目光接触。如果谈话者得不到对方目光的支持，他（或她）会有强烈的被忽视、被拒绝的感受。这时，相互间的目光接触已是交谈中不可缺免的感情交流形式了。

（四）公众距离

公众距离用于进行正式交往的个体之间或陌生人之间，这些都有社会的标准或习俗，这时的沟通往往是单向的。范围为 12～25 英尺（约 3.65～7.62米），远范围在 25 英尺之外，一般适用于演讲者与听众、彼此极为生硬的交谈及非正式的场合。在商务活动中，根据其活动的对象和目的，选择和保持合适的距离是极为重要的。这是一个几乎能容纳一切人的"门户开放"的空间，人们完全可以对处于空间的其他人，"视而不见"，不予交往，因为相互之间未必发生一定联系，比如老师在台上讲课，学生躲在后边开小差。因此，这个空间的交往，大多是当众演讲之类，当演讲者试图与一个特定的听众谈话时，他必须走下讲台，使两个人的距离缩短为个人距离或社交距离，才能够实现有效沟通。所以上课的时候我们会发现，有经验的老师会走下讲台，来缩短与学生特别是靠后学生的交往距离，增强课堂教学效果。

有一则寓言，说的是在寒冷的冬天里，两只刺猬要相依取暖，一开始由于距离太近，各自的刺将对方刺得鲜血淋漓，后来它们调整了姿势，相互之间拉开了适当的距离，不但互相之间能够取暖，而且很好地保护了对方。这就是心理学上著名的"刺猬效应"。所以在人际交往中，要知晓每个人都有自己心理捍卫的那一小块领地，这不仅适用于普通的人际交往中，也适用于父母与子女之前、爱人之间。

总之，不同的情境、不同的关系需要有不同的人际距离。距离与情境和关系不相对应，会明显导致人出现心理不适感。在人际交往中，要善于运用各种人际距离，增强个人吸引力。

## 三、循规矩成方圆：人际交往讲原则

任何事物都有其内在规律，我们遵循规律可能会事半功倍，违背规律可能适得其反。人际交往同样有规律可循，那就是人际交往原则，正确认识和遵守这些原则，可以帮助家庭经济困难学生有效地与人交往并建立良好的人际关系。

（一）尊重原则

俄国大作家屠格涅夫有一天走在街上，一个年迈体弱的乞丐向他伸出发抖的双手，大作家找遍所有的衣袋，分文没有，感到惶恐不安，只好上前握住老乞丐那双脏手，深情地说道："对不起，兄弟，我什么也没有，兄弟!"哪知，大作家这一声声兄弟，却超过了钱币的作用，立刻使老乞丐为之动容，泪眼蒙蒙地说："哪儿的话，我已经很感谢了，这也是恩惠啊!"这个故事说明，无论什么人，无论地位高低，渴求得到尊重的心情是一样的。

在人际交往中，不管地位高低都有获得他人尊重的心理需求，尊重人是人际交往中最基本的原则，是人与人之间建立良好人际关系的基础。尊重包括自尊和尊重他人两个方面。自尊是个人基于自我评价产生和形成的一种情感体验。首先，自尊表现为自我尊重和自我爱护，其次，还表现为期望要求他人、集体和社会给予自己相应的敬重。自尊心过强就成了虚荣心，过弱又变成了自卑，保持适当的自尊是获得他人尊重的前提。尊重他人是人际交往中维持友谊的基本条件。尊重他人要做到心理上尊重他人，比如尊重他人的人格、尊严、兴趣、爱好、生活习惯、隐私等；在态度上要尊重他人，如老师讲课、对方说话时要注意倾听；在礼仪上要尊重他人，比如会见朋友准时到场，衣着整洁。

（二）平等原则

撒切尔夫人执政期间，一天她与内政大臣一起吃饭。女服务员端来一碗热汤，不小心打翻了，泼到了内政大臣身上。撒切尔夫人起身，轻轻抱住了惊恐万状的女服务员，拍着她的肩膀温和地安慰说："孩子，别怕! 这个错误我们谁都可能犯。"然后才去安慰内政大臣。在撒切尔夫人看来，自己的关怀与对方的地位无关，只是应该用在最需要的地方。

平等指交往双方人格尊严上平等，我们每个人都有自己独立的人格、做人的尊严，彼此之间应是平等关系。平等相待是人际交往中建立感情的基础。在我们社会主义国家，人与人之间只有社会分工和职责范围的差别，而没有高低贵贱之分，是平等的关系。无论职业差别、职位高低、收入多少，人人都享有平等的政治权利、法律权利和人格尊严。坚持平等的原则，做到在与人交往中既不妄自尊大，盛气凌人，也不妄自菲薄，卑躬屈膝。

（三）真诚原则

心理学家曾于 1968 年设计了一种测试量表，列出 555 个描写人品的形容词，让大学生说出哪些最喜欢、哪些最不喜欢，结果学生评价最高的品质是：真诚。在 8 个评价最高的形容词中，有 6 个和真诚有关，即真诚、诚实、忠诚、真实、信赖和可靠。而评价最低的品质中，虚伪居首位。由此可见，真诚在人际交往中的意义和分量。

真诚待人通常被认为是人际交往中最有价值、最重要的原则，是人际交往得以延续和发展的保证。古人说："以诚感人者，人亦诚而应。"生活是一面镜子，你对它笑，它就对你笑；你对它哭，它就对你哭。人与人之间真诚相待，胸无城府，才能相互理解、相互信任、相互团结，才能产生感情的共鸣，才能收获真正的友谊。要做到真诚相待，需真心关心他人、理解他人、帮助他人，对人对事都做到实事求是，既不曲意拔高也不刻意贬低、既不当面奉承也不背后诽谤。

（四）互惠原则

互惠原则指人际交往双方的互利互惠双向互动行为。真正良好的人际关系必须是礼尚往来的，只有单方面过度索取的人际交往是不可能长久的；而过分独立也会让人敬而远之，在人们眼中是不懂"人情世故"的。在现实生活中，人与人之间相互关心，相互帮助是人际交往的客观需求，我们既要学会帮助别人，也要懂得接受别人的帮助。我们每人都有各自的优势，在某些方面具有帮助他人的能力，要懂得在别人需要帮助的时候大方地伸出友谊之手；同时我们也会有这样或那样的不足，很多时候也需要得到他人的帮助，面对他人的善意之举我们也大方接受，这样每个人都有被需要的时候，每个人都有发挥价值的时候，在这你来我往的相互帮助中，良好的人际互动也就形成。

（五）包容原则

"以恕己之心恕人，则全交"。我们用宽恕自己的心态体谅别人，你就可以交到更多、更全面的朋友。在人际交往中，由于每个人的成长经历、生活环境、个性特征等都存在差异，因此对人对事都有着不同的观点、看法和行事风格，在相互碰撞中难免会有误会或冲突，这时如果一味抓住别人的缺点或过失不放手，会因为心胸狭窄而失去朋友，最后成为孤家寡人。"容人者，人容之。"在人际交往中遇到矛盾纠纷或不同意见一定要懂得包容，心胸开阔、谦让大度；懂得求大同存小异、得饶人处且饶人，这样你的朋友圈会越来越广。克制包容并不是软弱可欺、怯懦怕事的表现，相反反映的是一个人的心胸和气度，反映的是一个人的情操和修养。

### （六）适度原则

交往适度主要指在交往过程中要把握好适当的尺度，超过了可能会适得其反。在生活中你可能会遇到过这种情况，你不计回报帮助对方做一件好事，他会感激不尽；又帮他做一件好事，他会心存感激；再帮他做一件好事，他会觉得你是个真好人，坦然接受你的帮助；接下来你不帮他了，他会觉得你这个人不讲情面。有句古话"一斗米养一个恩人，一石米养一个仇人"。说的就是交往尺度的问题，所以在与人交往中适度非常必要。交往时间要适度，当一个人遭遇重创需要心理支持的时候，有人陪伴会帮助他减少痛苦，但如果过多的陪伴可能会让他产生依赖感，又造成新的问题。与异性交往也要适度，特别是交往初期，太过殷勤让人感到你有企图。交往的程度也要适度，与闺蜜、普通朋友、同事交往，程度是有区别的。与普通朋友、同事交往如果你付出过多，可能会让人感到无以回报而产生心理负担。

## 四、交往是门艺术：与人交往有技巧

在人际交往中有的人如鱼得水、乐在其中，而有的人却屡屡受挫，困苦不堪。这种现象与交往知识无关，而关乎交往技巧和艺术。高校家庭经济困难学生要想建立良好的人际关系，除了掌握人际交往的知识外，还需努力提升交往技能。

### （一）积极心态

家庭经济困难学生在人际交往中，之所以较为普遍地存在自卑、胆怯、害羞、恐惧或自傲、自我中心等心理，都源于对自己和他人都不能客观认识，过分夸大自己的经济弱势、过分夸大他人的长处，形成消极的心态。要想打开人际交往受挫的局面，首先就要调整心态，正确认识、客观对待家庭经济贫困的现状，以积极心态面对经济的弱势地位，从中寻求因经济的弱势给自己带来的成长资源，比如：人生目标更明确、更加刻苦上进、更懂得感恩、更加理解父母的辛苦、遇事更能隐忍等，这些都是成长中取之不尽、用之不竭的巨大财富。同样地，以积极心态去看待他人的优势与长处，不再羡慕、嫉妒，让友谊之花在阳光心态中绽放。

## （二）主动交往

很多家庭经济困难学生在人际交往中顾虑重重，担心别人没时间、担心别人没心情，担心别人不喜欢、担心别人拒绝，老是被动等待别人伸出橄榄枝，错失交往良机。心理学家研究发现，多数人的交往愿望都很强烈，但能够主动交往的人却并不多。家庭经济困难学生要想在人际交往中获得更多的资源，就必须学会主动交往，去做交往的始动者而不是被动接受者。聚会中遇到不熟悉的或陌生人，主动微笑招呼，消除彼此的生疏感；同学朋友有困难，主动关心慰问，提供力所能及的帮助；远方的亲友，主动打电话发信息联系，让他们感受到你的牵挂。久而久之就会发现，你就是他们最愿意信任、最值得亲近的朋友。

## （三）注重形象

在人际交往中注重自己的仪表形象，体现出的是对交往对象的尊重。良好的个人形象影响一个人在人际交往中的受欢迎程度。一说到形象，家庭经济困难学生可能很容易联想到，自己穿的衣服不够档次，这个目前确实无能为力；长得不好看，这是天生的更没办法。其实个人形象一般包括仪容、表情、举止、服饰、谈吐、待人接物等多个方面，它们几乎都与财力无关，而涉及更多的是一个人的品质修养和行为方式。仪容端庄精神饱满，表情自然亲切，举止文明不拘束，服饰整洁不夸张，谈吐文明有礼、待人接物有礼有节，这些都能很好地提升良好的个人形象，给人留下深刻的印象。

## （四）善于表达

与人沟通离不开语言，怎样才能恰到好处地表达自己的意愿、准确无误地向他人传递信息，怎样让听者能够乐意与你交谈，实在是很讲技巧与技术的。"良言一句三冬暖，恶语伤人六月寒"说的就是语言表达的魅力。人际交往中做到善于表达，首先，用语要文明有礼，称呼要得体、讲话有分寸，体现出对人的尊重。其次，根据交往的时间、场合、交谈方的文化背景、风俗习惯等选择不同的用语，比如在正式的交往场合需要使用普通话，而跟亲朋好友交谈时用方言更显亲切。再有，要换位思考，站在对方的角度说服力更强，比如寝室同学打游戏影响你学习，你义正词严的指出他的不是，他很可能不但不听还会说你干涉了他的自由，你俩也可能因此而闹矛盾。但如果你站在他的角度——影响身体健康、影响学习、影响毕业、甚至影响在暗恋女生心目中的形象等来交谈，效果完全不同。

### （五）懂得倾听

倾听可以有效地改进人际关系，人们总是喜欢与那些理解自己、重视自己、关注自己的人交往，用心倾听恰好表达了对交往对象的尊重、重视和关心。在人际交往中，在很多时候，人们需要一个倾听者，来释放自己的压力情绪，一个善于倾听的人不仅可以满足交往对象的倾诉需要，也会因严守对方秘密而成为可以信赖的朋友。良好的人际交往需要足够的信息，做一个善意的倾听者，能让我们了解到对方的需要、兴趣、爱好，寻找共同感兴趣的话题。倾听时要注意集中精力，不轻易打断对方；同时还要及时地用点头、微笑等方式对对方的观点、意见、感受等做出反馈，鼓励他继续畅谈。

### （六）真心赞美

希望获得他人的表扬和肯定是人们的普遍心理需求，真心地赞美能增添交往对象的获得感、幸福感、价值感以及自信心。赞美他人一定要实事求是，每一个人都有自己的特点、长处、优势，都有值得他人学习借鉴的独特之处，找到这些独特之处，精准发力，让对方感受到你的真诚，比如明明对方长得比较黑，你却说已经很白了，会让人觉得你在轻视她。赞美一定要有恰当时机，针对具体的现象或事情，在需要点赞的时候及时表达。如你的室友正在为明天的演讲紧张时，你及时地细数他以往成功的演讲效果，为他加油打气。赞美还需注意频率，无时无刻地赞美对方，会让人怀疑你的动机。

### （七）自我表露

自我表露指的是在人际交往中，自愿地把自己的信息告诉他人，真诚地与对方分享自己的思想、情感、感受、甚至秘密等。自我表露是自愿的、真实的、真诚的，恰到好处的自我表露有助于让对方感受到你对他的真诚和信任，让他看到一个不完美的你，促进相互之间的交流互动。自我表露也是一种倾诉并释放压力的机会，可以让负面情绪得到一定释放，从而调节身心健康，有助于保持人际交往中良好的心态。自我表露要适度，切不可以为了讨好他人，而过多地暴露自己，这反而会让人觉得你把自己都可以暴露无遗，不可靠，不值得交往，特别是对并不太亲密的朋友，要做到适可而止。

### （八）寻找共鸣

常言道："物以类聚，人以群分"，人们更愿意和与自己有相似之处的人交流。在成长历程、学习经历、生活环境、兴趣爱好、价值观等方面有着越多的相似之处的人，在思想上更容易产生共鸣，获得相互之间的理解、支持，在意见上更容易达成共识、相互支持，沟通起来更加轻松愉悦。"世界上没有两片完全相同的叶子"，我们也不可能找到一个完全相同的人，在人际交往中，要善于"求大同存小异"，善于用放大镜去发现对方的优点，这样更容易获得人际共鸣，找到真正的友谊。

## 五、我就是那朵雪莲花：高校家庭经济困难学生自我认识、自信心提升训练

家庭经济困难学生在人际交往中难以有理想的效果，很大一个原因就是没能客观公正地认识评价自己，尤其是没能认识到自身的众多优点，过分地放大缺点，自信心严重不足。通过对自己全面客观地认识，发挥自身优势在人际交往中的作用，增强人际交往中的自信心。

### （一）全面认识自我

自我认识就是自己对自己的认识。成功学大师拿破仑·希尔这样说过："一切的成就，一切的财富，都是始于自我认识。"只有认识了自己、了解了自己，便能改变自己、完善自己。认识自我要全面分析自己的优点和缺点。每个人都有不同的优缺点，但如果只看到自己的优点而忽视缺点，就会形成自傲心理；相反如果只看到自己的缺点而忽视优点，就会形成自卑心理。全面认识自我，可以从知识、能力、情感、态度、气质、兴趣、性格等各方面分析自己，与以往的自己比较，看看自己在哪些方面成长了，在哪些方面还需继续努力；和他人进行比较，自己都有什么样的优点，有什么样的不足。也可以把自己对自己的评价与他人对自己的评价进行对比，看哪些是一致的，哪些有差距，若有不同那又看看谁的评价更接近真实的自己。

### （二）悦纳不完美的我

"金无足赤，人无完人。"对每个人而言，优点和缺点都是共生共存的。现实生活中，我们既要懂得欣赏自己的优点和长处，同时还要正视自己的缺点和

不足，正是同时具备了这些优点和不足，才成就了一个真实的、有情感的、有个性特征的独一无二的我。正是有了一个个的"不完美的我"的相互碰撞，才让我们的生活更加丰富多彩、更加充满了无限期待。悦纳不完美的我并不是让我们固步不前，守着缺点自我陶醉，而是要正确对待我的不足，不断改进不断完善。对那些没办法改变的不足或缺点，比如身高、长相，那就要采取接纳态度欣然接受、坦然面对。而更多的不足是可改进的，比如不好的习惯、鲁莽的性格、懒散的毛病等，这些都是可以通过自己的努力得到改进，那就要想办法去努力克服。只有积极改进了这些缺点，才能让每阶段的我都得到成长、完善，才能让"不完美的我"更加值得自己欣赏、悦纳。

### （三）积极完善自我

正确认识自己最终目的是为了完善自己，超越自己，我们可以通过正确认识自己和控制自己，主动去改变自我的心理品质、特征和行为，从而不断完善自我，超越自我。完善自我首先要建立合理的理想自我，理想自我是在认识自我、悦纳自我的基础上对未来的我进行理想化的设想。在设计理想化自我的时候，一定要根据自身优势和特点合理规划，是通过自己努力奋斗能实现的目标，只有这样在走向未来的历程中我们才有能力去攻克一个又一个难关，逐步接近理想化的我。如果理想自我设计超越自身现实，那只能是镜花水月、空中楼阁，体验的是无法实现理想的失败感。完善自我还要积极投入社会实践，在实践中去锻炼自己、磨砺自己、验证自己，在实践中去获得成长。完善自我还要不断磨炼意志，提升修养，以积极乐观的心态应对挫折和困难。

总之，针对个别家庭经济困难学生出现的人际关系敏感、思维偏执和强迫、情绪困扰等现象，高校应当尽快掌握家庭经济困难学生的心理健康状况，开展行之有效的心理健康教育工作。从入学时，高校就要对家庭经济困难学生建立专门档案，在做好心理筛查工作基础上，通过开设心理健康课、举办心理健康活动，素质拓展交流，开展心理咨询等形式，引导他们树立奋发向上、积极进取的心态和正确的价值取向，帮助家庭经济困难学生减少心理压力，完善健康人格，阳光快乐成长。

**心理训练三**

#### 察言观色
**训练目的**：能合理表达自己的情绪，同时也能理解他人的情绪；理解有效沟通在人际关系交往中的重要作用。

**步骤：**

1. 5~8 人围成一个圆圈，每人随机抽取一个事先准备好的表情词汇。

2. 轮流用面部表情展示所抽取的词语所表达的感情，小组其他成员来猜。注意：不得用任何语言交流。

3. 思考并交流。

（1）曾经发生什么事情，使自己表现出这样的表情？当时的情绪状态如何？

（2）是否曾遇到出现这个表情的人，如何与他应对？当时自己的心情如何呢？

（3）当误解他人的情绪或被别人误解的时候，该如何去处理？

**小结**：这是一个有关沟通的游戏，我们在与人的交往中可以通过语言、肢体语言、表情这三种方式传递信息，"察言观色"是用表情传达信息的活动，而且是非语言的单向沟通。单向沟通容易误读信息，而造成不必要的误会。在学习生活工作中也会有这种单向沟通的情况，比如老师布置训练作业，有的学生没听明白要求，在那私下胡乱猜测，回到寝室看到室友们正在议论某种东西找不到了，还以为是在说你拿了，这些都很容易造成误会。如果我们及时地进行双向沟通，将自己的不明白、不痛快说出来，可能你会发现原来所有的苦恼都是自找的。

**心灵故事三**

### 生命的价值①

有一个生长在孤儿院中的小男孩，常常悲观地问院长："像我这样没人要的孩子，活着究竟有什么意思呢？"院长总笑而不答。

有一天，院长交给男孩一块石头说："明天早上，你拿这块石头到市场去卖，但不是'真卖'，记住，不论别人出多少钱，绝对不能卖。"

第二天，男孩蹲在市场角落，意外地有好多人要买，而且价钱愈出愈高。回到院内，男孩兴奋地向院长报告，院长笑笑，要他明天拿到黄金市场叫卖。在黄金市场，竟有人出比昨天高十倍的价钱要买那块石头。

最后，院长叫男孩把石头拿到宝石市场上去展示。结果石头的身价较昨天又涨了十倍，更由于男孩怎么都不卖，竟被传扬成"稀世珍宝"。

男孩兴冲冲地捧着这块石头回到孤儿院，将这一切报告院长。

院长没有笑，望着男孩慢慢说道："生命的价值就像这块石头，在不同的

---

① 徐亮. 为心灵打开一扇窗——大学生心理健康教育［M］. 天津：南开大学出版社，2014.

环境下就会有不同的意义。一块不起眼的石头，由于你的珍惜、惜售而提升了它的价值，被说成是稀世珍宝。你不就像这块石头一样？只要自己看重自己、自我珍惜，生命就有意义、有价值。"

### 启示：

不管你来自哪里，不管你出生如何，你都有自己独特的价值，都是这世上独一无二的生命体。生命的价值首先取决于你自己的态度，是否自己看得起自己。珍视自己，相信自己，努力去挖掘自己的价值，你将拥有灿烂的明天。请记住：除了你自己，任何不利的生存环境、任何暂时的困难都不是阻碍你成长的因素。

**心理测试三**

### 自信测试①

本测试采用的是罗森伯格自信心测试量表（RSS 量表），是最常用的测量个人自信心的量表。它一共 10 道测验题，用以测量个人对自我感觉的好坏程度。

**指导语**：以下是一组有关自我感觉的句子，请按你的情况作答。（1＝很不同意，2＝不同意，3＝同意，4＝很同意）

1. 我认为自己是个有价值的人，至少基本上是与别人相等的。
2. 我觉得我有很多优点。
3. 总的来说，我觉得自己是一个失败者。
4. 我做事的能力和大部分人一样好。
5. 我觉得自己没有什么值得骄傲。
6. 我对于自己是抱着肯定的态度。
7. 总的而言，我对自己感到满意。
8. 我希望我能够更多的尊重自己。
9. 有时候我确实觉得自己很无用。
10. 有时候我认为自己一无是处。

**计分说明：**

1、2、3、4、6、7题为正向计分，即 1 计 1 分，2 计 2 分，3 计 3 分，4 计 4 分；5、8、9、10 题为反向计分，即：1 计 4 分，2 计 3 分，3 计 2 分，4 计 1 分。

---

① http://www.360doc.com/content/11/1129/10/8180336_168299773.shtml

**测量结果的解释：**

10～15分：自卑者。

你对自己缺乏信心，尤其是在陌生人和上级面前，你总是感到自己事事都不如别人，你时常感到自卑。你需要大大提高你的自信心。

16～25分：自我感觉平常者。

你对自己感觉既不是太好，也不是太不好。你在某些场合下对自我感到相当自信，但在其他场合却感到相当自卑，你需要稳定你的自信心。

26～35分：自信者。

你对自己感觉良好。在大多数场合下，你都对自我充满了自信，你不会因为陌生人或上级面前感到紧张，也不会因为没有经验就不敢尝试。你需要在不同场合下调试你的自信心。

36～40分：超级自信者。

你对自己感觉太好了。在几乎所有场合下，你都对自我充满了自信，你甚至不知道什么叫自卑。你需要学会控制你的自信心，变得自谦一些。

**心理测试四**

### 社交能力自测[①]

本测试采用我国学者马建青编制的人际交往能力自测量表，共包括30道题。你可按照自己的符合程度进行打分，凡符合者计5分，基本符合者计4分，难以判断者计3分，基本不符合者计2分，完全不符合者计1分，请将分数填在相应题目后的括号里。

1. 我上朋友家做客，首先要问有没有不熟悉的人出席，如有，我的热情明显下降。（　　）

2. 我看见陌生人常常觉得无话可说。（　　）

3. 在陌生的异性面前，我常感到手足无措。（　　）

4. 我不喜欢在大庭广众面前说话。（　　）

5. 我的文字表达能力远比我的口头表达能力强。（　　）

6. 我在公共场合讲话，我不敢看听众的眼睛。（　　）

7. 我不喜欢广交朋友。（　　）

8. 我的要好朋友很少。（　　）

9. 我只喜欢和我谈得来的人接近。（　　）

10. 到一个新环境，我可以接连好几天不讲话。（　　）

---

① https://wenku.baidu.com/view/aa7dde0ef68a6529647d27284b73f242336c31dd.html

11. 如果没有熟人在场，我感到很难找到彼此交谈的话题。（　　）

12. 如果要在"主持会议"和"做会议记录"这两项工作中挑选一样，我肯定会挑后者。（　　）

13. 参加一次新的聚会，我不会结识多少人。（　　）

14. 别人请求我帮助而我无法满足对方的要求时，我常感到很难对人开口。（　　）

15. 不是不得已，我决不求助于人，这倒不是我个性好强，而是感到很难对人开口。（　　）

16. 我很少主动到同学、朋友家串门。（　　）

17. 我不习惯和别人聊天。（　　）

18. 领导、老师在场时，我讲话特别紧张。（　　）

19. 我不善于说服人，尽管有时我觉得很有道理。（　　）

20. 友人对我不友好时，我常常找不到恰当的对策。（　　）

21. 我不知道怎样同嫉妒我的人相处。（　　）

22. 我同别人的友谊发展，多数是别人采取主动态度。（　　）

23. 我最怕在社交场合中碰到令人尴尬的事情。（　　）

24. 我不善于赞美别人，感到很难把话说得很自然。（　　）

25. 别人话中带刺讽刺我，除了生气外，我别无他法。（　　）

26. 我最怕接待工作，同陌生人打交道。（　　）

27. 参加集会，我总是坐在熟人旁边。（　　）

28. 我的朋友都是我年龄相仿的。（　　）

29. 我几乎没有异性朋友。（　　）

30. 我不喜欢与地位比我高的人交往，我感到这种交往很拘束，很不自由。（　　）

**测量结果的解释：**

把每题的得分相加即本测验的部分。总分越高，社交能力就越差；总分越低，社交能力就越高。

得分大于 121 分，说明你的社交能力存在很大的问题，你不太善于交往或你不喜欢社交，社交对你来说是一件痛苦或害怕的事。你在社交场合习惯于退缩、逃避，你对自己的社交能力没有信心，你还没有学会如何与别人，尤其是陌生人打交道。为此你要走出自我封闭的圈子，尝试去与人交往，不怕失败和尴尬，你会发现人际交往会带给你许多乐趣和益处。

得分在 91~120 分之间，你的社交能力还有待进一步提高，你对人际交往还有些拘谨和尴尬。但你是可以交往的，如果你更大胆些，更多地培养自己的社交能力，那么你将会从社交活动中获得更大的快乐和成功。

得分在 70～90 分之间，你的社交能力尚可。

得分低于 70 分，那么你是一个善于社交的人，你喜欢交往，能从社交中获得快乐和收获。你能与不同的人相处，能较快地适应环境。你的得分越低，你的适应能力就越强。

（本测验仅供参考）

# 第五章  自强之星：高校家庭
# 经济困难学生勤工助学研究

自强不息、厚德载物的思想，支撑着中华民族生生不息、薪火相传，今天依然是我们推进改革开放和社会主义现代化建设的强大精神力量。

——习近平

实施高校资助政策以来，我国已形成了政府为主导，高校为主体，社会参与为辅助的"奖（国家奖学金和国家励志奖学金）、免（减免学费）、助（国家助学金）、贷（国家助学贷款）、补（特困补助）、勤（勤工俭学）"为主要内容的"六位一体"资助体系。国家资助政策从制度上保障了高校家庭经济困难学生的"上学难"问题，很大程度上为帮助他们得以顺利完成学业，在实现高等教育的公平等方面做出了积极贡献。但高等教育并非义务教育，解困不能完全依赖国家，自《中国教育改革和发展纲要》（中发〔1993〕3 号）及 1999 年高考扩招以来，我国高校的在校生人数逐年增加，家庭经济困难学生人数也逐年增多，必须培养学生的自我解困意识和能力。2017 年，教育部印发的《高校思想政治工作质量提升工程实施纲要》（教党〔2017〕62 号），将资助育人纳入"十大育人体系"，明确要求建立国家资助、学校奖助、社会捐助、学生自助"四位一体"的发展型资助体系。勤工助学作为"学生自助"的一个有效载体，不仅能提高家庭经济困难学生自身解困能力，逐步实现由外部"输血"到自身"造血"的转变，还可以培养学生的自立意识，锻炼能力和提高综合素质。本章从我国勤工助学发展历程谈起，就我国高校家庭经济困难学生勤工助学的特点、问题及改进进行深入阐述，以期创新勤工俭学管理模式，开拓多元化资助资金筹措渠道，促进资助育人工作。

# 第一节　我国勤工助学的发展过程

在历史上，勤工助学又称勤工俭学。在不同的时期，勤工助学的目的、内容、组织形式都有所不同。随着我国经济社会发展和教育改革深入，高校勤工助学的内涵也不断得以丰富和发展。从勤工助学的历史发展过程来看，主要分为勤工俭学和勤工助学两个阶段。

## 一、我国教育史上对勤工俭学的论述

中国教育史上一直有着勤工俭学的优良传统。两千多年前的孔子就明确提出了"有教无类"的主张，他主张打破少数奴隶主贵族对文化教育的垄断，扩大受教育的对象，使那些愿意学习而在经济条件和时间上又允许的人，不论贫富、贵贱以及"国别"，都可以有受教育的权利和机会。我国著名的国学经典《三字经》中对勤工俭学也有所提及，文中所述"如负薪，如挂角"指的就是一边打柴，一边读书，一边放牛，一边读书。

墨子出身贫寒，却精于工技。他崇拜夏禹，坚持粗食布衣，刻苦耐劳为百姓做事。墨子的教育思想是"艰苦实践、服从纪律"，并且提出"兴天下之利，除天下之害"的教育目的。他主张教育要培养"贤士"，在教学内容上除了道德教育外，还注意自然科学、生产技能、军事知识、论辩才能的研究和训练。墨子极力提倡勤劳、俭朴，反对好逸恶劳，他主张勤工俭学。我国历史上一边劳动、一边读书成才的人还是不少的。

中国现代教育史上比较有名的提倡勤工俭学的是陶行知。20世纪初陶行知从美国留学回国，立志改革当时的旧教育，大力推行平民教育和乡村教育。为此，他辞去了东南大学教育系主任的职务，脱掉西装革履，穿上布衣草鞋，自筹经费，先后创办了晓庄师范、山海工学团、育才学校及社会大学等。晓庄师范是为乡村培养新型师资的。这所学校不收学费，学生入学后一切都靠自力更生的奋斗精神来解决自己的生活问题。学校的校舍，多数由师生自己设计建造。他们把学校的礼堂称为"犁宫"，并写了一副对联："和马牛羊鸡犬豕做朋友，对稻粱菽麦黍稷下功夫"。表示农村教育应与农村农民生活结合。凡是学校的大事小事，如买菜、做饭、洗碗、担水、收发文件、会计出纳、保管图书和仪器、修理农具等，均由学生轮流负责。因此，全校除校长、导师外，没有工友，也没有一个职员。山海工学团是一种即读性质的学校，其中有工艺、农艺及生活方面的劳动。"工学团"意义是："工以养生，学以明生，团以保生"。"工学团"是根据陶行知的"生活即教育""社会即学校"的"生活教育"理论而来的。它将工场、学校、社会打成一片，边学、边工、边训练，与工农兵结合。"手脑相长，脑体结合"是他的教育论，"教学做合一"是他的教学论，"行动是老子，知识是儿子，创造是孙子"是他的至理名言。他的教育思想、教育实践至今仍具有一定的现实意义。

## 二、勤工俭学在我国的正式提出

"勤工俭学"一词的正式提出是在留法勤工俭学时期，意思是指勤于工作，俭于求学，靠自己工作赚钱求学，省吃俭用求学。留法勤工俭学产生于1912年，由李石曾、吴玉章等人发起，成立"留法俭学会"。到1919年"五四"运动前后达到高潮，先后组织了1600多人去西欧学习工业技术，学习实业救国。其中有一批早期共产主义者是抱着学习马克思主义和工人阶级相结合的思想赴法勤工俭学的。留学期间，他们不仅亦工亦读，而且亲自考察了资本主义社会的状况，接受了欧洲的社会主义，不少勤工俭学学生归国后积极参加革命活动。如周恩来、邓小平、陈毅、吴玉章、聂荣臻、蔡畅、何叔衡、向警予等，成为著名的中国老一辈革命家。音乐家聂耳、冼星海也是留法的，还有许多实业家。留法勤工俭学运动，是我国勤工俭学历史上一次伟大的成功的实践。

抗日战争和解放战争时期，毛泽东同志发出"自己动手，丰衣足食"的伟大号召，解放区开展了大生产运动。许多学校组织学生边学习，边生产，最著名的是抗日军政大学。抗大在生产运动中，既办农业、办工业，也办畜牧业，还办出版事业。抗大后来发展为12个分校，学员最多时有10000多人。先后培养了20多万军政干部。这批干部对于我们取得抗日战争、解放战争的胜利，做出了重大的贡献。

毛泽东同志早在1934年，在苏维埃文化教育的总方针中，就提出要"使教育与生产劳动联系起来"。在给抗大题词时，又做了"一面学习，一面生产"的指示。他还在《青年运动的方向》一文中指出：延安的青年运动之所以成为全国青年运动的模范，就是因为他们不但学习革命理论，而且还实行生产劳动，走与工农群众相结合的道路。1958年8月13日，毛泽东同志在天津大学视察时指出："高等学校应抓住三个东西：一是党委领导；二是群众路线；三是把教育与生产劳动结合起来。"这以后，党中央正式把教育必须与生产劳动相结合作为党的教育方针的组成部分，并规定"在一切学校中必须把生产劳动列为正式课程，学校办工厂、办农场，建立劳动基地"等。当时的教育部、共青团中央，率先提倡大办工厂，大办农场，全国各级各类学校很快掀起了勤工俭学的高潮。

1978 年 4 月 22 日，邓小平同志《在全国教育工作会议上的讲话》中明确指出："为了培养社会主义建设需要的合格人才，我们必须认真研究在新的条件下，如何更好地贯彻教育与生产劳动相结合的方针。""各级各类学校对学生参加什么样的劳动，怎样下厂下乡，花多少时间，怎样同教学密切结合，都要有恰当的安排，更重要的是整个教育事业必须同国民经济发展的要求相适应"。这以后，教育部在一些地方进行了试点。

1983 年 2 月 20 日，中华人民共和国国务院批转发布的教育部、国家计委、国家经委、财政部联合拟定的《全国中小学勤工俭学暂行工作条例》（国发〔1983〕25 号），规定：开展勤工俭学活动，实行教育与生产劳动相结合，是坚持马克思主义教育思想，全面贯彻党的教育方针，培养德、智、体全面发展的有社会主义觉悟的有文化的劳动者的有效途径之一，是学校教育工作的组成部分。

## 三、高校勤工助学的兴起

"勤工助学"是 20 世纪 80 年代初由复旦大学科技咨询开发中心首先提出的："勤工助学，致力于自立成才，将所从事的活动与专业知识、学习、能力培养、自立素质提高及个人的全面发展紧密结合起来。"

"勤工俭学"改为"勤工助学"。虽然仅仅是一字之差，但却意义非凡。前者是致力于劳工以俭省学费，后者则致力于自立成才，将所从事的活动与专业学习、能力培养、自身素质提高及个人的全面发展紧密结合起来。

大学生的勤工助学已从单纯的致力于劳工以节省学习和生活费用，转向除了谋得经济收入之外，更主要是追求自立成才，培养全方位的能力，实现最大限度的自我开拓，以达物质与精神的、自我统一之目的。从"俭学"到"助学"是内涵的扩延，是层次的递进；前者是后者的先导和初级形式，后者是前者发展的必然结果；已不再是单一的学校勤工俭学，而是既包括学校勤工俭学，又有学生勤工俭学；既有有组织团体的，又有自发个体的多元勤工俭学。

1994 年 6 月 14 日，江泽民同志在中共中央、国务院召开的全国教育工作会议上的讲话中强调说："这里我要特别讲一下教育与生产劳动相结合的问题。

这一条已经明确写入《中国教育改革和发展纲要》，是我们教育方针的重要组成部分。教育与生产劳动相结合是坚持社会主义教育方向的一项基本措施。建国后我们一直实行这一条，方向是对头的，虽然在贯彻执行中也出过一些问题，但总的是成功的，对青年学生的健康成长很有好处。事实证明，如果只是让学生关起门来读书，不参加劳动，不接触社会实践，不了解工人农民是怎样辛勤创造社会财富的，不培养劳动人民感情，是不利于他们健康成长和全面发展的。学生适当参加一些物质生产劳动，应成为一门生产必修课，不是可有可无，这一点务必要充分认识和高度重视。"

2004 年 10 月 14 日，中共中央、国务院发出《关于进一步加强和改进大学生思想政治教育的意见》，要求高校"高等学校要把社会实践纳入学校教育教学总体规划和教学大纲，规定学时和学分，提供必要经费。积极探索和建立社会实践与专业学习相结合、与服务社会相结合、与勤工助学相结合、与择业就业相结合、与创新创业相结合的管理体制，增强社会实践活动的效果，培养大学生的劳动观念和职业道德。要认真组织大学生参加军政训练。利用好寒暑假，开展形式多样的社会实践活动。积极组织大学生参加社会调查、生产劳动、志愿服务、公益活动、科技发明和勤工助学等社会实践活动。重视社会实践基地建设，不断丰富社会实践的内容和形式，提高社会实践的质量和效果，使大学生在社会实践活动中受教育、长才干、作贡献，增强社会责任感。"

## 第二节　高校家庭经济困难学生勤工助学的现状和问题

勤工助学是高校学生资助体系的重要组成部分，是高校实施素质教育、培养高素质复合型人才的重要途径，也是家庭经济困难学生解决生活困难问题和精神困乏问题的重要保障。2007 年 6 月 26 日，教育部、财政部印发了《高等学校勤工助学管理办法》。2018 年教育部、财政部在大量调研和广泛征求意见的基础上，对《高等学校勤工助学管理办法》进行了修订。目前，国家、社会和高校对勤工助学活动较为重视，基本上形成了国家调控、社会支持、高校负责、学生参与的良好局面，积累了一定的工作基础和实践经验。

## 一、高校勤工助学的发展

### （一）党和国家高度重视，为高校勤工助学发展提供了政策保障

党和国家高度重视高校勤工助学工作，研究和制定了一系列文件、政策、规定，就高校勤工助学管理以及学生参加勤工助学活动的基本原则、政策保障、内容方式等方面提出原则性、指导性意见，为高校勤工助学稳步、健康发展提供了政策和制度保障。1993年开始，国家教委、国家发展和改革委员会、教育部、财政部等部门下发了《关于进一步做好高等学校勤工助学工作的通知》《关于在普通高等学校设立勤工助学基金的通知》《关于做好2005年高等学校收费工作有关问题的通知》《关于进一步加强和改进大学生思想政治教育的意见》《中共中央国务院关于进一步加强和改进大学生思想政治教育的意见》《关于进一步做好大学生勤工助学工作的意见》等文件，要求高校把勤工助学活动作为"改革的配套措施"和"学校重要的常规工作"认真对待，要求"高等学校每年必须从学费收入中提取10％的经费，专款专用，通过各种方式资助家庭经济困难学生，帮助他们解决实际问题，确保其不因家庭经济困难影响入学或中止学业"，要求高校"积极组织学生参加社会调查、生产劳动、志愿服务、公益活动和勤工助学等社会实践活动，引导学生深入社会、了解社会、服务社会，在社会实践中成长成才"。

2007年6月26日，教育部、财政部印发了《高等学校勤工助学管理办法》，明确学生参加勤工助学的时间原则上每周不超过8小时，每月不超过40小时；规定校内临时岗位每小时不低于8元人民币；按每个家庭经济困难学生月平均上岗工时不低于20小时为标准，测算出学期内全校每月需要的勤工助学总工时数（20工时×家庭经济困难学生总数），统筹安排，设置校内勤工助学岗位；不允许组织学生参加有毒、有害和危险的生产作业以及超过学生身体承受能力、有碍学生健康的劳动，并明确了组织机构、学校的职责、学生勤工助学管理服务组织的职责、校外勤工助学活动的管理和法律责任，规范了高等学校学生勤工助学工作管理，促进了勤工助学活动健康、有序开展。2018年教育部、财政部在大量调研和广泛征求意见的基础上，对《高等学校勤工助学管理办法》进行了修订，对相关内容进行了补充调整。

### （二）高校积极探索，为高校勤工助学发展积累了实践经验

根据国家勤工助学政策，各高校纷纷制定了符合本校校情的高校勤工助学

139

政策规定和管理办法，成立了勤工助学领导小组，设立了勤工助学服务指导中心，配备了专职管理人员，使勤工助学工作有章可循、有据可依。同时，各高校根据社会对人才需求的特点以及高校勤工助学的发展实际，积极探索勤工助学有效形式，打造勤工助学活动品牌，坚持把勤工助学活动作为高校人才培养、思想政治教育和大学生社会实践活动的有效载体，高校勤工助学活动呈现"百花齐放、百鸟争鸣、百木争荣"的良好局面。如：华东师范大学注重"开发式帮困"、南开大学注重搭建岗位信息沟通平台、西南交通大学注重打造勤工助学工作品牌、中国人民大学注重创新主题教育活动形式、江西农业大学注重推行勤工助学市场化、实体化、专业化建设等。

### （三）社会大力支持，高校勤工助学模式呈现多元化

各高校坚持"校内挖掘、校外拓展"的工作方针，大胆尝试，多方寻求勤工助学岗位。一是勤工助学市场化。在增设校内固定岗位的同时，积极同校内外单位和个人开展合作，推荐家庭经济困难学生利用节假日、双休日和课余时间从事调查研究、文化宣传、决策参考等勤工助学工作，大胆尝试走勤工助学市场化道路，有效地拓宽勤工助学信息渠道。二是勤工助学实体化。成立勤工助学服务公司，走实体化道路，由学校出资负责项目的运作，让学生"练手"，促进助学基金从"输血"到"造血"功能的转化。三是勤工助学专业化。充分发挥专业优势，引导学生学以致用，将经济困难助学与学生专业实习、社会实践、就业教育、服务师生与社会等融为一体，促进勤工助学从"劳务型"到"智力型"的转化，既能巩固专业知识和专业技能，又能获得经济报酬。四是勤工助学公益化。加大对勤工助学功能的宣传力度，并对家庭经济困难学生的勤奋求学、自强不息等感人事迹及毕业后对社会的贡献与回报进行介绍，吸引并接受社会公益机构的扶困救助，全方位地争取社会资源的资助，多渠道推荐家庭经济困难学生参加校内外勤工助学活动。

### （四）学生积极参与，高校勤工助学的有效覆盖面不断扩大

高校勤工助学工作，已引起了学校、政府及社会各界的重视。在国家政策的有力保障下，高校勤工助学投入不断增加、社会参与日益广泛、自愿参加勤工助学组织的学生人数在不断上升，越来越多的学生借助勤工助学活动中的自我劳动，得到经济和思想上的收获，展示自身价值，缓解经济压力，并通过全面了解社会实际，及时修正、调整人生发展方向和目标，更好地设计自己的未来，为步入社会做好生理、心理、知识、能力等方面的准备。学生的积极参与

不仅扩大了高校勤工助学的规模，增加了高校勤工助学的有效覆盖面，还提升了高校勤工助学的影响力和渗透力。

## 二、高校开展勤工助学的特点

从高校勤工助学发展历程来看，高校勤工助学呈现出以下特点：

### （一）功能上，由单纯解困向助困育人发展

高校勤工助学的最初目的是以"工"助"学"，主要是为家庭经济困难学生缓解经济压力而进行的有偿劳动。如今，随着市场经济的建立、发展和高等教育体制的改革，社会对复合型人才的需求不断扩大，学生价值观念和社会取向也在不断变化，成才意识日渐增强，勤工助学活动作为一项特殊的社会实践活动，具有良好的实践育人效果，其功能、内涵和作用不断得以拓展和延伸，已发展为具有助学与育人的双重功能，成为高校思想政治教育的重要载体和学生全面发展的有效途径。

### （二）对象上，由家庭经济困难学生向全体学生发展

过去，高校勤工助学的参加对象主要局限于家庭经济困难学生。随着勤工助学活动的深入发展，高校师生对勤工助学活动的多重功能有了更深入、更全面的理解，逐渐被高校思想政治教育工作者普遍接受和重视，被大学生群体广泛认同，一些非家庭经济困难学生从实践锻炼的角度出发，主动加入勤工助学活动的行列中。因此，参加勤工助学的学生群体也逐渐由家庭经济困难学生与非家庭经济困难学生共同组成。

### （三）类型上，由普通型向专业型发展

随着社会化分工的日益细化，学生参加勤工助学活动由主要从事劳务型、服务型、事物型工作岗位逐渐向从事专业型、技术型、管理型工作岗位转变。同时，高校也更加注重学生智力的开发，将学生自身所学专业知识与勤工助学实践相结合，实现专业学习、能力培养和经济资助三者的有机统一。

### （四）形式上，由个体自发向集体组织发展

学生以往参加勤工助学往往呈现自发性、分散性特点，存在一定的安全隐患，合法权益容易受到侵害。加强勤工助学管理后，高校普遍建立了统一的管

理和服务机构，制定了详细的管理规定和管理制度，建立了勤工助学基地，积极拓展勤工助学市场，使勤工助学有了更加广阔的生存空间，为学生创造了良好的勤工助学环境。

## 三、高校开展勤工助学面临的挑战

当前，高校实施勤工助学效果明显，积累了一定的经验。但受各方面因素的影响，高校的勤工助学工作也还存在有待改进和提升的地方，下面主要是以库区某高校大学生勤工助学中心为例，对高校勤工助学中的问题进行说明。

### （一）管理体系不够完善

目前，全国高校基本上建立了勤工助学管理机构，对大学生勤工助学活动实行统一的组织、管理和服务。但是，高校勤工助学管理部门大多挂靠学生处（学工部），学生处（学工部）作为行政部门，它的角色通常为行政管理角色，而且分管此项工作的人员往往也是兼管此项工作，在日常工作中工作人员一般把主要精力放在原从事的工作上面。这必然在主客观上置勤工助学工作于次要位置上，导致此项工作不能深入、持续、健康发展。

### （二）资金来源渠道单一

勤工助学活动是指学生在学校的组织下利用课余时间，通过劳动取得合法报酬，用于改善学习和生活条件的实践活动。也就是让学生通过劳动，体验劳动价值，提高劳动观念，培养学生艰苦朴素优良品质的一种有酬活动。《高等学校学生勤工助学管理办法（2018 年修订）》对勤工助学的经费来源也做了相应说明，"根据国家有关规定，筹措经费，设立勤工助学专项资金，并制定资金使用与管理办法"。

教育部、财政部规定各高校每年都要从所收取的学费收入中提取一定的资金，用于发放参加勤工助学学生的报酬，以及开展其他有关资助工作。但是，在实际资助工作中，很多高校都没能达到这一标准。

### （三）岗位供给少，文化含量不高

经费不充裕导致校内能提供的勤工助学的岗位少之又少，而且校内的岗位一般是"助管"类型的工作占主要内容，如环境保洁、图书管理、门卫值班、文明督导、安全保卫等工作，"助教、助研"在大学生中几乎不大可能实现。

同时，校内的勤工助学岗位多半都是行政部门提供出来的，由于学校的课程设置安排，学生工作日能用到勤工助学岗位上的时间相当有限，即使能应聘到勤工助学岗位上，指导老师能安排的工作也不会是很系统的，只是单纯的零碎的杂事。

不论是高校内部设立的勤工助学岗位或者是由校内的大学生勤工助学中心与外面单位联系后给大学生提供的岗位来看，总体来看还是数量少、形式单一、层次不高、岗位范围狭窄、与学生专业发展结合不紧密。

### （四）企业参与和支持力度不够

为进一步完善扶持政策，近些年各地的人社局、教委、国资委联合组织实施了假期社会实践活动，为高校家庭经济困难学生提供了勤工助学的机会，这是一项非常有益的事情，能有效促进学生巩固专业知识、提高学识水平、培养开拓创新能力、提高综合素质，加强教育与生产劳动相结合，实现专业学习—实习实践—专业学习的良性循环。因为实践活动是利用假期开展的，很受家庭经济困难学生的欢迎，学生的积极性也高，但是在实际的运行中却会出现很多的具体问题。企业为了追求利益最大化，存在敷衍的情况，等到家庭经济困难学生报名上岗时，往往会被企业以专业不完全对口等等来推脱。这种现象既给高校勤工助学的管理带来一定的困难，也在很大程度上影响了家庭经济困难学生参加勤工助学的积极性。

### （五）学生权益缺乏制度保障

高校勤工助学在从校内岗位向校外岗位延伸的过程中，勤工助学大学生作为劳动者本应该受到劳动法的保护。但是，一方面，由于立法上对劳动者界定的模糊，以及大学生本身劳动者地位的边缘性，导致校外勤工助学大学生的劳动法主体未能得到劳动法的承认；另一方面，根据我国《劳动法》相关规定，对产生劳动关系的劳动者会保护其自身权益，而在校学生利用业余时间勤工助学，不视为就业，未建立劳动关系，可以不签订劳动合同，不在劳动法保障范围内。换句话说，在校大学生勤工助学和用人单位之间建立的不是劳动关系，大学生勤工助学的行为不受劳动法保护。有的商家利用学生渴望赚钱的心理，通过高薪引诱学生做违法事情，有的非法中介以帮助学生介绍工作的名义，收取高额手续费后，以种种借口拖延，或介绍与承诺不相符的工作，直接影响了勤工助学校外市场的开发与推广。

### （六）对学生参加勤工助学培训和指导不足

高校在大学生勤工助学中扮演着指导者和保护者的双重角色。虽然多数高校设立大学生勤工助学中心，挂靠学生工作部（处），由于人员编制有限，工作人员很难将精力用于学生指导和开展培训工作。对于大学生校外勤工助学活动，没有发挥实际作用，所谓的指导几乎处于空白状态。即使有对大学生勤工助学的宏观指导，效果也相当有限，更无从谈起维护校外大学生勤工助学的合法权益。有的学校不重视勤工助学的培训和指导，学生不了解勤工助学的有关规定，学生想参加勤工助学但不知道怎样去找，即使找到了也不知道如何保护自己的合法权益。

## 四、高校家庭经济困难学生参加勤工助学存在的问题

### （一）有的家庭经济困难学生难以融入大环境

高校家庭经济困难学生基本来自贫困地区和城市中低收入家庭，家庭经济不稳定甚至入不敷出，学生进入大学后，随着生活环境的改变和生活成本的增加，家庭经济困难学生承受着巨大的心理压力，很多方面都难以与家庭经济宽裕的学生在同一起跑线上，久而久之，家庭经济困难学生内心产生强烈的低人一等的感觉，渐渐失去与身边同学交往的热情，内心抵触参加集体活动，长期封闭自我导致他们更难融入班级和学校大环境。

### （二）有的家庭经济困难学生心理能力缺失

高校大学生基本是正处于心理发育由不成熟向成熟转变的青年时期，对于这些学生来说，经济上是否有坚实的保障会直接影响到这些学生的日常行为以及心理发育。由于长期饱受家庭经济拮据之苦，加上自身对其认识不足，导致家庭经济困难学生内心极其脆弱敏感，表现出压抑、自卑、自闭、嫉妒、虚荣、偏激、争强好胜等消极心理，进而阻碍自身心理健康的成熟。

### （三）有的家庭经济困难学生综合技能欠缺

高校家庭经济困难学生往往学习非常认真刻苦，把"获得奖学金，减轻家庭负担"，"毕业以后能找一份好工作"作为学习目标。个别家庭经济困难学生大学期间过分注重考试成绩，忽视专业知识的实践运用，忽视参加社团活动对

沟通、组织管理能力的锻炼，造成综合技能普遍不尽人意。还有一些学生因自身家庭经济原因难以发展自己的兴趣和潜能，无法根据需要购买学习方面的有关物品，也难以参加一些有助于自身素质提高的课外培训班等。

（四）有的家庭经济困难学生对勤工助学存在认知偏差

由于受市场经济物欲的冲击，部分学生对高校勤工助学性质的认识不到位，误将"勤工"与"助学"分开理解，认为勤工助学就是为了赚钱，盲目追求短暂的经济利益，从而分散学习注意力，甚至出现"勤工误学"的现象；有的学生瞧不起学校提供的勤工助学岗位，尤其是体力劳动型的岗位，认为很丢面子、耽误时间多了、报酬低了等，不愿意参加这些活动；也有一部分学生由于自尊心过强，不敢正视现实，不愿让老师和同学知道他的家境困难，尽管自己经济拮据，无法保障基本生活费用，却不肯说明自己的情况，甚至不愿接受他人的资助，宁可勒紧腰带也要保持那种虚假的体面，极个别家庭经济困难学生甚至出现等、靠、要的思想。

# 第三节　充分发挥勤工助学在高校学生资助工作中的作用

勤工助学能较好地解决国家、学校、个人三者之间的矛盾，既减轻国家的经济负担，又能为社会创造财富，减少了对学校的压力，大学生得到了锻炼又获得了报酬，是符合我国国情的，是高校资助体系中最有生命力的。在当前高校勤工助学体系不够健全、勤工助学功能尚未充分发挥的形势下，高校应树立起科学的教育理念，从制度建设、市场开发、服务保障、搭建载体等方面着力完善勤工助学体系建设，促进勤工助学活动有序开展。

## 一、建立健全高校勤工助学管理体系

目前，高校普遍建立了勤工助学管理和服务组织机构，但存在组织机构的服务职能不明显、制度建设不完善、队伍建设不扎实等问题。

（一）抓好组织建设，完善组织机构的职能

组织建设是勤工助学工作有序推进的有效保障。高校勤工助学管理机构既行使行政服务职能，也行使管理和经营职能，应丰富其功能和内涵，建立起服务优质化、管理精细化、经营多元化的组织体系。

强化组织机构的管理职能，增强管理效益。高校应创新管理体制，构建学校、院系两级管理机制，发挥学生会、学生社团组织在勤工助学工作中的作用，将勤工助学日常性工作抓紧、抓实。一是加强信息、管理体系建设。建立勤工助学学生基本信息库，通过当地政府、辅导员、学生等了解参加勤工助学学生的思想表现、生活状况和消费状况，做好调查摸底和信息汇总工作，确保有限的勤工助学经费用于资助最需要资助的学生。健全勤工助学岗位供求信息发布机制，以校园数字化建设为平台，畅通信息的收集、发布、反馈渠道，保证信息发布的准确性、权威性。二是健全学生选拔培训考核的管理机制。完善学生选拔机制，明确勤工助学学生的选拔标准、选拔流程、工作性质、工作职责，保障选拔过程的公平性与公正性，组织实施岗前培训，对勤工助学的功能、要求、岗位职责、安全防范等向学生进行讲解，提高学生的思想认识建立学生考核评估机制，结合勤工助学的岗位特点和用工单位的要求，对学生参加勤工助学的表现进行科学客观的评定。三是严格勤工助学经费管理。实行勤工助学基金的专款专用，并强化经费使用的监督审查，提高经费使用效益。

同时，加强经费收支审计力度，实现经费的精细化管理，增加组织机构的经营职能，提高经营效益。高校应将一定的经营职能赋予勤工助学组织机构，以促进其由"输血功能"向"造血功能"的转变。一是赋予经营职能。高校应创新工作思路，为勤工助学机构赋予有限的经营权，并明确监管主体和措施，以推进勤工助学机构的企业化建设。同时，引入先进的、现代的、实用的经营理念和管理模式，着力强化工作人员的经营、管理意识和能力，为培养勤工助学学生的创业意识、提升创业能力提供服务，以提高组织机构的经营效益、服务水平及辐射力。二是明确经营范围与职责。根据当前高校的特点和勤工助学工作所处的环境，选定与高校师生息息相关的领域和范围准予勤工助学机构开展经营活动，对机构的经营行为严格管理、强化监督，制定统一的服务标准并严格执行，所有经营收入全部上缴勤工助学专项经费，纳入专项管理，实行收支两条线管理，参与勤工助学经营活动学生的工资从专项经费中支出。

## （二）抓好制度建设，保障勤工助学的有序运转

制度建设是对勤工助学实行科学管理的根本保证。高校应促进制度的科学化建设，建立基于现状、符合要求、操作性强的勤工助学制度体系。

### 1. 健全宏观管理制度

高校应建立健全《大学生勤工助学管理办法》《勤工助学岗位职责》《勤工

助学专项基金管理制度》等各项事关勤工助学全局的管理制度，明确勤工助学的工作目标、工作原则、工作时间、工作报酬、审批程序、上岗培训等事项，并根据运作过程中出现的新情况、新问题，及时做出符合实际情况的修改，不仅使勤工助学工作有章可循、有据可依，还使制度具有较强的时效性和指导性。组织优势力量编写理论性、实践性强的《大学生勤工助学培训教材》《大学生勤工助学维权手册》等，为学生参加勤工助学提供指导和服务。

2. 健全日常管理制度

高校应加大勤工助学日常工作的管理与实施力度，建立勤工助学档案管理制度，主要包括学生基本信息、家庭经济状况、勤工助学记录、工作表现、奖惩情况等，全面、客观记录和反映学生个体与总体参加勤工助学的情况，加强对学生勤工助学的管理、教育，并为分析、总结全校勤工助学工作状况提供一定的参考依据。完善勤工助学考核制度，明确勤工助学的岗位职责要求和岗位规范，细化、量化岗位的考核指标，促使勤工助学岗位管理的职责化、规范化，既有助于学生明确岗位要求和标准，也有助于培养学生的职业道德意识。建立公开竞聘制度，对用工单位招聘勤工助学学生时采用公开竞聘的方式，坚持择优录用、家庭经济困难学生优先录用的原则，提高勤工助学管理的科学性和透明度。

3. 健全奖励惩罚制度

制定详细、具体的奖励和惩罚措施，将学生参与勤工助学的表现与学生年度综合测评、入党积极分子评选、奖学金评定、就业推荐、评优评先相结合。对在勤工助学工作中表现突出、业绩明显的学生给予物质奖励和精神奖励，以调动学生的工作激情和积极性；对在勤工助学过程中损害学校声誉、损害客户利益的学生给予一定的惩罚，以规范学生的工作行为；对从事长期性勤工助学岗位的学生实行末位淘汰制，以增强学生的忧患意识，促进工作质量的提升。

4. 建立信息公开平台

高校应探索建立网络、校报、橱窗、手机短信等多种途径的勤工助学信息公开形式，以保障学生对勤工助学工作的知情权。建立勤工助学网站，公开国家、本省、本校有关勤工助学的各项管理制度和政策措施、工作动态等信息。开辟网上互动专栏，把经过学校勤工助学机构审核通过的岗位供需信息予以公开，便于学生、学校工作人员、用工单位之间的交流与沟通。

5. 加大制度执行力度

高校应严格执行勤工助学的各项规章制度，强化高标准、严要求的日常工作管理规范，杜绝出现有制度不执行或执行不到位的现象，发挥制度对学生参与勤工助学进行正面导向教育和反面警示教育的功能，营造良好的制度文化氛围，保证制度的严肃性和工作的规范性，着力提高制度的执行能力。

### （三）抓好队伍建设，增强勤工助学组织的凝聚力

#### 1. 强化专兼职管理队伍建设

高校应建立大学生勤工助学管理委员会，由校领导、相关职能部门负责人、院系学生工作负责人等组成，其职能是统筹管理全校勤工助学工作，制定勤工助学的政策和制度，研究勤工助学工作中的新情况、新问题，并提出应对对策和措施。一是强化专职管理人员队伍建设，专门负责勤工助学的日常管理工作，履行勤工助学组织机构的各项职能，推进勤工助学工作队伍的职业化、专业化建设，增强创新意识和提升执行力，树立良好的管理、服务、经营形象。二是建立兼职思想政治教育和心理健康咨询队伍，结合工作特点，为参加勤工助学的学生提供全面的思想教育和心理解困引导，培养他们团结友爱、勤俭自强、乐观向上的品格，强化勤工助学的育人功能，引导他们进行职业生涯规划，并增强思想政治教育的针对性和实效性，使勤工助学真正成为解困拓知、心理脱贫的重要手段。三是建立兼职法律咨询与维权队伍，对学生参加勤工助学过程中遇到的合同签订、权益保护等问题提供法律宣讲和咨询，协调解决在勤工助学工作中发生的各类纠纷，维护勤工助学的健康发展和学生的切身利益。

#### 2. 强化学生管理团队建设

学生是勤工助学管理和参与的主体，学生管理团队又是推动勤工助学工作的关键。高校应采取灵活多样的教育方式，凸显勤工助学社团组织"自我教育、自我管理、自我服务"的功能，打造一支责任心强、思想觉悟高、专业能力好的勤工助学管理精英团队。一是注重正确指导，遵循学生社团组织发展和勤工助学发展的客观规律，明确勤工助学发展方向，强化管理团队人员培训，着力培养他们的责任意识、奉献意识和自我成才的意识，提升他们的管理能力和水平。二是注重教育引导，在勤工助学中融入思想政治教育，强化理想信念教育，深入开展正确的世界观、人生观、价值观和社会主义核心价值观教育，引导他们强化学习，把握组织发展的方向、认准组织发展的目标，提高自身综合素质，共同推动勤工助学和谐发展。三是注重载体创新，围绕服务勤工助学发展的目标，借助各类主题活动，发挥勤工助学对外联络的优势，把握主动

权，开拓主阵地，畅通主渠道，以勤工助学的发展带动管理团队能力素质的提升。

3. 强化勤工助学队伍建设

高校应着眼于参加勤工助学学生的长远发展，发挥勤工助学的育人功能，建设战斗力好、执行力强的勤工助学工作队伍。一是加强正面宣传，引导学生认识到勤工助学活动对个人成长、发展的重要作用，有效处理好"工"与"学"的关系，将理论学习与工作实践有机结合，提高创新能力和实践水平。二是强化思想教育，针对家庭经济困难学生参加勤工助学比例较高的特点，着力教育他们自立、自强，克服自信心缺乏的心理状况，激励他们在困难和逆境面前不低头，培养自强不息的意志品质。三是树立优秀典型，在勤工助学学生中评选一批先进典型，构建多层次、全方位的立体宣传网络，用榜样的先进事迹教育、感化、引导学生，并营造学习先进、争当先进的良好氛围，激发他们追求卓越的思想意识。

## 二、建立健全高校勤工助学运行体系

高校勤工助学工作的关键在于为学生提供合适的岗位，多方寻求勤工助学岗位就显得尤为重要。高校应有效整合和充分利用校内、校外资源，拓宽渠道、丰富形式，缓解勤工助学岗位的供需矛盾，建立和完善市场化、基地化、实体化勤工助学运行体系。

### （一）立足校内市场，挖掘岗位资源

校内市场是高校勤工助学活动的主阵地。高校应整合校内资源，推进勤工助学基地化建设和项目化营销，规范勤工助学岗位管理，为学生提供多样化、长期性、稳定性的勤工助学岗位。

1. 推进勤工助学基地化建设，稳定勤工助学岗位

勤工助学基地化是指高校为参加勤工助学的学生提供时间较长的勤工助学岗位，以保障勤工助学岗位的相对稳定。为推进勤工助学校内基地规范化建设，高校应将校内勤工助学岗位按照服务层次、工作内容、工作时间、技术要求等进行分类，明确岗位职责和奖惩考核办法，确定薪酬标准，并定期、定点向学生公布相关信息，由学生结合自身实际和岗位特点提出申请，经所在院系认定后报学校勤工助学主管机构核实，再经过岗前培训、签订协议后上岗。

2. 推进勤工助学项目化营销，开发勤工助学岗位

勤工助学的项目化营销是指从具体任务出发，把勤工助学校内某个市场的开发作为一个运作项目来组织，确定项目的运作小组和营销计划，制定市场调研方案，组织项目谈判和实施，协调解决项目运作过程中的问题，以创新勤工助学的运作管理模式，提升校内市场的开发能力。如可以建立学生超市、送水中心、快递中心、废品回收站、书屋、咖啡屋、精品屋、书报亭和大学生商品交易市场等经济实体，从创业设计、门面装修、货源采购、内部管理到销售服务，全过程都由学生自主参与。

3. 推动勤工助学工作载体创新

根据学校实际情况，结合校内人事制度改革和校内管理体制改革，吸纳学生以参加勤工助学的形式参加实验室、实训基地等场所的教学、研究、管理的协助工作，选派学生承担后勤服务、校园安全稳定维护、公益劳动等方面的工作，既为学生提供勤工助学岗位，又利于降低学校教育教学成本。

## （二）着眼校外市场，拓宽岗位渠道

开拓校外市场是高校勤工助学的发展方向。高校应推进勤工助学市场化建设，拓展校外市场，丰富勤工助学内容，最大限度地满足学生参与勤工助学活动的需要。

1. 主动走出去

充分发挥高校校友资源丰富等优势，着力挖掘各类社会资源，与企事业单位、社区等共同探索建立大学生勤工助学校外基地，由企事业单位提供专业对口的勤工助学岗位，以满足用人单位对专业技能人才的需求，降低用人成本。建立大学生社区服务小分队，在家教、家政、家电维修、装修设计、园林设计等方面提供服务，教育引导大学生参与校外勤工助学活动，既为大学生到校外参加勤工助学活动创造条件，也为大学生增强社会适应性提供机会。

2. 大胆引进来

针对学生参加校外勤工助学以劳务性、服务性、事务性岗位居多的特点，高校在拓展勤工助学领域的过程中，应推进勤工助学专业化建设，结合学生的专业特点和优势，将勤工助学与学生专业实习、社会实践、就业教育、服务师生和社会等融为一体，并借助组织校园勤工助学招聘会等方式，为学生和企事业单位、社区搭建双向选择的平台，着力开发具有管理型、智力型、科技型等特征的多元化、多层次的勤工助学岗位，促使勤工助学向高层次、专业化层次

发展。

### （三）把握校内外市场特点，推进勤工助学基地建设一体化

校内基地是勤工助学活动的重要组成部分，但其市场化程度有限。而校外基地往往按照市场竞争机制和价值规律运作，其市场化程度相对更高。两者具有较强的互补性，将两者融为一体能促进勤工助学的发展。

#### 1. 统筹实践教学场所与勤工助学基地建设

高校应优化实践教学内容，扩充校内外勤工助学基地的功能，主动适应市场的发展变化和要求，利用好勤工助学基金，丰富勤工助学经济实体的内涵，促进勤工助学的产业化、规模化发展，以滚动增值的形式，使勤工助学基金得到补充和增加，实现经济实体的良性发展和基金效益的最大化。

#### 2. 推进勤工助学公益化建设

高校应加大对勤工助学功能的宣传力度，对学校家庭经济困难学生的勤奋求学、自强不息等感人事迹及毕业后对社会的贡献与回报进行介绍，吸引并接受社会公益机构的扶困救助，全方位地争取社会资源的资助，多渠道推荐学生参加校内外勤工助学活动。同时，借助勤工助学信息网等平台，把勤工助学学生的基本情况、专业特长、道德品质等信息汇总后向外发布，吸引更多的企事业单位与学校合作，形成校内市场与校外市场的良性互动。

## 三、建立健全高校勤工助学服务体系

高校勤工助学活动必须彰显育人功能，坚持以育人为主导、以育人为内核、以育人为原则，切实增强勤工助学的实效性，构建起实用的全面育人新平台。

### （一）与理论知识教育结合起来

理论知识是指概括性强、抽象度高的知识体系，包含一般知识和专业知识两个类别。高校应将勤工助学活动与理论知识教育有机结合，强化专业知识教育，普及法律知识教育、心理健康知识教育和安全知识教育等。

#### 1. 强化专业知识教育

高校应充分发挥专业优势，将勤工助学与学生专业知识学习融为一体，根据学生专业特点安排勤工助学岗位，引导学生在勤工助学岗位应用所学专业知

识，促进勤工助学从"劳务型"到"智力型"的功能转化，起到巩固专业知识、强化专业技能的作用。如农科学生可以进行昆虫标本制作贺卡和种植果蔬投入市场，园林专业学生可以承担校园绿化美化设计任务，参与校外园林工程项目的设计工作，也可以为林业部门担任森林资源调查及勘探设计等任务，旅游专业学生可以兼职导游等。

2. 强化法律知识教育

高校应加强对勤工助学学生的法律知识教育，如合同法、劳动法、宪法、行政法、刑法等与学生自身权益密切相关的法律知识，使学生懂法、守法、用法，在面对不法侵害时能有效利用法律武器保障自身合法权益，提高学生依法维权的能力和水平，培养学生法制意识，以媒介宣传、系列讲座、主题教育等形式，增强学生的法制意识和自我保护意识。此外，还应对学生强化法律平等、公平公正理念，促使他们形成主动维权的思想意识。

3. 强化心理健康知识教育

高校应针对家庭经济困难学生参加勤工助学比例较高的特征，建立和完善以心理健康咨询中心为先导，以勤工助学为载体，以共青团组织和学生组织为补充的学生精神扶助体系，力争做到全员育人、全过程育人、全方位育人，积极开展心理互助活动，让学生感受到学校与社会的温暖、人与人之间的真挚感情，消除他们自卑、孤独等心理障碍，提高学生的心理承受能力。

4. 强化安全知识教育

学生在参加勤工助学活动过程中，极易遇到各种难以预测的安全问题。高校应加强勤工助学学生的安全知识教育，对学生日常工作、生活中可能碰到的各类安全问题进行深入剖析，并提出防范措施和操作规范，培养学生的劳动安全保护意识，防止劳动量过重现象和各种事故发生。此外，还应教育学生不从事带有危险性或有害身心健康的工作，提高学生的安全防范能力。

## （二）与社会实践活动结合起来

勤工助学与社会实践活动都是高校育人的重要载体，是学生受教育、增知识、长才干的有效平台，两者具有相互支撑、相互促进、相互补充的关系。勤工助学是学生参加社会实践的重要渠道，是社会实践活动的有偿服务形式，不仅具有社会实践活动的一般教育意义，还具有帮助学生增强经济自立能力、锻炼独立生活能力和实际工作能力的特殊意义。社会实践活动，是开拓勤工助学校外市场的有益参考，对勤工助学工作载体的创新、工作内容的丰富、工作方法的改进等具有借鉴意义。

### 1. 丰富勤工助学的实践内涵

高校应主动适应勤工助学面临的新形势、新挑战，着力丰富其内涵、拓展其载体，从传统的劳务型、服务型向智能型、学术型的方向转变，对内强化为教学、科研、管理服务的功能，选配学生科研助理、学生管理助理等参与到学校教育事务中，在教师的引导下做好辅助性的工作，以提高学生的学习兴趣和能力。对外强化社会服务的功能，结合市场需求，主动为企事业单位、社区和经济社会发展提供科研开发、网站维护、市场调查、形象策划、园林设计等科研和管理服务，引导学生深入经济社会建设一线，以开阔学生的视野、增强学生对社会的认知度。

### 2. 强化勤工助学的实习基地建设

相对而言，高校拥有的社会实习基地比勤工助学基地更多并且更为稳定。为此，高校在发挥现有社会实习基地作用的基础上，应转变思想观念，逐步将社会实习基地转化为勤工助学基地，建立长期稳定的合作关系，并与合作单位共同加强勤工助学基地建设，为学生参加勤工助学活动搭建平台。

## （三）与思想政治教育结合起来

高校应发挥思想政治教育在勤工助学工作中的核心作用，以学生为本，以实现大学生全面发展为目标，促进他们的身心健康，提高综合素质。

### 1. 尊重学生的个体需求

在强化勤工助学学生思想政治教育时，应在尊重个体需求差异性的基础上开展工作，定期、不定期开展勤工助学学生思想状况专题调研，全面把握学生思想动态，及时发现问题、解决问题，为工作提供决策依据。针对不同层次、不同类型的勤工助学学生，开展分类、分阶段的思想政治教育，尤其是对学习困难、家庭经济困难、心理障碍等特殊群体进行重点关注，帮助他们成长成才。

### 2. 重视学生的意志培养

在强化勤工助学学生思想政治教育时，应遵循心理规律，重视其意志品质的塑造和培养，通过系统、有效的思想政治理论教育、典型人物事迹激励等方式，教育他们增强认真学习、积极锻炼、讲究道德诚信的自觉性，培养在困难面前坦然面对、锐意进取的坚定性和在情感与理智发生冲突时的自制力，增强他们的社会适应性和自我保护意识。

### 3. 实施学生的情感干预

在强化勤工助学学生思想政治教育时，应根据其情感的复杂性、微妙性、无规律性等特点，深入分析他们的共性情感表现和个性情感表现，在不违背基本原则的情况下满足他们的情感诉求，对有损于集体或他人的不良情感行为予以干预，确保他们全面、健康发展。调动他们的主动性，充分发掘他们调节自我情感的潜力，逐步建立依靠自身力量处理自我情感的信心和行为。

### 4. 强化学生的素质教育

在强化勤工助学学生思想政治教育时，应坚持育人为本，倡导德育优先，丰富教育内容，针对经济社会发展的趋势和社会热点难点问题，设计内容新颖、方法独特的专题教育，增强教育的实效性，按照社会发展需要设定勤工助学学生思想政治教育目标，着眼于建设体现国情、适合学生特点和成长需要的思想政治教育新格局，统筹解决学生的思想问题和实际生活问题。

## （四）与职业生涯规划结合起来

高校应将勤工助学与学生就业、创业有机结合，根据学生的潜能、特长、兴趣、爱好等方面的条件，指导学生参与勤工助学体系建设。

### 1. 教育学生正确认识自我

学生只有对自身状况和个人价值观有深入的了解，才能做出适当的选择。高校应引导勤工助学学生了解自己、认识自己，包括个人能力、兴趣、气质、个性、职业价值观、生涯发展状况等信息，借助专业的职业生涯测评工具，通过定量与定性相结合、自我认知与外界评价相结合等方式，帮助学生客观全面地认识自己，为他们提供客观、全面的评价参考。

### 2. 培养学生职业生涯规划意识

学生是职业生涯规划的主体，只有调动其内在需要才可能达到教育效果。高校应教育勤工助学学生学习职业生涯规划的基本理论和内涵等知识，了解职业的基本特征、发展趋势和职业生涯规划的途径，掌握职业生涯规划的特性、遵循原则、影响因素等知识体系，引导他们结合勤工助学岗位，把职业理想、社会理想、个人价值实现与社会发展要求紧密结合起来，以勤工助学活动增强职业适应性。

### 3. 提高学生职业能力

职业能力是学生将来从事某个职业的多种能力的综合。高校应强化勤工助学学生的职业生涯教育，教育他们如何选择职业、如何分析各个职业的利弊，在收集材料、综合分析的基础上，制定自身的职业生涯规划并提高职业决策能力，引导学生认识到人具有巨大的潜能并在人的潜意识中存在，促使他们学会自觉开发自身潜能，培养他们就业、创业能力，引导他们把勤工助学岗位的实践与毕业后的就业、创业联系起来，鼓励他们把握学业、思考就业、勇于创业。

## 四、建立健全高校勤工助学保障体系

按照成本分担理念，在高等教育发展过程中受益的各方均应分担教育成本。因此，当前高校勤工助学体系的建设主要由政府、社会、高校、学生参与。在勤工助学体系建设中，应把握各方特点、发挥他们的优势，建立健全"政府主导、社会参与、高校负责、学生为主"的勤工助学保障体系，保障勤工助学工作健康运行。

### （一）完善政府主导机制

政府承担高校勤工助学政策的制定、资金的拨付和工作执行情况的监督等职能。基于政府的行政职能，政府应着力健全现有法律法规体系，规范用人单位和中介机构的行为，完善职业中介机构的服务体制，并坚决打击打着"勤工助学"的幌子骗取大学生钱财、扰乱勤工助学市场秩序的不法分子，维护大学生的合法权益，为大学生勤工助学提供良好的社会法制环境。着力加大对勤工助学经费的投入，扩大勤工助学学生的覆盖面，并采取财税政策调控等措施，积极引导社会各界加入对勤工助学学生的资助中来，调动全社会参与资助的积极性，为学生提供更多的勤工助学岗位和信息服务，构建起勤工助学多元资助体系。

### （二）完善社会参与机制

社会参与是勤工助学工作的有益补充。社会各界应以多种参与形式参加到勤工助学工作中，协助政府和高校推进勤工助学体系建设，增加受助主体数和资助金额数。企业应加大与高校的合作力度，以设立专项基金、建设勤工助学基地、提供勤工助学岗位等多种形式，参与到勤工助学活动中，既可以享受政府提供的优惠政策、利用高校人力资源优势，又能借助高校的辐射效应，提高企业自身的知名度，树立良好的社会形象，以惠及自身的发展。各类宣传媒介应发挥舆论导向的作用，利用广播、电视、报刊、网络、手机等新闻媒体，搭建勤工助学文化传播和勤工助学工作亮点宣传的载体，开展全方位、立体式的勤工助学体系建设宣传，鼓励和宣传报道先进典型，曝光有损勤工助学工作的不良行为，形成有利于勤工助学体系建设的良好舆论环境。

### （三）完善高校推进机制

高校是勤工助学工作的指导者和执行者，应发挥其人才培养、科学研究、社会服务和文化传承的职能，担当勤工助学体系建设的主要责任，与政府、社会密切配合，把握勤工助学的基本规律和发展方向，提高勤工助学工作的理论研究水平和实践探索能力，着力推进勤工助学体系的规范化、制度化、科学化、人性化建设，以更好地服务于大学生的全面发展，不断发挥勤工助学的育人功能，最终促使高校勤工助学由他助向自助、助人的方向转变。高校应坚持教育公平的理念，着力发挥勤工助学的育人功能，将勤工助学与人才培养有机结合，扩大勤工助学学生的覆盖面和参与面，提高人才培养质量，着力开拓校内校外两个市场，拓宽信息沟通渠道，为勤工助学学生提供优质信息服务，着力落实勤工助学的政策法规，结合自身实际情况，制定并完善勤工助学的各项管理制度，保障勤工助学持续健康发展，以提升勤工助学工作的水平，促进学生全面发展。

### （四）完善学生自助机制

学生是勤工助学工作的主体。参加勤工助学的学生，应树立正确的价值观念，摒弃"参加勤工助学就是为了赚钱"的思想观念，将勤工助学与提高实践能力、增加成功砝码、增强综合素质结合起来，借助勤工助学活动，激发自身潜能、提高社会认知、学习社交技能、增强维权意识、树立竞争意识，以广阔的视野选择勤工助学岗位，站在经济社会发展、职业生涯设计、个人成长成才的角度，找准自身的人生价值坐标，树立劳动意识，克服怕苦怕累、不思进取的懒惰思想。参加勤工助学的学生要珍惜勤工助学机会，正确处理好"工"与"学"的关系，使勤工助学成为自身发展的有效途径，树立感恩意识，常怀感恩之心，以强烈的社会责任感和使命感投入到勤工助学工作中，为毕业后更好地融入社会、服务社会奠定基础，促进自己的全面发展。

总之，参与勤工助学，许多学生可以在校园内通过自己的劳动挣得一定的生活补贴，减轻家庭的经济负担，避免了以往那种单纯的生活补贴模式，可以让学生们在劳动中有所收获，积累更多的工作经验。高校家庭经济困难学生参与勤工助学存在的问题是多种原因造成的，既有客观现实原因，也有主观意识原因；既受高校内部体制机制的影响，又受高校外部监管监督的制约，这决定了高校勤工助学存在的问题具有普遍性、复杂性、长期性等特征。解决高校勤工助学存在问题需要一个长期过程。高校勤工助学体系建设需要秉承解困助学、励志育人的核心功能，立足校内和校外两个市场，整合政府、社会、高校三方资源，大力健全勤工助学管理、运行、服务、保障四大体系建设，促进高校勤工助学体系建设上台阶、上水平，为提升大学生综合素质服务，为高校提高人才培养质量服务。

# 第六章 公益之路：高校家庭 经济困难学生志愿服务研究

> 希望广大志愿者、志愿服务组织、志愿服务工作者立足新时代、展现新作为，弘扬奉献、友爱、互助、进步的志愿精神，继续以实际行动书写新时代的雷锋故事。
>
> ——习近平

志愿服务是社会文明的重要标志，随着改革开放的深入和教育水平的提升，大学生志愿服务在社会志愿服务中扮演越来越重要的角色。习近平同志指出："希望你们弘扬奉献、友爱、互助、进步的志愿精神，坚持与祖国同行、为人民奉献，以青春为梦想、用实际行动为实现中国梦作出新的更大的贡献"[1] "作为志愿者，无论是在台前幕后，无论是迎来送往还是默默值守，都可以在这场青春盛会中展现自己的风采"[2] "志愿者事业要同两个一百年奋斗目标、同建设社会主义现代化国家同行。志愿服务是社会文明进步的重要标志，是广大志愿者奉献爱心的重要渠道"[3]。大学生社会公益实践是大学生以志愿者身份所参加的各项社会服务事业的活动的总和。高校家庭经济困难学生社会公益实践活动是全社会公益活动的重要组成部分，也是家庭经济困难学生实现自我提升的重要途径。因此，高校家庭经济困难学生社会公益实践的发展对社会、对家庭经济困难学生自身成才都具有重大意义。本章关注高校家庭经

---

① 新华社：习近平给华中农业大学"本禹志愿服务队"回信 . 2013－12－05. http://www.gov. cn/ldhd/2013－12/05/content_2542812. htm

② 习近平给"南京青奥会志愿者"回信 勉励青年志愿者用青春激情打造最美"中国名片"[N]. 人民日报，2014－07－17－01.

③ 新华社：习近平在天津考察 . 2019－01－18. http://cpc. people. com. cn/n1/2019/0118/ c64094－30576928. html.

济困难学生志愿服务，以期搭建受助学生参与公益的平台，强调受助学生的主体地位，增强家庭经济困难学生公益慈善意识，畅通学生感恩回馈的渠道，完善现有资助体系，深化资助育人效果，提升立德树人水平。

## 第一节　大学生志愿服务的历史演进

近几十年来，我国的大学生志愿服务有着较快的发展，志愿者人数和志愿者组织的不断增加、志愿服务内容的拓展深化、机制的逐渐完善等，但想要更深更全面的理解和认识大学生志愿服务，还得从它的历史演变中探寻，才能在新时代将大学生志愿服务做得更好。

### 一、大学生志愿服务的内涵及特征

#### （一）大学生志愿服务的内涵

志愿者是不计较个人物质报酬而为社会、集体提供公益服务和帮助的人。世界上任何国家和地区都存在这样的人，名称或有不同，如"志愿者""义工""志工"，但其都有几个共性词语可以描述，"奉献""不计物质报酬""社会责任""志愿精神"等。中国社会工作协会志愿者工作委员会在其章程中认为：志愿精神是一种自愿的、不为报酬而参与完善社区工作、促进社会进步、推动人类发展的精神；是公众参与社会生活的一种非常重要的形式，是个人对生命价值和人生观的积极态度①。大学生志愿者的志愿精神体现的是"奉献、互助、友爱、进步"的传统美德，也是社会主义核心价值观的体现和要求。

大学生志愿服务多是依托学校、社区的正式组织来开展志愿服务活动，志愿组织是指以开展和推广志愿行动、传播志愿精神的合法群体和机构。在我国，共青团的各级组织在大学生志愿服务中提供了非常强大的组织保障。目前我国大学生志愿服务主要有假期支教、暑期三下乡、社区关爱与生活服务、赛会志愿保障、公益性救助与帮扶、国际合作交流等内容和形式，这些内容和形式也是随着时代的进步在不断拓展和延伸的。

---

① 沈杰. 志愿行动——中国社会的探索与践行 [M]. 北京：人民出版社，2009：67—69.

### （二）大学生志愿服务的特征

从横向来看，新时代的大学生志愿服务与其他志愿服务比较，有着明显的特征：（1）新时代大学生志愿服务有着更强的自愿性和持续性。这是由于大学生群体有着较高的文化素养和道德认知，大学生志愿服务都是出于内心的向往与追求，也有自我牺牲的精神。同时，某一项志愿服务会有源源不断的大学生志愿者参与进来，连续性得到了保障。（2）新时代大学生志愿服务自我期望值更高。大学生在志愿服务中并非"无所目的"，他们更期望从志愿服务中有精神收获，对大学生来说，参与志愿服务是一个思想政治素养增进、职业技能锤炼、人格品质塑造、综合能力提升、自我形象展示的平台，同时大学生志愿者更多的期望在与服务对象的交流互动中得到自我精神满足和价值体现。如交流中的赞许、感激、褒奖、崇敬等。（3）新时代大学生志愿服务组织性更强。大学生志愿服务有着很强的组织保障，目前我国大学生志愿者服务形成了以高校共青团主管，以青年志愿者协会等学生团体为主体，具有规模性、纪律性的组织框架体系。

从纵向来看，进入社会主义新时代以来，大学生志愿服务有着一些新变化和新特征：（1）时代使命感更强。青年要"把自己的理想同祖国的前途、把自己的人生同民族的命运紧密联系在一起，扎根人民，奉献国家"①，在全面建成小康社会、实现两个一百年、中华民族伟大复兴的中国梦这个时代的关口，大学生志愿服务比以往任何时候都更加愿意与新时代的脉搏共同跳动。（2）创新和突破的意愿更强，在志愿服务形式和内容上有更多的主观思考。新时代大学生在自媒体、全球一体化、5G、云计算、人工智能、大数据、区块链等时代环境的影响下，突破禁锢、大胆创新的思维便会愈发强烈。同时，大学生还有年龄、学历、视野、认知、技能等方面的优势，敢于和擅于创新内容和方式，多样性地将新时代大学生志愿服务推向更高更好。

## 二、大学生志愿服务的理论演进

### （一）中国传统文化中互帮互助是志愿服务的最早起源

中华文明是人类文明史上唯一没有中断而延续至今的文明，在中华五千年

---

① 新华社. 习近平在北京大学师生座谈会上的讲话. 2018－05－03. http://www.xinhuanet.com/politics/leaders/2018－05/03/c＿1122774230.htm

的悠久历史中，儒家、佛家、道家、墨家等传统文化深深影响着中华儿女，中华传统文化强调人的"德行""仁爱""兼爱""道义""乐善好施""慈悲为怀"等，这些正是新时代大学生志愿服务最重要的理论来源。

儒家思想在中华文化中是"正统"，它倡导的仁爱思想就是指人与人之间互相友爱、帮扶。论语中"樊迟问仁。子曰：爱人"，弟子规提到"泛爱众"思想以及孟子的"性善论"等传统儒家思想，无不包含着奉献和友爱的思想。墨家所提出的"兼爱非攻"，倡导博爱和互助。道家认为只有"积善行德"才能修道成仙。佛家自汉末从印度舶来，与我国传统文化交融发展，提出"善有善报恶有恶报"，倡导"慈悲为怀"，深深影响着世世代代中国人的行善思想和慈善行为。这些中华传统文化中的思想精髓，与当前我们提倡的志愿精神实质上高度一致。所以，也可以这么认为，大学生志愿服务所体现出来的"友爱""互助"精神是中国传统文化的继承与发扬。

### （二）马克思主义理论对大学生志愿服务的指导作用

"人们只有为同时代人的完美、为他们的幸福而工作，才能使自己也过得完美"①。在马克思看来，人作为社会中的个体，与集体、社会的利益是相辅相成的，个人理应为集体中的他人利益考虑，只有互相帮助才能达到"完美"。大学生志愿服务从本质上来看，所体现的马克思主义理论大概有人的社会化理论、实践观、人的全面发展理论等。

人是社会中的人，一切活动都是与社会相关的活动，在社会中与其他个体相互产生交集，产生有效互动，这就是个人社会化。可以这么认为，人社会化的过程是个体不断成长和进步的过程。同时，马克思主义还强调人的主观能动性，要利用主观能动性改变世界，发现世界的不合理，将理论付诸实践，在实践中改变世界。个人应在实践中得到全面发展，"马克思主义全面发展包含其一，要实现人的身体和心灵的有机统一和全面发展，其二，要实现人的需要的满足，其三，要实现人的能力的不断提升，其四，要实现人与自然的融合和统一"②。大学生志愿服务在服务他人的同时，也是一个自我锻炼、增长知识、自我价值实现、与社会交融成为"社会人"的过程，同时也是将先进理念向社会传播，将先进理念付诸实践从而达到改造社会目的的一个过程。

① 中共中央马克思恩格斯列宁斯大林著作编译局．马克思恩格斯全集第一卷［M］．北京：人民出版社，1995．

② 张文智．新时代大学生志愿服务的问题研究［D］．长春：东北师范大学，2019．

### (三) 大学生志愿服务的精神与中国共产党的宗旨高度契合

为人民服务是中国共产党的根本宗旨。作为中国特色社会主义事业的领导者，我党始终坚持为人民服务，始终把人民群众的利益作为方针、政策的出发点和落脚点，始终把人民的利益放在首位。毛泽东同志在 1963 年 3 月 5 日，要求全国各族人民要以雷锋同志为榜样，发出向"雷锋同志学习"的口号，发扬"不怕苦、不怕累"的精神。毛泽东同志还指出要尊重群众的个人愿望，从他们的愿望出发，如果他们在主观上没有这样的觉悟，还应该耐心等待，直到做通了工作，让群众自愿去，才能够真正走进群众。毛泽东对群众自觉自愿的坚持，为志愿者服务及志愿者服务精神奠定了重要的基础[①]。邓小平同志建议全国人大通过一项植树议案，该议案规定了有劳动能力的中国公民，每人每年都要包栽包活三至五棵树[②]。2000 年初江泽民同志指出："青年志愿者行动，是大有希望的事业，是当代社会主义中国一项十分高尚的事业，体现了中华民族扶贫济困的传统美德，全社会努力进行好志愿服务事业，有利于形成奉献、友爱、互助、进步的时代新风。"[③] 胡锦涛同志多次强调青年大学生进行志愿服务的重要性，指出："我国要积极发扬残奥会、奥运会志愿服务方面的经验，深入开展城乡社会志愿服务活动，充分发挥其在构建社会主义和谐社会中的重要作用。"

### (四) 习近平对新时代大学生志愿服务提出新要求

习近平对志愿服务有着新的期望和寄语，他鼓励在志愿服务信息系统注册的 1.2 亿注册志愿者们要立足新时代，展现新作为。十八大以来，习近平对志愿者，尤其是大学生志愿者格外重视，先后给华中农业大学"本禹志愿服务队"，河北保定学院"西部支教毕业生群体代表""南京青奥会志愿者"，北京大学"援鄂医疗队全体'90 后'青年抗疫志愿者"回信。习近平强调，党的十八大以来，广大志愿者、志愿服务组织、志愿服务工作者积极响应党和人民的号召，弘扬和践行社会主义核心价值观，走进社区、走进乡村、走进基层，为他人送温暖、为社会做贡献，充分彰显了理想信念、爱心善意、责任担当，成为人民有信仰、国家有力量、民族有希望的生动体现。鼓励广大志愿者"立

---

① 毛泽东. 毛泽东选集第一卷 [M]. 北京：人民出版社，1991：237.

② 中共中央文献编辑委员会. 邓小平文选第三卷 [M]. 北京：人民出版社，1993：189.

③ 中国 2001 国际志愿者年委员会秘书处. 中国志愿服务事业发展概况 [R]. 中国 2001 国际志愿者年委员会工作简报，2001－09－10.

足新时代、展现新作为，弘扬奉献、友爱、互助、进步的志愿精神，继续以实际行动书写新时代的雷锋故事"①。

2016 年 6 月，经中央全面深化改革领导小组审议通过，中央宣传部等 8 个部门联合印发了《关于支持和发展志愿服务组织的意见》，明确提出到 2020 年，基本建成布局合理、充满活力、管理规范、服务完善的志愿服务组织体系②。党的十九大报告指出，强化社会责任意识、规则意识、奉献意识，推进诚信建设和志愿服务制度化。这些都意味着我国志愿服务进入规范化、组织化、现代化发展的新阶段，对志愿服务事业的持续健康发展具有深远的影响。

## 三、新中国成立以来大学生志愿服务的实践演进

"现代形式的志愿服务在西方产生较早。最早出现在 19 世纪的西方国家，并影响着西方的社会经济发展，大学生志愿服务也伴随着志愿服务产生"③。我国的志愿服务和大学生志愿服务在新中国成立以后开始慢慢成长，在改革开放后取得了较大发展。

### （一）我国大学生志愿服务在新中国成立后开始萌芽

新中国成立以后，我国最早出现的志愿服务形式可以认为是中国人民志愿军抗美援朝战争，众多的热血青年不畏牺牲，英勇奔赴战场抛头颅洒热血。典型意义上的现代志愿服务则是"从 20 世纪 50 年代开始，这一阶段有两个代表性的事件：一个是青年垦荒，一个是学习雷锋"④。

新中国成立之初，随着社会主义各项建设的快速发展，向土地要粮食，发展农业成为国家建设的重要内容，同时也受到苏联青年垦荒活动的影响，1955 年中共中央批准了农村工作部的《关于垦荒、移民、扩大耕地、增加粮食的初步意见》，同时，共青团中央发出了《关于组织青年参加边疆建设问题的一些意见》，提出"动员一部分城市未升学的初中、高小毕业生及其他失业青年参

① 新华社. 习近平致中国志愿者服务联合会第二届会员代表大会的贺信. 2019-07-24. http://www. xinhuanet. com/politics/leaders/2019-07/24/c_1124792815. htm.
② 白羽. 关于支持和发展志愿服务组织的意见［EB/OL］. 2018-07-11. http://www. xinhuanet. com//politics/2016-07/11/c_1119199194. htm.
③ 徐彤武. 联邦政府与美国志愿服务的兴盛［J］. 美国研究，2009（03）：25-45.
④ 张文智. 新时代大学生志愿服务的问题研究［D］. 长春：东北师范大学，2019.

加垦荒工作"①，团中央确立了垦荒队组建的原则：第一，必须绝对自愿；第二，不要国家一分钱投资；第三，去了就扎根边疆不回来。在党中央和团中央的号召下，首批北京青年垦荒队建立了，杨华、李秉衡、庞淑英、李连成、张生等5人正式向北京团市委递交了志愿到边疆开荒的申请书，北京市团委最终从800多名报名者中挑选了60名思想政治素养高、年富力强的队员前往黑龙江萝北县。这开启了中国青年志愿服务形式的先河，随后又有20余万热血青年在团中央的号召下投入了垦荒事业，我国的青年志愿服务形式逐渐形成。

雷锋同志在1962年殉职，他生前的各种先进事迹被纷纷报道，他带病抗洪抢险、帮助困难群众、省吃俭用捐200元给灾区，雷锋做的好事不分大小，激励着全国人民热心服务他人。到了1963年3月5日，毛泽东同志"向雷锋同志学习"的手迹在中央各大报刊刊出，这实际是将学习雷锋活动推向了高潮，轰轰烈烈的学习雷锋活动在全国范围内迅速开展起来，雷锋精神感染着千千万万的人，这种无私奉献，助人为乐的精神深入人心。在大学生群体中，"向雷锋同志学习"开启了我国大学生志愿服务的开端，直到今天，"向雷锋同志学习"仍然是我国大学生志愿服务的最重要的口号和精神支持。

## （二）改革开放以来，我国大学生志愿服务进入快速发展时期

改革开放初期，在沿海地区，特别是广州、深圳等地，主要借鉴香港、台湾等地区的志愿服务形式，"义工"开始出现，这是对志愿者服务新的探索。随着改革开放的深化，1993年，共青团第十三届二中全会在北京召开，会议审议通过了《在建设社会主义市场经济体中我国青年工作战略发展规划》，提出了以"青年志愿者行动"为核心的青年文明工程，这使得中国大学生志愿服务进入了一个快速发展阶段。全国大范围地开始了各类志愿者活动：寒暑假期间大中专院校在主要铁路沿线和车站开展"志愿者新春热心行动"；1994年开始的由中宣部、教育部、团中央联合实施的大中专学生志愿者暑期文化科技卫生"三下乡"活动；1996年我国开始实施"青年志愿者扶贫接力计划"；2003年6月，教育部、团中央、人事部、财政部联合启动了"大学生志愿服务西部计划"，选派高校毕业生赴西部基层开展卫生、教育、扶贫、农技等一系列志愿服务活动；2000年后，特别是北京奥运会、残奥会后，大学生在国际体育赛事中充当志愿者已然常态化。这一阶段，大学生志愿服务已经逐渐发展成为

---

① 王新玲，孙琳. 青年志愿垦荒活动的产生 [DB/OL]. 2018-02-05. http://qnzz.youth.cn/zhuanti/kszt/xdemo_128647/09/xdemo_127402/08/201702/t20170219_9138472.html.

志愿服务的主力军，这一时期是中国大学生志愿服务实现飞速发展的阶段。1994年12月，中国青年志愿者协会在北京成立，《中国青年志愿者协会章程》颁布实施，这标志着我国青年志愿者事业发展进入了一个全新的领域①。

### （三）北京奥运会后，我国大学生志愿服务开创了新局面

相关统计数据显示：2008年北京奥运会共有超过170万志愿者，其中社会志愿者100万人，赛场志愿者10万人，啦啦队志愿者20万人，城市志愿者40万人，而这些志愿者当中大部分都是大学生②。北京奥运会大学生志愿服务期间，我们首次大规模的按照国际惯例和规则开展志愿服务，不仅体现了我们志愿者、志愿服务的水平，更体现了国家的软实力，向世界充分展示了"中国名片"。在北京奥运会成功举办的推动下，我国大学生志愿服务开始着眼世界，不断地探索大学生志愿服务的新思路，扩大志愿服务范围，创新志愿服务形式，提高中国大学生志愿服务的世界影响力。

### （四）新时代要求大学生志愿服务要与国家和民族紧密联系在一起

2013年12月，中国志愿服务联合会成立，发布《开展"邻里守望"志愿服务的倡议书》，关注留守儿童、空巢老人等特殊群体便成了大学生志愿服务的重要内容。经过多年的发展和实践，从我国国情出发形成的邻里守望志愿服务成为我国重要的、不可或缺的志愿服务形式，既展现出了自身的特色，也给新时代的大学生志愿服务提出了新的要求，志愿服务不仅仅可以是一些庞大的、规模性的活动，也可以是像深入邻里，小处着手，做一些"鸡毛蒜皮"的事儿，只要能为他人服务，为社会的文明做出贡献。2020年，新冠病毒疫情暴发，大学生志愿者们不畏艰险，在疫情防控中发挥大学生青春本色，在抗疫的最前线开展社区物品配送、防疫宣传、交通管制、社区消毒、特殊群体心理疏导、甚至疫苗人体试验等志愿服务。这也恰恰证明我国大学生志愿服务在新时代有了新作为、新担当。

## 第二节　搭建高校家庭经济困难学生志愿服务平台

倡导高校家庭经济困难学生参与志愿服务，既是对其开展帮扶的重要手

---

① 许慧霞. 浅析高校青年志愿者行动 [J]. 浙江师范大学学报，2003（03）：81-84.
② 魏娜. 志愿服务概论 [M]. 北京：中国人民大学出版社，2018：56-59.

段，也是家庭经济困难学生成长成才的重要途径。有研究表明，生活满意度高的大学生，会在日常生活中有更多的慈善行为。[①] 有学者提出幸福的"引擎（engine）模型认为，幸福包括输入、加工处理和输出 3 个过程，客观幸福条件的积极改变会影响幸福的主观处理加工过程，进而会引发利他行为，比如志愿活动、慈善活动"。[②] 也就是意味着受助学生参加高质量的志愿服务工作，可以提高学生的生活满意度和幸福感，而这种幸福感又可以促进个人利他行为的发生，因此志愿服务活动平台的搭建，是一个良性循环的开始，是资助育人效果的深化。

## 一、志愿服务平台在家庭经济困难学生资助工作中的作用

### （一）强调受助学生的主体地位

在无偿资助中，传统看法会把资助方（国家、政府、社会和捐赠人）作为捐赠活动的主体，在这种思想的影响下，对受助学生应履行的义务没有明确要求。受助学生更应该是资助活动的主体。受助学生参与志愿服务活动，正是给学生"赋能"，不能因为他们受资助而认为其能力有限，志愿服务活动充分体现了其在资助活动中的主体地位。发挥受助学生的专业优势，根据其特点和时间，参与志愿服务活动，通过志愿活动体现受助学生履行自己受助义务的行为。无偿资助的最终目的是帮助家庭经济困难学生成长成才，保障教育公平，除了经济资助外，更应关注其全面发展和综合提高。

### （二）有助于深化学生资助工作

目前对家庭经济困难学生的资助一般以经济资助为主，资助款项发放给学生以后对学生的后续追踪随访缺失，对学生受资助后的发展情况不了解。搭建志愿者服务平台，对参加志愿服务活动的家庭经济困难学生，一方面，给他们提供参与社会实践的机会；另一方面，也使追踪受助学生的成长轨迹成为可能。对受助学生的追踪随访，是对目前学生资助工作的重要补充，学生意识到资助工作不只是发钱，资助方和受助学生之间建立了长久的联系。鼓励受助学

---

① 李晔楠，任孝鹏，陆柯雯，等. 大学生慈善行为与生活满意度的关系 [J]. 中国心理卫生杂志，2015（4）：301－304.

② Carlson M，Charlin V，Miller N. Positive mood and helpingbehavior：a test of six hypotheses [J]. J Pers Soc Psychol，1988，（2）.

生参加志愿服务活动也是精神扶助的一项重要内容，是帮助学生视野开阔的一项重要实践活动。

### （三）有助于提高受助学生的心理健康水平

由于经济条件的限制，家庭经济困难学生的成长环境相对匮乏，自卑、胆怯、不愿与人交往是困扰许多家庭经济困难学生的心理问题。经济资助确实能缓解学生暂时的经济困难，但对这部分学生成长中存在的心理问题关注较少。积极鼓励甚至"要求"学生参与志愿活动，让他们迅速进入一个不熟悉的环境中，接触新的学生，面对新的挑战。在与这种新环境的互动中，学生可增强人际间的往来，感受学生间的团结互助，享受帮助他人带来的快乐与"被需要感"，增强学生的自我效能感。在某种程度上让学生意识到自己接受资助的同时自己也是付出了，学生权利的享受与应尽义务对等起来。

### （四）参加志愿服务活动是学生感恩教育的重要途径

感恩意识是当代大学生应具有的基本品质，对经济困难学生予以资助，不是一方面，给予他们资助金，另一方面，又要求他们俯首称谢，更不能助长少部分学生感恩意识淡薄，过于强调接受资助是自己应享受的权利。因此，通过志愿服务活动表达感恩的途径显得尤为重要，不能增加受助学生的弱者心态，又能培育学生的感恩之情。搭建志愿服务平台，对家庭经济困难的学生的资助政策需要不断完善和创新，在进行学生经济资助的同时，更加注重学生精神层面的提升，全面提高受助学生的社会实践能力和适应能力，完善现有资助体系。

## 二、激发高校家庭经济困难学生参与志愿服务的成就动机

成就动机指个体为达到某一有价值的社会目标的内部动力。激发学生的成就动机，变"要我学"为"我要学"，是广大教育工作者关心的重要问题。高校家庭经济困难学生为什么选择参加大学生志愿服务？是什么动力促使他参与到志愿服务中去？国内外学者从心理学角度对大学生志愿服务的动机做了很多的研究，我国的研究人员殷小川，田惠芬（2006）认为志愿者的参与动机涉及五个方面：成就动机，归属需要动机，权力动机，自我检验、自我提高动机，娱乐、交往动机。同时，我国的志愿者志愿服务动机受所在文化的影响，如"以恩报恩"民族文化底蕴的支撑（蔡宜旦等，2001）。在志愿服务动机研究中

也发现了一些中国特色的志愿服务动机，如荣耀动机（董海军等，2003）"①。

根据国内外相关研究，高校家庭经济困难学生参与志愿服务的动机有着一定的特殊性，"经济贫困家庭的学生对志愿服务的态度要积极于经济富裕或一般家庭的学生，家庭富裕的学生更容易受到主观规范，知觉行为控制的影响，另外，志愿服务意向最强烈的是贫困家庭的学生，接着是富裕家庭的学生，最后是一般家庭的学生"②。家庭经济困难学生更希望通过参加志愿服务对将来的职业发展能起到帮助和促进作用。"数据分析显示，大学生这一群体渴望通过志愿服务进行学习，为职业发展奠定基础。如大学生希望志愿服务有利于将来的职业发展，增加工作技能等"③。首先，家庭经济困难学生期望通过学习改变自身的处境的意愿更加强烈，因此可以理解为职业发展动机是他们参与志愿服务的首要原因。其次，高校家庭经济困难学生参与志愿服务更多的是社会环境的影响，这是有外部因素促成的动机。学校鼓励参与志愿服务，老师及社会对志愿服务的评价非常高，周围同学朋友参与了志愿服务，能在志愿服务过程中有志同道合的朋友，等等，这些都是他们参与志愿服务的动机因素。再次，家庭经济困难学生希望在志愿服务过程中得到社会认同感，获得社交需求的满足。他们在学校的学习生活中对社会认同的需求比其他学生更加强烈，在参与到大学生志愿服务的过程中，他们渴望得到老师、组织、同学的表扬和肯定，希望得到志愿组织的赏识，也希望得到老师、上级组织对志愿服务的反馈和评价。

另外，在我国传统文化影响和国情下，高校家庭经济困难学生参与志愿服务还有一个特殊动机，即爱国与荣誉感。"通过研究，我们发现，我国大学生志愿者激励动机相比西方国家志愿者动机存在一个很独特的维度，即爱国与荣誉动机。大学生出于爱国动机参与志愿服务，并产生一种荣誉感。他们认为当志愿者是一种爱国的表现；当志愿者让其有一种荣誉感；会将志愿服务与爱国行为联系在一起等"④。家庭经济困难学生在学习和生活中得到比较多的各类资助，在中国传统文化"知恩图报"的影响下，他们更愿意把志愿服务看作是

① 吴俊峰，宋继文. 大学生志愿服务动机维度构成实证研究 [J]. 上海管理科学，2010（3）：44-47.

② 王昱. 大学生的志愿服务意向与行为研究——基于计划行为理论的视角 [D]. 成都：西南交通大学，2014：72-75

③ 吴俊峰，宋继文. 大学生志愿服务动机维度构成实证研究 [J]. 上海管理科学，2010.06：44-47

④ 吴俊峰，宋继文. 大学生志愿服务动机维度构成实证研究 [J]. 上海管理科学，2010.06：44-47

爱国的体现，也愿意在志愿服务结束后，能得到学校、政府等的表彰。

## 三、充分发挥高校家庭经济困难学生志愿服务的价值

目前我国已有的资助体系基本解决了高校家庭经济困难学生学习和生活中最为迫切的物质需求，那么在经济资助之外的精神帮扶便显得紧要。为落实立德树人根本任务，高校可以把家庭经济困难学生志愿服务作为资助育人和实践育人的重要形式，以增强家庭经济困难学生主体意识和感恩意识，提升社会责任感和主观幸福感。

### （一）志愿服务是满足家庭经济困难学生自我发展和自我实现需要的有效途径

根据美国著名心理学家马斯洛的需求层次理论，人类复杂多样的需求按照其重要程度和发生的先后顺序可分为五个需求层次，即生理需求、安全需求、社交需求、尊重需求和自我实现需求。按此理论，高校家庭经济困难学生参与志愿服务实际是满足其除了生理和安全需求之外的其他三个需求。满足家庭经济困难学生社交、尊重、自我实现需求。家庭经济困难学生加入志愿组织，有效的开展志愿服务，为他们提供了一个沟通平台，建立良好的社交关系，提升社交能力，克服自卑、胆怯、被动的缺点，能有效增加其"愉悦感"，提升心理健康水平，有效提升自我能力，增进自我认同感。在志愿服务中必然会经历团队合作，处理事务。在这个过程中，对他们的职业技能和综合能力也得到锻炼。同时，大学生志愿服务是一项崇高的社会公益事业，不计报酬，服务社会，这是一种高尚的行为，必定赢得社会的赞美和尊重。家庭经济困难学生在服务过程中树立正面形象，赢得了他人爱戴，提升了自我尊重和肯定意识，满足了自身受尊重的需要。

### （二）志愿服务是加强和改进家庭经济困难学生思想政治教育工作的重要抓手

2004 年，中共中央国务院《关于进一步加强和改进大学生思想政治教育的意见》指出，加强和改进大学生思想政治教育，努力提高大学生的思想政治素质，把他们培养成中国特色社会主义事业的建设者和接班人。高校家庭经济困难学生作为高校的重要特殊群体，更要探索合适的载体和路径来对其有效的开展思想政治教育。2008 年，中央精神文明建设指导委员会《关于深入开展

志愿服务活动的意见》强调，要把志愿精神作为进一步加强和改进大学生思想政治教育的重要内容，要"切实加强学生志愿服务活动，建立健全学生志愿服务活动长效机制，深入开展学生志愿服务活动"。志愿精神是非常重要的思想政治教育资源，是大学生思想政治教育的'活教材'"[1]。故而，家庭经济困难大学生开展的志愿服务也可以看作是"活"的思想政治教育。陶行知先生曾讲过，"教育要通过生活才能发生力量而成为真正的教育"[2]，志愿服务是将思想政治教育由单一的思想政治教育课堂走向了生活，学生在生动的志愿服务实践中产生体验、产生共鸣。在志愿服务的过程中，为他人、为社会服务，将社会主义核心价值观从理论上运用到了实践，在实践中更加坚定社会主义信仰，更加牢固树立社会主义核心价值观，不断提升自我道德认知和道德行为，将思想政治教育的要求内化，让思想政治教育的效果凸显。家庭经济困难学生自身潜移默化的同时，也不断将为社会、为集体做贡献的志愿精神传导开来，让高校充满着奉献、友爱、互助、进步之风，为高校的精神文明建设起到积极作用。

### （三）志愿服务是高校家庭经济困难学生促进社会和谐稳定的有效切入点

第一，对于高校家庭经济困难学生自身来说，帮助其树立了正确的人生观、价值观。在志愿服务的过程中更好的认识社会，帮助其理性地看待社会和自己所处的环境，拓展了视野，提升家庭经济困难学生的个人能力和综合素质，增进职业技能，这为他们毕业后职业生涯发展打下了良好的基础。第二，高校家庭经济困难学生志愿服务能减少社会矛盾，促进社会精神文明进步，提升社会群体的精神品质。志愿服务的对象多为社会弱势群体，家庭经济困难学生参与志愿服务，可以减少与服务对象间的代际感，产生"共情"，能让服务对象更愿意倾诉和沟通其所面临的问题。家庭经济困难学生志愿服务在环境保护、扶贫开发、公益活动、社区服务、邻里互助等方面发挥着重要作用，他们在志愿服务中多能吃苦耐劳，全心全意，无私付出，这种精神更容易传导给社会其他群体，"润物细无声"式的感染被服务的人们，有助于社会建立平等互爱，和谐融洽的人际关系。

---

① 吴俊峰，宋继文. 大学生志愿服务动机维度构成实证研究［J］. 上海管理科学，2010（3）：44-47
② 吴俊峰，宋继文. 大学生志愿服务动机维度构成实证研究［J］. 上海管理科学，2010（3）：44-47

## 第三节　高校家庭经济困难学生志愿服务的问题及原因

高校家庭经济困难学生参与志愿服务是一个全新的探索，在探索和实践过程中，肯定会存在一些问题。发现问题找到原因并提出解决策略，是我们做好家庭经济困难学生志愿服务、高校资助工作的必然要求。

### 一、高校家庭经济困难学生参与志愿服务存在的问题

#### （一）高校家庭经济困难学生参与热情有待提升

志愿服务是一个自愿付出的过程，在这个过程中，志愿者与被服务人员相互交流，产生互动，志愿者从中实现自我价值，被服务者得到帮助。高校家庭经济困难学生在参与志愿服务中，存在热情不够，积极性不高的问题。首先，部分学生不愿主动加入志愿组织，不能主动参加志愿服务实践活动，有部分家庭经济困难学生在大学期间从未参加过志愿服务。其次，在参与志愿服务实践的过程中，家庭经济困难学生对志愿服务的内容、形式模糊不清，"随大流"地参与到志愿服务中去，遇到问题不能很好发挥主观能动性，不能有计划、有目的地去发现问题、思考问题、解决问题。在志愿服务这种互动性很强的实践中，热情和积极性的欠缺，在很大程度上会影响到志愿服务的质量和效果。

#### （二）高校家庭经济困难学生志愿服务存在形式化倾向

一方面，高校组织家庭经济困难学生参与志愿服务更应该从志愿服务的精神开始，找准社会服务需求，静下心来，用时间和实际行动把某一个志愿服务做出品牌、做出实效，在服务对象和志愿者心中都能留下美好印象。但现实中出现"家庭经济困难学生公益队""家庭经济困难学生志愿小组"等这种"标签式"的帮扶，不仅凸显出某些组织者工作方法简单化，还会给家庭经济困难学生参加志愿服务带来心理压力和道德压力。有高校强制要求接受国家资助的家庭经济困难学生必须参加"义务清扫街道""无偿献血"等，这种"强迫性"违背了志愿服务的自愿原则，带有行政命令色彩的强制志愿服务对服务效果和志愿者自我价值实现而言，都无法产生积极影响。另一方面，志愿服务在开展过程中，我们常看到几十人、甚至上百人的集体清扫垃圾、集体街头宣传，这

种轰轰烈烈的志愿服务运动多数就像一阵风，吹过以后就结束。这种流于形式的志愿服务仅仅是为了证明"开展过"志愿服务，没有用心、用情，不能静下心、沉下身踏踏实实的践行志愿服务精神。同时，一些高校志愿服务开展是为了应付上级部门的检查和完成年度任务计划清单，追求时髦创新形式，但多是虎头蛇尾，走走过场，实效不大。

### （三）高校家庭经济困难学生志愿服务的内容和形式较单一

"过去那种上街擦栏杆、为街坊修自行车等纯粹体力型非专业志愿服务已经无法满足社会需求、激发志愿者的参与兴趣，而专业志愿服务越来越受青年青睐"[①]。目前，高校组织家庭经济困难学生参与的志愿服务多集中在"学雷锋"、环境保护、社区义务服务、关爱老人及留守儿童、大型赛事志愿服务，这些志愿服务多是在团委、学生处的指导下开展的，内容比较少，形式比较单一。但是随着互联网技术、信息技术、自媒体、人工智能等新技术的发展，社会结构和生活方式都发生了很大变化，志愿服务的内容和形式还不能完全很快地适应当前的社会变化，虽有一些新的内容和方式出现，譬如内容开始涉及防范金融诈骗、电信诈骗、国家信息安全、电子商务知识宣传，形式上也开始从传单、面对面宣讲开始走向利用大数据、信息化、自媒体等技术，表演或者拍摄的情景剧、小故事、短视频等形式。但这还远远不够，由于思维、组织、参考标准等的惯性，志愿服务形式和内容总体上还是比较单一，难以在短时间内有较大的转变。家庭经济困难学生参与志愿服务在内容和形式上的单一，不能很好地满足服务对象的时代需求，人民群众真正需要我们帮助什么，这是志愿服务需要思考的问题。譬如我们常见的去敬老院开展志愿服务活动，很多志愿者到了敬老院以后飞快地干起了扫地，擦桌子的活儿，这些活儿虽是敬老院必不可少的工作，但敬老院有专门的清洁工，大学生志愿者做的擦桌子、扫地等志愿服务虽付出了辛劳，但这种辛劳却不一定能起到最大的、最好的服务效果。去到敬老院，一方面，我们可以尝试和老人一起看看短视频，帮助老人使用智能设备，倾听老人讲有趣的往事，这样的志愿服务或许能让服务对象更加满意。另一方面，志愿服务如果仅限于简单的跑腿、扫地、清理垃圾、维持秩序等体力活儿，或许可以满足服务对象部分需求，但是对于志愿者来说，特别对于家庭经济困难学生来说，专业知识的实践、职业技能的提升、综合素养的培养、自我价值实现等等，似乎都变得非常困难。

---

① 何艳. 新时期大学生志愿服务发展研究 [D]. 南宁：广西师范学院，2010.

#### （四）高校家庭经济困难学生志愿服务的整体水平不高

家庭经济困难学生大多长期处于校园之中，对社会的了解不深，缺乏现实的生活阅历和体验，在志愿服务的过程中出现服务能力和水平不足的问题。高校家庭经济困难学生在阅历、社交能力、心理方面与普通大学生相比较，稍显薄弱，在志愿服务中更容易出现一些问题，比如，团队合作中不能很好地融入，与服务对象或者是同伴交流沟通不畅。譬如某计算机学院的大学生进社区为居民维护电脑，志愿者与居民沟通过程中使用课堂上学来的专业学术词汇，导致与社区居民沟通不畅，在电脑杀毒和重装系统过程中把重要资料格式化，给服务对象带来不便，这即是服务能力低，服务水平不高的表现。这种水平和质量不高的志愿服务，不仅不能让服务对象满意，也不能让志愿者得到自我价值实现。

## 二、高校家庭经济困难学生志愿服务存在不足的原因

### （一）对志愿服务的认知与支持不足

#### 1. 对志愿服务这一新兴事业存在认知偏差

一方面，部分人认为大学生志愿服务实际上是慈善事业，也有人认为是学雷锋活动的不同说法而已。另一方面，大学生志愿服务在高校其实也仅仅被认为是团委的工作而已，然而它也仅仅是团委所有工作中的一部分，其他部门并不主动承担和思考相应工作，学校层面也未能很好地提上学校"议事日程"。高校在评价学生的发展时，注重学生的学业成绩，不重视学生的社会实践经历和能力。组织家庭经济困难学生参加志愿服务，在很多高校被认为是学生资助部门的事情，没有在高校内部形成合力助推，这也间接造成很多家庭经济困难学生想参加志愿服务，却苦于找不到组织。

#### 2. 社会对大学生志愿服务的支持还不够

在制度和机制层面，社会中一些单位把志愿者当成免费劳动力，随意使唤志愿者，认为志愿服务只是一种无偿奉献劳动力的活动。由于对志愿服务的狭隘理解，公众对志愿服务的认识不到位，社会各界的支持度也低。社会上的一些单位和企业对志愿者的价值认同较低，不管是在招聘、晋升等方面都不会给予志愿服务经历的人太多的关注。在大学生志愿服务方面，美国政府制定了许多志愿服务的优惠政策。例如，"为美国服务的志愿者"活动，要求大学生参

与服务的时间为一年，在一年服务期满并考核合格之后，学生能够获得两个学期的奖学金奖励，也能够凭借志愿服务的资格在联邦职业选择的时候免试，"全国民事社区服务队"要求志愿者的年龄为 18—24 岁，有 10 个月的服务期，期满之后能够获得 2000 美元的奖学金和 6000 美元的津贴。与此同时，很多院校把大学生志愿服务作为一门必修的实践课，必须参加一定时间的志愿服务和志愿活动，才能够获得毕业的资格①。

3. 社会对志愿服务提供的项目和宣传不够

大学生志愿服务主要集中在三下乡、西部计划、学雷锋、社区服务、环境保护等方面，这些项目内容略显不足，很难对更多的志愿者产生吸引力，"单一的志愿服务项目会造成大学生对志愿服务兴趣的降低，很难激发大学生参与志愿服务的热情"②。同时，社会、志愿者的需求在随着社会和时代的发展而变化，社会需要给志愿者提供更多可供服务的项目选择。对于家庭经济困难学生志愿服务或者是大学生志愿服务的宣传多集中在高校自身的宣传，社会媒体做得还远远不够，社会媒体应主动地、深入地对家庭经济困难学生志愿服务进行报道，这是让志愿者自我价值实现的有力保证，也能吸引更多的人加入志愿服务的队伍中来。

## （二）高校家庭经济困难学生志愿服务的管理机制不完善

目前大部分高校"默认"团委便是大学生志愿服务的主管部门，也"默认"学生处或者资助管理中心是家庭经济困难学生帮扶的主管部门，然而将家庭经济困难学生与志愿服务结合起来，也就自然成了无处管、无法管的事，部分行政部门甚至还会在这个事情上"打太极"，高校行政管理上的这种缺位直接影响家庭经济困难学生志愿服务的质量和水平。一方面，高校对以学生社团为主的志愿组织的管理有行政化色彩，团委或是学生处对于志愿服务这种公益性的活动，多采用行政化层级的管理模式，这种管理方式对早期的志愿服务有着积极作用，然而随着志愿服务的发展和创新，这种指派式的、强制性的行政管理模式本身与志愿服务精神就是相违背的，家庭经济困难学生志愿服务更需要的是扁平化的管理模式，只有"伏下身去"才能将家庭经济困难学生志愿服务的管理落到实处，才能达到资助育人的目的。另一方面，大学生志愿服务主要是依托学生团体，在团委指导下开展工作，学生社团组织管理水平参差不

---

① 谢芳. 美国社区中的志愿者服务［J］. 社会，2003（01）：57—59，53.

② 张文智. 新时代大学生志愿服务的问题研究［D］. 长春：东北师范大学，2019.

齐，社团指导老师指导不够，甚至"谁有时间谁去组织"等，这些都让家庭经济困难学生志愿服务容易流于形式，不能深入开展。高校招募或是引导家庭经济困难学生参加志愿服务前，很少会对志愿者进行面试和甄别，也很少会对志愿者开展专门的培训和指导，也缺乏针对志愿者岗前培训的机制和程序。造成他们在服务过程中的迷茫，在志愿服务中会让活动流于形式，让志愿者走马观花做完这个事儿，不能完全发挥志愿服务的功能，满足服务对象的需要，也不能达到家庭经济困难学生自我提升、自我实现的目标，更谈不上实现资助育人的目的。

### （三）高校家庭经济困难学生志愿服务的法制保障不够

随着志愿服务的深入开展，我国注册志愿者人数已突破一亿人，对志愿服务的法制保障便显得更加紧迫。"志愿服务过程中的许多具体问题也迫切需要法律的解释，如参加危险性志愿服务人员的人身保险问题、滥用志愿者名义的问题、志愿服务组织工作人员的待遇合法化问题、志愿者与工作单位的关系协调问题、志愿服务基金的设立问题等，这些问题只有通过立法才能有效地解决"①。目前，我国关于志愿服务的立法工作有了较大的进步，2017 年 6 月 7 日，《志愿服务条例》经国务院第 175 次常务会议通过，自 2017 年 12 月 1 日起施行。这是我国首部在该领域的行政法规，填补了我国志愿服务领域国家层面立法的空白。各地方政府在探索志愿服务的过程中，陆陆续续也颁发了部分条例、规定，这是过去很长一段时间我们开展志愿服务的依据和保障。大学生志愿服务逐渐发展，必然要求有健全法制保障，这是志愿服务成熟和社会文明的标志。有了法制的保障，才能激励更多的志愿者加入服务他人践行社会主义核心价值观的队伍中来，也才能让志愿服务更上一个台阶。

## 第四节　高校家庭经济困难学生志愿服务的创新发展

中国特色社会主义进入新时代，给各项事业带来了新的发展机遇。高校家庭经济困难学生志愿服务要探索激发学生动力、完善机制建设、拓展新路径。针对目前存在的问题和困难，吸取经验和教训，加快创新的步伐，做到志愿服务水平高、效果好。

---

① 刘宏涛. 新时期青年志愿服务问题研究［D］. 北京：清华大学，2005.

## 一、高校家庭经济困难学生志愿服务创新发展的目标

### （一）高校家庭经济困难学生参与志愿服务常态化

当前大学生志愿服务还存在着"断断续续"的问题，一方面，是因为学生学习生活中各种事情经常不能连续参加；另一方面，是志愿服务组织方不能在某一项志愿服务深度耕耘。高校家庭经济困难学生志愿服务更是如此，团委、学生处、资助管理中心、二级学院等各管理部门，"有时间了就组织""资助工作有亮点特色"等思想让家庭经济困难学生志愿服务成为一种时有时无的教育活动。"大学生将偶尔参与逐渐转化为经常性参与，将志愿服务视为生活学习的一部分，这将成为大学生志愿服务发展的必然趋势"①。随着大学生志愿服务的深入推动，各界对于志愿服务的了解也越来越深，在有利条件下推动家庭经济困难学生志愿服务经常化、持久化、日常化便显得十分紧要。首先，高校应该确定家庭经济困难学生志愿服务的主体管理责任，建立各行政职能部门联动机制，让家庭经济困难学生志愿服务成为高校的日常工作。其次，高校应当为家庭经济困难学生提供更多参与和选择志愿服务的机会，拓宽其参与志愿服务的渠道，加大媒体宣传和报道，帮助他们有效获取各类志愿服务信息。再次，高校要注重家庭经济困难学生志愿服务品牌建设，做出有品质的志愿服务活动，探索校地合作，建立符合本区域、本校实情的志愿服务品牌和基地，服务地方社会，帮助学生个体成长，实现自我发展。

### （二）高校家庭经济困难学生参与志愿服务内容丰富、形式创新

随着社会的发展，家庭经济困难学生志愿服务必须打破思维，拓展志愿服务新的领域。"学生志愿服务结合大学生的专业技能和特长，加强服务内容的专业性、技术性，将志愿服务与职业技能的培训结合起来，必将更好地激发大学生参与志愿服务的热情"②。在志愿服务过程中，也要改变传统粗放型的服务过程，朝着志愿服务的专业化、精细化、个性化发展。将服务的内容、形式与家庭经济困难学生在校期间所学的专业，个人技能特长等结合起来，促进志愿服务的水平和质量提升，也让家庭经济困难学生将平时在校学习的理论知识

---

① 张慧清，时震宇. 后奥运时期我国高校体育志愿者的活动趋势及引导策略 [J]. 体育成人教育学刊，2009（06）：7-9.

② 何艳. 新时期大学生志愿服务发展研究 [D]. 南宁：广西师范学院，2010.

运用于实践，在实践中检验所思所学，提升个人综合素养，增进职业技能，增强自信心，为大学毕业后的职业生涯发展有所帮助。

### （三）高校家庭经济困难学生参与志愿服务效能明显

从社会角度来讲，家庭经济困难学生志愿服务所追求的效能目标便是志愿服务对象需求的有效满足，促进社会精神文明进步。美国独立部门的研究发现：自 1987 年至 1998 年，美国志愿服务的价值一直呈上升的趋势，从 1987 年的 1490 亿美元上升到 1998 年的 2250 亿美元[①]，这种社会效益是量化的、可视的。在我国，志愿服务还有精神文明建设、社会主义核心价值观传播等看不见的社会效益。因此，高校家庭经济困难学生志愿服务注重社会效益也是志愿服务的根本要求。从教育的角度来讲，家庭经济困难学生志愿服务所追求的效能目标是提升其综合素养，增进个人职业能力，促进其自我价值实现。学校利用志愿服务这一个载体，来助力家庭经济困难学生的自我发展，让他们在参与志愿服务的过程中，感受社会、融入社会、回馈社会，把自己专业所学、所长、所思融入志愿服务实践活动，通过志愿服务的淬炼，更好地掌握职业技能，提升其在思想、道德、团队协作、全面思考、紧急处置等方面的个人能力，增强自信心与获得感，为进入社会后的职业发展打下坚实的基础，同时也期望他们能更多地感恩社会、回馈社会，带动更多的人参与到志愿服务中来。

### （四）高校家庭经济困难学生参与志愿服务保障制度化

习近平总书记在党的十九大报告中，对志愿服务的法治化问题进行了系统的阐释，要求进一步推进志愿服务的制度化和诚信建设，突出志愿服务的奉献意识、规则意识和责任意识[②]。国务院颁发的《志愿服务条例》更是让我国的志愿服务有了全国性的制度保障，填补了法规层面的空白。高校家庭经济困难学生志愿服务的制度保障包含但不限于参与志愿服务的流程、开展、评价，以及对志愿者的合法权益保护，而这些制度的保障可以是全国的、地方性的，通用性的、专门的，重点是高校自己制定针对家庭经济困难学生志愿服务的相关文件，为他们参与志愿服务提供有力保障，在志愿服务实践前获得岗前培训，双向选择志愿服务内容，学会在志愿服务过程中处置紧急事件，在志愿服务结束后得到学校、社会正面的评价与反馈，在学校教育活动中有合理的奖励和激

---

① 沈杰. 志愿行动：中国社会的探索与践行 [M]. 北京：人民出版社，2009.

② 扶青. 推动志愿服务进入法治化轨道 [N]. 南方日报，2017-12-01-02.

励，这就要求高校因地制宜地出台相关政策文件支持。同时，"志愿服务作为大学生无偿、自愿的事业，在奉献自己精力、爱心为大众服务时，其合法权益受到保护显得格外重要"①。家庭经济困难学生有着自身特殊性，在应对突发事件的冲击上和在对意外伤害的家庭承受上显得更加脆弱，故合法权益方面的制度保障对于他们就显得更加必要和迫切。

## 二、高校家庭经济困难学生志愿服务优化发展的路径

### （一）激发家庭经济困难学生参与志愿服务的动力

"斯奈德指出，人们之所以会选择和维持某种志愿行为，就是因为志愿服务所体现出的功能能够满足他们的动机。例如，通过大学生志愿服务可以提高大学生适应社会的能力、可以提高大学生的道德素质、能够实现大学生的自我价值以及履行群体成员的义务等功能"②。

1. 尊重家庭经济困难学生志愿服务的主体性

家庭经济困难学生在志愿服务中期望得到自我价值的实现，在与服务对象的互动过程中，发现能力，锻炼能力，对自我产生肯定和赞同。需要把握家庭经济困难学生的内在需要，尊重他们的主体愿望，达到参与志愿服务的期望值，而一旦家庭经济困难学生的期望得到满足，他们参与志愿服务的内生动力将会得到有效发挥，在不断重复的实践中，志愿者的主体性将完全释放，对于志愿服务的质量和水平会有极大提升，同时也会让家庭经济困难学生们提升自我道德修养和职业能力，真正实现人生的意义和自由发展。尊重大学生的主体性还体现在家庭经济困难学生志愿服务的外部环境上，志愿服务参与的主体是家庭经济困难学生，社会和高校应该给予他们参与志愿服务行为更多的褒扬和鼓励，更多的给予支持和关怀，让其感受到志愿服务不仅给自己带来了益处，也为社会起到了积极作用。同时，在志愿服务实践过程中，在合理的范围内理解和支持家庭经济困难学生的想法，鼓励其批判性的思考，引导其创新性的尝试，让他们在服务过程中体会到志愿服务是自己的能力所达成、是主动的尝试，切实感受到过程给自己带来能力提升。在参与中获得成就感、主体感，只有这样，才能激发起家庭经济困难学生参与志愿服务的最原生动力。

---

① 何艳. 新时期大学生志愿服务发展研究 [D]. 南宁：广西师范学院，2010.
② 张文智. 新时代大学生志愿服务的问题研究 [D]. 长春：东北师范大学，2019：59.

2. 加强对家庭经济困难学生志愿服务文化的培育

"奉献、友爱、互助、进步"的志愿精神是志愿服务文化的核心，要着力引导家庭经济困难学生对志愿精神认知的内化。"在价值认同的背景下实现的大学生志愿精神的内化，其主要的对策就是要强化大学生志愿精神在学生群体中的宣教，实现对大学生思想的高度渗透，凸显在实践中的正能量，鼓励大学生形成稳定的志愿伦理规范"①。高校可以在课程思政理念的指导下，将志愿精神融入日常课程，也可以在家庭经济困难学生参与志愿服务前，进行集中学习和培训，让他们准确把握志愿服务的内涵，对志愿服务有一个正确的认知和价值判断，加强志愿服务技能和专业知识的培训，提升其服务能力。同时，志愿服务实践也是志愿精神认知和内化的过程，对志愿精神有了正确认知以后去指导志愿服务实践，又在志愿服务中不断强化对志愿精神的理解。引导家庭经济困难学生对志愿服务文化的情感认同，激发志愿服务的自觉性。志愿服务的情感认同"重点在于'动之以情晓之以理'，以'感恩教育'为抓手，切实关注大学生、关注社会的需求，让学生在受助的过程中形成对他人、对社会的感恩之情，传播正能量，逐步形成大学生志愿服务精神的内化，对志愿服务精神形成更为深刻的理解和认识"②。志愿服务的情感认同要营造主动参与、积极支持志愿服务的氛围，增加青年对具有中国特色社会主义先进文化特质的志愿服务文化的理解，引发共鸣，激发青年投入志愿服务实践与治理创新。

3. 发挥社会、高校、家庭对家庭经济困难学生志愿服务的引导作用

有效激发家庭经济困难学生积极主动参与志愿服务，是内部因素和外部因素的共同作用，志愿服务的相关外因主要包括社会的宣传动员、家庭教育的潜移默化、高校的重视度和德育成效三方面。在全社会范围内大力弘扬志愿文化，对激发志愿服务会产生强大的推动作用。可以整合社会多种资源，通过多样性的宣传平台，推广志愿服务，宣传积极影响，塑造模范人物，达到志愿服务普及的效果。首先，要充分联合社会力量，包括政府、企业、公益团体等组织的支持和资助，这也是脱贫攻坚的必然选择。社会各界都有着不同的资源，可以通过对家庭经济困难学生志愿服务资金、场地、技能等的资助，在全社会范围内起到弘扬志愿文化，让全社会接受志愿服务，接受志愿服务文化，逐渐转化为一种社会责任感，让更多的人自觉加入志愿者队伍。其次，要利用融媒

---

① 王莉. 大学生志愿精神培育略论［J］. 学校党建与思想教育，2015（11）：65-66，87.
② 张文智. 新时代大学生志愿服务的问题研究［D］. 长春：东北师范大学，2019：60-61.

体资源对志愿服务进行覆盖宣传报道。在信息化时代，媒体无处不在，家庭经济困难学生志愿服务要充分利用当前的融媒体优势，在广播、电视、报纸、短视频、自媒体等平台，在车站、码头、机场、超市、高校等人流密集的场所，利用专题报道、先进事迹报道、标语横幅等形式，充分地、全覆盖地对家庭经济困难学生志愿服务进行全方位报道。再次，在中小学普及志愿服务知识和文化。从中小学生开始普及志愿服务，学生进入高校后会产生传递效应，对大学生志愿服务会更加有亲切感和向往，更容易激发家庭经济困难学生参与到志愿服务中来。高校应重视家庭经济困难学生的德育工作，将志愿服务融入思政课、人才培养方案、教学计划等，提升学生思想认识，营造良好志愿服务校园文化。高校要适应新时代学生的学习需求，创新德育模式，将传统的说教式、灌输式德育逐渐转变为实践中获得，将抽象转变为具体，将学生的被动接受转变为主动生成。良好的家庭氛围在促使家庭经济困难学生参与志愿服务中起到潜移默化的积极作用。著名教育学家苏霍姆林斯基说过：如果没有家庭的教育学素养，不管教师付出多少努力，都得不到完美的效果①。家庭应该在日常生活中，注意社会正能量的宣传，积极鼓励学生参与社会公益事业和志愿服务活动，帮助其形成乐于奉献，尊老爱幼，友爱互助的品质。当孩子在开展志愿服务实践的时候，家庭应该给予精神上的鼓励和赞扬，也要在物质上力所能及地给予支持，让学生感受到家庭的强大后盾力量。同时，家庭应该和学校主动合作，建立行之有效的家校沟通，共同引导学生主动积极参与到志愿服务中去。

## （二）推进高校贫困生志愿服务的机制建设

完善的机制是家庭经济困难学生志愿服务的最重要的保障，为实现家庭经济困难学生志愿服务的效能最大化，必须建立完善的组织、管理、激励等机制。

1. 家庭经济困难学生志愿服务的组织管理机制建设

（1）完善家庭经济困难大学生志愿者的招募注册程序。

"任何一个成功的志愿组织都非常重视志愿者的招募和选拔，志愿者是志愿服务的重要人力资源，选择合适的志愿者，可以将志愿服务的价值发挥到最大"②。家庭经济困难学生志愿者在高校里是一个既定特殊群体，他们的招募

---

① 许人冰. 论高校大学生志愿服务体系存在的问题及其优化 [J]. 广东青年干部学院学报，2011（01）：72—79.
② 何艳. 新时期大学生志愿服务发展研究 [D]. 南宁：广西师范学院，2010.

需要更加精细的工作。在招募前，我们不能是广而告之"只招募家庭经济困难大学生"，这样的工作太简单粗暴，会对志愿服务、家庭经济困难学生心理造成不利影响。某高校的做法是，首先，由学生资助管理中心自学生入校后就建立档案库，并进行动态更新，对档案库里的家庭经济困难学生进行分类管理；其次，在志愿者招募前评估志愿服务对象的需求，合理的匹配到"某一类"家庭经济困难学生，再由辅导员点对点的传达，鼓励引导其主动参加到志愿服务中来。像这样精细化的志愿者招聘，要求对志愿服务对象和家庭经济困难学生的特点都要有一个准确的把握，把志愿服务的需求和家庭经济困难学生的需求有机地结合起来，实现双方的需求，达到多赢的局面。在招募报名后，还得对志愿者有简单的筛选，志愿者对志愿服务要有责任心和良好社会态度，能胜任岗位所要求的各种技能，能冷静及时处理突发事件。对家庭经济困难学生志愿者的筛选主要目的是为了精确的匹配志愿服务岗位，让他们能找到适应自己能力、性格、心理素质的志愿服务。对家庭经济困难学生志愿者的筛选不是对参与志愿服务的拒绝，而在本质上是学校在教育中"因材施教"，帮助学生选择和匹配到最合适的志愿服务岗位。

（2）搭建志愿者培训平台，完善对志愿者的培训机制。

家庭经济困难学生参与志愿服务的培训平台可以分为两类，一是即时培训平台，二是常态化的培训平台。即时培训平台主要是在志愿者招募完成以后，根据本次志愿服务对象、岗位、内容等的特殊情况，进行临时性的培训。即时培训可以由学校组织专业教师、有经验的志愿者、服务对象方代表、社会培训机构等提供，培训内容包括志愿服务对象特点、服务技巧、服务注意事项、应急处置程序等。家庭经济困难学生志愿服务常态化培训平台是针对志愿服务认知、能力、方法、态度、价值观等的全方位培训，能从根本上提升志愿服务意识、水平和能力的。常态化的培训平台在高校里有三种体现形式：课程、校园文化、活动。课程培训平台的搭建不是一个短时性的，而应该是一个长效机制，只有搭建了培训平台，才能在平台上将志愿服务的培训内容有效的展现出来。

针对家庭经济困难学生志愿服务的培训内容主要应该包括两方面：一是"奉献、友爱、互助、进步"的志愿服务精神的培养；二是志愿服务技巧性的培训。对志愿精神的培养是高层次的培训，这是一个长期的过程，要在教育和实践中不断地训练才能形成，这应该是我们常态化培训平台应该着重培训的内容。通过培训，志愿者能对志愿服务的内涵、内容、意义、价值取向、社会需求等有一个正确的认识，也能主动地将这些内容形成价值观并指导自身的志愿服务行为。志愿服务技巧性的培训主要内容应包括志愿服务中的礼仪、能力要求，以及心理健康培训，主要是对家庭经济困难学生志愿服务中专业不强、信心不足、社会经验不足、沟通交流技巧欠缺等劣势，通过技巧性的培训，让志愿者能快速融入志愿服务中，更加明白志愿服务对象所需所想，将志愿服务做得更加出色，推动志愿服务向着高质量和高水平发展，也更能够满足他们对职业发展技能、自我价值实现等的需求。

（3）建立合理、高效、科学的家庭经济困难学生志愿者管理体系。

首先要明确管理主体责任。家庭经济困难学生志愿服务本质上是高校对家庭经济困难学生的资助帮扶，因此，学生资助管理中心应该是管理的主体，对家庭经济困难学生志愿服务应起到主动和主导，而团委是学生社团、学生组织的管理者，也应该是家庭经济困难学生志愿服务的直接参与者、指导者。学校资助管理中心要主导家庭经济困难学生志愿服务的制度性、规章性建设，从学校实情出发，逐步建立家庭经济困难学生志愿服务的报名程序、培训、奖励、评价、监督等方面的系列制度，不断推进家庭经济困难学生志愿服务走向专业化、科学化，将其纳入学校的日常工作中去，在学校、社会上提升家庭经济困难学生志愿服务的影响力和品牌效应。团委各级组织要利用各类新媒体对志愿者团队进行有效管理。信息的有效传递会让志愿服务效能更加明显，组织方要尽可能地利用大学生喜闻乐见的QQ、微信平台，将志愿服务的相关内容及时发布，也要用生动活泼的语言、短视频等方式，让家庭经济困难学生志愿者有效的理解到信息的意义。还可以利用网站、微信公众号、自媒体等，与志愿者充分的交流互动，让志愿者尽可能地融入其中。同时，管理者也要建立志愿者管理系统，动态的更新家庭经济困难学生志愿者的相关信息，让志愿服务有记录有档案，也能及时了解掌握志愿者的动态，真正做到对志愿服务管理的科学、高效。

2. 家庭经济困难学生志愿服务的激励机制建设

（1）肯定志愿者的自身价值。

对家庭经济困难学生志愿者自身价值的肯定来自两个方面，一方面，是家庭经济困难学生自我肯定；另一方面，是其他人或组织对其价值的肯定。志愿服务给家庭经济困难学生提供了一个重新自我价值认识的机会，家庭经济困难学生在参与志愿服务的同时，不断探索自我能力和价值边界，在服务的过程中发挥个人所学所长，重新对自我价值进行认识和肯定，这是一个自信心、自尊心的树立过程。家庭经济困难学生自我价值肯定后，可以激励其开发探索自我潜能，继续投身到志愿服务中去，这是一个内生动力产生的良性循环。另外，政府、社会、高校应该给予家庭经济困难学生参与志愿服务更多的正面宣传和褒扬，志愿组织和服务对象要对志愿者的服务表示感谢。这会让志愿者感受到社会对其的肯定，社会是需要和接受他提供的志愿服务的，这种成就感获得的激励作用是相当明显的，他还会鼓励和带动周围的同学共同参与到志愿服务中来。对家庭经济困难学生志愿者的价值肯定，是激发其内生动力的源泉，是提高志愿者热情和积极性的最根本手段。

（2）满足家庭经济困难学生自我发展的需求。

家庭经济困难学生在参与志愿服务的同时，不仅要获得自我价值的肯定，同时也希望得到自我发展。志愿者希望志愿服务能给其提供一个发展和完善自己的平台，在服务过程中使自己的能力得到锻炼，精神得到陶冶，境界得到提升，希望志愿服务能为其以后融入社会提供帮助，帮助其在职业选择、职业发展中有更大的作为。高校在组织家庭经济困难学生参与志愿服务的时候，要正视志愿者这种看似"功利性"的需求，加强志愿者的培训和督导，完善培训机制，帮助其在服务的过程中不断锻炼沟通交流表达能力，提高专业的技巧和能力，增进与他人相处的能力，紧急事件处理能力，提升技能与社会应对能力。

（3）完善志愿服务表彰激励体系。

表彰激励是管理中必不可少的一种手段。高校对家庭经济困难学生志愿服务的表彰激励体系至少应该包含三个层面：物质支持、荣誉表彰、学业的支持。家庭经济困难学生在物质条件上是处于弱势的，在志愿服务的过程中，应该保障他们在志愿服务中的必要开支，如服装、路费、车船费、餐饮费、通信费等，这是一种必要开支的补贴，并非是物质上的报酬，这种补贴带来的是一种激励效应，是对志愿服务工作重视的表现，是增进志愿者凝聚力的方式。高校应该建立完整的荣誉表彰体系，高校、二级职能部门、院系、社团组织有层次有体系地层层给予荣誉，制定表彰先进的办法规定，规范表彰评选流程，及时发放表彰证书，大力宣传表彰对象。高校、二级职能部门、院系、志愿组织可以根据志愿服务的效能和结果进行评价，授予荣誉，如"青年志愿者先进个人""优秀志愿者""优秀志愿组织"等称号。这些荣誉对于家庭经济困难学生志愿者来说，是一种价值的肯定，也可以鞭策其继续为志愿服务做贡献。学业的支持，一方面，可以将家庭经济困难学生志愿服务与课程学分、创新学分、技能学分相结合，鼓励参加志愿服务次数、时长等获得学分。另一方面，可以纳入综合奖学金、评优评先。这不仅体现学校对于志愿服务的重视，也能引导和鼓励家庭经济困难学生志愿服务的热情和积极性。

### （三）不断开创高校家庭经济困难学生志愿服务新局面

习近平总书记指出，志愿者事业要同"两个一百年"奋斗目标、同建设社会主义现代化国家同行。他勉励志愿者、志愿服务组织、志愿服务工作者立足新时代、展现新作为，弘扬奉献、友爱、互助、进步的志愿精神，继续以实际行动书写新时代的雷锋故事。

1. 开拓高校家庭经济困难学生志愿服务的新领域

高校家庭经济困难学生志愿服务的领域既要符合大学生志愿服务的特点和要求，还要考虑家庭经济困难学生的特点，在传统志愿服务领域以外，还要向他们所学专业方向拓展，同时寻找国际领域志愿服务合作。家庭经济困难学生志愿服务要继续在传统服务领域积极开展各类活动，将志愿服务长期化、品牌化、经常化，这种常态的工作开展可以满足大多数家庭经济困难学生参与志愿服务的意愿和需求。高校可以与社区、敬老院、企业等通过签订协议、挂牌、授旗等形式，建立长期性的志愿服务基地，为家庭经济困难学生提供一个了解社会、服务社会的长期性平台。在巩固好传统领域志愿服务的前提下，家庭经济困难学生志愿服务要结合学生特点，结合学校特点，有针对性地组织一些专业性较强的志愿服务。随着全球化进程和改革开放的不断向纵深发展，帮助家庭经济困难学生拓展国际视野也是教育资助工作的必然要求，开拓国际化的志愿服务内容也是必然趋势。西方发达国家志愿服务起步比我们早，积累了一定的经验和优势，我们要努力寻求国际合作，力所能及为家庭经济困难学生参与国际志愿服务提供条件，鼓励和支持家庭经济困难学生参与国际志愿服务，培养一批会外语、会技术、高素质的志愿服务人才，参与国际环境保护、妇女儿童权益、文化传承等方面的志愿服务活动。这对家庭经济困难学生的视野是一种极大的拓展，有利于他们成长成才，也有利于我国志愿服务事业的蓬勃发展。

2. 实现高校家庭经济困难学生志愿服务的法治化

习近平总书记指出，依法治国是坚持和发展中国特色社会主义的本质要求和重要保障，是实现国家治理体系和治理能力现代化的必然要求。法律是治国之重器，法治是国家治理体系和治理能力的重要依托。习近平总书记在十九大报告中对志愿服务的法治化问题进行了系统的阐释，指出要进一步推进志愿服务的制度化和诚信建设，突出志愿服务的奉献意识、规则意识和责任意识①。当前，在法治化的大背景下，在《志愿服务条例》的指引作用下，各地方政府也应该积极出台相应的法律法规，为大学生志愿服务提供更多的法律依据，也多方位的、全面的保护大学生志愿者的合法权益，同时也能明确对大学生志愿服务的政策支持和资金支持，多途径促进大学生志愿服务的有序开展。

3. 在高校家庭经济困难学生志愿服务中发挥基层党组织战斗壁垒作用和党员示范引领作用

中国共产党是中国特色社会主义事业的领导核心，党的宗旨是全心全意为人民服务。基层党组织在家庭经济困难学生志愿服务中要自觉承担起领导、组织、帮助、支持的义务和责任，党组织要在志愿服务中主动作为，通过多种形式组织大学生党员参与到志愿服务中来，坚持把志愿服务作为常态化的活动，扎根基层立足社区，为人民办好事办实事，也要为志愿服务创造一切可能的条件，发挥好战斗壁垒作用。家庭经济困难学生中的党员同志要积极参与到志愿服务中来，这与践行党的宗旨是一致的，在志愿服务中，发挥党员的模范引领作用，践行对党和人民的诺言，发扬共产党人不怕苦不怕累，冲锋在前的优良传统和作风，努力倡导奉献、友爱、互助、进步的志愿精神，增强志愿服务的情感认同和行动自觉，以志愿服务的实际行动彰显共产党人的人格魅力。

总之，志愿服务是现代社会文明进步的重要标志，鼓励和支持家庭经济困难学生参与志愿服务是"扶贫、扶智、扶志"相结合的重要举措。家庭经济困难学生在参与志愿服务，感受和发扬"奉献、友爱、互助、进步"的志愿精神，为社会和他人带去帮助的同时也实现了自我价值发现和自我发展。政府、社会、高校要共同努力，推动家庭经济困难学生志愿服务健康发展。

① 扶青. 推动志愿服务进入法治化轨道［N］. 南方日报，2017-12-01-02.

# 第七章　就业之困：高校家庭
# 经济困难学生顺利就业研究

在选择职业时，我们应该遵循的主要指针是人类的幸福和我们自身的完美。人类的天性本来就是这样的：人们只有为同时代人的完美、为他们的幸福而工作，才能使自己也达到完美。

——马克思《青年在选择职业时的考虑》

就业是民生之本，关系到千家万户的利益、社会的和谐稳定和高校家庭经济困难学生的幸福。要深入研究高校家庭经济困难学生成长成才，就迫切需要高校以家庭经济困难学生为对象，结合就业的新时代背景，分析研究顺利就业的重要理论与实践意义，探讨高校家庭经济困难学生能否顺利就业的现实状况，在辩证分析其顺利就业取得的成绩与存在的主要问题中，找到突围高校家庭经济困难学生顺利就业困境的合适路径。本章在分析高校家庭经济困难学生就业现实困境的基础上，帮助他们在顺利就业过程中有的放矢，助力他们实现就业梦和成才梦。

## 第一节　高校家庭经济困难学生就业概述

高校家庭经济困难学生顺利就业是一个十分重要的理论与现实课题，这体现在新时代为高校家庭经济困难学生顺利就业提供新的时代背景，赋予高校家庭经济困难学生新的就业使命。事实上，探讨高校家庭经济困难学生顺利就业的背景，分析研究的意义，这些都为后面深入而具体的研究提供基础性认识与条件性支撑。

# 一、高校家庭经济困难学生就业的背景

## （一）党和国家高度重视高校家庭经济困难学生就业工作

党和国家高度重视高校就业工作。1997 年，国家教委《普通高等学校毕业生就业工作暂行规定》指出，毕业生就业指导"是帮助毕业生了解国家的就业方针政策，树立正确的择业理念，保障毕业生顺利就业的有效手段"。2002 年，国务院办公厅转发教育部等部门《关于进一步深化普通高等学校毕业生就业制度改革有关问题的意见》也提出"进一步完善高校毕业生就业工作管理体制"。2009 年，教育部《关于做好 2010 年普通高等学校毕业生就业工作的通知》要求，"把职业发展教育……贯穿于高校就业工作的始终"。2012 年，胡锦涛在十八大报告中强调，"要做好以高校毕业生为重点的青年就业工作"。

党和政府高度重视困难群体的就业工作。教育部《关于做好 2013 年全国普通高等学校毕业生就业工作的通知》要求通过"制订实施家庭经济困难、就业困难毕业生就业帮扶计划"，"对困难毕业生开展有效就业援助"。2018 年，教育部等六部门《关于做好家庭经济困难学生认定工作的指导意见》明确指出，做好家庭经济困难学生工作"极大地促进了教育公平，为教育事业健康发展、脱贫攻坚目标如期实现提供了有力保障"[1]。随后，教育部《关于做好2019 届全国普通高等学校毕业生就业创业工作的通知》明确要求，"把'稳就业'放在更加突出的位置，努力实现高校毕业生更高质量和更充分就业"，指出要"强化就业困难群体帮扶"。[2] 2020 年 3 月，教育部发布的《关于应对新冠肺炎疫情做好 2020 届全国普通高等学校毕业生就业创业工作的通知》要求，各地各高校要"充分认识当前做好高校毕业生就业工作的重要性、紧迫切性，切实增加责任感和使命感"，"关心关爱，做好重点群体就业帮扶"。[3] 高校家庭经济困难学生作为高校大学生的重要组成部分，在新时代背景下，党和国家的规定、意见和通知，既体现对高校全体学生的具体指导，更体现对高校家庭

---

① 教育部等六部门关于做好家庭经济困难学生认定工作的指导意见 [Z]. ［2018－11－07］. http://www.chsi.com.cn/jyzx/201811/20181107/1736219869.html.

② 教育部关于做好 2019 届全国普通高等学校毕业生就业创业工作的通知 [Z]. ［2018－12－05］. http://www.gov.cn/xinwen/2018－12/05/content_5346066.html.

③ 教育部关于应对新冠肺炎疫情做好 2020 届全国普通高等学校毕业生就业创业工作的通知 [Z]. ［2020－03－05］. http://www.moe.gov.cn/srcsite/A15/s3265/202003/t20200306_428194.html.

经济困难学生的深切关怀。

### （二）高校家庭经济困难学生就业面临的挑战

早在 2005 年，时任教育部部长的陈至立在题为《落实科学发展观推进我国高等教育的改革和发展》的重要讲话中就提到"在全国普通高校在校生中，贫困家庭学生约占 20％，人数为 280 万人左右，其中特别贫困的学生占到了一定的比例"①。到 2009 年，"全国普通高校在校生总人数 2285.15 万人，其中，家庭经济困难学生人数 527 万人，占全部在校生总人数的 23.06％；家庭经济特别困难学生人数 166.1 万人，占全部在校生总人数的 7.27％。"② 在当前就业创业工作形势复杂严峻、不确定和不稳定因素在增加的背景下，与家庭条件优越的高校学生比较，"家庭经济困难学生就业状况就更不容乐观"③。于是，高校家庭经济困难学生就业状况与问题逐渐进入人们的视野。

全国高等学校学生信息咨询与就业指导中心主任刘大为认为，"经济困难家庭及就业困难大学生，在就业市场中处境不利，迫切需要全社会的关心重视"④。2018 年教育部《关于做好 2019 届全国普通高等学校毕业生就业创业工作的通知》要求，高校"要建立校院领导、专业教师、辅导员等全员参与的'一对一'精准帮扶机制"，"充分挖掘校友、行业企业等社会资源，优先为困难群体推荐岗位"；各地"要积极创造条件，争取专项资金，开展就业困难毕业生专项培训，提高其就业能力"。⑤ 2020 年 3 月，教育部发布的《关于应对新冠肺炎疫情做好 2020 届全国普通高等学校毕业生就业创业工作的通知》要求，各地各高校要"全面掌握建档立卡贫困家庭、身体残疾等毕业生情况，实行分类帮扶和'一人一策'动态管理，优先推荐岗位"。⑥ 因此，高校家庭经济困难学生就业问题，迫切需要积极应对。

---

① 教育部关于印发陈至立国务委员在教育部直属高校工作咨询委员会第十五次全体会议上的讲话的通知 [Z]. [2005-02-24]. http://www.moe.gov.cn/publicfiles/business/htmlfiles/moe/moe_559/200505/7385.html.

② 吴晶. 我国采取多项措施帮助家庭困难学生上大学 [EB/OL]. [2010-08-20]. http://edu.workercn.cn/c/2010/08/20/100820141836984656521.html.

③ 周琴. 贫困大学生就业问题与对策 [J]. 经济与社会发展，2007，(8)：164-166.

④ 刘大为. 大学生就业问题关系国家未来 [J]. 中国大学生就业，2010，(3)：62-64.

⑤ 教育部关于做好 2019 届全国普通高等学校毕业生就业创业工作的通知 [Z]. [2018-12-05]. http://www.gov.cn/xinwen/2018-12/05/content_5346066.html.

⑥ 教育部关于应对新冠肺炎疫情做好 2020 届全国普通高等学校毕业生就业创业工作的通知 [Z]. [2020-03-5]. http://www.moe.gov.cn/srcsite/A15/s3265/202003/t20200306_428194.html.

### （三）高校家庭经济困难学生就业的主体意识不强

主体性核心是主体意识，它作为认识和实践活动主体的人对于自身的主体地位、主体能力和主体价值的一种自觉意识，需要主体在外部世界推动作用中才能实现。然而当前，部分学生缺乏主体意识，这表现在接受学校的教育及其管理的过程中，仅仅把自己当作教育与管理的被动接受者，重考试轻能力、重分数轻素质，缺乏积极性、主动性与创造性。同时，高校部分学生对学校组织的各项活动以及各种社团活动缺乏兴趣，进而导致他们的社会参与意识淡薄，对社会的接触与了解很少，从而使他们在就业过程中处于被动。

这些现象在高校家庭经济困难学生群体中相当突出。有学者调研发现，高校多数家庭经济困难学生不仅"主体意识不强"，而且"社会参与意识淡薄""进取意识不强"以及"发展方向不够明确"。[①] 同时，就业指导作为高校家庭经济困难学生就业工作的重点与难点，也是高校家庭经济困难学生能否顺利就业的关键环节，因此，对高校家庭经济困难学生而言，更需要适应新的时代，发挥内在的主体积极性与能动性，以积极的主体意识投入就业的相关工作中，方能实现顺利就业。因此，只有针对性、实效性地培养并强化高校家庭经济困难学生就业的主体意识，确立他们在就业指导中的主动性、积极性和创造性，在解决自身与外部就业问题的矛盾中对自己的就业行为进行主观挑选，才能有意识地推动自身通过各种途径寻求、培养和发挥个性特长，增强各方面能力，从而有效培养主动性、积极性与参与性，形成就业自我管理、教育以及完善的能力。

## 二、高校家庭经济困难学生就业的特点

与其他大学生相比，高校家庭经济困难学生物质条件的贫困、社会地位的弱势、心理趋向的自卑和能力发展的不全面等，决定了他们的就业具有自身的特点。

### （一）就业取向现实

调研发现，家庭经济困难学生在就业取向上日趋关注职业的薪酬以及自己

---

① 宋冰，张维香，熊志忠. 确立主体意识 促进全面发展——马克思人学视角下高校贫困生的成才路径［J］. 当代青年研究，2008，（12）：82－85.

的既定目标要求。他们在择业成本上，相对较低，怕花费更多的金钱；在择业心理上，显得忧郁、焦虑、冷漠，甚至存在敌对和认知障碍；在择业心态上，择业竞争意识较强，职业风险意识较差，择业期望值偏高，更注重自我价值的实现；在择业政策上，对现实就业政策与环境的理性分析和政策的把握相对缺乏。因此，高校家庭经济困难学生在就业问题上，与其他大学生相比，就业思想有些偏激，就业期望值较高，趋于功利化。他们一般具有"羞于回到家乡""羞于回乡归镇"的观念，不从自身的实际情况出发，多希望投身大中城市就业，并期望找到一份安逸而稳定的工作，尽快偿清上学欠下的巨额债务，同时又可实现心中早已谋划的美好生活，改变自己贫困的命运，为自己和家庭增添荣耀。

（二）就业需求急迫

与其他大学生相比，家庭经济困难学生在就业需求上，更加功利与强烈，更强烈地迫切要求改变自身的经济现状；同时，由于他们背负着家庭的希望与家乡人民的企盼，就业需求是集众人之志，反映出家庭与家乡人民的共同愿景，就业心理需求更为强烈。北京师范大学社会发展与公共政策研究所张欢和王丽对包括宁夏、陕西、湖南、四川、甘肃等在内的中西部十省高校家庭经济困难学生就业愿景现状进行了抽样调查①，结果表明：家庭经济困难学生和其他大学生尽管在就业的主观期望和认知方面并不存在明显差异，但家庭经济困难学生家庭的压力以及个人想摆脱贫困命运的强烈愿望使他们表现出更强烈的就业愿望。在调研中我们还发现，在对待考研这一问题时，家庭经济困难学生一般都首先考虑谋求生计，直接选择就业，而放弃把考研作为暂缓就业压力的途径，仅有极少的学生会选择"继续读研，避开就业压力"；而其他大学生则有较大比例把"继续读研，避开就业压力"作为自己的就业策略。

（三）就业心理复杂

就业可以说是高校家庭经济困难学生求学的根本，背负着他们的诸多愿望。然而，面对复杂严峻的就业现实，与其他大学生相比，家庭经济困难学生会过多地考虑就业过程中的成本问题。因此，在就业过程中，家庭经济困难学生就业心理较非贫困生更为复杂，这集中表现为就业的自卑、焦虑、攀比、依

---

① 张欢，王丽. 中西部十省高校贫困生就业愿景现状调查报告［J］. 高等教育研究，2008，(3)：39－44.

赖保守、缺乏自信和不平衡等复杂心理并存。在高校中，大部分家庭经济困难学生很少与其他同学交流沟通，他们不善言辞，心里有自卑感，从而否定自我，贬低自我，甚至有的还认为自己与其他求职者相比各方面都不如别人，在就业时对自我认知存在偏颇，缺乏自信，看不到自己的长处，而只是一味地否定与贬低自我，没有足够的勇气在严峻的就业现实中拼搏。因此，为了避开严峻的就业现实与自身就业心理方面的压力，绝大多数高校家庭经济困难学生在实际就业过程中，往往会选择中小城市甚至普通乡镇作为就业之地。

（四）就业行为不成熟

一般而言，高校家庭经济困难学生的就业行为是一种职业选择和决策。当前，家庭经济困难学生不再是传统意义上的一块被搬来搬去的"砖"，他们拥有不同的就业渠道和机会，面临多种职业选择，比如，是留守在大城市还是到小城镇或乡村寻求发展机会；是选择外资企业还是国有企业接受锻炼等。事实上，在整个就业选择与决策过程中，第一，高校家庭经济困难学生要认识到做出一个决策的必要性，接着明确决策的目标或目的；第二，收集数据并查看可能的行动方案；第三，根据数据来决定可能的行动方案及结果；第四，关注自身的价值取向；第五，做出一个决定，并评估这个决定可能成为最终决定还是待审查的决定。然而，家庭经济困难学生在就业选择与决策等诸多行为中，由于个体差异、参照体系、决策情境、社会影响等重要因素的影响，在就业行为上显得较为不成熟，对就业求职风险倾向和风险认知还未形成较为全面的认识，因而，这些都无形中在某种程度上影响他们的就业倾向与就业行为。

（五）就业能力不全面

就业能力作为一种与职业相关的综合表现能力，是家庭经济困难学生在高校期间通过学习、实践而获得的实际工作能力。高校家庭经济困难学生大多来自老、少、边、穷地区，由于文化环境和教育条件相对落后，致使他们在进入大学前其自身的综合素质就处于相对弱势的地位。然而，一些家庭经济困难学生在就业取向上存在一定偏差，心理期望值过高，工作求稳，待遇求高，普遍急于摆脱贫困，就业动机强烈但就业准备不足。再加上考入大学后，他们为了争取更多的奖学金，往往"一心只读专业书"，很少参加实践锻炼或者社会活动，尤其是一些需要经济付出的集体活动，因而失去了许多锻炼自己能力的机会，从而致使部分家庭经济困难学生在语言表达、组织管理、实践创新等方面的能力相对欠缺，导致他们在就业竞争中各方面能力发展不全面，在就业中处于相对劣势的地位，不利于顺利就业。

## 三、高校家庭经济困难学生就业的意义

### （一）高校家庭经济困难学生就业的理论意义

1. 赋予高校家庭经济困难学生就业新的时代内涵

党的十九大报告指出："经过长期努力，中国特色社会主义进入了新时代，这是我国发展新的历史方位。"党的十九大报告新的时代定位赋予高校家庭经济困难学生就业的新内涵。

一是新时代对高校家庭经济困难学生就业是一次重大的历史变革。当前，时代转型升级变动大，旧有的社会产业结构、社会劳动力结构、社会机制和意识形态等不能适应社会生产力的发展和新时代的要求，同时新的社会生产力和新的社会形态尚处于逐渐发展的阶段。这些时代内涵与特点给高校家庭经济困难学生顺利就业带来新的机遇与挑战。为此，要求高校进一步做实、做细、做深家庭经济困难学生就业工作机制，更为全面地推动"深层次"的家庭经济困难学生就业指导工作，以保障就业指导服务水平。这既要落实分类指导，进一步摸清家底，细化类别，又要以家庭经济困难学生就业为关键搭建顺利就业的促成机制，还要全方位、多层面在社会资源与资金等条件上保障家庭经济困难学生的顺利就业。

二是新时代为高校家庭经济困难学生就业明确了历史新方位。当前，我国社会主要矛盾已经从人民日益增长的物质文化需要同落后的社会生产之间的矛盾转化为人民日益增长的美好生活需要和不平衡不充分的发展之间的矛盾。这种转化作为一种现实依据，既证明了中国特色社会主义进入了新时代，凸显了高校家庭经济困难学生就业的新的时代矛盾特征，更为高校家庭经济困难学生顺利就业提出了系列新问题，如何化解家庭经济困难学生顺利就业的美好愿景与自身资源的不平衡不充分发展现实的矛盾。为此，要求高校适应社会主要矛盾转化的现实，对准家庭经济困难学生这一独特个体，明确社会主要矛盾为高校家庭经济困难学生顺利就业所承载的新使命、新目标与新要求，将家庭经济困难学生就业工作与自身工作梦想紧密联系起来，从经济、政治、文化、社会及生态等多领域的难题入手，整合资源和力量在新的历史起点上为家庭经济困难学生顺利就业做出新的成绩。

2. 帮助高校家庭经济困难学生树立正确的就业观

面对严峻的就业压力、国际金融危机的影响以及多变的就业环境，高校应

当引导家庭经济困难学生在就业中形成正确的理想信念，转变现实功利的就业观，帮助家庭经济困难学生充分就业。

一是引导高校家庭经济困难学生树立正确的择业观。大学生择业观是指大学生关于择业理想、择业动机、择业标准以及择业意义经过感性认识和理性分析后所做的判断与选择过程中持有的比较稳定的根本看法。对于高校家庭经济困难学生而言，择业观是其世界观、人生观、价值观的具体体现，需切合他们自身就业的实际情况才能顺利形成。高校指导家庭经济困难学生顺利就业的目的就在于积极引导他们顺应更为严峻的就业现实的需要，并以此为契机树立积极正确的择业观念，选择较为高远的奋斗目标，确立个人比较明晰的就业理想与职业规划，并自觉将个人的奋斗目标与就业规划和国家现代化建设及社会经济发展需要的就业现实紧密结合。马克思就如此说："在选择职业时，我们应该遵循的主要指针是人类的幸福和我们自身的完美。不应认为，这两种利益是敌对的，互相冲突，一种利益必须消灭另一种的；人类的天性本来就是这样的：人们只有为同时代人的完美、为他们的幸福而工作，才能使自己也达到完美。"①

二是指导高校家庭经济困难学生形成正确的就业观。大学生就业观是指大学生对选择的未来职业在目的、价值、实现方式及其意义等方面的比较稳定的整体态度、基本观念和根本看法。对于高校家庭经济困难学生而言，就业观反映了他们对就业的整体态度、思想观念以及基本看法，仍需立足家庭经济困难学生自身实际开展。高校家庭经济困难学生的就业观，作为其择业观的一种延伸，直接影响到其就业理念、就业目标、就业策略以及就业行为，决定了他们能否认清自我，分析自身优势所在，顺利就业获得经济独立进而实现自我价值。高校家庭经济困难学生就业工作者要积极指导他们树立积极正确的就业观念，帮助他们认清世情、国情以及党情，了解当前社会的就业现实，正确认识当前更为严峻的就业形势，主动面向部队、基层、西部以及广大农村地区就业，从而积极地参与社会主义现代化建设。马克思曾指出："每个人眼前都有一个目标，这个目标至少他本人看来是伟大的，而且如果最深刻的信念，即内心深处的声音，认为这个目标是伟大的，那它实际上也是伟大的。"② 高校家庭经济困难学生顺利就业的关键在于推进他们形成正确的世界观、人生观、价

---

① 中共中央马克思恩格斯列宁斯大林著作编译局. 马克思恩格斯全集（第四十卷）［M］. 北京：人民出版社，1992.7.

② 中共中央马克思恩格斯列宁斯大林著作编译局. 马克思恩格斯全集（第四十卷）［M］. 北京：人民出版社，1992.3.

值观，以此促进科学就业观的形成。

三是指导高校家庭经济困难学生顺利成才。何谓成才？如何成才？人们的认识很不一致。江泽民曾说："我们的学校、教育部门以及党和国家的其他部门，都要注意做工作，把家长希望子女成才的迫切愿望、教师教书育人的心情和学生学习的积极性，引导到正确的方向上来，全面提高青少年的素质。"并进一步指出："教育是一个系统工程，要不断提高教育质量和教育水平，不仅要加强对学生的文化知识教育，而且要切实加强对学生的思想政治教育、品德教育、纪律教育、法制教育。"① 可见，高校家庭经济困难学生要顺利成才，形成正确的成才观，不仅需要文化知识、操作技能，更需要思想政治、道德品质以及法制纪律等内容；它是知识、能力和情感态度价值观的融合，是智力因素与非智力因素的共同发展，甚至在某种程度上，更加重视非智力因素，尤其是意识形态教育。因此，教育者要借助意识形态教育指导家庭经济困难学生形成正确的成才观。一方面，意识形态教育的价值与目标对他们正确成才观的形成有了可依据的目标导引；另一方面，意识形态教育的内容创新、方法选择以及活动体验等使他们正确成才观的形成不再是遥不可及的梦想，而是实事求是的实践过程。否则，不仅不利于家庭经济困难学生的培养，还使家庭经济困难学生就业无从谈起。

## （二）高校家庭经济困难学生顺利就业的实践意义

### 1. 引导高校家庭经济困难学生夯实就业竞争力

高校家庭经济困难学生能否顺利就业，其关键在于就业工作既要能反映社会的就业工作的指导要求，又要能切实引导他们准确定位自身角色，不断在实现个体社会化中成长成才。

一是指导高校家庭经济困难学生准确定位自身社会角色。对于什么是社会角色，有学者指出，作为与人们的某种社会地位、身份相一致的一整套权利、义务的规范与行为模式，社会角色是"人们对具有特定身份的人的行为期望，它构成社会群体或组织的基础"②。可见，人的社会角色来源取决于人的社会地位与身份。对高校家庭经济困难学生而言，从不同的视角，其社会地位与身份就不一样，其自身的社会角色也不一样。其中，职业角色是家庭经济困难学

---

① 李润海，刘书林. 树立正确的成才观 [N]. 人民日报，2000-06-13-09.
② 郑航生，李强，李路路，等. 社会学概论新编（第三版）[M]. 北京：中国人民大学出版社，2003.107.

生整个社会角色中最重要的角色之一。从职业角色的获得方式上看，它主要是社会角色中的自致角色，主要通过个人的活动与努力获得并发展，这是个人活动的结果。① 这对家庭经济困难学生而言，通过就业指导与行为转变，从校园走入社会，从在校学生变为职业人，在就业实践中实现角色的转换与职业的定位，从而获得职业角色，拥有独立的经济能力。在择业与就业实践过程中，家庭经济困难学生除了拥有学生和求职竞争者这双重的社会角色外，他们还要为未来的工作、学习以及生活的内容而身兼职场、社交以及家庭等各种不同场合的多重角色做好充分的准备。面对多重角色之间的转换以及由此带来的心理与思想压力，缺乏工作阅历、社会经验以及生活经历的家庭经济困难学生既对就业以及工作充满期待，同时由于自身经济原因，对某些岗位容易产生期待、畏惧、自卑、焦虑等复杂心理情绪。面对角色定位的问题，高校家庭经济困难学生就业指导的一个重要功能就是指导他们准确认识与正确把握当下及未来社会工作、生活以及学习中的社会角色，并将自我角色定位在适合自身个性的择业需求、就业特征与未来发展的就业期望上，借助积极、主动的求职活动与行为习惯获取和自身的就业兴趣以及所学的专业与所拥有的就业能力相符或相近的职称、职务等社会身份，获得相应的社会角色，通过就业完成自身的人生发展中的角色定位并尽职尽责地扮演好这个社会角色。

二是引导高校家庭经济困难学生通过就业实现个体社会化。社会化是"个体在与社会的互动过程中，逐渐养成独特的个性和人格，从生物人转变成社会人，并通过社会文化的内化和角色知识的学习，逐渐适应社会生活的过程"。② 对于高校家庭经济困难学生来说，完成其对现在和未来社会角色的认识与要求后，还需要及时有效地运用就业指导的引领与指导作用，将自身的社会角色进行转换以适应家庭经济困难学生个体的就业需求与社会经济发展的需要。就业是家庭经济困难学生社会化的重要过程，在这个过程中不仅促进个体社会化水平的提高，同时也实现个体的社会化转化。因此，在新的时代背景下，高校家庭经济困难学生就业工作要充分发挥时代赋予的新特点与新要求，为他们建立起与社会主流择业观、就业观以及成才观相衔接的个人观念，符合社会要求的就业行为规范；要充分发挥时代的新定位对经济社会建设的推动与促进作用，致力于改变传统经济不平等的观念、"一切向钱看"的就业现实，调整就业中

---

① 郑航生，李强，李路路，等. 社会学概论新编（第三版）[M]. 北京：中国人民大学出版社，2003.107－110.

② 郑航生，李强，李路路，等. 社会学概论新编（第三版）[M]. 北京：中国人民大学出版社，2003.83.

的各种利益关系，为家庭经济困难学生顺利就业创设公平的人文交往环境。发挥时代对他们就业的育人功能，促进贫困生思想、政治、心理以及良好个性与健全人格的完善，帮助他们树立正确政治方向，发展独立创业精神，借此从主客观各方面促成其社会化。

2. 推进高校及社会的持续健康与稳定发展

一是推动高校就业秩序和校园稳步发展。高校就业秩序其实是由高校就业及其过程所表现出的稳定状态。这种状态是由就业工作的动态性、复杂性与开放性决定的。因此，高校家庭经济困难学生就业指导工作的开展是实现高校就业秩序良好的重要条件与重要保障。家庭经济困难学生的心理承受力相对较弱，当他们在就业中面临来自家庭的期望压力、来自学校就业率的压力，都会或多或少影响其情绪，走向不知所措的茫然，甚至自暴自弃、消沉堕落，更严重的会产生无法弥补的过激行为。如果高校教育工作者不能预见和及时发现家庭经济困难学生异常情绪的出现，任由其发展扩散，就会影响高校就业秩序的维持，破坏高校校园的稳定发展。因此，加强高校家庭经济困难学生就业工作是保证高校就业良好秩序与推动高校校园和谐稳定的重要组成部分。

二是稳定高校家庭经济困难学生家庭情绪进而维护社会和谐。高等教育收费制度的兴起，使越来越多的大学生及其家庭面临高昂的学费以及生活费用。据广州日报报道，"中国家庭子女教育的支出比重接近于家庭总收入的三分之一；相比于城市和小城镇，农村家庭的教育负担越来越重。"① 因此，对于家庭经济困难学生而言，他们身上寄托父母"望子成龙、望女成凤"期盼比其他家庭或一般的家庭更高。而家庭经济困难学生就业中常常会因为经济原因以及由此产生的心理问题等压力不能及时将成本收回，或者因为家庭经济困难学生就业质量相对较低导致就业成本和收益不能平衡甚至逆差巨大，家庭维持生存的切身利益将会受到严重影响。通过家庭经济困难学生就业工作的开展，减少他们及其家庭在就业压力面前的思想、心理等方面的消极因素带来的社会不稳定因素，对于维护整个社会的可持续快速发展，保证社会经济秩序的正常运行与稳定发展具有重要意义。

---

① 程维. 中国家庭总收入 1/3 花在教育上 [N]. 广州日报，2006-8-28-A19.

## 第二节　高校家庭经济困难学生就业现状

在新的时代语境中，高校要实现家庭经济困难学生顺利就业，在初步探讨背景、特点及其意义的基础上，还需要结合具体的现状对其取得的成效、存在的主要问题予以实践层面的观照与检视。一方面，这能深化对高校家庭经济困难学生就业指导教育的理论把握程度；另一方面，也能帮助高校优化家庭经济困难学生就业指导机制，推动高校将家庭经济困难学生就业指导实践向纵深发展。

### 一、高校家庭经济困难学生就业工作取得的成绩

当前，面临复杂多变的国际国内环境和依然严峻的就业形势，党中央、国务院进一步加大了高校家庭经济困难毕业生就业教育和促进家庭经济困难学生就业指导工作的力度。在全社会的共同关注和高校教育工作者的不懈努力下，家庭经济困难学生就业工作在积累中不断改进和完善。

#### （一）高校家庭经济困难学生就业实践较为多样

我国恢复高考初期，家庭经济困难学生毕业时享受着分配工作的政策，高校就业指导因其必要性相对不大而对此少有重视，而随着就业分配制度的取消，加上就业中日益凸显的经济问题，高校加大了指导家庭经济困难学生就业实践的力度，在实践过程中，呈现较为多样的态势。

首先，高校紧扣家庭经济困难学生，围绕新时代就业现状、就业观念开展多种形式的调查研究。郧阳医学院张建对吉林大学、武汉科技大学、大连医科大学等十所高校 2004 届 56 个专业 30461 名毕业生就业情况调查[①]，调查结果表明：高校家庭经济困难学生的比例达 31％，各层次毕业生平均就业率略有差异，未就业中家庭经济困难学生占 70％。同时，在高校教育的引导下，高校家庭经济困难学生大部分持有与社会规范和道德要求一致的就业观，能够主动进入就业市场参与竞争，普遍具有提高自身能力素质以增加就业竞争力的意

---

① 张建. 高校毕业生"弱势"群体就业现状、成因及对策 [J]. 中国大学生就业，2007，(16)：37−38.

识。北京师范大学社会发展与公共政策研究所张欢与王丽进行的《中西部十省高校贫困生就业愿景现状调查报告》①，该报告基于对中西部十省 17 所高校9641 名大学生的问卷调查，表明高校传统公认的家庭经济困难学生就业愿景与其他学生就业愿景只存在细小的差异，并不存在明显的差异；但是在就业选择上，高校家庭经济困难学生与其他学生在就业压力感知、是否准备考研、就业地区期望、工资收入期望等指标之间存在显著差异。这表明，高校家庭经济困难学生与其他学生在就业选择方面总体表现一致，仅在特定项目上家庭经济困难学生所受约束更为强烈，表现得更为现实和急迫。②

其次，家庭经济困难学生在高校期间的就业实践活动呈现多样化态势。近年来，许多高校采取了诸如新生入学教育、个别谈话、班团组织活动、就业座谈会、职业生涯在线测评、就业工作坊等各种形式的实践活动，帮助家庭经济困难学生进行自我评价，从而形成正确的择业观、就业观以及成才观，树立艰苦奋斗、吃苦耐劳的精神。同时，还邀请家庭经济困难学生中的优秀校友结合自身的就业经历畅谈成功经验，从申请到部队、基层和西部边远山区工作的家庭经济困难学生中挑选优秀者，举办座谈会，借助他们的现身经验实话实说，从正面激励家庭经济困难学生深入基层、投身部队和西部边远地区工作的热情，增强服务社会的荣誉感、使命感与责任感；通过校园广播、电视、橱窗、板报、校报、校刊等传统媒介以及就业网站、手机短信、QQ 留言、微博资讯、微信等新媒体，通过举办形势宣讲会、主题班会以及先进典型报告会等活动向家庭经济困难学生宣传最新的就业政策，发布最新的就业需求信息，使不同阶段的家庭经济困难学生都能及时了解目前的家庭经济困难学生就业情况，从而使他们不断调整就业期望，做好就业准备。

最后，为了给高校家庭经济困难学生营造良性的就业氛围，积极开展了形式多样的就业援助活动。许多省市针对高校家庭经济困难学生就业问题，纷纷出台相关文件，指导做好困难家庭毕业生就业帮扶工作。比如，重庆市 2015年审议通过的《关于精准扶贫精准脱贫的实施意见》切实瞄准贫困，"全面落实高校贫困毕业生就业创业扶持政策，开展就业创业定制服务计划，实现就业扶持、创业指导全覆盖，确保有就业意愿的贫困户家庭高校、中高职毕业生全部实现就业或参加就业准备活动"，"对在毕业年度内的重庆高校和职业学校贫

① 张欢，王丽. 中西部十省高校贫困生就业愿景现状调查报告 [J]. 高等教育研究，2008，(3)：39—45.

② 王章佩，赵旸. 贫困生与非贫困生的就业选择之比较研究 [J]. 山东省团校学报，2011，(1)：13—15.

困毕业生和享受国家助学贷款学生给予一次性求职创业补贴"，"对贫困户家庭高校、职业学校毕业生优先组织就业创业培训或就业见习，鼓励企业提供岗位优先招聘"。在调研中，我们发现，为了贯彻党和国家的通知精神，许多高校都有专门针对家庭经济困难学生的就业政策，通过给予就业扶持与经济援助来解决他们就业困难的部分问题，为家庭经济困难学生营造良好的就业氛围。

## （二）高校家庭经济困难学生就业实践效果得以彰显

高校家庭经济困难学生就业指导主要是通过对家庭经济困难学生就业知识、就业能力与就业观念的引导，来提升其就业实践认识与工作水平。通过就业意识、就业心态以及就业政策等方面的教育，家庭经济困难学生在一定程度上提高了自身的就业实践水平。

具体而言，一是高校家庭经济困难学生就业自主意识得到一定程度的增强。近年来，高校坚持育人为本、德育为先的原则，扎实推进家庭经济困难学生教育的人性化教育和人文关怀工作，使家庭经济困难学生在一定程度上提升了自身的就业自主意识，能自我分析自身求职的优势和劣势，给自己规定下一步目标。在高校调研中，我们发现，部分家庭经济困难学生的择业观念发生了一定转变，能在一定程度上面向基层、西部就业。二是就业心态更加理性。在高校加强家庭经济困难学生就业实践指导中，他们对未来的职业选择与就业道路有了较为清醒的认识，能用理性的眼光认识自身的经济状况，更合理地面对严峻的就业现实，自觉看待现实中存在的就业问题，并做出适合自己发展方向的选择。三是家庭经济困难学生能不同程度地认识到就业指导中的实践能力的重要性。随着高校对家庭经济困难学生及其就业工作的关注，高校对家庭经济困难学生人生道路、就业思想和心理辅导的教育已经广泛渗透进教学、教务、后勤服务之中。同时，通过就业实践能力的培养，家庭经济困难学生既对就业观念、就业心理以及就业政策的重要性认识有了一定程度的提高，更提升了就业中需要的人际协调与沟通能力、专业的动手与实践操作能力。

## （三）高校家庭经济困难学生就业实践研究得到重视

高校家庭经济困难学生就业中出现的种种问题，教育者应该积极进行反思，分析问题根源，并将其推向理论研究的学术范畴，然后在经验总结过程中进行不断地实践验证，以实现教育的优化并继续推动教育理论的发展。

首先，高校家庭经济困难学生问题的研究呈现"四多"的良好态势。自1997年高等学校全面实行并轨招生以来，高校家庭经济困难学生问题一跃成为社会众多领域研究的热门话题。通过十余年的研究讨论与深入发展，逐步形成了"多地区、多级别、多学科、多侧面的'四多'研究局面"①。其中，"多地区"是指全国东、西、南、北、中，都有理论研究者和实际教育工作者关注；"多级别"是指研究课题既有国际合作项目和国家级项目，也有省级项目和市级项目等，各个级别的层面都关注，都对此立项研究；"多学科"是指学者们广泛运用社会学、政治学、教育学、心理学、思想政治教育学、系统论、文学等多学科的理论和方法全面开展高校家庭经济困难学生的问题研究；"多侧面"是指从多层面、多视角研究问题，既涉及高校家庭经济困难学生的概念标准、概况，又包含受资助情况、家长承受力、资助政策体系，还有国外与境外助学经验的借鉴研究等。

其次，高校家庭经济困难学生就业实践相关研究取得初步的学术成果。如吉林大学孔德生 2004 年的《高校在校家庭经济困难学生人格特征分析及教育对策研究》、华中科技大学李慧 2005 年的《高等教育收费与学生资助的实证研究——云南省案例》、华中师范大学甘剑锋 2008 年的《和谐社会构建中高校贫困生问题研究》和上海大学黎春娴 2009 年的《高校贫困生的社会支持及其对价值观影响的研究》等博士论文分别对家庭经济困难学生心理、人格、社会资助以及社会支持与价值观等方面进行研究；张耀灿、陈成文、罗洪铁等 2005 年著的《成才不是梦——高校贫困生的今天与未来》、李从松 2003 年独著的《中国大学生贫困研究——贫困与贫困生现象的经济分析》和吴庆 2005 年独著的《公平述求与贫困治理——中国城市家庭经济困难学生群体现状与社会救助政策》等分别对家庭经济困难学生的现状、经济原因以及社会救助政策进行了深入的探讨。

最后，党和国家以及高校出台多项措施指导推动研究进展。2011 年，教育部下发的《关于做好 2012 年全国普通高等学校毕业生就业工作的通知》特别指出，要"重点帮扶，对特殊困难群体实施有效的就业援助"，并进一步指出，"各省级主管部门要积极争取有关部门和地方政府的支持，通过政府购买基层公益性岗位等方式，安置家庭经济困难和就业困难毕业生"。2012 年，教育部《关于做好 2013 年全国普通高等学校毕业生就业工作的通知》进一步指出，要"制定实施家庭经济困难、就业困难毕业生就业帮扶计划"，要求"创造条件为困难毕业生提供就业指导、岗位推荐、技能培训、经济补贴等帮助"。

---

① 张耀灿，陈成文，罗洪铁，等. 成才不是梦——高校贫困生的今天与未来 ［M］. 北京：人民出版社，2005.4.

2018 年教育部《关于做好 2019 届全国普通高校学校毕业生就业创业工作的通知》要求，在机制上，"高校要建立校院领导、专业教师、辅导员等全员参与的'一对一'精准帮扶机制"；在策略上，"充分挖掘校友、行业企业等社会资源，优先为困难群体推荐岗位"；在保障上，"各地要积极创造条件，争取专项资金，开展就业困难毕业生专项培训，提高其就业能力"。同时，高校也要积极将家庭经济困难学生就业实践指导融入课堂教学和社团组织活动中，通过就业指导工作者和辅导员等一线教育者的直接教育接触，于实践中取得了不少经验和成效。

## 二、高校家庭经济困难学生顺利就业面临的困境

近年来，日益严峻的就业压力、高等教育的新时代形势，使高校家庭经济困难学生就业问题成为社会聚焦点，同时，《国家中长期教育改革和发展规划纲要（2010—2020 年)》"不让一个学生因家庭经济困难而失学"的教育公平要求则使家庭经济困难学生成为关注的焦点。

### （一）就业指导目标针对性不强

高校家庭经济困难学生就业指导目标虽然在一定程度上得到重视，但是其针对性明显不够。因此，要求家庭经济困难学生就业指导目标更加贴近实际，更加切合于家庭经济困难学生自身就业现状以及其身心发展变化规律和教育发展规律。

首先，高校家庭经济困难学生就业指导目标针对性不够。长期以来，高校在就业指导过程中，比较关注大学生整体的就业指导目标。随着家庭经济困难学生群体的出现以及规模的增大，"家庭经济困难学生发展问题便成为高校全面推进素质教育的重点问题和关键所在"[①]，然而普遍意义上的大学生就业指导目标，由于没有切合家庭经济困难学生个体与群体的独特性、就业指导的具体性以及家庭与活动环境对其产生的深刻影响，使高校家庭经济困难学生就业指导目标呈现泛化。这集中表现在与其他学生没有多大区别，特点不够鲜明，忽视家庭经济困难学生就业指导的特殊性。事实上，正如有学者认为的那样，高校家庭经济困难学生的择业心理具有如下特点："自尊与自卑交融"，"精英

① 张耀灿，陈成文，罗洪铁，等. 成才不是梦——高校贫困生的今天与未来 [M]. 北京：人民出版社，2005.17.

情结与拜物观念并存","焦虑与迷茫封闭心理并举"。① 还有学者通过调查对比研究显示:"家庭经济困难学生心理异常比例较高,心理问题主要表现为抑郁。"② 对于高校家庭经济困难学生就业指导目标定位而言,不仅要重视家庭经济困难学生群体发展壮大的事实,还要看到其对整体大学生教育结构带来的巨大而深刻的变化,更要关注其就业指导与整体大学生培养目标、课程架构、教学内容以及方法等方面有着明显不同。只有这样,才能有目的、有组织地对家庭经济困难学生进行就业指导教育,全面推进就业工作。

其次,高校家庭经济困难学生就业指导目标体系不够明确。一般来讲,目标有最高目标与最低目标、长期目标与近期目标之分。对于家庭经济困难学生就业指导来讲,其目标也应具有层次性,有总体目标与具体目标的问题。从某种意义上说,高校家庭经济困难学生就业指导目标就是全面提高家庭经济困难学生的就业能力认识水平,并使其转化为良好的就业行为与习惯。但是这个目标是由具体的目标构成的,它需要借助家庭经济困难学生的就业知识目标、就业能力目标、就业心理目标以及就业取向目标等方面去实现。如果没有这些具体的目标,没有这些目标的达成,就没有整体目标的实现。但是,到目前为止,对于家庭经济困难学生的这些具体目标,都未能从学理以及实施操作的层次对其进行目标结构体系的建构,缺乏分层次、分阶段的教育目标,从而导致其目标内容、结构以及层次都不太明确。因此,如何在科学定位家庭经济困难学生就业指导目标的基础上,合理设定家庭经济困难学生就业指导目标内容体系,明晰这些目标内容之间的要素、层次与结构,还需要结合家庭经济困难学生进行综合比较分析,从性别、地域、发展程度等方面进行具体问题具体分析。只有这样,才能使家庭经济困难学生就业指导整个目标体系更具针对性、更人性化。

## (二) 就业指导内容不够丰富

实际调查研究表明,在一些高校,家庭经济困难学生就业指导的内容充实与丰富力度不够。在对学校比较重视的"三观"、综合素质、心理健康、抗挫折教育以及其他教育内容的调查中,53.5%的学生认为学校比较重视家庭经济困难学生的综合素质,43.1%的学生认为学校比较重视家庭经济困难学生的心理健康教育,36.9%的学生认为学校比较重视家庭经济困难学生的"三观"教

---

① 李雨奎. 高校贫困生择业心理障碍现状及对策分析 [J]. 文教资料,2006,(29):17-18.
② 李海星. 大学贫困生心理健康状况的调查分析 [J]. 健康心理学杂志,2001,(6):424-425.

育，28.2％的学生认为学校比较重视家庭经济困难学生抗挫折教育，对于其他教育内容，仅有 11.0％。这说明，目前对高校家庭经济困难学生的就业指导仍然沿用传统的教育内容，对其进行迁移与演绎；而对于抗挫折教育以及其他新出现的教育内容，被调查的高校相对比较忽略。在对家庭经济困难学生就业中学校参与的就业政策宣传、就业信息、就业心理辅导以及就业能力等内容的调查中，65.9％的学生认为学校参与了就业信息，41.9％的学生认为学校参与了就业政策宣传，41.0％的学生认为学校参与了就业心理辅导，36.3％的学生认为学校参与了就业能力内容。可见，在开展家庭经济困难学生就业指导时，高校都比较重视就业信息以及就业政策的宣传，相对比较忽略就业能力内容。这说明部分高校在把家庭经济困难学生就业能力作为第一位的素质予以培养方面做得还不够，重视的力度也不够，没有较好地突出就业能力在家庭经济困难学生就业指导中的核心地位。

与此同时，在对教育内容的访谈中我们发现，在追求就业综合素养的情况下，高校就业内容仍然以世界观、人生观、价值观教育和社会诚信、职业道德、求职技巧为主，兼顾心理咨询与辅导，而针对家庭经济困难学生的理想信念、抗挫折教育、就业意识教育、社会适应教育和社会实践的开展较为缺乏。另外，借助调查研究与文献分析发现，在教育全程化上，主要是针对大三或大四的即将毕业的学生进行就业政策的宣传、就业信息的提供、就业心理的辅导、自主创业的指导、求职技巧咨询与指导以及毕业生的文明离校等内容，在新生以及低年级阶段开展相应的就业教育不够，使就业指导没有完全实现全程化，从而造成家庭经济困难学生从学校向社会转化过程中不适应，择业观、就业观与当前的就业形势与要求不相符合，甚至出现严重脱节。从教育的适应性来看，高校在就业指导中一味追求对家庭经济困难学生作就业形势、就业技巧的辅导教育，相对忽略就业观念、求职诚信、就业竞争力等方面的辅导。这与家庭经济困难学生的就业实际需求相脱离，抑制了他们就业实习的积极性，使他们缺乏缓解就业压力和提高自己应对社会竞争的就业能力。高校家庭经济困难学生对就业指导内容有多方面的需求，现有的内容尽管在特定的历史时期发挥着重要功效，但是随着时代与社会的发展，逐渐跟不上新时代家庭经济困难学生的要求，尤其是千变万化的"90 后"甚至"00 后"家庭经济困难学生。

## （三）就业工作途径拓展不够深入

从文献资料与调查研究中发现，当前高校对家庭经济困难学生就业指导的途径主要是通过课堂教学、校园活动、校外各种社会活动以及大学生自我教育等去开展，虽然在一定程度上推进了家庭经济困难学生就业指导工作的开展，但是其理念、形式、保障体系等方面还有待深入。具体而言，一是需要进一步从观念上创新家庭经济困难学生就业指导的整体工作思路。作为一种以家庭经济困难学生的就业为对象的工作，家庭经济困难学生就业指导工作需要遵循自身的就业特点，并以此为基础及时了解和把握家庭经济困难学生就业在大学各个不同时期的需求，从而实现家庭经济困难学生自身对就业的高度责任心与使命感，从而推进就业工作，实现顺利就业。二是对高校家庭经济困难学生就业指导工作的新载体与新途径探索不够。随着社会经济的发展，互联网、手机等新兴媒体已经成为家庭经济困难学生进行就业思想、心理以及信息沟通的重要载体。许多高校顺应社会经济与科学技术的这种变化，对利用互联网、校园网络以及手机等开展学生就业指导工作进行了探索，取得了一些宝贵经验。但是对于家庭经济困难学生而言，诸多高校未能充分利用现代科学技术和手段，通过网络论坛、相关专栏创建、微博、手机等对其就业进行引导，把握主流话语权，努力探索工作的新途径。三是拓展家庭经济困难学生就业指导工作的保障体系主要存在管理体制、法律法规、经费投入以及队伍建设等方面的问题，从而影响到整个工作途径的拓展。从目前高校对家庭经济困难学生的管理体制来看，仍然沿用学生思想政治教育队伍，主要包括高校各级党团组织、思想政治理论和哲学社会科学课程教师以及专兼职辅导员，这在一定程度上制约着家庭经济困难学生就业指导工作的途径拓展，限制了工作最大限度地开展。

### （四）就业教育方法比较单一

调研发现，在高校家庭经济困难学生就业指导中，部分高校指导者的工作方法比较单一，在开展家庭经济困难学生就业指导时多是采用灌输教育，在拓宽就业指导工作方法的创新、手段的增加以及载体的丰富等方面，还未能形成有效的策略。

对于高校家庭经济困难学生就业工作需要改进的地方，49.8%的学生认为工作体制有待改进，46.3%的学生认为方法有待改进，40.7%的学生认为队伍建设有待改进，37.0%的学生认为学校的观念有待改进。这表明，高校由于工作体制的原因，在方法的改进上有待加强。而事实上，高校家庭经济困难学生的经济现状及其生活方式，使其就业认知水平、就业行为呈现多样化的趋势，这要求高校要采用丰富多样的教育方法。在对高校指导方法的访谈中发现，高校家庭经济困难学生喜欢"看电教片""演讲辩论""社会实践"等教学途径，而比较看轻"课堂讲解""单纯讲授"等传统的教学方式。而在就业指导方面，仅仅从课程教学来看，主要采取课堂讲授、咨询、讲座等大课堂式的上课模式，没有从学生特别是家庭经济困难学生个性特征、心理特点出发，还是多采取灌输的方式，一切从书本出发，从理论到理论，对家庭经济困难学生所关心的当今社会的热点问题则涉及不多。这说明，目前对高校家庭经济困难学生就业指导工作方法依然停留于传统的课堂教学上，工作方法单一，与家庭经济困难学生的需求存在一定的距离，未能适应社会的发展以及科技的进步，高校家庭经济困难学生就业指导工作方法还有待进一步丰富、充实与发展，充分考虑演讲辩论、看电教片、网站建设、就业沙龙等有效方法在就业指导的功能与作用，以此推动就业工作的全面而深入地开展。

## （五）就业理论研究力度不够

就业指导并非单纯的技能指导，而是需要深厚的理论支撑。[①] 相比而言，我国的就业指导实践时间不长，教育经验欠缺，家庭经济困难学生就业指导的理论研究明显不够，仍处于相对薄弱的阶段，缺少系统化的理论体系。

首先，高校家庭经济困难学生就业指导的基础理论研究较为薄弱。借助中国期刊网，以"家庭经济困难学生""就业"为关键词，少有学者从理论的视角对其进行研究。因此，要深入研究高校家庭经济困难学生就业指导，还必须以求真务实的科学精神，运用恰当的研究方法，对就业指导的作用、就业指导的内容体系及其构成、就业指导的现象、本质、规律、体制以及机制等基础理论进行较为全面的研究。同时，还需要研究在高校家庭经济困难学生就业指导开展中已经遇到和可能预见的一些影响工作健康、持续、快速发展的重大问题，如高校家庭经济困难学生就业指导目标的体系化建设、内容的指标体系、过程的运行机制以及评价的标准体系等；甚至还可以把高校家庭经济困难学生就业问题的研究放在全面建设小康社会、促进人的全面发展总的价值目标之下，作为家庭经济困难学生发展课题中的关键问题来研究，从价值观念层面把它作为家庭经济困难学生就业发展问题加以系统研究；还可以深入制度政策层面，立足家庭经济困难学生就业素养的全面发展和健康成才的目标指向，对高校家庭经济困难学生就业扶持以及就业资助政策体系问题进行研究，等等。而这些研究目前都较为薄弱，其介入高校家庭经济困难学生的力度与深度也都明显不够。

① 刘艳杰. 大学生职业指导的现状、问题及对策［J］. 中国大学生就业，2007，(8)：60－61，57.

其次，从事高校家庭经济困难学生就业指导研究的力量相对缺乏。从目前的研究来看，以高校家庭经济困难学生就业指导为研究内容的研究成果相对较少；而且在现有的研究成果中，重复性研究、低层次研究较多。之所以会出现这种情况，既与大学生就业指导课开设的时间不长紧密相关，也与当前从事家庭经济困难学生就业指导研究的力量比较薄弱以及整体队伍相对单薄密切相关。正因为研究力量的相对缺乏，研究者无法从基础研究、应用研究以及咨询研究上对基础理论的探讨、实践的经验总结、制度政策的完善以及实施操作的咨询等方面进行整体系统而深度介入的研究，这必然会导致一定的随意性与盲目性，缺乏系统的规划和有效的机制等问题，这迫切需要在现阶段高度重视研究力量的建设，强化研究力量的研究力度，使家庭经济困难学生就业指导及其相关研究具有更强的科学性与学理性，增强研究实践性与现实感。

# 第三节　高校家庭经济困难学生摆脱就业困境的路径

随着就业指导的发展，就业指导者在教育实践过程中寻求到了许多科学有效的途径，但是作为高校家庭经济困难学生的就业指导工作的具体形态与教育方式，其途径具有其内在的具体性与特殊性，因而需要在已有的就业指导途径的基础上不断拓展。

## 一、深化就业指导教学改革

大学生职业发展教育、创新创业指导和就业指导课的课堂教学是高等学校对家庭经济困难学生开展就业指导和教育的主要渠道与阵地。2008 年起，教育部就提倡所有普通高等学校开设大学生职业发展和就业指导等课程，并把它作为公共课纳入高等学校的整个教学计划，贯穿大学生从入校到离校的整个培养过程。然而，在课程设置上，总体上缺乏稳定性，没有形成比较固定的课程体系；在教材内容上不够专业化，实践性、科学性和系统性不足，理论联系实际的内容还有待增强，针对性与实效性不够；在方法上，注重群体一致性方面的研讨，忽视个体体验式或训练式的教学方式广泛而熟练的课堂应用。这都导致家庭经济困难学生就业指导教育无法实现针对性，没有彰显实效性。近年来，虽然大学生职业发展教育、创新创业指导和就业指导课程作为通识教育课纳入公共必修课范畴，师资队伍也得到较大程度的提升，但在课程与教学方面仍然存在目标、内容与方法方面的问题，对此，必须深化大学生职业发展教育、创新创业指导和就业指导课教学改革。在改革过程中应凸显以下几个方面：

### （一）在目标定位上，考虑就业的现实需求与特点

21 世纪作为一个创新的世纪，培养极具创新精神和实践能力的人才，既是时代发展的需要，也是高校家庭经济困难学生就业指导中思想政治教育的重要目标。这在大学生职业发展教育、创新创业指导和就业指导课当中也是一样。因此，在目标定位上，大学生职业发展教育、创新创业指导和就业指导课要把重点放在发展学生的个性和主体性上，注重激发大学生职业生涯发展的自主意识，强化其学习过程中的自觉性，使其不是被动地"接受"教育，而是主动地融入教育活动之中，在教育活动中促进自身态度、知识和技能三个层面的发展。同时，家庭经济困难学生作为高校学生中的重要组成部分，在大学生职业发展教育、创新创业指导和就业指导课中，要关注他们就业全面发展和终身发展的现实需求，注重激发家庭经济困难学生生涯发展的自主性、积极性与创造性，对课程内容进行反思和评价，对新时代的各种社会现象和思潮独立批判与审视，从而自觉开展自我教育，实现从"知"到"行"的飞跃。

### （二）在课程设置上，体现课程的连续性和层次性

课程是传授知识的重要载体，其本身的科学性对于知识的传授与能力的提升来说具有至关重要的地位。为了进一步提升高等学校对学生就业指导的整体服务水平，全面提升广大毕业生的就业竞争能力，落实中共中央、国务院以及教育部、人社部、劳动保障部关于积极做好高等学校毕业生就业工作的通知，切实加强大学生职业发展与就业指导课程建设，要求将其纳入教学计划，并对其课程设置进行调整，包括修改课程名称、增加课程、合并课程等方式。从2008 年起提倡所有普通高等学校均开设大学生职业发展与就业指导课程，并把它作为公共课纳入整个教学计划，要求各个高校课程经过 3~5 年的不断发展与完善，有条件的高等学校可将其作为必修课开设，贯穿于大学生从入校到离校的整个培养过程；有的高校可依据自身校情制订与自身学校实际相结合的教学计划，分年级分阶段设立相应学分。课程调整的这些轨迹折射出高校大学生职业发展与就业指导课的发展历程。相对于专业必修课程而言，大学生职业发展与就业指导课程在稳定性和连续性上就差一些。这种情况的结果是造成课程设置不够科学和合理，因人设置课程等问题较为突出。因此，有必要参考专

业必修课程设置的基本经验，从专业自身的需要出发，统一课程设置，根据年级的高低设置课程，体现课程的连续性和层次性。比如，笔者所在高校，分别在第一学年开设大学生职业发展教育、第二学年开设创新创业指导和第三学年开设就业指导课的方式落实国家计划，体现出课程的连续性与阶段性。

### （三）在内容安排上，反映时代的新变化和新成果

大学生职业发展教育、创新创业指导和就业指导课程在内容安排上，要结合大学生尤其是家庭经济困难学生的特点，反映家庭经济困难学生就业指导中存在的新问题，将时代发展变化的新特征与课程研究的最新成果有机结合，补充进课程中，共同推进大学生职业发展教育、创新创业指导和就业指导课程的发展。从某种程度上讲，忽视时代发展下产生的新问题，不充分利用最新的研究成果，势必会降低课程内容的可接受性。这也是造成目前大学生对大学生职业发展教育、创新创业指导和就业指导课程不感兴趣的重要原因。为此，大学生职业发展教育、创新创业指导和就业指导课程在内容安排上要体现时代发展的最新研究成果，使此课程更有科学性和时代感。只有这样的课程才能为包括家庭经济困难学生在内的大学生所接受，才能在更广阔的平台上与世界各国展开对话和交流，才能使新时代的教育功能得到有效的发挥。

### （四）在培养模式上，着重培养就业实践能力

对于大学生职业发展教育、创新创业指导和就业指导来讲，从个体来看，课程功能的发挥效果最终体现在大学生对职业发展、创新创业与就业指导的理性认识、能力养成和行为实践上。这不仅是一个思想认识问题，体现态度层面的要求，更是一个行为实践问题，体现技能与能力方面的需要。这是大学生职业发展教育、创新创业指导和就业指导课程功能发挥的两个方面。相比之下，通常我们做得较好的是前一个阶段。为此，要积极开发就业实践资源，多举措建立大学生职业发展教育、创新创业指导和就业指导课社会实践基地；要通过就业指导教师在职培训与离职培养，加强指导教师的实践锻炼，提升广大就业指导教师的就业实践能力与就业指导水平；要建立积极的长效机制，定期组织学生参加社会实践活动，让每一个年龄段、不同层次的学生，包括家庭经济困难学生都有机会深入到社会中去，在实践中了解国情、民情，感受民众心态；要在教学内容上力求实践性，突出强调理论联系实际，切实增强针对性，注重实效；要把实践作为考核与评价大学生职业发展教育、创新创业指导和就业指导课程的重要内容和主要方式。我们相信，只要这样，大学生职业发展教育、

创新创业指导和就业指导课程定会受到学生尤其是家庭经济困难学生的欢迎，效果也会更好。

## 二、推进课外社会实践活动

所谓课外社会实践活动，就是依托于校园内的课外活动以及校园外的社会实践运用知识与能力、过程与方法以及情感态度与价值观等所开展的活动，比如勤工助学、志愿者活动以及"三下乡"活动等都属于此列。课外社会实践活动是组织学生走出课堂，走出校园，投身社会，并深入接触社会与了解社会所开展的实践活动，具有极强的社会性，有利于培养学生创新精神与实践能力。对于家庭经济困难学生来说，积极投身课外社会的就业实践活动，是推进其就业指导的重要途径。

### （一）在联系家庭经济困难学生实际的基础上，注意与本土相适应的实践活动发展

课外社会实践活动既是大学生职业发展教育、创新创业指导和就业指导课社会实践教学的重要途径，对提升家庭经济困难学生就业指导的有效性具有重要意义。在这种课外实践活动中，家庭经济困难学生可运用自己的知识与能力、体力与脑力为社会做好事，为群众尽自己的一份责任，做自己的一份贡献。同时，可通过本土性发展校园勤工助学活动、假期带薪实习等实践活动，还要培养家庭经济困难学生的主体意识与责任感。在课外社会实践活动中，高校家庭经济困难学生通过主体的自主体验，能够加深对实践活动中所形成的各种责任感的理解与体验，也能增强自身的主体实践能力；通过实践的社会效果，能够帮助他们积极应对社会就业实践产生喜怒哀乐的感受与情绪；通过社会的认可，能够进一步增强家庭经济困难学生对就业活动成功的体验，强化他们的职业责任意识与奉献精神。

### （二）要使高校家庭经济困难学生切身投入活动，并注意通过各种形式展示活动效果

在高校，各种各样的社团层出不穷，有共青团组织、学生会以及各种各样的学生团体。因此，可以发挥共青团和学生组织作用，依托班级、社团等组织形式，充分调动家庭经济困难学生投身组织与献身活动的积极性、主动性，从而让就业指导落地。要大力支持共青团组织独立开展活动，把加强和改进家庭

经济困难学生就业教育工作摆在突出位置，竭诚为家庭经济困难学生的成长成才服务。要着力通过系统思考、自我超越、建立共同愿景和团队学习等去构建适合家庭经济困难学生就业思想认识水平的学习型组织，形成家庭经济困难学生群体的共同愿景，调整其内在的情绪，实现自身的超越。以家庭经济困难学生为主体或纽带开展丰富多样的就业、创业以及勤工俭学实践活动，能充分发挥家庭经济困难学生在组织、团结以及联系学生中的潜能，进而培养家庭经济困难学生的社会适应能力与人际交往能力。同时，要充分发挥就业与创业协会、网络虚拟群体等大学生组织以及网络论坛、微博等平台在家庭经济困难学生就业中的引导与指导作用，尽显其引领力、吸引力以及感召力。

## 三、加强校园网络阵地建设

网络媒介工具带来的网络社会交往以及网络文化生活具有不同于现实物理空间社会文化生活的特性，这深深地影响到就业工作的实践与操作。对此，可以借助网络这种新媒体工具，加强校园网络阵地建设，从而引导当前的家庭经济困难学生就业指导教育工作。

### （一）多种形式打造网络阵地，使校园网成为弘扬主旋律的重要手段

在建设家庭经济困难学生就业指导教育的校园网络阵地时，可以采用分层分类明确网站定位，形成各具特色的家庭经济困难学生就业指导教育主题网站，从而打造适合家庭经济困难学生类型层次的富有特色的就业教育网络体系。也可以通过网络 BBS 论坛建立起家庭经济困难学生就业指导教育网络论坛，形成一个对就业网络讨论系统和多元互动、信息共享的言论空间；还可以通过网络工作、交往、学习以及网络生活等方式从侧面引导家庭经济困难学生正视网络，健康认识网络，从而营造一种有利于家庭经济困难学生就业身心健康的氛围，给予家庭经济困难学生就业潜移默化的影响。同时，也可以借助网络互动传媒工具，比如 QQ、博客、微博等途径，为家庭经济困难学生扬起一张引领之网，使其成为就业指导教育，弘扬主旋律的重要手段，推进家庭经济困难学生就业素养的全面提高。

但是，作为学校而言，在加强校园网络阵地建设使校园网成为弘扬主旋律的重要手段时，在具体要求上：一是要在思想上引起高度重视，无论是面向校外的公开信息，还是局限于校内的校园信息，都要自觉担负起意识形态建设的

重任，并采取切实有效的措施和步骤，通过加强网络阵地建设，实现其对家庭经济困难学生就业指导教育的引领作用；二是要强化校园网络的导向功能，在网站栏目设计、信息收集与发布等方面把握好舆论导向，对于在校园网上发布的内容要严加审查，在技术上把好关，确保在学校范围内能够保持其对家庭经济困难学生就业指导正确的导向作用，充分发挥发布内容的正面导向价值；三是在网站相关栏目上要在特色上下功夫，内容不能千篇一律，特别是要突出家庭经济困难学生及其就业的内容，要凸显家庭经济困难学生的个性与需求，在网页制作、内容选择、地方资源、特色服务等方面下大力气，力求在一定程度上既体现新科技发展水平，又体现为家庭经济困难学生就业服务的要求；四是把校园网与现实有机结合，通过多种形式的活动实现校园网络与大学生尤其是家庭经济困难学生的互动，扩大家庭经济困难学生的参与度，从而真正使校园网成为家庭经济困难学生就业教育的重要组成部分。

## （二）加强校园网络教育队伍建设，提高教育的针对性与实效性

同现实教育一样，网络教育最终也要依存、依赖并依靠人来组织与实施，网络教育队伍的人员素养直接影响到网络教育的最终效果。具体地讲，至少包含以下内容：一是教育者具备凭借互联网络与家庭经济困难学生间进行社会交往与沟通的知识与能力。由于科学的迅猛发展和技术的日新月异，互联网络已成为当前人们开展交往与传播信息至关重要的媒介，而且随着互联网络技术的不断成熟与完善，其功能也发展得更为丰富多样。除了原有的网络论坛以外，这几年发展迅速的博客、微博、QQ群、抖音等网络交流手段也悄然走进青年大学生与家庭经济困难学生群体，给他们的生活带来许多转变。对此，教育工作者应领先时代潮流，全面把握网络发展动向，给家庭经济困难学生以正确引领与指导。二是具备开辟网络教育网站及专栏等阵地的能力。作为教育工作者，要掌握互联网络网站及专栏等阵地建设的相关技术，能够通过建立网站、制作网页以及开辟专栏等途径，既为家庭经济困难学生传递党和国家关于家庭经济困难学生就业的相关政策，又针对家庭经济困难学生就业指导提供相关的技术技巧，还可以为高校广大教育工作者、家长以及所有关注、关心与关爱家庭经济困难学生就业时事的爱好者提供讨论的阵地，进而把互联网络办成推进家庭经济困难学生就业指导教育的大课堂。三是掌握丰富的计算机知识和能力。只要有网络，就会有不良情形的攻击，就会有恶性事件的发生。掌握计算机知识和技能是作为防止和反击恶意"入侵"而必须具备的。没有此方面的丰富知识与能力，基于互联网络构建的家庭经济困难学生就业教育阵地的安全就

难以得到保障，也就无法对家庭经济困难学生就业进行网络教育方面的引领与指导。

## 四、构建有效自我教育平台

所谓自我教育，是"个人有目的、有计划、有步骤地对自己身心施加特定影响，从而使自己的个性在德智体诸方面不断完善的一种活动"①。自我教育作为家庭经济困难学生在大学教育过程的一个重要环节，是实现高校教育目标的一条重要途径。教育学和心理学研究结果表明，"只有教育者进行教育的积极性，而没有受教育者自我教育的积极性，教育就不可能收到理想的效果。"②

### （一）加强自我教育的人文关怀，增强主体意识

"人文"一词最早出现在《周易·贲辞》："刚柔交错，天文也；文明以止，人文也。观乎天文，以察时变。观乎人文，以化成天下。"③它指通过对不文明行为的制约形成一种文化的规范，并借用文明精神去教化民众。"关怀"来源于西方"人文主义"一词，其英文为 humanism，其原意是以人为本位，着眼于生命关怀，注重对人本身的关注、尊重以及人的存在、人的价值、人的意义尤其是人的心灵、精神和情感。所谓人文关怀，就是以促进人的生存与发展为目标，尊重和满足人的主体地位和个性需求，培养人的主体意识和自觉能动性，进而推动人的健康成长和全面发展。

加强高校家庭经济困难学生就业指导自我教育的人文关怀，就是以人文关怀理论指导建构的就业指导教育方法理论及形态，从而增强家庭经济困难学生的主体信念。因此，必须做到：一是以人文关怀理论为指导，深入探究家庭经济困难学生就业指导教育的人文关怀方法的理论。即是以人文关怀为核心理念来建构以家庭经济困难学生就业指导为重要内容的方法理论。其立足点是以人的主体需要和发展，其落脚点是治教育如何满足人的主体需要和全面发展。二是所建构的系列方法是紧紧围绕家庭经济困难学生的就业发展和就业个性需要。简单地说，就是要"尊重人的主体性"④，以"家庭经济困难学生的就业

---

① 一凡，辛锋. 如何突破人生的危机：自我教育论［M］. 北京：华夏出版社，1991.
② 一凡，辛锋. 如何突破人生的危机：自我教育论［M］. 北京：华夏出版社，1991.
③ 易经［M］. 梁海明，译注. 太原：山西古籍出版社，1999.75.
④ 邓卓明. 彰显思想政治工作人文关怀应当把握的几个原则［N］. 光明日报，2008-08-19-09.

需要"为中心。高校家庭经济困难学生就业指导教育人文关怀方法的形态，就是以家庭经济困难学生就业指导教育人文关怀方法在实践中以突出关心、理解和帮助家庭经济困难学生就业为宗旨的教育方法。三是其具体方法的功能和效用是满足家庭经济困难学生的就业发展和需要的。"不要试图把所有人的思维方式、思想观念和行为方式都囿于统一的模式之中，要以个体差异性和个性化需求为基础，不设置统一标准模式，不限定完全一样内容和形式，不使用单一的工作方法和手段，而是一切以时间、地点和条件为转移，一切从个体的差异性和个性出发，满足不同个体的不同需求，针对不同个体的不同困惑，采取不同的方式方法，疏而导之。"① 四是方法的层次上是从抽象到具体。即高校家庭经济困难学生的就业水平提升需要——满足家庭经济困难学生就业水平提高的途径——具体实施的方法。因此，高校家庭经济困难学生就业指导教育可以人文关怀为主，借助心理健康关怀法以及社会工作服务法等方法，通过关心和助人达到自我教育的目的。

### （二）采取丰富多样的方式，培养自我教育习惯

众所周知，人们的思维和行为方式一旦成为习惯，也就成为相对稳定性和模式化的东西，能够对人产生长期性的影响。在高校家庭经济困难学生就业指导教育的自我教育中，要通过丰富多彩的自我教育方式培养他们就业教育的自我教育习惯，使其做到在择业与就业中，既能时刻以科学的就业思想观念指导其思想行为，克服消极、落后思想的影响，又能时刻保持积极性、主动性与创造性，灵活依据变化的就业形势及时修正自己的就业思想观念及其行为方式。

具体而言，一是营造虚拟情境或现实指导，促进高校家庭经济困难学生就业观念的外化。高校就业指导工作者要通过职业生涯幻游、带薪实习、顶岗支教等活动虚拟社会情境或让家庭经济困难学生置身于真实的职业情境中，让他们将在自我教育过程中已经内化到自己结构中的就业意识、思想情感、意志行为外化出来，让他们从现实转向虚拟，从自我内省转向寻求指导与帮助，提倡自我教育的相互协调，培养他们适应信息社会的合作精神，指导自身个体丰富的就业实践活动，从而丰富和完善自己的就业实践体验，进一步强化或纠正已形成的就业观念和行为方式。二是反复予以强化，形成自觉意识与习惯。自我教育要达到深刻的效果，必须经过多次反复和强化，并要及时指导他们进行总

---

① 邓卓明. 彰显思想政治工作人文关怀应当把握的几个原则 [N]. 光明日报，2008-08-19-09.

结和比较，深刻认识科学的就业观念之于社会和家庭经济困难学生个体的价值，从而使他们真正形成正确的就业取向、明确的就业信念以及责任意识。这时自我教育的效果才可能真正转化为家庭经济困难学生自身的就业素养。对于高校家庭经济困难学生来说，素养是根本的，而理想信念则是其灵魂。三是将自我教育的成果生活化。在高校家庭经济困难学生就业指导教育中，家庭经济困难学生要从"讲政治"的高度自觉地处理自我的日常就业生活。将就业体验与实践作为自身生活的重要组成部分。

总之，家庭经济困难学生能否充分就业，不仅事关国家扶贫攻坚战略目标的实现，更关系到家庭的幸福和个人的前途发展。高校应当采取切实措施，精准构建家庭经济困难学生和就业市场信息数据库，精准搭建精准化对接、动态化管理、个性化帮扶就业服务平台，帮助家庭经济困难学生提升就业竞争力和社会适应能力，赢得职场主动权，全方位助推并促进家庭经济困难学生实现更高质量和更充分就业。

# 第八章　创业之问：高校家庭经济困难学生成功创业研究

扶贫先要扶志，要从思想上淡化"贫困意识"。不要言必称贫，处处说贫。

——习近平

授人以鱼，不如授人以渔。

——老子《道德经》

贫穷本身并不可怕，可怕的是自己以为命中注定贫穷或一定老死于贫穷的思想。

——富兰克林

经济动力及工作机会主要是来自熊彼特所关注的创业家与其创新。

——现代管理学之父　彼得·德鲁克

"授人以鱼，不如授人以渔""扶贫先扶技"，提升家庭经济困难学生的能力尤其是参与市场竞争的能力，由"输血式"扶贫向"造血式"扶助转变，激发家庭经济困难学生走内涵式发展道路，是解决家庭经济困难学生就业问题的根本举措。当前，国家出台多项政策以解决高校毕业生的就业问题，其中就有一系列鼓励大学生自主创业的积极政策。如何增强家庭经济困难大学生的自主创业能力，从根本上帮助他们顺利就业，已成为我国高校面临的新课题。本章从高校家庭经济困难学生创业理念的普及、创业方法的掌握、创业项目的选择、创业团队的组建、创业计划书的撰写等方面着手，帮助家庭经济困难学生树立正确的就业价值观，理性就业，勇于创业，到适合自己能力和才华的工作岗位上建功立业。

# 第一节　高校家庭经济困难学生成功创业支持

在大众创业、万众创新的时代背景下，大学生群体是一个充满活力和创新的群体。大学生通过自主创业实现自身价值的同时，还有助于缓解就业压力。同时大学生的创业可以给社会提供更多的就业机会。然而，家庭经济困难大学生在创业过程中面临资金、政策、教育培训、服务等各方面的压力和阻碍，创业困难重重。目前针对家庭经济困难学生创业有一系列的支持措施和政策，如国家制定的一些创业优惠政策、各高校设立的创业基金和开展的创业教育等。

## 一、家庭经济困难学生创业的必要性

### （一）就业岗位供不应求，工作难寻成为普遍现象

我国大学生毕业人数逐年增加，每年新增岗位数早已不能满足逐年上涨的毕业生人数，供求矛盾突出。单单就目前的数据看，大学生人数和就业岗位数差值的增大，可以明确地告诉我们：大学生就业形势目前很严峻，这意味着，有的大学生一毕业就面临着失业。而自主创业不仅创造了工作机会，更为现今的市场注入了鲜活的生命力。

### （二）人才培养模式的变革也要求创业

随着高校的扩招，越来越多的高中毕业生涌入了大学。在大学里，他们学习书本知识，听老师讲解他人的智慧，这就容易导致大学生理论知识丰富，但缺乏动手能力，造成眼高手低的现象，不利于以后的职场生活。这种人才培养模式不利于大学生的成长发展，急需变革。大学生创业给予我们一个将理论与实际相结合的舞台，帮助我们消化理解书本知识，并用这种知识创造新的财富。

### （三）现有资助模式促进创业

高校对那些拥有家庭经济困难证明的大学生发放助学金，帮助他们解决生活难题。但是因为认定方式、资助手段等方面的缺陷，这些资助方式在操作时存在着一些问题。家庭经济困难学生往往获得资金上的补助，却不知道如何更

好地改善生活。俗话说：授人以鱼不如授人以渔。恰好，创业给予他们一个更上一层楼的平台。家庭经济困难学生可以运用这笔钱，在高校与社会的帮助下，更好地投资人生，自食其力地创造收入，在这个过程中学会自信自强，为之后走上社会打下牢靠的基础。

## 二、高校家庭经济困难学生自主创业的特点

### （一）创业方向单一，层次低

高校经济困难学生因为资金、人脉的缺乏，即使选择了创业，他们更愿意进入那些门槛低、风险低的行业。这样一来，因为进入门槛低，选择的项目就有着众多的竞争对手，获取高额利润的可能性不高，致使他们难以摆脱现状，迈向高层次的创业。

### （二）以团队创业为主，互帮互助

高校家庭经济困难学生由于处于学习阶段，没有真正迈入社会，他们无法积累大量的经验。一个人单枪匹马奋斗，在时间、经历上的单位成本过高。基于这样的现实，众多大学生选择团队创业，实现风险共担，一定程度上提高了创业的成功率。

### （三）创业冲动，期望高，失败率高

许多家庭经济困难学生在创业中往往没有强有力的后盾作为自己创业的靠山，他们创业需要顾及家庭。他们希望创业过程中，前期投资低，资金流动率高，收益见效短。有一项数据表明：79%的家庭经济困难学生表示，能接受的创业回本期在半年以内甚至更短。这类家庭经济困难学生急于求成，在不知不觉中增加了创业的难度，加大了创业的失败率。

## 三、高校家庭经济困难学生自主创业中存在的困难

因为家庭经济困难学生自身的原因，虽有创业的意愿但实际创业过程中出现了一些问题，也存在着很多困难。

### （一）缺乏对市场的了解

很多家庭经济困难学生对市场运转的实际情况了解不足，缺乏市场意识，

对市场的整体把握不充分，不能准确的分析市场运作模式，在不符合市场实际的情况下开始盲目创业，在创业过程中如果市场环境突然发生改变，通常会导致这些家庭经济困难学生创业者们不知所措，因而创业计划就会半途而废。

### （二）社会经验缺乏

家庭经济困难学生因为其经济条件差，受其成长经历的限制，接触到的社会资源较少，家庭经济困难学生从小担负着父辈们的"出人头地"的期望，毕业后希望能找到薪资福利待遇优厚的工作，大部分学生在课外业余时间，把主要精力用在课程学习和勤工俭学上，生活阅历相对简单，思想常常因循守旧，故步自封，存在胆小与能吃苦的矛盾统一性，导致他们不能充分打开想象，不能发掘自身特点选择恰当的创新目标，不能通过有效的方法将自己想法转化为创新产品[1]。因此家庭经济困难学生创业者大多选择技术含量不高的行业，这些行业风险小、易操作、启动资金较低，但同时这些行业竞争也很激烈，没有社会经验的家庭经济困难学生在创业过程中会遇到更多的挫折，最终导致创业失败。

### （三）创业能力不足

创业活动是一个复杂而艰难的过程，它需要创业者们具备相当高的社会能力、方法能力、专业能力等综合能力，具备较强的决策的判断和处理信息的能力，对大学生们个人的阅历、经验、知识等方面的要求较高。当代大学生大部分采用"合伙创业"的形式，找几个同学就开始创业，过程中会牵涉到的利润分配或权益归属会让简单的创业充满隐患、又由于他们缺乏足够的社会生活经验，最终造成了创业中途流产。

### （四）创业资金募集不易

创业的成功与否很大程度上取决于创业资金是否充足，现实中，一方面，很多高校经济困难学生创业者很多是因为资金短缺而终止创业，由于缺少流动资金，后期项目无法正常运作。另一方面，当前大部分大学生依靠学校创业基金补贴、家庭的支持、银行小额贷款等方式来获取创业基金，渠道单一，资金来源问题无法从根本上得到解决。

---

① 欧阳胜权. 基于心理资本的贫困大学生创新能力培养 [J]. 教育与职业，2016，（8）：108—110.

## 四、高校家庭经济困难学生创业支持

作为培养创新创业人才的基地，高校要充分认识到大学生创新创业教育的重要性，从教学上、政策上给予大学生特别是家庭经济困难学生全方位的支持。

### （一）重庆市创业支持政策

相关统计数据显示，2008—2019 年，重庆市制定并实施了 20 多件有关大学生创业的政策文本，以渝府办、渝人社文件为主[①]。从内容上看，主要集中在：一是创业课程建设，将创新创业教育贯穿于教育教学全过程，开设创业基础、并要求实践课程占有不低的课程固定比例，同时课程中需加入前沿学术、最新成果和实践经验等内容。二是创业平台建设，建立多种校内外创业平台、实验室、俱乐部、协会、中心、园区，吸引学生积极参与，勇于实践，并对重点项目予以支持，助其转向市场化，鼓励大学生参与创业竞赛、众创空间、自主创业。三是创业奖励，建立专门奖学金和荣誉称号项目，给予学生物质及精神奖励。四是创业政策，针对休学创业的学生，保留 3 年学籍。五是创业导师队伍建设，构建创业导师制，通过绩效、评定职称等制度激励教师主动参与。六是创业服务体系建设，开展创业培训、孵化等服务模式。

专门针对家庭经济困难大学生的政策主要是以下几个方面：一是意识扶贫，营造校园创业文化气氛，扭转家庭经济困难大学生"创业难，我更难"观念，树立学生责任意识，鼓励贫困地区毕业生返乡，依托家乡特色产业运用电子商务创业。二是能力扶贫，提高核心竞争力，积极引导家庭经济困难大学生参与各类创业竞赛、入驻大学生创新创业基地深入学习。三是物质扶贫，根据重庆市财政要求，组织协助发放求职创业补贴，对象范围扩展到已获得国家助学贷款的应届高校毕业生。四是平台扶贫，在部分项目聘用等工作中，将符合条件的高校家庭经济困难毕业生列为优先推荐对象。

---

① 谢家建，王卉蕊. "互联网＋"背景下家庭经济困难大学生创业困境与对策——基于对重庆市相关政策梳理和部分高校的调研［J］. 决策与信息，2019（05）：50—57.

### (二) 高校家庭经济困难学生成功创业支持体系

#### 1. 高校要搭建家庭经济困难学生创新创业平台

高校可以搭建创新创业服务平台，专门为家庭经济困难学生创业服务，例如可以为家庭经济困难学生举办创业计划大赛，提供奖励基金，并且为优秀切实可行的项目寻找合作企业，让学生的创业理想得以实现，增强自信心。通过学校的校报、官方微信、广播、宣传栏、QQ 群等媒介以及第二课堂、名人讲堂、科技社团、沙龙等创新创业活动开展，营造浓郁创新创业校园氛围，加深家庭经济困难学生对创新创业的了解和认识，不断开阔眼界、更新观念，引导家庭经济困难学生树立科学的创业观、就业观、成才观。还可以让家庭经济困难大学生进入大学生创业科技园区，直接参与企业的经营、策划、管理，为今后的创新创业打好基础。

高校应定期邀请创业讲师、校友企业家开展创业培训，组织参观大学生创新创业基地，了解创新创业项目的实际状况。以校园科技文化节为依托，支持家庭经济困难学生积极参加"挑战杯""互联网＋"等创新创业大赛，加强全程指导，培养他们的创业精神和实践能力。高校应利用官网、官微等平台宣传创新创业政策，让家庭经济困难学生在创新创业的氛围里，潜移默化地积极投身于创业热潮中。同时，高校应进一步完善资助体系，争取更多的社会力量，设立专项基金，为有创业想法的家庭经济困难学生给予扶持。

#### 2. 政府要逐步完善创新创业扶持政策

为了激发家庭经济困难学生的创业活力，减少创业过程中的障碍，政府应该完善各种创业政策及优惠政策，例如，在家庭经济困难学生创业前期提供创业机会，场地支持、技术支持，等等，做学生创业的贷款担保人，对学生创业者创业期间产生的税费给予更多优惠；在创业中期及时给予相关的配套服务，即使创业计划不幸流产，政府也应该予以相应的补贴，以弥补家庭经济困难学生由于创业失败引发的经济损失。此外，政府应充分利用现代媒体与舆论的作用，宣传家庭经济困难学生创新创业成功事迹，在全社会营造良好的创业氛围，让更多的人关注家庭经济困难学生，提升家庭经济困难学生的创造力。

#### 3. 家庭经济困难学生应当努力提升自身的创新创业能力

创新是创业的灵魂，家庭经济困难学生应该充分发挥自己的想象力，提高自己独立解决问题的能力，提升创新意识。家庭经济困难学生还应具备较强的人际交往能力、领导能力、组织协调沟通能力和敏锐的洞察力，在创业过程中，激发自己的潜力，实现自己的人生价值，体会创业的艰辛与乐趣。

4. 跟踪收集家庭经济困难学生创新创业情况

高校要派专人对家庭经济困难学生的创新创业活动进行跟踪调查研究，建立家庭经济困难学生创新创业反馈机制，对他们在创新创业过程中遇到的困难及时提供帮助，寻找解决方案，对高校提供的帮扶工作进行评估反馈，树立典型榜样，鼓励在校家庭经济困难学生进行创业活动。

总之，创新创业教育是一项全民教育活动，培养家庭经济困难学生创新创业能力并不仅仅是创业者一个人的问题，需要整个社会的支持与关注，需要家庭经济困难学生创业者本身、高校和政府的有机配合，不过从根本上还是要提升大学生自身的创新创业能力，使家庭经济困难学生最终实现自主创业，完成就业活动。

创业是一项十分复杂的社会实践活动。高校应当持续深化创新创业教育，针对家庭经济困难学生的特殊性设计出由创业意识教育、创业实践培训及创业能力提升三个模块组成的创业实践培训课程，促进家庭经济困难毕业生从创业观念到创业知识再到创业能力的质的转变，提高学生的创业能力，加强实践实训教学的力度。同时，建立为家庭经济困难学生提供创业服务的机构，为有创业需求的家庭经济困难毕业生提供专业的创业指导师进行"一对一"咨询服务，利用专业知识指导家庭经济困难学生进行创业规划和指导。可以聘请具有丰富创业实践经验的企业家和专家对家庭经济困难学生进行创业指导。

## 第二节　高校家庭经济困难学生成功创业意识培养

自主创业是大学生施展抱负、成事成才的重要舞台，更是缓解就业压力的重要途径。思想是行动的先导，创新创业意识的培养和创业精神的激发是高校家庭经济困难学生投身创业的前提。高校应当通过召开针对家庭经济困难学生的专场就业宣讲会，正确分析当前就业形势，改变学生及其家长的传统就业观念，使其主动了解创业环境、主动寻找创业机遇，让创业教育渗透到家庭经济困难学生的思想政治教育中来，对他们进行创业意识的培养，进行创业氛围的营造，激发他们对自主创业的欲望。通过邀请成功创业校友或社会人士开展创业讲座、收集创业精英案例汇编等方式，开展典型自主创业教育，为家庭经济困难学生提供创业启示和信心。家庭经济困难学生的成功创业除了出台政策和措施等外部支持外，如何激发大学生自身的创业知识和技能也成为高校义不容辞的责任。

# 一、引导家庭经济困难学生正确认识创新创业

创业，涉及心理学、社会学、人类学、管理学和经济学等多种社会科学领域，是创业者运用自己的能力，通过个人及组织的努力，在有限的环境中，寻求机会，努力创新，不断创造价值的过程。广义的创业是创造新的事业的过程；狭义的创业是指个人或团体依法登记设立企业，以盈利为目的从事有偿经营（生产、加工、销售、服务、分销或组合）的商业活动。我们所说的大学生创业是狭义的创业，是指大学生毕业后不通过传统的就业渠道谋取职业发展，而是利用自己的知识、才能和技术，以自筹资金、技术入股、寻求合作等方式开办自己的企业，从而为自己、为社会上更多的人创造就业机会的过程。

要创业，就要涉及创业的要素，那么创业的要素是怎样的呢？一般认为：创业的三大关键要素，即：创业者及其创业团队、创业机会、创业资源。

## （一）创业机会

创业机会是指创业者可以利用的商业机会。成功的创业者和投资家都知道，一个好的思路未必是一个好的商机。有资料显示，以商业计划或创业建议等形式传递给投资者的思路中，每 100 个仅有 4 个最后成为投资对象。在这些被否定的思路中，80％以上是在最初的几个小时就被淘汰了，还有 10％～15％的是在投资者认真审阅之后遭到淘汰的。只有不到 10％的创业计划会吸引住投资家，而且投资家会给予详细的审查。在这中间还要有一些被淘汰掉。可见，寻找并利用合适的创业机会是多么重要。雷军的名言是"只要站在风口猪也能飞上天"，这里所谓的风口，其实就是指创业机会。机会来了，挡都挡不住。

创业机会来自你所处的环境及其变化。国家的战略变化，技术的发展和创新，行业结构的变化，管理方式的变革，最主要的，还是顾客需求的变化。所以，我们要善于发现商机，分析和利用好商机。

## （二）创业团队

创业团队是指在创业初期，包括企业成立前和成立早期，由一群才能互补、责任共担、愿为共同的创业目标而奋斗的人所组成的特殊群体。创业者可以是一个人，也可以是一个团队。很多投资人认为，投资选项目看重的主要是

创业团队和项目的发展潜力。也有人认为，一看创业团队，二看商业模式。天使投资人何伯权，是从创业者出身的风险投资家，他成功地投资了像七天连锁店、久久丫连锁店等十几家公司，成功率非常高。何伯权认为，投资选项目要看三个方面：行业趋势、创业团队、商业模式。

何伯权认为：做一件事情，趋势是最重要的。大势把握准了，哪怕是做错一些具体的事情，都没什么关系，假如这个行业整体趋势是往下走的，你再努力也没有用。我觉得做事做人都一样，创业投资也一样，最好选择朝阳产业或者顺应经济大趋势的行业，而且必须要有很大的腾挪空间，万一某个方向不行还可以及时调整，机会比较多。

再好的趋势还是要有团队去做，而且整个创业过程可能会遇到很多变化，不是说事先设定的事情就会坚持到底的，团队的应变能力和素质就非常重要。什么样算是好的团队？第一，是有激情，最好是很有理性的激情，即这个项目令他激动，能激发出他的潜能。第二，是厚道，创业者要有自律性，能让投资人放心。那些让投资者觉得不放心的团队就不要投了，不然的话反而是双方都不开心。第三，是团队要有经验，而且最好是有这个行业的经验。

最后商业模式很重要，因为最终企业的成功还是商业模式的成功，如果他没有钱或者没有向上的趋势，成功的机会就少了；或者是团队能力不够的话，可能最终也找不到一个好的商业模式。最初设计的商业模式跟最后的实践往往有很大的差异，所以创业者必须要有能力。

杰弗里·蒂蒙斯指出，创业团队由一位非常有能力的创业带头人建立和领导的，他的业绩记录不仅向我们展示了成就，也展示了一个团队必须拥有的品质。作为一位领跑者和企业文化的创造者，创业带头人是团队的核心，他既是队员，也是教练。吸引其他关键管理成员，然后建立起团队，这样的能力和技巧，是投资家苦苦寻找的最有价值的东西之一。

### （三）创业资源

创业资源是指新创企业在创造价值的过程中需要的特定资产，包括有形与无形的资产。它是新创企业创立和运营的必要条件，主要表现形式为：创业人才、创业资本、创业技术和创业管理等。

对于创业者来说，拥有多少创业资源在一定程度上体现出创业成功的可能性。创业资源体现在创业者能够如何整合资源。一般而言，创业企业都是资源缺乏的，人才经验不足，资金少，管理经验不足，等等。对于大学生创业来说，不断学习扩充自己的资源，建立自己的核心竞争优势是非常重要的。企业家为何热衷读 MBA？因为人脉也属于创业资源。"创业教育之父"杰弗里·蒂蒙斯（Jeffry A. Timmons）在其所提出的创业理论经典框架中，将创业团队和资源、机会一起视为三大核心要素，其中任一要素的弱化都会破坏三者之间的平衡，如图 8-1 所示：

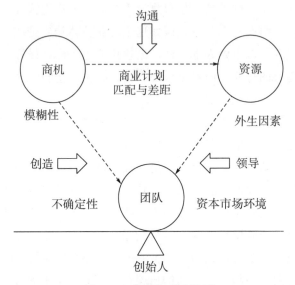

图 8-1　蒂蒙斯创业模型

　　蒂蒙斯认为，创业过程是由商机驱动的。在大多数情况下，真正的商机要比团队的智慧、才能或可获得的资源重要得多。商业机会是创业过程的核心驱动力，创始人或工作团队是创业过程的主导者，资源是创业成功的必要保证。创始人或工作团队的作用就是利用其自身的创造力在模糊、不确定的环境中发现商机，并利用企业网络和社会资本等外界因素组织和整合资源，主导企业利用搜寻到的商业机会创造价值。商业计划为创业者、商机和资源要素间的匹配和平衡提供语言和规则。创业过程是一个连续不断地寻求动态平衡的行为组合。团队必须做的核心工作是：对商机的理性分析和把握，对风险的认识和规避，对资源的最合理的利用和配置，对工作团队适应性的分析和认识。

　　随着国家"以创业带动就业"政策的推动，越来越多的家庭经济困难学生走上创业之路，然而家庭经济困难学生的创业之路充满艰辛，可以说举步维艰，面临许多的困境。帮助家庭经济困难学生克服创业困境，鼓励扶助他们自主创业，把就业压力转化为创业动力，让家庭经济困难学生以创业者身份出现，由求职者变成职位提供者，实现人生价值和理想，具有重要的现实意义。

## 二、组建优秀的创业团队

搭建一支优秀的团队对任何人而言，都是一项至关重要的工作。那么，我们应该如何搭建一支优秀的团队呢？换句说话就是，优秀的团队是啥样呢？

### （一）知己知彼的团队成员

绝大多数团队的核心成员都很少，一般是三四人，多也不过十来人，如此少的团队成员从企业管理角度来看，实在是"小儿科"，因为人数太少，几乎每个从事管理工作的人都觉得能够轻易驾驭。但实际上，这个团队成员虽少，但是都有自己的想法，有自己的观点，更有一股藏于内心的不服管的信念。因此，我们对团队中的每个成员都不能报以轻视的态度。

优秀团队的所有成员都应该相互非常熟悉，知根知底。《孙子兵法》中云："知己知彼，百战不殆"，在团队中，团队成员都能非常清醒地认识到自身的优劣势，同时对其他成员的长处和短处也一清二楚，这样可以很好地避免团队成员之间因为相互不熟悉而造成的各种矛盾、纠纷，迅速提高团队的向心力和凝聚力。

现在，国内许多大学生选择的合作伙伴也多是同学、朋友、校友，但是还是很快就失败了。为什么呢？因为他们选择的合作伙伴虽然都是他的"熟人"，但是他的那些"熟人"之间是缺乏交流、沟通的，说到底，还是团队成员是相互陌生的。甚至在许多校园 BBS 上，我们看到某个同学有一项新发明，或者是好创意，立即广发"英雄贴"，虽然都是同龄人，但是毕竟没有共同经历过"血与火"的考验，这样的团队成员之间是缺乏凝聚力的。

所以，优秀的团队首先要确保自己的团队内所有核心成员都是相互非常熟悉的，用一句话形容就是下：一个教室学习过的同窗，一个战壕战斗过的战友。

### （二）才华各异、相得益彰的团队

团队虽小，但是"五脏俱全"。团队成员不能是清一色的技术类成员，也不能全部是搞终端销售的，优秀的团队成员各有各的长处，大家结合在一起，正好是相互补充，相得益彰。

相对来说，一个优秀的团队必须包括以下几种人：一个创新意识非常强的人，这个人可以决定公司未来发展方向，相当于公司战略决策者；一个策划能力极其强的人，这个人能够全面周到的分析整个公司面临的机遇与风险，考虑成本、收益的来源及预期收益，甚至还包括公司管理规范章程、长远规划设计等工作；一个执行能力较强的成员，这个人具体负责下面的执行过程，包括联系客户、接触终端消费者，拓展市场，等等。此外，如果是一个技术类的公司，那么还应该有一个研究高手（甚至是研究领导者型人物），当然，这个团队还需要有人掌握必要的财务、法律、审计等方面的专业知识。唯有这样，团队成员才能算是比较合格的。

需要补充一点的是，在一个团队中，不能出现两个核心成员位置重复的可能性，也就是说，不能有两个人的主要能力完全一样，比如，两个都是出点子的人，两个都是做市场的，等等，出现这种情况是绝对不允许的。因为只要优势重复，职位重复，那么今后必然少不了有各种矛盾出现，最终甚至导致整个团队散伙。这样的例子举不胜举。

那些正打算以及已经开始创业的人请仔细思考以上问题，看一看自己的团队是否真正做到了各个成员才能各异、相得益彰？如没有，那么，请早做其他打算。

（三）团队必须有胜任的带头人

在企业管理和市场营销中，我们经常谈论领导者的核心竞争力。事实上，在团队中，带头人作用更加重要。

团队中必须有可以胜任的领导者，而这种领导者，并不是单单靠专利来决定的，也不是谁出好的点子谁当头的。这种带头人是团队成员在多年同窗、共事过程中发自内心的认可，其他的所有一切都是废话。

许多团队在很短的时间内就消亡了，很重要的原因在于团队的带头人其实根本不是一个合格的领导者。而领导者的作用，说得直白点，就是"决定一切"！

许多年轻人雄心勃勃，冀望一日升天。他们敢于第一个吃"螃蟹"，但是他们不一定是胜任的团队带头人，他们最多只是起到了一种"先锋"示范作用。

优秀的团队，独独不可缺少胜任的带头人！

其实，优秀的团队还必须具备以下一些条件，比如，所有核心成员分工明确，股权分配明确；核心成员要有相应的工作（实践）经验，甚至要对整个行业有相当的了解，等等。

总之，非易事，但并非无可作为；要想成功，有一个优秀的团队是非常关键的。

# 第三节　高校家庭经济困难学生创业素质的训练

高校应当积极寻求与政府、社会多方面的合作，为家庭经济困难毕业生寻求创业资金和相关政策支持，如推行家庭经济困难大学生创业免费培训、家庭经济困难毕业生创业帮扶基金等举措，为家庭经济困难大学生自主创业创造良好的社会环境，减除家庭经济困难学生创业的资金困扰和内在顾虑，切实有效地推进家庭经济困难学生自主创业，解决家庭经济困难学生在创业中遇到的各方面的实际困难和问题，助推家庭经济困难学生将强烈的创业意愿转化为实际的创业行动。

## 一、成功创业者的素质要求

家庭经济困难学生在进行自主创业前，有必要了解一下自己是否具有创业者的素质？是否适合创业？应该从哪些方面进行培养？

创业者能否尽快掌握创业所需的"十八般武艺"，关键取决于创业者是否具备获取这些能力的意识和愿望，而且在长期的创业历程中坚持这些意识和愿望。

所以，对创业者来说，只要有强烈的愿望和意识，然后经过学习改善历练等诸多有意识的强化过程，就有可能获得所需的各项能力，实现创业成功，要把意识转变为能力，要经过创业者多年坚持不懈地、有目的地提升改造自己。

虽然成功创业者的经历、行业、领域千差万别，但有一点是必备的，那就是强烈的、积极提高改进的意识。创业者必备的意识可以归纳为十个方面。

1. 创造梦想、发现机遇的意识

一般认为好的创业者应该是善于发现商机的人，但是什么样的人才能发现别人发现不了的机遇呢？是那些习惯于创造梦想的人。梦想会指引他去寻找、捕捉机遇，并将机遇转化为恒久追求的事业。

任何伟大的事业都源于伟大的梦想，而伟大的梦想却起源于创造梦想的人。当微软刚开始创业的时候，其创始人比尔·盖茨就提出这样一个伟大的梦想：让计算机进入家庭，并放在每一张桌子上。进入 21 世纪后，微软又提出新的梦想：通过优秀的软件赋予人们任何时间、任何地点、通过任何设备进行沟通和创造的能力。伟大梦想的指引，是微软之所以成为伟大公司的根本原因。

2. 凝聚梦想、专注热爱的意识

创业者光有梦想还不够，还要能够把过去的梦想进行优选提炼，凝聚成为一生的热爱和追求，并把这种热爱和追求与所创业的领域融为一体（或者说将创业的生意作为终身热爱追求的事业），才能保证有足够的耐心和坚韧、有足够的勇气和信心，去战胜各种艰难险阻和困境挫折，坚定不移地甚至是寂寞地走自己认定的道路。

创业的道路是漫长而艰辛的，没有一种如热爱自己生命一样热爱事业的精神，是无论如何也坚持不下来的。

3. 学习新知、进取提升的意识

任何事业，光有一股狂热激情，哪怕是再持久也不够。还要有不断学习新知识、新经验、新技能，补充自己不足、提高自身水平的强烈意识。为了实现自己的梦想、追求自己热爱的事业，就必须勇于突破专业、职业、年龄、性别、环境等诸多条件的限制，以孩童般强烈的好奇心和求知欲，对凡是有益于自己事业的东西，都如饥似渴地学习：不懂技术学技术、不懂管理学管理、不懂营销学营销，不懂财务学财务……不断地完善自己，永无止境。

我们常说创新是创业者必备的素质。但创新从何而来？来源于永不停步的学习。学习是创新的基础，是人的第一需要。有人说活到老、学到老，其实反过来才对，只有学到老、才能活到老。

4. 坚持社会公理、科学理性思维的意识

在今天这样一个信息繁杂和知识爆炸的年代，怎样才能确保所学知识和所做决策的正确方向？唯有强烈的认知并坚信真理的意识，才是创业征程中指路的明灯。

就像数学家坚信勾股定律、圆周率，物理学家坚信物质不灭、能量守恒定律一样。创业者必须坚信的一条是：付出必有回报。因为市场经济的基本规律是等价交换，无论个人还是组织，只有与社会和谐共存，为社会做出贡献，善待消费者，才能长久地生存发展。同时坚信人之初、性本善，人之初、性本善（积极向上）的基本人性不会改变。然后用这些基本的原理原则，进行科学的、理性的、逻辑的分析推理，构建一系列指导自己和团队行动的理论体系。其中最重要的东西，就是你的团队的愿景、核心价值观和使命，这是企业稳健发展的命脉，是企业战略决策清醒正确的保证，是照亮企业前进航程的灯塔。

像世界 500 强著名企业 IBM 创始人托马斯·汉森，从创立公司之始，就依据社会和经营的基本原理，确立了明确的企业原则和坚定信念。如依据以人为本的公理，确定必须尊重个人的理念；依据市场经济等价交换的原理，确定必须尽可能给予顾客最好服务的理念；依据物以稀为贵、付出即有回报的原理，确定必须追求卓越工作表现的理念。历任公司领导的首要职责，就是将这些准则烙印在每个员工心上，使他们都明白 IBM 的根本是什么，从而为企业近百年健康发展奠定了坚实的思想基础。

5. 突破陈规、创新创造的意识

条条道路通罗马。罗马只有一个，但通往罗马的道路却不同。每一个创业者的背后，都有许多鲜为人知的故事。他们成功的荣耀是相同的，但每个人成功的方法和历程却千差万别。创业者的经历、环境、素质、所从事的行业领域各不相同，创业过程中遇到的矛盾和问题也不相同，必须要靠当事人的创新与突破，才能开辟一方新天地。任何的创业，都是一种探索，一种冒险，绝没有一劳永逸的成功秘籍，也没有预先画好的地图。一切都要因时、因地、因人、因事而异。离开创新和创造，创业就是一句空话。如果以为仅模仿前人成功的经验做法就能创业成功，那简直是异想天开。因为如今的世界，信息瞬间万变、科技日新月异、消费者需求永无止境，唯有不停地创新创造，才能跟上时代的步伐，才能在异常激烈的竞争中站稳脚跟，脱颖而出。

6. 平和心态、调节情绪的意识

创业是艰苦的，创业者承受的心理压力是外人难以想象的。创业的不同时期，经常要面对发展机遇、陷阱诱惑、市场竞争、经营风险、兴衰存亡等重要关口。这些都是考验创业者心理素质的关键时刻。历史和现实当中，在此时情绪失控、丧失理智、迷失方向、铸成大错的比比皆是，甚至因为无法承受压力和责任，而踏上不归之路的也大有人在。创业者即企业的领导人要成功闯关，必须拥有和保持或慷慨激昂、或热情奔放、或沉着冷静、或坚韧不拔、或果敢无畏的心理状态。

不论在何种心理状态下，创业者内在最核心的深处，都必须始终保持清醒和理智。面对任何事情、任何结果，在人力已尽的情况下，都要用平和的心态看待无奈失意、成败得失、功过褒贬。做到"力所能及之事全力以赴，力所不及之事泰然处之"。唯有如此，方能处变不慌、宠辱不惊、成败不囿，排除外在的干扰或诱惑，朝认定的方向和目标奋进。

7. 关注细节、紧盯结果的意识

真正的商人和成功的创业者，无一不是最务实的。无论做什么事，都讲求效果的最优化与结果的最大化。他制定任何计划、倡导任何理念，最终都会实实在在地落地。即使是看似空泛的企业核心理念或口号造势，都必定有助于真正目标的实现。关注执行过程的细节与控制执行的结果，是一个问题的两个方面。成败根源于细节，细节决定成败。古人云：天下大事必作于细；千里之堤溃于蚁穴，讲的都是细节的重要性。古今中外，有多少企业、多少经营者、多少浩大的工程，都是因为细节的缺失而功败垂成！

创业经营来不得半点形式主义，反之，必败无疑。我们任何一个高远的理想和目标，都要靠脚踏实地、一步一步去实现，否则就会成为空中楼阁。同样的，我们在做任何工作，执行任何任务，关注工作中的每一个细节时，时刻要牢记自己的方向是什么、目标是什么，警觉并评估自己的行动会导致什么样的结果。以目标和结果为导向的细节意识，才是创业成功的重要保证。否则，要么是迷失方向的瞎忙活，要么是眼高手低的空谈。传播要以受众为中心，做事要以自己为中心。传播要挖掘受众的兴趣点、利益点和技术支持点，才能达到传播影响他们的效果。做事则一定要牢记自己的任务目标，紧盯过程及细节的落实，不达目的誓不罢休。

日本人的精细是出名的。松下幸之助曾精辟地指出，精细化管理时代已经到来，企业的竞争就是细节的竞争，注重细节让你立于不败之地。记得丰田公司开拓美国市场时有这么一个故事：一位日本人以学习英语为名，跑到一个美国家庭居住。奇怪的是，这位日本人除了学习以外，每天都要做笔记，将美国人居家生活的各种细节，包括吃什么食物、看什么电视节目等，全记录下来。3个月后，日本人回去了。但没多久，丰田公司就推出针对美国家庭需求而设计的价廉物美的轿车，投放市场立即得到美国消费者青睐，一举大获成功。

8. 改造员工、影响他人的意识

大凡创业时期的团队，人力资源必定是极其匮乏的。已有的人员不是缺乏知识技能，就是缺少经验素养。再加上社会关系生疏，可以调动借用的外部资源稀缺。作为创业者，就要培养增进自己对内点石成金的功夫、对外借力整合的能力。要达到这一点，创业者必须有强烈的影响和改造他人的意愿和意识。对员工和下属，创业者本人必须在布道传经、授业解惑、指导说服、设立标准、转变观念、纠正习惯、校正行为等方面下功夫，提高员工素养、培养团队精神、凝聚团队力量。对外，创业者本人必须要有强烈的意识去影响和改造与自己事业有关联的组织和个人，如政府职能部门、政府官员、媒体、银行、投资者、经销商、消费者等，最大限度地改善外部环境，调动所有力量来支持自己的事业。

9. 敢担责任、直面挑战的意识

创业者必须清醒地意识到，你是这个团队的领导人，应当对团队最终的结果负全部责任。任何逃避和推脱都是无效的、荒谬的。特别是当团队遇到重大决策或危急关头时，所有的人都不敢，也不能出来承担了，唯独你必须出头拍板做决定，或出面承担责任和后果。只要这样，这个团队才有中流砥柱，员工才有主心骨，你才能赢得所有相关人员的尊重和信赖，才能使这个团队有战斗力、有持久力。

另外，最高境界的创业者，总是勇于面对挑战，主动迎接挑战。因为此时不仅你，而且对你的竞争对手来说，也同样处在重大关头。如果竞争对手退却了，你反而知难知危而进，将一举战胜对手，脱颖而出（一如弯道正是赛车手超越的最佳地点和时机）。

10. 居安思危、自省自警的意识

创业是一种冒险，是一种风险很大的社会实践活动。不少创业者一开始并没有做好创业的心理准备，贸然踏上这条艰险之路，结果遇到一点危机，立马就半途而废、中途夭折了。更多的情况是，创业者在刚开始创业的时候，还是具有比较强的拼搏进取精神，也比较能吃苦耐劳、勤俭节约。但等创业到一定程度、企业有了一点成就之后，由于不愿再承受更多的压力和责任，很多人会产生小富即安、贪图享受、不思进取的心理，有的甚至被小小的胜利冲昏头脑，变得忘乎所以。

从此失去了刚刚创业时期的那种敏锐和忧患意识。而真正的危机恰恰就在这时降临。为什么说民营企业的平均寿命只有 3 年？根源就在这里。比尔·盖茨经常对员工说：微软的寿命永远只有 18 个月！其实，他是用这种方式告诫自己的团队：任何时候都不要忘记危机，任何时候都不要忘记进取和创新。

创业者还需要有一种有过即改、善于从错误中学习知识、吸取教训的意识。尤其要避免两种情况：一种情况是过于偏激，明知错了，却碍于面子或为了自己所谓的权威死不悔改，却不知这么做恰恰会丧失自己的权威。其实，有过即改、及时从失误中学习，既有利于工作，也更能赢得团队的信任。另一种情况是，创业者往往把过去一些成功的做法加以固化僵化，不管时间条件变化与否，都当作经验教条、金科玉律来奉行，结果犯了刻舟求剑的错误。所以说，保持居安思危、与时俱进的意识，是创业者永葆青春与活力的根本保证。

## 创业能力测试

测评说明:

①当你想要拥有一个自己的公司的时候,有必要先进行这个测试,它可以帮助你判断你自己是否适合创业?你具有多少创业者潜力?当然,这个测试结果,仅供参考,因为决定一个人创业能否成功要受到好多因素的制约。

②本测试根据一系列陈述句组成。请阅读题目,根据你的实际情况来选择最符合你的描述。

③在选择时,请根据你的第一印象来回答。不要做过多的考虑,并在符合你的情况的括号里画"√",不符合的情况画"×"

### 创业能力测评表

| 序号 | 内容 | 结果 |
|---|---|---|
| 1 | 是否曾经为了某个理想而设下两年以上的长期计划,并且按计划进行直到完成 | |
| 2 | 在学校和家庭生活中,你是否在没有师长和亲友的督促下,就自动完成分派的任务 | |
| 3 | 你是否喜欢独自完成工作,并做得很好 | |
| 4 | 当你与朋友在一起时,你的朋友是否常寻求你的指导和建议?你是否曾被推举为领导者 | |
| 5 | 在你以往的经历里,有没有赚钱的经验,你喜欢储蓄吗 | |
| 6 | 你是否能够专注地做自己感兴趣的事连续 10 小时以上 | |
| 7 | 你是否习惯保存重要资料,并且井井有条的整理,以备需要时可以随意提取查阅 | |
| 8 | 在平时生活中,你是否热衷于社会服务工作,你关心别人的需要吗 | |
| 9 | 是否喜欢音乐、艺术、体育以及其他各种活动 | |
| 10 | 在此之前,你是否带动其他人员,完成过一项由你领导的大型活动或任务 | |
| 11 | 喜欢在竞争中生存吗 | |
| 12 | 当你在别人管理下工作时,发现其管理方法不当,你是否会想出适当的管理方式并建议改进 | |
| 13 | 当你需要别人的帮助时,是否能充满自信地提出要求,并且能说服别人来帮助你 | |
| 14 | 在你筹款或者义卖时,是不是充满自信而不害羞 | |
| 15 | 当你要完成一项重要工作时,是否总是给自己留出足够的时间仔细完成,而决不让时间虚度,在匆忙中草率完成 | |

| 序号 | 内容 | 结果 |
|---|---|---|
| 16 | 你参加重要聚会时，你是否会准时赴约 | |
| 17 | 是否有能力安排一个恰当的环境，使你在工作中能不受干扰，有效地专心工作 | |
| 18 | 你交往的朋友中，是否有许多有成就、有智慧、有眼光、有远见、老成稳重型的人 | |
| 19 | 你在学习或团体中，被认为是受欢迎的人吗 | |
| 20 | 你自认是理财高手吗 | |
| 21 | 你是否可以为了赚钱而牺牲自己的娱乐 | |
| 22 | 是否总是独自挑起责任的担子，彻底了解工作目标并认真地执行工作 | |
| 23 | 在工作中，是否有足够的信心和耐力 | |
| 24 | 能否在很短的时间内，结交许多新朋友 | |
| 结果分析 | 总分 | |

评分标准：

评分标准："√"得1分；"×"不得分。统计所得分数。

测评结果分析：

A.0～5分：

目前不适合创业，应当训练自己为别人工作，并学习技术和专业。

B.6～10分：

需要在别人指导下去创业，才会有成功的机会。

C.11～15分：

适合自己创业，但必须在所有"否"的答案中，分析出自己的问题并加以纠正改进。

D.16～20分：

非常适合创业，足以使你从小事业开始，并从妥善处理中获得经验，成为成功的创业者。

E.21～24分：

有无限潜能，只要把握时机和运气，可能将是未来的商业巨子。

## 二、产生好的企业想法

作为大学生创业，特别是家庭经济困难学生，创业项目来自哪里？如何产生好的企业想法变得至关重要。

### （一）企业想法

企业想法就是对个人或者组织识别机会或发现需求（市场、团体等）的回应。发现一个好的企业想法是实现创业者愿望和创造商业机会的第一步。有两点需要说明：（1）尽管企业想法是首要的条件，但它只是一个工具；（2）无论想法本身有多好，但是对于成功它是不够的。换句话说，尽管企业想法很重要，但它只是工具，需要转化成有价值的商业机会。

### （二）企业想法的来源

在全世界有数百万的创业者，说明他们有很多产生企业想法的来源。下面列出一些有用的来源要点。

1. 爱好和兴趣

爱好是人们在业余时间特别喜欢进行的活动。很多人通过追求爱好或兴趣，产生了企业想法。例如：你喜欢玩电脑、烹饪、音乐、旅行、运动或表演，你就可以把它们发展成为企业想法。举例说明，如果你喜欢旅行、表演或好客，你就可以进入观光和旅游行业——它是世界上最大的产业之一。

2. 个人的技能和经验

一半以上成功的企业想法都来源于工作经验。例如：一个拥有在大型汽车制造厂工作经验的机械技工，他（她）就可能创办汽车修配厂。因而，那些潜在的创业者的背景在决定创办企业以及企业类型的过程中扮演了至关重要的角色。你的技能和经验是你最重要的资源，不仅是在产生想法方面，而且还体现在如何利用这些想法方面。

3. 特许经营

特许经营是指特许者将自己所拥有的商标、商号、产品、专利和专有技术、经营模式等以特许经营合同的形式授予被特许者使用，被特许者在特许者统一的业务模式下按合同规定从事经营活动，并向特许者支付相应的费用。特许经营有很多类型，但是最流行的一种就是提供名称、标识、操作程序和经营方式。20 世纪 80—90 年代，特许经营迅速增长，成为一种在美国和欧洲广泛使用的从事商业活动的办法（通过特许经营建立了数百万的企业）。仅在美国就有超过 2000 种类型的特许经营，年销售额超过 3000 亿美元，大约占零售总额的 1/3。除了购买特许经营权，也可以开发和销售特许经营的理念。有很多的资料和协会，包括国际特许经营协会都可以提供相关材料和信息。

### 4. 大众传媒

大众传媒是大量信息、想法和机会的来源。大众传媒包括报纸、杂志、电视和互联网等。仔细浏览大众传媒，在报纸或杂志上你经常可以找到关于企业转让的商业广告，这是使你成为创业者的很好的信息来源。新闻出版物或互联网上的文章、电视纪录片也经常会有关于流行趋势或消费者需求变化的报道。例如，你能看到或听到别人对健康和减肥食品的兴趣日益增加，你可以由此发现某个新的投资理念，比如特许经营。

### 5. 展览会

参加展览会和商品交易会是另外一个产生企业想法的途径。在报纸和杂志上经常会有展览会和商品交易会的广告。通过参观，你不仅可以看到新产品和服务、还可以见到厂商、批发商、发行商和经销商。那里有很多好的创办企业的想法来源、信息和帮助。他们也经常会寻找像你这样的人。

### 6. 市场调查

企业想法的焦点是消费者。通过调查确定消费者的需求是提供产品或服务的基础，可以通过与人们进行正式或非正式的交谈来调查，也可以经常使用调查问卷、访问或者通过观察。你可以通过与你的家庭成员或朋友交谈找出他们没有被满足的需求。例如：他们是否对现有的产品或服务满意，他们希望看到什么样的改进或改变，你可以与厂商、批发商、代理商和零售商这些分销渠道的成员交谈。预先为一个调查或访谈准备一系列有关的问题是非常有用的。近距离地接触消费者、渠道成员，可以更好地判断消费者的需求，什么好卖和什么不好卖。最后，你应该尽可能多的与消费者交谈——包括现有的、潜在的消费者。你能从他们那里获得更多的信息。除了和人们交谈，你还可以通过观察获得信息。

### 7. 抱怨

一部分消费者的抱怨催生许多新的产品或服务。无论什么时候，当消费者痛苦地抱怨某个产品或服务，或者当你听到有人说"我多么希望能……"或"只要有一个产品或服务就能……"你就有了一个潜在的企业想法，这个想法可以创办一个提供更好的产品或服务的具有竞争力的企业，或者可以将新的产品或服务卖给那些存在问题的企业。

8. 头脑风暴

头脑风暴是一个创造性解决问题和产生想法的技术方法。它的目的就是产生尽可能多的想法。它经常从一个问题或一个难题的陈述开始、每一个想法又导致一个或者更多的想法，最后，产生大量的想法。

当你使用这个方法时，你需要遵守四个原则：

（1）不要批评和评价其他人的想法；

（2）鼓励随心所欲地想——欢迎那些看似疯狂的想法；

（3）合适的数量——需要大量的想法；

（4）在其他人的想法基础之上改善和提高。

此外，对于所有的想法，无论从表面上看有多么不合逻辑和疯狂，都需要记录下来。

## 三、识别和评估商业机会

家庭经济困难学生产生企业想法后，寻找、发现和利用机会是任何一个成功创业者的特征之一，它也是成功创办和管理企业的基础。创业者不仅要产生想法和识别机会，还要筛选和评估它们，从而把握和利用最有价值的机会。

（一）商业机会

商业机会可以简单地定义为一个有吸引力的、使投资者能够收回投资的想法或主张。这样的机会表现为消费者的需求导致了可以给顾客提供更多价值的产品和服务。可是，一个好的想法未必是一个好的商业机会。例如：你可能通过一项新技术发明一个非常有创意的产品，但是市场可能并不需要它；或者一个想法听起来不错，但是在市场上没有竞争力，不具备必要的资源，也是不值得做的；或者尽管有时市场有需求，但是需求的数量足以收回成本。事实上在新产品中超过80％的都是失败的。很多发明家的想法看起来很好，但是不能经受市场的考验。如何将想法转化成一个商业机会？一个简单的回答就是当收入超过成本能够得到利润时。当你真正实践时，你还要全面地调查下面所列的要点。

## （二）一个好的商业机会的特征

一个好的商业机会必须是可以实现的，并要符合以下标准：

（1）真实的需求。即，那些具有购买力和购买欲望的消费者有未被满足的需求。

（2）能够收回投资。即，在承担风险和努力工作之后，可以带来回报和收益。

（3）具有竞争力。即消费者认为购买你的产品或服务比购买其他的产品或服务能获得更多的价值。

（4）实现目标。即能满足那些冒险的人和组织的愿望。

（5）有效的资源和技能。即在创业者所具备的资源、能力、法律等必备条件范围内。

## （三）识别和评估商业机会

人们一旦产生想法和发现机会就需要对其进行筛选和评估。这很重要而且并不容易。对商业机会是否做了识别和评估工作，将决定创业者赚钱还是亏本，成功还是失败。而且，即使做了识别和评估工作，也不能够保证成功，因为这还和其他很多因素有关。但不可否认它的确在降低风险和减少失败方面起到了很重要的作用。识别和评价商业机会包括很多方面：

### 1. 行业和市场

一个关键的问题就是想法是否有市场。这个市场是由有购买力及愿意并能够购买你的产品或服务的消费者组成的。因此，满足消费者的需求还要考虑合适的价格、地点和时间。

另外要考虑的一个重要的问题是市场的大小（消费者对你的产品和服务的需求量）和这个行业的增长速度。理想的情况是一个巨大并快速增长的市场，在这样的情况下，哪怕只是占有一个小的市场份额也会有一个很大的销售量。想要成为创业者就需要收集信息。一些潜在的创业者认为这项工作太难，他们会安慰自己说：市场数据（市场的大小、特征、竞争者等）经常和真正潜在的商业机会背道而驰，不能真实地反映商机。但是换句话说，如果市场数据很容易获得，并且数据很清晰地反映潜在的情况，那么可能将会有很多的创业者进入市场，相应的机会就会变小了。也有一些公开发表的信息来源（也叫作次要信息），包括图书馆、商会、投资促进中心、政府部门、大学、外国大使馆、互联网、报纸等。除了上述来源之外，通过经常与人们交流也是可以收集到信息的（也叫初级调查），比如来自消费者和供应商的信息。如果那样的话，你就需要设计一个调查的方法和渠道。

2. "机会窗"的大小

机会经常被称为一个"窗户"。也就是说，它是真实存在的，但它不是永远敞开的。随着时间的推移，市场以不同的速度在增长，市场变得更大，确定市场的难度就更大，因此时机的选择很重要。然后的问题就是决定窗户打开的时间长度，能否在窗户关闭之前把握和抓住机会。

3. 创业者的个人目标和能力

对于任何投资创业的人，是否愿意承担风险是一个重要的问题。个人的动机是成功创业者的本质特征。因此，除非一个人真的想要创办一个企业，否则他（她）是不愿意承担风险的。

一个相关的问题就是潜在的创业者是否具备创业必需的能力（包括知识、技能和特质）。如果不具备，他们是否能够学习并提高这些能力。许多小企业的管理者都是基于他们的能力才创办企业的。将上述问题结合在一起，就变成一个基本的问题——企业所必需的条件和创业者的要求和期望是否一致或相符。这不仅对于创业成功十分重要，也关系到创业者的幸福和快乐。像一句谚语说的那样："成功是得到你想要的，幸福是你想要得到的。"

4. 团队管理

在许多风险投资尤其是涉及大量资金、高风险、成熟的市场、激烈的竞争等特点的投资中，管理团队是一个衡量投资吸引力的重要标尺。该团队在相向或相关行业和市场中的技能和经验通常决定了企业的成败。这就解释了风险投资者（为企业提供资金的人）非常强调管理因素的原因，他们经常会说与其投资一个产品或服务优异但管理不善的企业，不如投资一个产品或服务一般但管理好的企业。

5. 竞争

一个能吸引人的机会必须具备某些竞争优势。例如：在与市场中同类产品相比成本更低或质量更好。

另外，进入市场的壁垒问题——需要大量的资金投入、保护（例如：专利权）、合同优势（例如：一个市场或一个供应商的专营权利），这是决定投资或不投资的重要因素。换句话说．如果一个企业不能避免潜在竞争者进入市场，或者企业本身有很多进入市场的壁垒，那么这个机会几乎就没有吸引力了。

### 6. 资金、技术和其他必需的资源

掌握可用的资金、技术和其他必需的资源将决定是否可以利用某个机会。一般的规则是，如果某个想法、产品或服务在某个地区有一定的市场的话，条件越难被满足，企业也就越吸引人。举个例子，销售一个突破性的专利产品并不能保证能够成功，但是它的确形成了强大的竞争优势。

### 7. 环境

企业的外部环境对于机会的吸引力有着深远的影响。我们谈及的环境不仅仅指的是自然环境（自然环境越来越重要了），而且还包括政治、经济、地理、法律等社会环境。政治的不稳定性，致使在很多国家的商业机会不具吸引力——特别是当需要很高的投资并且投资回收期又很长时。类似的还有通货膨胀、外汇汇率波动或司法系统不健全都不利于吸引投资，哪怕回报率很高。缺乏可用的基础设施和服务（例如：道路、水电供应、通信、运输、学校和医院）也会影响一个地区商业机会的吸引力。

### 8. 可行性研究和商业计划

最后，讨论和调查上述因素的过程就是经常提到的可行性研究。投资者和贷款人都要求考虑到以上相关问题并以商业计划书的形式展现出来。

## 第四节　高校家庭经济困难学生创业技能的磨炼

高校应当努力为学生搭建良好的勤工助学平台和创业环境，建设创业实践基地，提供一定的资金和场地，积极宣传国家相关的创业政策及信息，帮助学生了解学科前沿，同时给予学生适当的指导和监管。有针对性的组织家庭经济困难学生参加校内外的创业大赛，如"挑战杯"创业计划大赛、商业实战大赛等，邀请自主创业的成功人士到校讲座，增强家庭经济困难学生创业的信心和决心；遴选优秀的家庭经济困难大学生到企业进行实习、培训或者工作，拓宽学生的培养途径，让家庭经济困难学生在实践中熟悉和掌握各种职业和技能，了解企业运作模式，积攒创业经验，避免盲目创业。

而家庭经济困难学生在创业过程中，最重要的技能是商业模式设计与商业计划书的写作。

## 一、设计商业模式

商业模式是创业研究的一个重要领域，新创企业即使具备市场机会、新奇的商业创意、充足的资源和有才能的创业者等条件，仍然有可能遭受失败。其中一种可能的原因是企业商业模式造成了这种结果。因此，我们需要系统了解商业模式的理论及分析设计体系。本章主要介绍了商业模式的概念内涵、商业模式分析设计工具——商业模式画布，如何对商业模式进行分析应用和设计。

商业模式已经成为投资界和创业者经常挂在嘴边的热词，但究竟什么是商业模式，大家并没有达成一致的看法。在创业中的商业模式，往往关注的是初始商业模式，这与其说是企业商业模式，不如说是创业者的一种创意，是一些没有实现的商业模式构想。商业创意可以不断丰富和完善，演变成商业模式，因此我们所说的商业模式是对企业如何赚钱的简要描述。

当然界定商业模式也是一件很难的事情，但大家基本上都秉持着一些基本的认知：商业模式要回答"谁是顾客，顾客关注什么"，也要回答创业者关注的如何通过商业活动来赚钱。还能够解释如何以合适的成本向顾客提供价值的潜在经济逻辑。因此，我们把商业模式理解为企业如何创造价值、传递价值和获取价值的基本原理。

长期从事商业模式研究和咨询的埃森哲公司认为，商业模式至少要满足两个必要条件：第一，必须是一个整体，有一定结构，而不仅仅是一个单一的组成因素；第二，组成部分之间必须有内在联系，并把各组成部分有机地关联起来，使它们互相支持，共同作用，形成一个良性的循环。因此，商业模式实际上是一种包含了一系列要素及其关系的概念性工具，用以阐明某个特定实体的商业逻辑，描述公司所能为客户提供的价值以及公司的内部结构、合作伙伴网络和关系资本等用以实现这一价值并产生可持续、可营利性收入的要素。按照这个观点，商业模式应具备五个特征：包含诸多要素及其关系；是一个特定公司的商业逻辑；是对客户价值的描述；是对公司的构架和它的合作伙伴网络及关系资本的描述；产生营利性和可持续性的收入流。商业模式画布很好地体现了商业模式的这些特征，是用来描述和分析创业项目如何创造价值、传递价值、获得价值的基本原理和工具。商业模式画布是一个视觉化的商业模型架构和分析工具，可以把商业模式设计分为9个关键要素：价值主张、客户细分、渠道通路、客户关系、收入来源、核心资源、关键业务、合作伙伴、成本结构。任何新的商业模式，都可以由这9个要素按不同逻辑重新排列组合得出。

下面依次对 9 个要素进行说明，如图 8-2 所示。

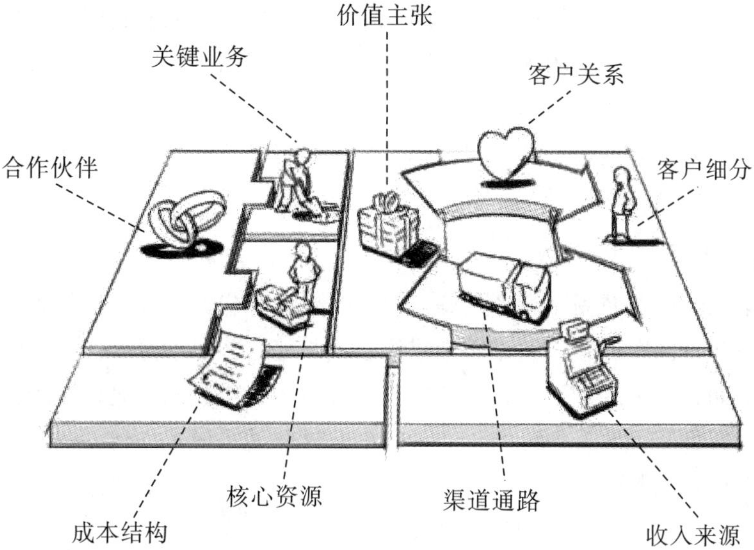

图 8-2　商业模式设 9 要素

1. 价值主张

价值主张是客户选择一家企业的主要原因，因为它解决了客户的痛点或难点，或者满足了客户需求。每个价值主张都包含可选择的系列产品或服务，以迎合特定客户群体的需求。从这个意义上看，价值主张是企业提供给客户的利益集合，价值可以是定量的（如价格、服务速度）或是定性的（如设计、体验等），主要聚焦于解决以下问题：我们该向客户传递什么样的价值？我们可以帮我们的客户解决什么难题？我们可以满足哪些客户需求？我们可以提供给客户细分群体哪些产品和服务？

2. 客户细分

客户是所有商业模式的核心，没有客户企业就没法存活，创业也就到此为止。因为企业不可能满足所有人的同一需求，也不可能满足一个人的所有需求，为了更好地满足客户，在创业中应该把客户进行不同的细分区隔，每个细分区隔的客户群具有相同的需求、共同的行为特征和诸多共同的属性。对客户细分后，应该要决定服务于哪个或哪几个客户细分群体。这一部分主要解决我们的目标客户是谁？他们有什么特征？我们可以通过目标客户画像来对细分客户进行分析。

241

### 3. 渠道通路

渠道通路是确定了价值主张、瞄准了目标客户后，创业者要描绘公司如何沟通、接触细分客户而传递其价值主张，主要回答以下问题：（1）通过哪些方式和途径接触我们的客户细分群体？（2）我们如何接触他们？我们的渠道如何整合？（3）哪些渠道最有效？（4）哪些渠道成本效益最好？（5）如何把我们的渠道与客户的例行程序进行整合？

### 4. 客户关系

接下来，创业者需要思考的是，企业需要和客户保持什么样的关系才能够使得客户一直留存。客户关系用来描绘公司与特定客户细分群体建立的关系类型，主要回答以下问题。（1）每个客户细分群体希望我们与之建立和保持何种关系？（2）哪些关系我们已经建立了？（3）这些关系成本如何？（4）如何把它们与商业模式的其余部分进行整合？（5）客户可不可以经常使用我们的产品和服务？（6）可不可以为我们的产品和服务持续买单呢？

### 5. 收入来源

收入来源用来描绘公司从每个客户群体中获取的现金收入（当然，需要从收入中扣除成本），主要回答以下问题。（1）什么样的价值能让客户愿意付费？（2）他们现在付费买什么？（3）他们是如何支付费用的？（4）他们更愿意如何支付费用？（5）每个收入来源占总收入的比例是多少？

### 6. 核心资源

核心资源用来描绘让商业模式有效运转所必需的最重要的因素，主要回答以下问题：（1）我们的价值主张需要什么样的核心资源？（2）我们的分销渠道需要什么样的核心资源？（3）我们的客户关系需要什么样的核心资源？（4）我们的收入来源需要什么样的核心资源？

### 7. 关键业务

关键业务用来描绘为了确保其商业模式可行，企业必须做的最重要的事情，主要回答以下问题。（1）我们的价值主张需要哪些关键业务？（2）我们的渠道通路需要哪些关键业务？（3）我们的客户关系需要哪些关键业务？（4）我们的收入来源需要哪些关键业务？

### 8. 合作伙伴

合作伙伴指让商业模式有效运作所需的上下游服务商与合作伙伴的网络，主要回答以下问题。（1）谁是我们的重要伙伴？（2）谁是我们的重要供应商？

（3）我们可以从伙伴那里获取哪些核心资源？（4）合作伙伴都在执行哪些关键业务？

9. 成本结构

成本结构指运营一个商业模式所引发的所有成本，主要回答以下问题。（1）什么是我们商业模式中最重要的固定成本？（2）哪些核心资源花费最多？（3）哪些关键业务花费最多？

任何一种商业模式都少不了上述 9 个要素，任何新型的商业模式都不过是这 9 个要素按不同逻辑的排列组合而已。每个创业者的定位、兴趣点和视角都不一样，向各要素中添加的内容当然也就不一样，于是就有了不同的商业模式。需要注意的是，商业模式并不是企业的全部，它描述的是企业各个部分怎样组合在一起构成一个系统。但是，商业模式并没有把"竞争"因素纳入其中。每一家企业都会遇到竞争对手，这只是早晚的问题，而应对竞争则是"战略"的任务。竞争战略是指如何比竞争对手做得更好。因此，创业者不能认为有了商业模式就万事大吉，它充其量只是创业成功的一部分而已。

## 二、商业计划书

一位名人曾说过：成功＝计划（目标）＋正确的方法＋有效的行动。因此，在创业前，根据自身的实际情况，认真分析各种环境因素，选定自己的目标市场，制订一份详细的创业计划书，将有助于让风险投资家全面了解你企业的预期经营状况、经营目标和预期回报，从而使企业获得融资，并让你在今后的创业中把握正确的方向，尽快实现创业目标。

### （一）商业计划书的作用

无论是要把新的技术转变成新的产品，把新的设想发展成新的事业，还是把现有的企业进行改造有一番新的发展，都离不开资金。在商品经济的社会，资金是一切企业生存和发展的命脉。当前银行对向企业贷款持谨慎态度，很多企业普遍感到申请资金已经成为日益困难的事情。特别是新企业和准备创立的企业更是感到一金难求。如何为企业找到所需要的资金是企业生存的关键所在。金融投资领域中常讲的一句话："寻找资金没有窍门，唯有好的想法、好的技术、好的管理、好的市场。"

商业计划是创业者吸引投资家的创业资本的一份报告性文件，事实上，创业计划对于任何形式出资的创业者都是需要的，因为，创业并不是只凭热情的冲动，而是理性的行为。因此，在创业前，做一个较为完善的计划是非常有意义的，第一，在做创业计划时，会比较客观地帮助创业者分析创业的主要影响因素，能够使创业者保持清醒的头脑；第二，一项比较完善的创业计划，可以成为创业者的创业指南或行动大纲；除此之外，当然，也可以作为用于向风险投资家游说以取得创业投资（商业的可行性报告及其他渠道融资的报告性文件），从这个意义上讲，一篇优秀的商业计划书也会成为创业者吸引资金的"敲门砖"和"通行证"。

### （二）商业计划书的要素

那些不能给风险投资者以充分的信息也不能使投资者激动起来的商业计划书，其最终结果只能是被扔进垃圾箱里。为了确保商业计划书能起作用，企业家应把握以下要素。

#### 1. 关注产品

在商业计划书中，应提供所有与企业的产品或服务有关的细节，包括企业所实施的所有调查。需回答的主要问题包括：产品正处于什么样的发展阶段？它的独特性怎样？企业分销产品的方法是什么？谁会使用企业的产品，为什么？产品的生产成本是多少，售价是多少？企业发展新的现代化产品的计划是什么？应该把风险投资商拉到企业的产品或服务中来，这样风险投资商就会和风险企业家一样对产品有兴趣。在商业计划书中，企业家应尽量用简单的词语来描述每件事。商品及其属性的定义，对企业家来说是非常明确的，但其他人却不一定清楚它们的含义。制订商业计划书的目的不仅是要出资者相信企业的产品会在市场上产生革命性的影响，同时也要使他们相信企业有证明它的论据。商业计划书对产品的阐述，要让出资者感到：投资这个项目是值得的。

#### 2. 敢于竞争

在商业计划书中，风险企业家应细致分析竞争对手的情况。需回答的主要问题：竞争对手都是谁？他们的产品是如何实现其价值的？竞争对手的产品与本企业的产品相比，有哪些相同点和不同点？竞争对手所采用的营销策略是什么？要明确每个竞争者的销售额、毛利润、收入以及市场份额。然后再讨论本企业相对于每个竞争者所具有的竞争优势，要向投资者展示顾客偏爱本企业的原因是：本企业的产品差别化程度高，性能价格比优越，质量好，送货迅速，定位适中，价格合适，等等。商业计划书要使它的读者相信，本企业不仅是行业中的有力竞争者，而且将来还会是确定行业标准的领先者。当然，在商业计划书中，企业家还应阐明竞争者给本企业带来的风险以及本企业所采取的对策。

### 3. 了解市场

商业计划书要给投资者提供企业对目标市场的深入分析和理解。要细致分析经济、地理、职业以及心理等因素对消费者选择购买本企业产品这一行为的影响，以及各个因素所起的作用。商业计划书中还应包括一个主要的营销计划，计划中应列出本企业打算开展广告、促销以及公共关系活动的地区，明确每一项活动的预算和收益。商业计划书中还应简述一下企业的销售战略，比如：企业是使用外面的销售代表还是使用内部职员？企业是使用转卖商、分销商还是特许商？企业将提供何种类型的销售培训？

### 4. 表明行动方针

企业的行动计划应该是无懈可击的。商业计划书中应该明确下列问题：企业如何把产品推向市场？如何设计生产线，如何组装产品？企业生产需要哪些原料？企业拥有哪些生产资源，还需要什么生产资源？生产和设备的成本是多少？企业是买设备还是租设备？解释与产品组装，储存以及发送有关的固定成本和变动成本的情况。

### 5. 展示管理队伍

把一个思想转化为一个成功的风险企业，其关键的因素就是要有一支强有力的管理队伍。这支队伍的成员必须有较高的专业技术知识、管理才能和多年工作经验，要给投资者这样一种感觉："看，这支队伍里都有谁！如果这个公司是一支足球队的话，他们就会一直杀入世界杯决赛！"

管理者的职能就是计划，组织，控制和指导公司实现目标的行动。在商业计划书中，应首先描述一下整个管理队伍及其职责，然后再分别介绍每位管理人员的特殊才能、特点和造诣，细致描述每个管理者将对公司所做的贡献。商业计划书中还应明确管理目标以及组织机构图。

### 6. 出色的计划摘要

商业计划书中的计划摘要十分重要。它必须能让风险投资者有兴趣并渴望得到更多的信息，它将给读者留下长久的印象。计划摘要将是风险企业家所写的最后一部分内容，但却是出资者首先要看的内容，如果公司是一本书，它就像是这本书的封面，做得好就可以把投资者吸引住。你要像对待广告一样来写摘要，绝不要草草了事，文章明了，但要感人。

### （三）商业计划书的组成

不同产业的商业计划书形式有所不同。但是，从总的结构方面，所有的商业计划书都应该包括摘要、主题、附录三个部分。摘要是对整个商业计划书最高度的概括。摘要部分的作用是以最精练的语言、最有吸引力和冲击力的方式突出重点，一下子抓住投资者的心。摘要部分是引路人，把投资者引入文章的主题。主体部分是整个商业计划书的核心，在主体部分，作者向投资者一一展示他们所要知道的所有内容。主体的功能是最终说服投资者，使他们充分相信你的项目是一个值得投资的好项目，以及你和你的领导班子有能力让他们的投资产生最佳的投资回报。附录部分是对主体的补充。它的功能是提供更多、更详细的补充信息，完成主体部分中言犹未尽的内容。

1. 摘要

摘要是整个商业计划书的"凤头"，是对整个计划书的最高度的概括。从某种程度上说，投资者是否中意你的项目，主要取决于摘要部分。可以说没有好的摘要，就没有投资。

2. 主体

主体是整个商业计划书的"猪肚"。主体部分要内容翔实，在有限的篇幅之内充分展示你要说的全部内容，让投资者知道他想知道的全部东西。主体部分按照顺序一般包括以下几个方面：

公司介绍。主要介绍企业的一些基本情况，以及发展策略、财务情况、产品或服务的基本情况等。

产业分析。主要介绍你的企业所归属的产业领域的基本情况，以及你的企业在整个产业或行业中的地位。

市场分析。主要介绍你的产品或服务的市场情况。包括你的目标市场、你在市场竞争中的位置、你的竞争对手的情况、未来市场的发展趋势。

营销。主要介绍你的市场营销策略、企业的销售队伍的基本情况、销售结构等内容。

企业的经营。主要介绍经营场所的基本情况、企业主要设施和设备、生产工艺基本情况、生产力和生产率的基本情况，以及质量控制、库存管理、售后服务、研究和发展等内容。

企业的管理。主要介绍管理理念、管理结构、管理方式、主要管理人员的基本情况、顾问队伍等基本情况。

财务管理。主要介绍企业财务管理的基本情况。对现在正在运行的企业需要过去三年的财务报表、现金流量表、损益平衡表等。还要介绍申请资金的用途。

企业的发展计划。主要介绍企业的发展目标、发展策略、发展计划、实施步骤，以及风险因素的分析等。

撤出计划。主要告诉投资者如何收回投资，什么时间收回投资，大约有多少回报率等情况。

3. 附录

附录是对主体部分的补充。由于篇幅的限制，有些内容不宜于在主体部分过多描述。把那些言犹未尽的内容，或需要提供参考资料的内容，放在附录部分，供投资者阅读时参考。

总之，目前高校毕业生就业形势日趋严峻，而创新创业则是解决高校家庭经济困难学生就业压力的新途径。对高校家庭经济困难学生创新创业能力的提升教育主要包括培养创新意识、培养创业能力两个方面。高校应当加深家庭经济困难学生对创新创业理念以及创业基本程序的了解，使其具有一项或者多项基本的创业能力，通过成立自主创业心理疏导中心、开展心理咨询等活动，积极探索和培养家庭经济困难学生自主创业心理素质，鼓励他们不断自我创新、自我突破，从而实现其"经济自助"和可持续发展。如果家庭经济困难学生要实现成功创业，必须掌握商业模式设计和商业计划书写作这两个重要工具，以实现顺利成功创业。

## 第四节 高校家庭经济困难学生创业案例

### 一、创业不一定成功但一定会成长

——重庆三峡学院 2014 级生物技术专业 王海平

有人问我为什么不找个工作或考公务员，至少未来生活可以稳定。也许源自我个人那不安分的心，总要有点梦想，我相信：人生总会绽放光芒。

### 线上经销之路初尝创业之苦恼

从踏入校园开始，我就开始了创业奔波之旅：摆地摊。也许是尝到了创业的甜头，于是开了一家淘宝店——C店，卖服装。因为不是电子商务专业出身，所以花了大量时间去学习关于店铺装修、网店运营、销售话术等专业性知识与技能。

通过自己一年的摸爬滚打，总算把淘宝店运营得小有规模，每月的销售额可达3万元左右，净利润比较可观，但是其中也有很多苦恼。由于自己做的不是直销而是经销，上游厂家的供货质量决定了我的销量以及我的运营策略，还要去开展同行对比调查分析，如果出现顾客差评不能挽回好评的话，基本上这个商品在线上的权重就没有了；再加上大量天猫店的涌入，优先展示等特权的照顾，C店的权重越来越低。不管在广告费上的投入如何加大，效果依然不明显，于是我的淘宝经销之路在我上"大二"的时候就终结了，留给我的就只有一个辛辛苦苦打理下来的"三钻"C店的无形资产。

### 线下"密室"之路　再咽创业之泪水

既然线上不行，于是我又动起了线下创业的心。于是，在网上考察项目，当时在一、二线城市很流行一个《真人密室逃脱》的游戏，于是我去咨询了很多家"密室逃脱"的加盟店，想在万州开一家自己的"真人密室逃脱"实体店。但是加盟需要一大笔加盟费，于是就开始寻找资金。东拼西凑差不多凑了2万多吧，但是远远不够我的启动资金，一个晚上，我想起了我曾经经营的三钻淘宝店铺，因为当时那个店铺每个月的流水还是比较大，有5万元的经营贷款额度，于是就干起来了，交了加盟费，租了一个不需要转让费的门面，就开始了我的第二次创业。

这次创业失败得比上次还快：原来加盟的那家店只负责把品牌交给我使用，教我一些运营方式，根本不负责我店面的装修，后面询问装修公司，如果按照标准装修下来至少还需要5~7万元才能搞定。这笔钱对于当时的我来说不可想象，于是果断放弃，后面拿着加盟店退我的部分费用，还了朋友的钱，自己背负了5万元的债务，这次让我明白了什么叫"三思而后行"。

### 踏上还债之路整装再出发

两次的创业经历，迫使我必须要安分一下。"大三"实习时，我选择了当时想去的成都实习。在实习医院里实习没有工资，每个月租房的费用、生活费用加上债务，只有自己想办法多挣钱，早日改变现在的生活。

2015 年 7 月，我去了成都这个陌生的城市后，白天要上班，只能通过晚上和周末的时间来挣钱。由于自己跳了很多年的鬼步舞，在业界还算小有名气，在离医院很近的一个广场上开始了自己的招生之路。没想到成都这边有很多阿姨都很喜欢这种舞蹈，还带上自己的孩子来学习，我本身对这个就是一个爱好，所以收费很便宜。当时大概招收了十二三个学生，能够保证每个月大概有个 3000 元左右的外水收入。但是还是远远不够，想想自己身上还有什么技能，台球和乒乓球也是我从小都在练习的爱好，于是就加了很多台球俱乐部和乒乓球俱乐部的群，周末就教人打球、陪人练球，每周都能有几百块的收入，虽然每天很累但感受到了无比的充实。9 个月的时间总算不负自己所望还清了债务。

2016 年 3 月回到万州，开始了自己的升本之路，在成都与这些人接触的过程中，让自己明白学历在这个社会里还是很重要的。留给我看书的时间不多了，但也要试一试，也许是吃的苦太多了，看书就成了一件很轻松的事情。在每天只休息四五个小时的情况下，在只有一个月时间的压迫下，总算顺利的升上了本科，考到了重庆三峡学院。

### 重回校园之路创业依然继续

拿到了重庆三峡学院的录取通知书后，我面临的是长达 6 个月的假期，于是想着先找个工作吧。学习一下别人怎么创业的，在重庆找了两个月的工作，都没有找到适合自己的岗位。

于是，在 2016 年 6 月份回到了老家，回到家后总能感觉到一份简单的踏实，跟父母交代了这几年的生活状态，以为会被他们大骂一顿，没想到却获得了他们的支持，于是自己更有底气了。

由于我在大学的时候还有一个拍视频、剪辑视频的爱好，也经常帮一些舞友无偿做一些视频，突然有一天有个人叫我帮他剪一个视频，愿意给我 500 元作为报酬，于是我又尝到甜头了，花几十分钟就可以挣到 500 元，我又开始了那不安分的想法，再创业吧！

### 三人行合伙之路创立公司做视频

我分析了一下自己前几次的创业过程，发现自己始终都是单打独斗，想法都过于片面，有敢做的心，但是没有从多个角度去思考一件事、一个决定的可行性，于是我开始寻找合伙人，找到了我的两个同学，每人凑了几千元钱就开始了第三次创业，我们在 2016 年 10 月注册了属于我们的公司——重庆花拾印象文化传媒有限公司。

开业后不久就出问题了，业务哪里来。我们尝试了做线上，在淘宝重新开店，但是客源单价太低了根本不够公司的生存，于是我又把眼睛瞄在了线下，加各种群做广告推广，寻找同行合作，并在本科期间参加各种类型的比赛，各类奖项拿了很多，总算在大学生创业这个圈子有了一点成绩，也在学校里闯出了一条路，很多老师找我们制作微课，学校有关部门找我们制作宣传片，包括万州一些单位都找到了我们，于是我的信心总算是回来了，我相信：只要愿意去做一件事、坚持做一件事总会有收获。

2017 年，我们开始转型主攻线上市场，对我们的业务板块进行调整，成立了影视部、动画部两大部门，我们找到了猪八戒网合作，由于自己在大学参加了很多比赛，我的口才也提升了起来，三天中就接下了 2 万元的订单，之后的业绩逐步提升。

2018 年 5 月，在万州市场的基础上，我向同事们提出了上重庆主城发展的想法，得到了大部分人的支持，2018 年 7 月底我带着团队来到了重庆，把

之前挣的钱全部投入进去，当月我们 5 个人在重庆创下了 20 万元的业绩，让我们信心倍增。于是我们开始人才招聘，公司环境升级，拓展更大的市场，打造我们自己的精品团队。

现在我们团队 15 个人，每个月可以创造出 50 万元的业绩，年营业额达 600 万元。同时，建立了与重庆市人民政府、华龙网集团、长寿湖旅游集团等政府、企事业单位的合作。我们的业务线也涉及北京、上海、广州等一线城市，但是我知道，这只是一个开始，我们的路还很长。

创业不一定成功但一定会成长

一次次的跌倒，一次次地站起来。让我每次都能明白一些道理，我并不担心自己做的事情会失败，我怕自己成为一个有可能因失败而不敢去做的人。

我坚信：在这段历程中，我又会成长起来，每次的失败都是在为我积累能量，失败得多了，自然成功就近了。

## 二、青春飞扬　热血街舞——从 Hiphop 文化的爱好者到 hiphop 文化传播者

学习任何东西都不晚，晚的是你还没有做好开始的准备。

我是重庆三峡学院体育与健康学院 2015 级学生朱仕霖，高中阶段在街上和朋友玩耍时，一次偶然的机会让我接触到了街舞 breaking，充满力量的动作和强烈的音乐节奏让我顿时爱上了街舞文化。大学时代，很荣欣地成为重庆三峡学院街舞社社长，并开始着手在整个学校里营造 hiphop 气氛，并在大四临近毕业之际与街舞社的历届社长一起创办了 OR—CREW 欧奥街舞舞蹈工作室，主打街舞文化传播及街舞教学。现已逐渐在万州区有了一定的影响力。我们的教学宗旨是：让每一个街舞爱好者学到最纯正的街舞。

兴趣——挖掘出喜欢的项目

从初高中时代第一次接触到街舞开始，我通过身边朋友和舞者学习交流 breaking，起初学习是很尴尬的一个开始，基本是完全自学。其一，因为街舞培训机构的费用大多较为高昂，对于普通家庭来讲并不容易承担；其二，因为当时国内街舞文化传播相对落后，家长很难像送孩

子去画画、弹琴一样让孩子去学街舞。但是，这些并没有打消我热爱街舞的积极性，相反，我比那些拥有较好家庭条件的孩子更加努力。我每天晚上去找朋友，让朋友教我他们街舞老师教的内容，没有木地板，就在楼道的瓷砖地上练习。因为瓷砖地不比木地板一样柔软，每一次练习完我俩身上就多一处伤痕。在兴趣的驱动下，我越战越勇，经常练习到半夜两三点才上楼回家。那是我关于街舞最艰苦的一段时光，也造就了我吃苦耐劳的性格。

高中时期，我便响应学校创办了高中时代的街舞社，并担当社长一职，在紧张的学业中，我也没有忘记每天到练习室带我的第一批社员，也算是我的第一批学生，这时国内的街舞文化氛围开始加速发展，我也如愿以偿地上起了街舞培训班，并且仅仅半年就成了培训班的内部队员。这个时候，我对街舞也有了新的认识，除了跳舞以外，我逐渐迷上了街舞文化，每一个动作，创造它的人当时是什么想法，我会去试着模拟还原街舞 OG（元老）的感觉，并且在教学时加上每一个动作的文化背景。这也让我的教学能力进入一个新的高度。

### 大学——催生了创业的想法

刚入大学，大家都在忙着寻找属于自己的圈子，我却已经提前两个月就找到了街舞社的迎新 QQ 群，我认识了更多志同道合的人，也逐渐发现象征自己未来的那条虚线已经逐渐变成了实线。

大学比起高中，拥有了更多的空闲时间，当大家都在寝室里面玩游戏、在谈恋爱的时候，我和自己的团队准备着一个又一个的舞台活动，一方面，先是校内每一届新生才艺秀，街舞大赛，到后面面向全西南地区的大学生艺术展演，我们在每一次比赛中充实自己。

另一方面，每天日常刷街（在街上，或校内表演），也带起了一批又一批的文化风潮，越来越多的人开始了解街舞，也越来越多的人爱上了街舞文化。在自己的带领下街舞社日渐壮大，努力了就一定会有收获，截至 2018 年，街舞社已有了近 100 多名的街舞爱好者。自 2016 年至今，我带领队员参加市级、区级、校级等比赛获得了无数荣誉，这都是在一群"家人"共同努力下创造的。

2018 年是最不平凡的一年，是 hiphop 圈内人的"街舞元年"。"热血街舞团""这就是街舞"等综艺节目带动了国内第一次街舞大潮，我知道时机已经成熟，路也铺得差不多了。2018年下旬，我"大四"的第一学期，和同为街舞社社长的计算机科学与工程学院学生晏方豪等好友一起创立了街舞文化品牌——OR 欧奥舞蹈工作室。

### 创业——实践摸索重中之重

创业之初，我就发现了经营好一个舞蹈工作室远比当好一个街舞老师要艰难得多。我们拥有的只有来自学校的少量人脉，而缺乏的却是更重要的东西——资金、场地以及营销人才。我和我的创业伙伴们用了整整半年的时间在学校周边四处寻找，在最寒冷的冬天，顶着寒风一个一个地方问。奈何缺少万州本土人脉，找不到合适的工作室门面，我们知道着急也没有办法，于是一边申报学校众创空间，一边继续寻找。幸好，功夫不负有心人，几乎在众创空间申报成功的消息下来的同时，终于找到一个合适的地方，紧接着立刻着手装修，第一批招生，一切按照计划开始实施。

然而，创业也并不是一帆风顺，更多的是处处碰壁，装修合同陷阱，租房陷阱，以及营销经验上的不足，一开始就陷入了经济危机，还好，在学校有相关经验的老师帮助下，挽回了部分亏损。我也第一次体验到原来老师也不只有和蔼的一面，面对装修公司的老赖，老师句句力争，思路清晰，有条有理，谈不清法律谈人情，谈不清人情谈商业，说得装修老赖一句话都对不上，强行挽回了部分损失。交的这些"学费"也让我们清楚认识到，社会不比学校，并不是每个人都坦诚相待的，我要学的东西，还有很多。

一波三折之下，工作室总算是开起来了。我和我的团队开始策划宣传，一方面，招生宣传；另一方面，开始参加各种面向全世界的大型比赛，并与万州本土的同类培训机构建立了良好关系，名气也逐渐开始打响，慕名而来的学生也越来越多。

### 成功——用心对待每一个学员

最开始的时候，只有一个学员，但我却一直在股东会议上强调，这个学员为我们带来的不只是几百块钱，而是工作室的希望，我们努力的方向。我出去说的每一句话，都代表着 OR 这一个品牌。

我们真正的创业之路，就是从这一个学员开始的。我们现在有几百个学员，但是这个老学员依然留在工作室继续学习街舞，并且不时地给学弟学妹们讲着我们工作室刚开始时的故事。其实如果没有一开始在大学内沉淀的这几年，我们也许并不能真正取得成功。正是那几年在校内传播的这样一股街舞文化，带动的街舞氛围，才让校内的学员成了我们最大的一股生源力量，这是我的第一步，也是成功路上最重要的一步。

## 三、让公益之花在创业路上不断绽放

小时候，我们常说，只要你肯努力，梦想终会成为现实。长大后，人们又说，现实很残酷，梦想和现实相差甚远，成长的道路上总有太多的梦想与情怀被现实打败，当梦想和现实碰撞，是坚持梦想还是屈服现实？

萌生创业想法

我是重庆三峡学院美术学院 2012 级学生李涵涵。我的创业故事要从 2015 年的夏天说起。

2015 年的夏天，作为学校的主要学生干部，我荣幸地当选了重庆市学联驻会主席，参与了全市的青少年事务社会工作人才发展工作、保护未成年人工作以及预防青少年违法犯罪工作。

这些社会工作给我这个从校园刚刚踏入社会的姑娘，突然开启了一片新的天地、打开了新的认知，原来还有这么多的农村留守儿童得不到关爱；还有这么多的青少年群体没有保护自己的意识；还有太多的小孩不懂得法律的严肃，不懂得法律是这个社会的规则。在未成年人管教所里看到了太多触目惊心的案例后，我暗暗下了决心，一定要做些什么。

在岗期间，我努力提升自己的业务水平，虚心向前辈求教。任职结束，刚刚毕业的我仍旧心系这一类的工作，积极参与相关的志愿服务活动，可一个人的力量始终有些薄弱，要想在这条梦想之路上做出更多的贡献，需要更多的力量。

### 开始创业之路

经过慎重的考虑，不顾父母的反对，我联合大学时的好友，两个人毅然决然地走上了创业之路。两年时间，发展了一支有 10 余名全职伙伴、20 余名专家以及 100 余名固定志愿者组成的队伍。

可创业的道路并不是一帆风顺的，更何况这一份事业又涉及情怀和公益。在成立之初，我们可谓吃尽了苦头，有家人和亲属的不理解，有朋友的不看好。或许有很多人说，公益是奉献！可只支出不收益的公益，不能自造血的公益，都将快速地走向消亡。但我都一直坚持着，我整合资源，研发项目，创建了自己的公司——文化传播公司，通过结合文化传播公司已有的视频剪辑、营销包装等业务，将传统青少年思想引领项目的开展方式进行调整，以更加贴合青少年特质的方式，更创新、更有趣地走进青少年群体，将外化的传播方式发展为青少年群体通过内化相关知识，并通过青少年自身进行二度三度传播。

### 让公益之花绽放

从最初的两人孤军奋战到现在的团队合力，两年的时间里，我们多次参与并组织开展市级青少年权益保护、青少年法律知识普及、"对校园暴力说不！"等切实帮助青少年儿童自护、维权的相关公益活动，通过志愿服务等形式，联系社会志愿者 50 余人，高校志愿者百余人，直接惠及全市青少年儿童上万人。

作为共青团十八届中央委员会候补委员、重庆市青年联合会第五届委员会委员，我着眼全团、全市青少年思想引领工作全局，积极出谋划策，认真履职，在诸多青少年领域的工作发展规划中积极建言献策，结合自身工作特点发挥自己的专长。我通过自身的不断努力，实现梦想与现实的结合，并不断地在这条道路上继续前行，让公益之花在创业的道路上不断盛放。

## 四、天道酬勤　天不负我

做自己喜欢的，要做就得拼命！

我是重庆三峡学院 2016 级土木工程 3 班徐小平，来自万州区长滩镇的大山里，家境原本还算不错。2019 年，父亲多年积劳成疾，医治无效离世而去，母亲随后另嫁他乡，从此我和年迈的爷爷相依为命。尽管如此，我仍能做到与人不争，不靠不要，自立自强，一面努力学习，一面打工以支撑学费、生活费，致力于改变贫困的家庭窘况。

### 心动就有行动

在我进入大学学习的第二个学年，即 2018 年 6 月份，机缘巧合跟几个朋友一起讨论：做点什么事比较好，因为大学时光很快都没有了。前期做了周边调查和随机询问，发现学校周围除了网吧，没有其他任何玩的地方，所以想到最近在沿海城市比较流行的轰趴馆，想带入万州。经过选址、预算、投资者筛选、前期广告宣传等，逐步推进了我的创业活动。

### 创业维艰但愈挫愈创

2019 年 5 月，我将轰趴馆业务整合，融资 60 余万，登记注册、成立了重庆市绝影餐饮有限公司。装修设计和最终装修效果来看，算是不错，业务量也在持续增长。但前期有两个人突然撤资，又未能及时找到合适的人来替补资金及管理缺口，最终前期投资不够，选择及时止亏，最终以失败告终。

经过暑假的实习生活后，我决定再次创业。在学校和学院领导、老师的鼓励与指导下，在朋友的合力支持中，以学校"太阳鸟"众创空间为依托，我在 2019 年 9 月，登记、注册成立了个体经营户——慧创广告有限公司，主营装修墙绘、服装服饰、家教一对一、菜单设计、活动承接等业务。

### 成功创业需要"拼命三郎"

在慧创广告有限公司的经营管理过程中，吸取自己以前创业的失败教训，学习其他创业者的成功经验，调整职位及其分工：我亲自负责公司整体运营，拉资源、管理和运营，其他人做配合。在开业的第一个月销售收入实现"零"的突破，达到 10000 元，第二个月实现 20000 元的销售收入。企业按照预期成长中……

在 2020 年春节来临之前，想到校园市场有长达半学期的冷淡生意，我选择并准备重点打造"培训"这一市场区块，并选址在龙都幼儿园及天星幼儿园旁边的一个门面。经过前期的工作准备，迅速搞清楚了产品定位、人员管理及师资来源。不到一个月，签订了相关合同，投入资金装修，并等待时机开业。

我充分相信：成功创业需要拼命，疫情之后天不负我！

## 五、万本教材问书途 支教留守助巫溪

书中求学未觉易，最难忘是公益情；万本教材问书途，支教留守助巫溪。

我是重庆三峡学院环境与化学工程学院 2014 级本科生陈攀，现任两个创业项目负责人。其一是"书途"项目，主要为大学生提供二手教材和课外书籍；其二是竹溪支教项目，鼓励青年志愿者通过书信、戏剧课堂和夏令营等方式反哺库区，陪伴留守儿童成长、丰富他们的童年学习生活。

### 激发创业热情

在大学期间，怀着好奇之心，刚开始参加学校开展有关大学生创新创业方面的讲座与培训，鼓励和扶持当代大学生创业，慢慢地激发了我打小就潜藏的创业想法，促进了创业种子的萌发，经过这些讲座、培训以及国家、学校对创业项目的财政补助，我的创业热情日益高涨。

俗话说，兴趣是最好的老师。做感兴趣的事，能够给人带来快乐，实现人生的价值。"书途"项目想法在心中萌发，当这一项目被周围绝大部分同学认可的时候，我才真正体会到创业的乐趣，于人于己有利便是一个成功的项目，开始了我们创业之旅。

## 着手创办企业

"书途"集回收、出售二手教材和课外书籍于一体，在正式开始这一项目之前，前期调研很重要。经调研，首先，学校不再统一购买教材，这个市场才能被打开。其次，就是要做一些小的尝试与调查，你得知道你做的这个项目到底有没有人喜欢，它的成本利润以及需要投入的精力。大学生可以做一些商业项目，当作丰富大学生活和锻炼自己的方式，并且将创业视为一种学习而非赚钱。

2017 年 3 月，经过前期调研与可行性分析之后，我和几个志同道合的室友、社团的朋友，一致同意这一项目，我们一共 6 个人，前期总共投入资金 6 万元，资金基本外借。

## 创业艰难行走

项目实施过程中，扛书真是一个体力活，书籍都是麻袋装的，一袋 60 多斤，那时候毕业生的书籍还是按废纸卖的一吨书籍 1600 元，用卡车拉，一次 3 吨，共计 20 车，我们硬是一次次将书扛上车又搬回仓库。由于租的仓库不够大，没多久就塞满了，于是不得不一边收书，一边挑拣掉不好的卖废纸，那时候还没有软件智能，全是人工，从 10 万本书籍里挑出 3 万多本，我和我的伙伴不知熬了多少通宵，才处理了一小半，后来我们开始找朋友、招一些做兼职的同学帮忙，这才处理完所有书籍。

项目宣传是个非常棘手的事情，主要是因为团队中欠缺宣传的能手，宣传道路很曲折，以至于在一段时间内影响到了销售。后来我们改变想法，将多收的课外书籍做一些赠送，这才解决了宣传难题。因为我们没有丰富的销售经验，一开始也没找到合适的平台来销售，让买书的同学很麻烦，处理订单也特别麻烦，还会有遗漏，所幸的是这些难题都圆满解决。现在的"书途"已经成功步入正轨。

"书途"项目不仅每年为当地大学生提供一万本书籍教材，解决大学生学期用书，并能快速、便捷的使用书籍，而且减少了有用书籍变成废纸，每年减少近 10 吨废纸所造成的环境污染，实现创业的价值意义。

### 支教与创业同行

我在"大三"下期的时候，一边经营"书途"，一边开始了竹溪支教。关于竹溪支教，早期是受国家西部志愿者精神影响，当时我就有支教的想法，希望着在大学去实现它。也正是如此，在大学选择社团的时候选择了青协，并在公益服务的过程中认识到了一些公益机构和后期一起支教的伙伴，得到了他们的支持。我第一次组队申请支教的时候失败了，团队能力欠缺。第二次我们精心准备后，得到了一家叫作萤火助学机构的支持，拥有了第一笔资金和学习材料。我重新对支教进行了思考和定义，确定了以短期夏令营的形式为乡村留守儿童开展丰富多彩的假期活动。申请成功之后，去哪进行支教也是一个难题，如何得到学校的认可也具有一定挑战。最开始，我去了开县的几所小学，有一所都已经和老师都说好了，但校长的电话总是打不通；还有一所去的时候，只看到学生没找到老师。好在后来得到母校重庆三峡学院老师的引荐，我们才得到了一名乡村小学校长的支持，至此开展了第一期、第二期和今年的第三期夏令营，并在今年开始了戏剧课堂和书信，实现能够真正地长期陪伴小朋友成长而不是仅限于短期夏令营。

竹溪支教项目与教育相关，要求发起者除了学习基本的创业知识外，还得学习与教育相关的知识，但关于这方面的教育体系、知识与传统学校教育有很大不同，显然资源是匮乏的，目前主要依赖于一些民间教育组织做一些课程开发与授课培训，才使得我们以及参与的志愿者有一定的专业力度去做好这个项目。虽然目前这一项目没有收入，我却依然坚持。一是库区的留守儿童确实需要一个丰富多彩的假期、需要有哥哥姐姐的"权威"引导；二是大学生可透过公益服务反哺库区教育，促使自己的成长。我曾试想，若每一所大学里有一定比例的大学生通过公益项目为当地偏远的小孩子提供成长陪伴，我相信那些孩子不会因为留守而缺少了童年的快乐。

竹溪支教，2018 年为边远山区 200 名留守儿童提供夏令营活动，丰富他们的假期生活，并为 300 名乡村儿童开展书信活动，提供心理情感倾诉平台，引导他们健康快乐的生活；2019年为30名乡村儿童开展"你好·生命"情景剧课堂，让我们能够更好地尊重生命，爱护生命，今年夏季也将三地开展主题夏令营、书信活动，联动高校志愿者、学校和爱心人士企业共同关注和支持乡村留守儿童健康快乐地成长。

当初第一期夏令营结束后，本是完成了我大学的一个梦想，可以放下、可以去按照父母的意愿开始准备找实习工作的事情，但我却在与小朋友相处中被感动，或许是相处中发现了自己的内在使命吧，毅然决然的继续我的公益创业之旅。

## 六、无所畏惧的奋斗，用汗水铸就的辉煌

有人说过，上帝给你关上一扇窗，他一定会为你打开另一扇窗。虽然经历了家庭生活的不幸，但在学校这个大家庭里，我受到了来自社会、学校、老师和朋友无微不至的关怀，就像一缕阳光，照进我的心田。

我是2011级信息与计算科学专业学生黎明，2010年9月进入重庆三峡学院预科班学习。我生长在一个普通的农民家庭，家处偏远山区，世代务农。由于交通不便，加上家里人口众多，家里一直十分贫困。而2008年的汶川地震更是让原本拮据不堪的家庭雪上加霜，家里唯一的房子在地震中严重受损。看着父母斑白的头发，深刻在脸上的皱纹，被生活压得无法挺直的脊梁，我毫不犹豫地站出来挑起了家庭的重担。我清楚地知道，大学不仅是一个学习的地方，更是一个实践的平台。通过各项社会实践，我对社会有了一定的认识，并拓宽了自己的人脉，磨炼了意志，并在此过程中不断丰富了自己的社会阅历。2010年下半年，我萌生了创业的念头，经过认真的市场调研，我和几个同学一起共同创立了祈梦教育咨询公司。

### 创业之初

我是个喜欢思考的孩子，经常在学校外面找兼职，偶然的一次机会，在市中心看到了别的同学在找家教做。于是，我就想，既然有人找家教，肯定就是有很多孩子需要家教，之后我就感觉到做家教是有市场的，既然这么有市场，我为什么不能做呢？但是又迫于学习时间的压力，我想，如果我自己一个人做

家教的话，时间那么少，也赚不了多少钱，无法维持自己的生活费，还耽误学习，之后，我灵机一动，我想，如果我找一群人跟着我一起做家教，会是什么结果呢？

在此之后，我深入地思考，认真做市场调查。我发现，请家教的学生需要的是"有责任心，而且长期做的家教老师"，而家教老师又担心"我做了很久，我的工资能拿到吗？"我突然间想：如果我做一个家教机构，这样既能保证了学生的利益，而且也同时能保证老师的利益，这样学生既能选老师，而我们机构也能给老师推荐学生。我感觉这是个两全其美的办法，毅然决定做这个项目。但是，问题接二连三的又出来了：资金问题、场地问题、运行的人力问题，我的内心突然感觉到强大的压力，但是既然要做，就要努力。"言而有信，雷厉风行"是我做事的风格，艰辛的创业历程就是这样开始了。

### 休学创业

还在上大二的时候，我果断地休学一年，开始创业。放弃一年的读书去创业，是很多家长和学生不敢尝试的事情，这需要很大的胆识。由于学习压力很大，鱼和熊掌不可兼得，要做事，学习肯定会影响，为了更好地做好一个事，就必须放弃一些事，去成全另一些事，我耐心地说服了家人，开始一年的休学历程，努力地做培训机构，刚刚开始的时候，招生就是问题，万州有很多培训机构，有些已很有名了，但是，我毫不畏惧，摆摊设点，举牌宣传，组建老师队伍，给老师培训，健全培训机构的制度，每一件事，都是从零开始，我坚信，我们一定会成功。创业开始的时候没人相信我们可以把他们孩子教好，他们去选择那些大牌子，那些有名气的培训机构，为什么要来我们那里培训？更何况，我们让家长看到的只是一群大学生。但是，凭着我们诚恳的态度，以及我们成熟而又有逻辑的言语，打动着一个又一个的家长的心，赢得了的越来越多的人的信任。我通过我的虔诚，我的胸怀，我的毅力，感动着身边越来越多的家长，我处事从容不迫，在面临困难的关键时刻，临危不惧，处事果断。经过一年的努力奋斗，我们的培训机构已经颇有成就，初具规模。

### 再战机遇

尽管机构已经有了一定的规模，能够维持日常的支出及小有盈余。然而，又一个问题摆在了我们眼前，如何将机构做强做大。2012 年我在学校领导及老师的指导带领下参加了重庆大学生创业大赛。在准备阶段，我为了做策划书，连续鏖战了三个通宵，策划书改了又改，研究策划的可行性，又做了多次仔细的市场考察，直到满意为止，我来回奔波于重庆主城与万州之间数十次，再苦再累，都坚持下来！在不懈的努力下，我终于获得了三等奖，并获得了奖金 10000 元。从那以后，公司步入了正规，并注册了重庆祈梦教育咨询公司，我们的公司真正的步入了万州人心中。

### 稳健前行

目前，我创办的祈梦教育咨询公司的服务对象已累计达到 5000～6000 人次，同时为家庭经济困难学生提供长期兼职岗位累计达到 160 个，为大学毕业生提供就业岗位 6 个。我想用自己的行动，回报社会，回报在我人生道路上每一个曾给予我帮助的人。黎明相信：成就他人才能成就自己，服务社会才能实现价值。只有这样明天才能走得更远更好。在无数个日日夜夜的奋斗和思考中，黎明清楚地知道，未来，掌握在自己手中。我会以更加积极乐观的心态，

迎接来自未来的挑战，我会更加严格地要求自己，引领着祈梦教育咨询公司走向下一个巅峰。

## 七、愿将传统文化以新的形式传承下去

### 土家文化元素吸引了我

钱只不过是个工具，如何借助这个工具，去实现自我才是最重要的。

我是重庆三峡学院美术学院 2016 级视觉传达设计 3 班学生王可龙。每次打开地图，都会看到万州旁边有一个叫恩施土家族苗族自治州的地方。我会觉得特别好奇，脑补少数民族部落聚居的画面。后来有机会便到恩施土家族苗族自治州游玩，西兰卡普、傩戏、摆手舞……这儿特具民族特色的文化元素，深深吸引了我。

这时正是"大二"下学期，也正在学习平面设计的相关课程，我发现这边市面上的许多产品都是义乌小商品，因此我发现了新的商业契机。我想利用这边的文化符号，以新的形式去表达出来。去填充这边缺失的市场。

随着大众审美水平的提高，美学与日常生活的结合也越来越紧密。从未来的市场空间和消费需求角度讲，生活美学化是文化产业发展的一大趋势，它能够为我们的创意和营销提供新的思路。将土家特色的东西，结合融入这里的食品、产品里去，将创意产业渗透到人们的生活方式之中。

### 尽人事以创业

经过一个多月的考察，我在一条正在开发的仿古商业街里，租了一个门面。

在做决定的那一天晚上，我想起《镜花缘》第六回里的一句话："尽人事以听天命"。因为前期手头资金比较紧，连带装修等几乎都是我自己动手完成，所幸期间也有同学过来帮忙，捣鼓了一个月，工作室也成型了。在亲手打造工作室的过程中，我也将很多属于自己的东西融入其中。因为开发文创产品，前期很难盈利，也必须要去很多地方走访，做乡野调查。为了维持房租和日常的开支，我同时给出版社画插画，做平面设计，画装饰画等。同时还要完成学校的学业课程。虽然很累，但是在这个过程中，让我受益匪浅。

一种艺术形式从远古到今天，绝不是简单的财产转让。人在掌握技艺的时候，总要保持一种能动的创造性态度。土家人有自己相应的文化体系，传统对维系民族生存有着十分关键的作用。在不断地摸索探寻之中，我把之前的许多想法付诸实践。把多年累积的一些教案做了出来，招收了一些学生，教他们绘画。

在这个过程中认识了许多志同道合的朋友，我们在一起互相学习成长。但这个过程也布满坎坷，一是我自身惰性，二是现实压力。一开始做的一些设计产品，都只是半成品。为了维持生活，只好做一些别的事情。也是因为有了压力，也促进了我去赶稿，中信出版社也和我签订了相关的合作协议，2019 年初，我和朋友合伙投资成立了墨白画社。

我把属于土家族的文化，融入美术教学里，把我对艺术的感悟，以属于这里的文化符号传播出去。例如西兰卡普中的自然符号，便是从生活与自然的启迪与观察中来。从这些织锦纹样（自然植物类的纹样）中，往往可以看到土家人对自然生活的体验。如"九朵梅""岩墙花"等，岩墙花的形成有这样一个传说：古代一位少女没有花样可织，坐在机头上发呆，看见岩墙上开的花朵很美，就把这朵岩墙花织了出来。如今手工织锦成本很高，但我可以参考织锦图案，将其开发成相关的产品，把这些文化元素融入我们现在的生活中去。

机缘巧合下，傩戏传承人叶先生看了我所创作的傩戏插画。觉得这个很有意思，便与我合作，这边的旅投公司也表达了合作开发意向。今年经济压力有所缓解，我也把更多精力放在做文创产品上。目前也在跟合伙人决定成立文创公司。

## 路漫漫其修远

在恩施创业已经一年，虽然还有很多事要完成，但我相信自己一定能把它们做好的。在这一年时间里，我收获十分丰厚，在实践的过程中，也引发了很多的思考，专业能力也成长许多。虽然面临了很多压力，但正是因为这些压力，也让我有动力去前行。本来一年营利已有十万左右，但成立新画室又变得身无分文。但在这盈亏的过程中，让我更清晰的明白，钱只不过是个工具，如何借助这个工具，去实现自我才是最重要的。我也在一路摸索前行，希望能以发掘土家文化为一个引子，未来能够将我们的传统文化，以新的形式传承下去。

## 八、只有不抛弃不放弃才有品尝胜利果实的可能性

创业是特别累、特别辛苦的，它会给你的身心都带来巨大的压力，让你直不起腰。但只有你扛住了，你才有机会品尝胜利的果实。

我是重庆三峡学院工商管理学院 2015 级酒店管理班学生李云飞，除认真学习在校知识外，也努力研究餐饮行业，在校期间与学校附近的多个餐饮店保持合作关系，协助学院管理酒水实验室并参与鸡尾酒授课。我曾在重庆市万州区富力希尔顿西厨房实习，实习期间还代表酒店参加了希尔顿大中华区及蒙古区的餐饮大师赛，认识了很多餐饮行业上的佼佼者。

### 知遇主管 Tom

在当代社会下，很多人的内心都有创业的想法，只是没有勇气或者是没有合适的项目和条件。我也不能免俗，一直都想着创业但没有合适的机会，在实习快要结束时，我终于遇到了这个机会，在一次偶然的聊天中，我和我的主管 Tom 一拍即合，决定尝试创业。我有着出国学习比萨技术和创业成功的经验，于是我就抱着学习的想法和 Tom 一起创业。

### 艰苦的创业之路

创业其实是一条非常艰苦的路，很多东西都不是想象的那么简单，项目确定后我们开始为这个创业项目做各种预想和预算，对各种事情开始计划，那时候我才意识到创业并不是那么容易的。

计划完后开始在万州寻找我们心仪的门面，这一找又是半个多月，历经了各种情况后，终于在重庆市万州区移民广场找到了符合我们要求的门面，再开始对店面进行规划、装修，筹备各种需要的设备、原材料，进行菜单制定菜品调整试营业，综合了各种情况后在 2018 年 5 月 1 日我们的店正式开业。

在开业的前一天晚上，我的主管 Tom 帮我进行了创业准备阶段的各种总结和经验传授以及对我一些不当地方的指正，他的话让我意识到我之前创业的很多想法其实都是错误的，当一个创业者真的不是那么简单的，不是社会适应你，是你针对这个市场去提供你的服务，开店也不是买点设备买点原材料在那里做就行了，营销在一定程度上比你的产品更加重要。在和供货商的一些沟通上也是有很多技巧和需要注意的地方的。

## 永远在路上

刚开业时生意还比较好，但是过了那段热火劲后开始惨淡，我感到了压力，Tom 和我讲这都是比较正常的，咱们需要结合市场进行调整，去适应这个市场才能变得更好。经过一段时间的调整和稳定后，我们获得了市场的认可，特别是在万州的外教市场，他们都成了我们的老顾客。从 5 月初开业到现在，我人生的第一个店经历了很多，让我学到了很多，刚开业的火爆到后面的暴跌再到我们坚持、努力后的成果。

# 第九章　环保之美：高校家庭
# 经济困难学生绿色教育探索

　　我们既要绿水青山，也要金山银山。宁要绿水青山，不要金山银山，而且绿水青山就是金山银山。坚持绿色低碳，建设一个清洁美丽的世界。

——习近平

　　近年来，生态环境恶化成为全球关注的重大问题。习近平总书记在2019年中国北京世界园艺博览会开幕式上的讲话中指出："要倡导尊重自然、爱护自然的绿色价值观念，让天蓝地绿水清深入人心，形成深刻的人文情怀。"①在全国生态环境保护大会上，他要求"开展全民绿色行动，为生态环境保护作出贡献。"②他强调"我们既要绿水青山，也要金山银山，宁要绿水青山，不要金山银山；而且绿水青山就是金山银山。"③在党的十九大报告中，习近平总书记号召"开展创建节约型机关、绿色家庭、绿色学校、绿色社区和绿色出行等行动"。④本章围绕绿色教育的概念、开展绿色教育的意义、大学生生态文明素养现状、加强大学生绿色教育的路径等方面展开，呼吁高校在迈向生态文明新时代的新征程中，应当服务国家战略，主动对接社会需求，把生态优先和绿色发展理念根植到学生头脑中，为生态产业化和产业生态化培养大批高素质应用型绿色创新人才，为真正把绿水青山变为金山银山和实现美丽中国梦提供坚实的支撑。

---

① 习近平. 共谋绿色生活，共建美丽家园——在二〇一九年中国北京世界园艺博览会开幕式上的讲话 [N]. 人民日报，2019-04-29-02.

② 习近平在全国生态环境保护大会上强调坚决打好污染防治攻坚战推动生态文明建设迈上新台阶 [N]. 人民日报，2018-05-20-01.

③ 中共中央宣传部. 习近平总书记系列重要讲话读本（2016年版）[M]. 北京：学习出版社，2016.

④ 党的十九大报告辅导读本 [M]. 北京：人民出版社，2017.

## 第一节　绿色教育概述

生态文明建设关乎人类未来，随着全球生态问题日益严峻，协调经济发展和环境保护的关系成为各国关注的重要问题，绿色发展成为当今世界的一个重要趋势。积极应对气候变化，加强生态环境保护，越来越成为各国实现可持续发展的重要内容和提升国际竞争力的重要手段，绿色低碳发展的共识度不断提高。

### 一、推动绿色发展已经成为世界各国发展的共识

#### （一）建设绿色家园是人类的共同梦想

2011 年 5 月，联合国工业发展组织（UnitedNations Industrial Development Organization，UNIDO）宣布了绿色产业战略。根据 UNIDO 的定义，绿色产业（Green Industry）是一种可以促进生产和消费可持续的产业模式，它能够使产品在其全生命周期内资源能源的利用效率更高，碳和污染物的排放强度更低，对生态环境少污染、无污染并且更加安全。2011 年，国际劳工组织发布《绿色工作技能：全球视角综合报告——基于 21 国的研究》（*Skills for Green Jobs：A Global ViewSynthesis Report Based on 21 Countries Studies*）指出，绿色经济将在 21 世纪对世界经济格局产生重要变革。绿色经济已经成为 21 世纪世界经济发展的重要方向，发达国家积极出台绿色发展战略，力争在新一轮科技革命和产业变革中占有一席之地。欧盟启动绿色经济发展计划，力求通过绿色经济推动经济整体发展。法国积极发展核能和可再生能源。德国主要发展生态工业，澳大利亚签署了绿色技能协议，让社会上大多数行业理解并认可绿色经济。

#### （二）建设美丽中国是中国梦的重要内容

习近平总书记强调："建设生态文明是中华民族永续发展的千年大计""生态环境是关系党的使命宗旨的重大政治问题，也是关系民生的重大社会问题。"党的十七大首次提出了生态文明理念，强调要建立人与自然的和谐相处关系。十八大后，生态文明建设上升为生态文明战略，纳入"五位一体"总布局。

2015 年，国务院发布《中国制造 2025》，把坚持"绿色发展"与"创新驱动、质量为先、结构优化和人才为本"列为五大基本方针。同年，党的十八届五中全会通过《中共中央关于制定国民经济和社会发展第十三个五年规划的建议》中，将生态环境保护纳入建设小康社会的愿景和全过程，将"绿色"与"创新、协调、开放、共享"并列为我国十三五时期的五大发展理念，绿色发展获得前所未有的重视，其内涵包括建立整个绿色低碳循环发展的产业体系和能源体系。2017 年，三部委联合印发《制造业人才发展规划指南》，再次明确把"提升绿色制造技术技能水平"作为"提升制造业人才关键能力和素质"。2019 年 3 月，国家发改委、工信部、自然资源部、生态环境部等七部委联合印发《绿色产业指导目录（2019 年版）》，提出当前我国绿色产业发展的重点。该目录的出台再次彰显政府对积极培育绿色发展新动能、加快促进绿色产业有序发展的高度重视，坚定不移地推进绿色发展战略，指引我们更好实现人民富裕、国家富强、中国美丽、人与自然和谐，实现中华民族永续发展。

## 二、开展绿色教育是加强生态文明建设的必然选择

### （一）绿色教育的兴起

发达国家和地区随着工业化进程带来的环境问题，较早关注绿色教育。1969 年，美国通过了《环境政策法案》。1970 年 4 月 22 日，美国规定了第一个"地球日"，标志着当代环境教育运动的兴起。1970 年，美国国会正式通过《环境教育法案》，政府开始着力在中小学推行环境教育。1972 年，联合国人类环境会议在斯德哥尔摩召开，建立了联合国环境规划署，开启了通过国际条约解决环境问题的新纪元。1992 年，联合国环境与发展大会把环境教育拓展为可持续发展的教育。国外的绿色教育比较普及，效果也较显著。如，英国爱丁堡大学的"环境议程"、美国乔治华盛顿大学的"绿色大学"、加拿大滑铁卢大学的"校园绿色行动"、多伦多大学的"商业组织＋行政组织＋学校绿色组织"，这些都是通过计划和项目的方式践行绿色教育理念。当前，绿色经济新趋势影响着世界经济格局变革，制造业绿色转型升级，将引发劳动力市场变化，绿色经济活动和技术会重塑已有工作岗位或工作任务的内容，创生大量新的绿色职业，呼唤大力培养绿色技能人才，开发绿色技能成为国际职业教育发展的重要趋势。以 UNESCO、欧盟、OECD 等为代表的国际组织通过召开相关会议、发布研究报告及政策建议等形式，不断推动绿色技能理念和实践的发

展。美国国家职业信息网络确定和公布了 171 个绿色职业，包括 64 个岗位数量增加型绿色职业、62 个绿色技能增强型绿色职业和 45 个已确定的新兴型绿色职业。德国倡导"所有职业都是绿色职业"，在国家职业资格中融入绿色技能要求。

## （二）我国绿色教育的发展

我国绿色教育起步较晚。在国际社会的影响与带动下，我国于 20 世纪 80 年代，制定了可持续发展战略，开始关注绿色校园建设。我国于 1994 年发布了《中国 21 世纪议程》，与绿色校园相关的绿色大学建设开始受到广泛关注并局部开始实践。1996 年，国家环保局等部门颁布《全国环境宣传教育行动纲要》，启动创建绿色学校活动。1998 年，由清华大学王大中校长牵头，钱易院士等发起了主要包括绿色教育、绿色科技、绿色校园的绿色大学创建活动，提出多项举措创建绿色大学，比如，将《环境保护与可持续发展》课程列为全校本科生公共基础课，将《环境学》《可持续发展论》作为研究生的限定性选修课。中国科学院院士杨叔子在 2001 年举行的"中外中小学校长论坛"上，抛出《绿色教育：科学教育与人文教育的交融》这一崭新命题，最先提出"绿色教育"一词。2001 年，教育部正式批准清华大学建设绿色大学，标志着我国首个"绿色大学"的创立，揭开了绿色大学建设的帷幕。在国家"十一五"规划出台之后，教育部下发了《关于建设节约型学校的通知》，高校将建设节约型学校作为"十一五"规划和中长期发展规划的重要内容，并提出切实可行的落实措施。2016 年，在"展望十三五"系列报告会上，教育部原部长袁贵仁把"以绿色发展引领教育风尚"作为教育应具有的五个新教育思路之一。2016 年 12 月 18 日，在中国绿色校园设计联盟成立大会暨首届中国绿色校园发展研讨会上，教育部学校规划建设发展中心联合国内 7 家知名高校建筑设计研究院共同发起成立中国绿色校园设计联盟，发出中国绿色校园发展倡议。2018 年 1 月，教育部办公厅等六部门下发《关于在学校推进生活垃圾分类管理工作的通知》，要求"着力提高全体学生的生活垃圾分类和资源环境意识，倡导简约适度、绿色低碳的生活方式，为推动形成人与自然和谐发展现代化建设新格局，建设美丽中国作出积极贡献"。2018 年 8 月 18 日，"凝心聚力 砥砺前行 共建和谐生态校园——2018 全国高等院校绿色发展峰会"在教育部学校规划建设发展中心举行。2019 年 10 月，教育部办公厅等四部门下发《关于在中小学落实习近平生态文明思想、增强生态环境意识的通知》，要求"在相关学科教学、课内课外活动以及学校管理各个环节中充分体现勤俭节约、绿色低碳消费，使学生切实增强生态环境意识、提高生态环境保护能力，把学习实践习近平生态文明思想化为学生自觉行为""积极引导广大中小学生从我做起、从身边小事做起，让勤俭节约、低碳消费、绿色发展理念蔚然成风。"

## 三、绿色教育的内涵及高校开展绿色教育的意义

### （一）绿色教育的内涵

近年来，绿色教育成为研究热点。对于什么是绿色教育，可谓仁者见仁智者见智。归纳起来，有下面四种提法：

1. 环保教育说

绿色是大自然的色彩和生命的底色，象征着生机和活力，衍生出美丽的环境、和谐的生态、平和的心态、安全的状态、有序的业态等意义。近年来，随着生态环境问题的加剧，环保思潮和环保运动吸引越来越多的关注。教育部、环保部等 6 部委联合下发的《全国环境宣传教育行动纲要（2016—2020 年）》要求：加强高等学校环境类专业建设，根据学校特点有针对性地培养研究型、应用型人才。在很多人看来，绿色教育就是环保教育，通过教育增强环保意识，促进环境保护，为实现可持续发展奠定坚实的基础。清华大学原校长王大中院士指出："绿色教育就是全方位的环境保护和可持续发展意识教育，即将这种教育渗入自然科学、技术科学、人文和社会科学等综合性教学和实践环节中，使其成为全校学生的基础知识结构以及综合素质培养要求的重要组成部分。"[①]

2. 践行理念说

党的十八届五中全会提出了"创新、协调、绿色、开放、共享"五大发展理念，为全国各行各业实现科学发展提供了理论指引。2016 年 3 月，国家"十三五"规划纲要出台，明确我国未来将贯彻绿色发展等五大发展理念。从落实立德树人根本任务看，培养学生的绿色发展理念，为经济社会发展提供绿色人才支撑，为美丽中国和生态文明建设服务，乃是教育系统贯彻党的十八届五中全会精神其中最重要的一环。从这个意义上讲，绿色教育就是党和国家绿色发展理念在教育系统的运用实践和落地见效。刘健（2017）认为，生态文明

---

[①]　王大中. 创建"绿色大学"示范工程，为我国环境保护事业和实施可持续发展战略做出更大贡献［J］. 世界经济与政治，1999（2）：78—79

与绿色教育有紧密关系，应用型高校应当将绿色发展理念作为应用型本科专业人才培养的核心能力，通过绿色课程、绿色实践、绿色校园建设、构建绿色专业（群）、开展绿色科研服务、培养学生绿色特质，以此实现高校绿色教育路径设计，培育学生的绿色知识、绿色行为和绿色技能，从而为生态文明建设贡献力量。①

### 3. 教改方向说

学者们认为，与白色垃圾、黄色污染、灰色地带和黑色幽默等概念相比，绿色教育让人耳目一新。绿色教育是教育在全方位可持续发展与环境保护意识方面的深化，是一种全新的教育理念和一种现代教育观，蕴涵着人文素养教育的要求，是教育领域新的探索方向。崔卓，于开莲（2010）强调：绿色教育的核心理念就是在既满足当代人需求，又不对后代人发展造成威胁的前提下，崇尚绿色与自然环境，尊重生命及个性发展，使人与自然和谐共生，从而实现二者的可持续发展。② 强连红，李永菊（2019）认为：绿色教育是适应我国生态文明建设发展的需要而产生，是一种新的教育模式，是大学的绿色荣誉和形象，也是我国大学在促进社会可持续发展过程中的重要社会精神文明工程。③游耿林（2018）提出，绿色教育是全员参与、全方位覆盖和全过程贯穿的教育理念和教育模式，是应用型高校的必然选择和高等教育的改革方向。④

### 4. 研究范式说

绿色教育这个概念是从环保角度提出来的，学者们运用系统论的观点和生态学的视角，对绿色教育的深刻内涵、实施途径等进行拓展。邹明玮（2015）提出：绿色教育生态强调对教育现象进行生态分析，是一种注重整体和谐、动态开放、真实有效、追求持续发展的研究方式。⑤ 左素萍，周仲伟（2019）认为：作为当代教育新理念，绿色教育是教育者从主客体以及客体各因素之间互相依存、和谐共处的生态道德观点出发，以科学求真和人文求善为指导思想，将理性科学教育与感性人文教育相融合，引导受教育者注重个人综合素质的全

---

① 刘健. 应用型本科高校绿色教育路径研究 [J]. 三明学院学报，2017（02）：86—90.

② 崔卓，于开莲. 绿色教育的核心理念及其可行性研究——基于幼儿园灾害教育调查的实证分析 [J]. 北京师范大学学报（社会科学版），2010（4）：138—144

③ 强连红，李永菊. 黑龙江省高校绿色教育发展现状及优势分析 [J]. 科教文汇，2019（3）：12—13，51.

④ 游耿林，基于绿色教育的应用型高校第二课堂重构——以三明学院为例 [J]. 洛阳师范学院学报，2018（04）：76—80.

⑤ 邹明玮. 绿色教育生态视角下的高校青年干部成长路径探析 [J]. 教育教学论坛，2015（43）：27—28.

面发展而树立的新生态自然观、人生价值观和生存发展观。① 薛娟（2018）认为，高校绿色教育主要包括生命教育观、生态系统观、科学资源观三重内涵，高校绿色教育应在师生中有效根植绿色教育理念、在行动中设计绿色教育实施方案、在组织上建立绿色教育实施机制，构建绿色校园、绿色专业、绿色师生、绿色科研、绿色实践、绿色评价相结合的"六位一体"教育体系，全方位推动绿色教育的综合改革与探索。②

总体上看，学者们对绿色教育的关注呈现三大趋势，第一，从保护环境和促进绿色发展的角度，呼吁高度重视绿色教育。第二，从生态文明和美丽中国建设的高度，关注绿色教育的综合性和跨学科性。第三，从生态学和系统科学的向度，拓展绿色教育的外延和内涵。盛文楷（2015）认为，绿色教育主要包括绿色知识、绿色价值观、绿色行为能力三个方面的教育③。申美兰、吕静波（2015）强调：绿色教育是一个综合性的概念，主要有环境保护意识、绿色发展意识、绿色伦理意识、绿色心理意识四点④。那么，究竟应该如何界定绿色教育呢？笔者认为，理解绿色教育的含义应该从"绿色"和"教育"两个侧面展开，绿色是一种发展理念和境界追求，教育是一种培养人的社会实践活动。概括起来，绿色教育就是坚持人与自然和谐共生，促进学生可持续发展的教育。坚持人与自然和谐共生是绿色教育的理念和出发点，促进学生可持续发展是绿色教育的目标和落脚点。

## （二）高校开展绿色教育的意义

### 1. 服务国家生态文明建设和资源节约型、环境友好型社会建设

绿色发展是当今时代的潮流，是新的发展哲学和新的发展经济学。有一位环保主义者曾做过统计，她根据自己的生活习惯计算，少浪费 1 斤粮食，可节约 0.18 公斤标准煤，相应减排二氧化碳 0.47 公斤。以此类推，如果全国平均每人每年少浪费 1 斤粮食，每年可节约 24.1 万吨标准煤，减排二氧化碳 61.2 万吨。近年来，我国生态环境频频出现问题，对可持续性发展越来越重视。

---

① 左素萍，周仲伟. 基于绿色教育理念的高校"双困生"就业服务体系构建研究 [J]. 湖北开放职业学院学报，2019（4）：21－23.

② 薛娟. 高校绿色教育的理念与实践——以重庆三峡学院为例 [J]. 重庆三峡学院学报，2018（1）：114－121.

③ 盛文楷. 加强大学生绿色教育的思考 [J]. 福建省社会主义学院学报，2015（6）111－114.

④ 申美兰，吕静波. 思想政治教育工作视角下的大学生绿色教育实践研究 [J]. 辽宁经济，2015（10）80－81.

2015 年 4 月，党中央国务院《关于加快推进生态文明建设的意见》强调：动员全党、全社会积极行动，深入持久地推进生态文明建设，加快形成人与自然和谐发展的现代化建设新格局，开创社会主义生态文明新时代。十八届五中全会正式提出创新、协调、绿色、开放、共享五大发展理念。2016 年 3 月，《国家十三五规划纲要》出台，明确绿色发展等我国未来五大发展理念。高校应当推动以绿色校园为空间载体、以绿色教育为内核根基和以绿色制度为保障体系的"三维一体"新时代绿色大学建设，为生态文明建设提供全方位的人才、智力和精神文化支撑，为全球生态治理和高等教育发展提供具有中国智慧和中国特色的本土化解决方案。

### 2. 推动国家未来可持续发展人才培养

马克思在《关于费尔巴哈的提纲》中指出："人的本质不是指单个人所固有的抽象物，在其现实性上，它是一切社会关系的总和。"① 马克思主义认为人发展的最高境界是人的全面而自由的发展，这是马克思主义最重要的价值追求，以绿色发展理念统筹协调经济发展与人的发展是由发展的根本目的和发展的价值追求所决定的。国际劳工组织与联合国环境规划署在 2007 年发出的《绿色工作全球倡议》指出：绿色工作是那些可以减少企业和经济部门对环境的影响，最终实现可持续发展，同时又符合"体面劳动"的工作。在气候变化、能源短缺、环境恶化和就业难的社会背景下，绿色就业成为我国政府和学界的关注点。节能减排、环保及相关产业成为吸纳就业的重点行业，新能源、环境基础设施建设、节能绿色产业可以创造出更多的绿色岗位；而绿色创业将深刻影响经济社会发展的未来，改变世界发展的方式和人类文明发展的整体走向。教育部、环保部等 6 部委联合下发的《全国环境宣传教育行动纲要（2016—2020 年）》要求：加强高等学校环境类专业建设，根据学校特点有针对性地培养研究型、应用型人才。

### 3. 促进我国区域经济社会发展

立足地方、融入地方，是高校服务社会、形成比较优势的必然选择。大力发展绿色产业既是我国经济高质量发展的现实考量，也是实现生态安全与环境友好的必然选择。绿色经济是中国未来经济的重要增长点，也是中国产业结构调整的必由之路。但绿色技能人才短缺是绿色经济转型的重要瓶颈。地方高校

---

① 中共中央马克思恩格斯列宁斯大林著作编译局. 马克思恩格斯选集第一卷 [M]. （2 版）北京：人民出版社，1995.

应当通过职业教育和培训的方式，大力培养绿色技能人才，为地方绿色经济发展提供重要的人力资本支撑。比如，福建三明学院将绿色教育纳入"有特色高水平应用技术型"大学的建设规划，紧紧围绕福建省和三明市"生态文明示范区建设"的战略需求，努力探索地方应用型高校的绿色教育新模式，将绿色教育融入学校办学定位和发展规划，将绿色教育导入专业群建设对接区域产业发展，将绿色教育纳入人才培养方案和教学评价体系，走出一条特色发展之路。重庆三峡学院发挥地处三峡库区腹地的优势，主动对接国家"一带一路"长江经济带战略，积极服务库区生态修复和环境保护，持续建立稳固的绿色科学研究基地，加快形成独特的绿色科研成果，输送优秀绿色人才，为三峡库区及渝东北地区经济社会的永续发展提供人才支撑与技术支持，成为重庆市首所倡导"绿色教育理念"、力推"绿色教育产教融合"的本科高校，取得了良好的办学效益。

## 三、高校开展大学生绿色教育的实践

重庆三峡学院位于重庆市万州区，地处三峡之心、长江之滨、城市之巅，是教育部转型发展试点高校、全国智慧校园建设试点单位、重庆市教育信息化示范单位。学校把以立德树人为根本的绿色人才培养，作为学校工作的出发点及落脚点，多方联动，协同创新，举全校之力建设系统、科学、完善的绿色教育协同育人长效运行机制，把绿色思想有机融入管理、课程、科研、实践、文化、网络、心理、服务、资助、组织"十大育人"工作中去，构建全员育人没有缺位、全过程育人没有盲区、全方位育人不留死角的绿色教育体系，培养学生"三峡人"吃苦耐劳、诚实守信、感恩自强、创新创业的品格。学校"三全育人"理念下全过程、一体化绿色教育体系构建探索的具体做法包括以下几方面。

### （一）建立绿色转型领导体系，立德树人实施绿色德育

学校把绿色教育作为应用转型的重要抓手，探索绿色人才培养之路，主要领导挂帅成立相关领导小组和课题组。2017 年 3 月，重庆三峡学院的《探索绿色教育之路，建设特色转型高校》获批重庆市第三批深化教育领域综合改革试点项目。2017 年 3 月 14 日，学校和教育部学校规划建设发展中心、美国应用技术教育联盟合作，签约加入中美应用技术教育"双百计划"合作项目，投入近 1000 万元，引入国际课程体系，培养具有绿色视野、国际标准、适应生

态文明建设要求的绿色应用型人才。2017 年 7 月，学校被确定为重庆市高校美育改革和发展实验校。2017 年 10 月，学校绿色教育项目被市教委确定为高等教育教学改革重大项目。学校落实立德树人根本任务，做好三峡文章，讲好三峡故事，弘扬三峡精神，传承三峡文化，培养三峡学子，实施大学生"1333"绿色德育美育计划，引导学生与自然和谐相处，增强可持续发展能力。"1"是指树立一个意识：安全第一、预防为主、自律自护。"3"是指培养三自品格：学会自爱、保持自信、增强自豪。"3"是指弘扬三绿文化：绿色生活、绿色发展、绿色使者。"3"是指修炼三大特质：美丽心灵、精神气质、综合能力。

### （二）建立绿色视觉识别体系，发展战略践行绿色理念

学校学习贯彻习近平总书记关于绿水青山就是金山银山的论述，深入落实习近平总书记对重庆市提出的"两点""两地"定位要求，充分发挥地处长江母亲河"一江碧水，两岸青山"的地域优势，以山比德、以水启智、以文养慧，提出"123"发展战略，把绿色教育作为学校特色发展、内涵发展、创新发展的重要抓手，强力推进"美丽校园"和"重庆名校"，服务重庆市建设山清水秀美丽之地和内陆开放高地，深度融入"一带一路"建设和长江经济带发展，建设绿色教育"活的实验室"，成为重庆市首所倡导绿色教育理念的高校，努力推动新时代重庆高质量发展。学校第三次党代会确立建设地方应用型高水平大学的目标，分为三个阶段，采取"三步走"战略。第一阶段，到 2020 年，"十三五"末，实现学校转型升级。第二阶段，到 2035 年，建校 80 周年左右，基本建成特色鲜明的综合性应用型大学。第三阶段，到 2055 年，建校 100 周年左右，全面建成特色鲜明的综合性应用型高水平大学。学校坚持差异发展和错位竞争，全力铸就"三峡""绿色""应用"3 张品牌，确定绿色、红色、蓝色三种校园主色调，坚持生态优先、绿色发展，从校园建设、到学校宣传品等设计等各方面，均彰显绿色元素。

### （三）建立绿色校园规划体系，新区建设彰显绿色生态

学校百安新校区占地 1980 亩，山顶和山脚高差 175 米，大自然的鬼斧神工赋予这块土地唯一的不可复制的地形地貌。175 米高差的山地在一些人看来是劣势，在学校师生眼里则是不可多得的优势。因为用好这个高差，就是一所站着的大学。学校新校区因山就势，突出绿色生态概念进行设计，以"山林结合"为核心，构建"一心一轴，一环两带"的格局，将山林肌理与校园空间有

机叠加，融为一体。建筑与山林、校园与环境和谐共生，营造出山林田园式的生态化校园格局。同时，确保单体建筑设计水平过硬，如在建的图书馆工程就获得重庆市规划局规划设计一等奖。学校把三峡文化和校园建设结合起来，除了在校徽、校训、校歌中融入三峡元素以外，在新校区规划建设中充分彰显三峡地域特色，大校门浮雕分别呈现自然三峡和人文三峡，打造三峡红叶大道、三峡红叶长城、三峡文化书签等校园文化标识系统，规划建设三峡馆、三峡诗词林、三峡珍稀植物园等特色景观，一草一木均凸显三峡文化底蕴，校园实现登高见江、推窗见绿、开门见景、入园见花，五彩斑斓、美不胜收，获得重庆市优秀卫生单位、高校校园绿化管理工作先进集体等称号。在《重庆晨报》等媒体组织的"最美校园"网络评选活动中，重庆三峡学院的得票数遥遥领先。

### （四）建立绿色人才培养体系，教育教学体现绿色内容

2017 年第 26 次校长办公会审定通过《关于深化教育领域综合改革试点项目建设实施方案》，相关部门及全校师生积极探索，从绿色校园环境、绿色校园文化、绿色德育美育、绿色课程资源、绿色课堂教学、绿色师资队伍、绿色人才培养、绿色科研成果、绿色社会实践、绿色管理方式、绿色评价体系十一个方面，系统推进绿色教育。学校探索"一颗红心＋一个专业＋一项专长＋一些情商＋一门外语＋一副身体"的绿色人才"六个一"综合素质培养模式，高度重视对学生绿色文化、绿色知识、绿色素质的培养，通过专业设置、教育教学、科研、管理，把绿色教育贯穿人才培养的全过程。开办环境科学、环保设备工程、旅游管理、食品质量与安全、园艺、风景园林等绿色专业，在课程体系中加入低碳经济等绿色教育内容，组织开发编写节能减排系列专著和教材，开设《能源环境与可持续发展》《绿色能源与低碳生活》《生态农业与食品安全》《中华国学》《美学与人生》等 300 多门选修课，用绿色、环保、节能的理念养成学生的环保意识，培养学生生态文明理念和健康审美情趣。在 2018 版人才培养方案中，设置 1 个绿色教育专项学分，让学生通过绿色活动获得。

### （五）建立绿色学科专业体系，学科平台凝聚绿色人才

学校坚持学科围绕绿色而建，平台围绕绿色而搭，队伍围绕绿色而聚，科研围绕绿色而研。立足三峡，研究三峡，服务三峡，践行为地方经济社会发展服务的神圣职责，实现"两个对接"，即所有学科的建设与发展与万州区经济社会发展全面对接、所有科研团队的引进与万州区经济社会发展全面对接，培育三峡库区发展急需的旅游管理、酒店管理、环境科学、环境设计、给排水科

学与工程、食品科学与工程、物联网工程、汽车服务工程、文化产业管理、园艺等专业。中国语言文学、电子科学与技术、环境科学与工程、农林经济管理、计算机科学与技术等一批契合绿色发展理念、服务重庆"两点""两地"定位需求的学科已成为市级重点学科。"三峡库区生态保护与开发专家服务基地"成为重庆高校中首个国家级专家服务基地，所有市级科研平台和创新团队均围绕三峡、绿色、生态等做文章，正积极筹建"三峡人工智能技术学院"和"重庆绿色生态工程学院"，积极推进库区农业、工业和商贸服务业生态化、智能化和绿色化发展。

### （六）建立绿色项目培育体系，科学研究彰显绿色成果

学校提出"利用三峡库区资源、对接三峡应用需求、聚集全球优秀人才、取得世界水平成果"的科研工作思路，依托国家级专家服务基地、市级院士专家工作站、博士后科研工作站，重庆市轻合金材料与加工工程技术研究中心、三峡水库生态环境保护和灾害防治协同创新中心等平台，立项国家社科基金冷门"绝学"和国别史等研究专项各类高端项目近 200 余项，承担市级以上科研项目 500 余项，科研成果获重庆市科技进步奖等省部级以上奖励 12 项。坚持政校行企融合发展，与库区相关区县政府、部门签署多项合作框架协议，相关研究报告被《长江经济带建设万州区发展规划纲要》等文件采纳，与重庆汇达柠檬科技集团有限公司共建重庆柠檬产业研究院。学生科研项目《三峡库区移民安置情况监测与后期扶持对策研究》《三峡水库中陡土坡消落区适宜植物配置模式研究与示范》等研究成果荣获"挑战杯"全国二等奖、累进创新奖全国银奖和"智慧城市"专项赛一等奖。对接地方产业发展，打造定制科技服务。近 5 年，完成科研服务地方的项目达 400 余项，为旅游、物流、文化传媒、农业、医疗、翻译等多个行业提供了有效服务，促进库区产业生态化、生态产业化。

### （七）建立绿色课外活动体系，学生成长强化绿色素质

把绿色教育纳入学生思想政治工作、纳入辅导员培训和学生骨干培训、纳入学生综合素质测评和二级学院学生工作考评。发掘三峡厚重的文化资源，组织学生到万州九五惨案纪念馆等地开展爱国主义教育，到三峡移民纪念馆等地开展社会实践活动，邀请市公安局、万州区戒毒所等单位专家进校园，加强学生法治、禁毒、防艾等主题教育。成立大学生自律委员会，组织学生开展体验式助管，举行绿色寝室、绿色班集体、绿色之星的选树评比和表彰，营造爱护

环境，呵护生态的浓厚氛围，倡导节约资源和保护环境的生活方式。在世界环境日、地球日、水日等重要节点，通过发放宣传资料、张贴海报、举行讲座、播放影片等形式，引导学生树立尊重自然、顺应自然、保护自然的生态文明理念。举行校长奖学金优秀学生报告会、十佳校园之星故事分享会、优秀校友交流会等活动，引导大学生激发绿色梦想，树立绿色意识，培养绿色素质，争当绿色使者。

### （八）建立绿色文化培育体系，第二课堂营造绿色氛围

把绿色教育作为大学生思想政治工作的重要抓手和团学活动的重要内容，在大学生艺术团成立跳绳队、舞蹈队、合唱团、花鼓队、空竹队、汉服社等团体，开展三峡曲艺进校园、组织观看话剧《三峡人家》《薪火》，引导学生了解三峡非物质文化遗产，传承三峡文化精神，三峡文学社被团中央评为全国优秀国学社团称号。组织学生志愿服务三峡国际旅游节、第 11 届东亚手球俱乐部锦标赛等活动，依托三下乡、青年志愿者进社区、绿色认领、旧衣回收等活动，向社区居民宣传绿色知识，倡导节约水电、珍惜粮食、理性消费、勤俭节约，降低对环境的污染，实现人与自然和谐共生。承办重庆市第 36 届大学生"青年之声·校园之春"文化艺术体育活动开幕式暨"三走"主题多彩马拉松、重庆市 2017 年大学生马拉松接力赛总决赛、"改革开放 40 年——全国高校大学生迷你马拉松重庆三峡学院站暨师生全民运动启动仪式"等活动，打造独具特色的校园山地马拉松品牌，引导学生低碳生活、绿色出行，提高人生境界和生命质量，学生身体素质明显增强。

### （九）建立绿色就业促进体系，学生创业服务绿色发展

学校推动绿色教育进就业创业课堂、进就业协会社团活动、进毕业生头脑、进就业创业"一站式"服务平台。与 200 余家单位签订合作协议，为学生绿色就业提供机会。学校积极与重庆市园林人才服务中心等政府及人才机构对接，瞄准绿色产业广泛开拓就业市场，到重庆鑫蒲江环境监测有限公司等单位建立就业基地。通过职业生涯规划大赛、就业创业讲座、模拟招聘会等途径，提高学生绿色就业技能。在学校最核心地块建设占地 3500㎡ 的"太阳鸟"众创空间，每年投入不低于 300 万元，现已入住聚焦高新技术、电子商务、特色农业、文化创意、节能环保等领域的学生创业团队 93 支，2017 年实现创业产值 540 万余元，学生年终就业率 95％ 左右，获批重庆市普通高校毕业生就业示范中心、重庆市大学生创业示范基地、市级众创空间。近年来约千名毕业生

踊跃参加大学生志愿服务西部计划和"三支一扶",涌现出创办"三峡特购网"的创业达人潘鸿鹰、"重庆青年五四奖章"获得者大学生村官穆龙、"中国大学生自强之星"刘晓珍、"全国大学生就业创业人物"彭俊华等优秀典范,学校被团中央评为全国大学生志愿服务西部计划优秀高校项目办。

### (十)建立绿色品牌传播体系,搭建平台宣传绿色探索

绿色成为我校办学思路的底色和内涵发展的亮色,成为激励学生成长发展的重要力量。近年来,学生参加各类专业竞赛获国家级奖项 200 余项,涌现出一大批在道德、学业、创业等方面具有示范作用的优秀学生,获得首届蒙牛"创业吧兄弟——校园合伙人"全国总决赛冠军、全国排舞比赛一等奖、全国大学生艺术展演二等奖、"创青春"全国大学生创业大赛电子商务专项赛铜奖、中国大学生计算机博弈大赛八连冠、重庆市武术比赛十连冠等荣誉,毕业生卢红莲获得世界记忆大师称号。学校加入中国绿色大学联盟,不断深化绿色教育,受到教育部本科教学工作审核评估专家的充分认可和高度肯定。在教育部全国高等学校学生信息咨询与就业指导中心主办的 2017 年大学生就业创业实证研究论文征集评奖活动中,重庆三峡学院提交的论文《助推大学生绿色就业——来自重庆三峡学院的探索与思考》荣获三等奖。2018 年 9 月,论文《以习近平绿色扶贫思想引领家庭经济困难学生绿色成长的探索》获得重庆市教委学习习近平扶贫思想暨中国扶贫改革 40 周年主题论文征集三等奖。学校每年投入上千万资金,抓好家庭经济困难学生绿色通道、学习困难学生绿色转化、心理困难学生绿色交往等工作,中国教育电视台《中国教育报道》节目于 2018 年 3 月 2 日和 3 月 3 日晚分别以题为《重庆三峡学院——扶"贫""志""智"三管齐下资助贫困学生》和《重庆三峡学院太阳鸟众创空间:让有梦想的学生展翅翱翔》做了为时共 8 分钟的专题报道,引起热烈反响。2018 年 4 月,由教育部学校规划建设发展中心、中国现代教育研修中心主办,学校承办的"国际产教融合+高水平应用型高校建设工程中美绿色教育合作研讨会"在万州举行。《光明日报》《中国教育报》等权威媒体对学校教育教学改革及绿色人才培育给予高度关注和积极评价。

## 第二节　高校大学生生态文明素养的现状调查

生态文明建设是我国"五位一体"总体布局的重要内容,生态扶贫是习近平

新时代扶贫开发战略思想体系的重要内容。秉承绿色发展理念，走生态脱贫之路，是贫困地区可持续发展的必然要求，也是中国特色扶贫开发道路的重要创新。习近平生态扶贫理念为做好高校学生资助工作提供了根本遵循，为高校家庭经济困难学生健康成长指明了方向。高校应当按照习近平生态扶贫理念，把资助与生态、资助和育人、资助与自助结合起来，构建"扶困＋扶智＋扶志"的"大扶贫"工作格局，引导家庭经济困难学生传播绿色理念，坚持绿色学习，倡导绿色生活，培育绿色心灵，开展绿色实践，形成节约资源和保护环境的生活方式，培养大批服务美丽中国建设和促进未来可持续发展的高级人才。

# 一、习近平生态扶贫理念概述

## （一）习近平生态扶贫理念的提出

打赢精准脱贫攻坚战，带领全国人民如期全面建成小康社会，这是党的十九大做出的庄严承诺。近年来，生态问题已成为人们普遍关注的热点。习近平总书记十分重视正确处理经济发展与生态环境保护的关系。他强调："我们既要绿水青山，也要金山银山。宁要绿水青山，不要金山银山，而且绿水青山就是金山银山。"[①] 他要求："全社会都要按照党的十八大提出的建设美丽中国的要求，切实增强生态意识，切实加强生态环境保护，把我国建设成为生态环境良好的国家。"[②] 生态文明建设是我国"五位一体"总体布局的重要内容。秉承绿色发展理念，走绿色脱贫之路，是贫困地区可持续发展的必然要求，也是中国特色扶贫开发道路的重要创新。

### 1. 主要内容

人与自然和谐共生是党的十九大报告中新时代坚持发展中国特色社会主义的基本方略之一。我国山区、林区、沙区占国土面积近 80%，分布着全国60%的贫困人口。[③] 绿水青山如何带来金山银山？如何在一个战场上同时打赢脱贫攻坚和生态治理两场战役？针对一部分地区既是贫困地区，又是重点生态功能区或自然保护区，还是少数民族群众聚居区的实际，习近平总书记提出结

---

① 《习近平总书记系列重要讲话读本》：绿水青山就是金山银山［N］. 人民日报，2014-07-11-12.

② 中共中央宣传部. 习近平新时代中国特色社会主义思想三十讲［M］. 北京：学习出版社，2018.

③ 习近平. 习近平谈治国理政［M］. 北京：人民出版社，2017.

合生态环境保护和治理，探索一条生态脱贫的新路子，把生态优势变为经济优势，让生态自然造福子孙后代。他将精准扶贫的途径从"四个一批"拓展到"五个一批"，增加了"生态补偿脱贫一批"，与"发展生产脱贫一批、异地搬迁脱贫一批、发展教育脱贫一批和社会保障兜底一批"等政策共同推进。① 他提出："加大贫困地区生态保护修复力度，增加重点生态功能区转移支付，扩大政策实施范围，让有劳动能力的贫困人口就地转成护林员等生态保护人员。"② 他于 2018 年 2 月 12 日在成都主持召开打好精准脱贫攻坚战座谈会，再次强调生态扶贫。根据习近平的生态扶贫理念，国家林业局 2016 至 2017 年利用中央财政补助资金 45 亿元，在中西部 21 个省（区、市）开展建档立卡贫困人口生态护林员选聘工作。截至 2018 年 2 月，全国已选聘生态护林员 37 万余人，带动 130 多万贫困人口稳定脱贫和增收。③ 山西省将贫困县 80% 的护林岗位提供给建档立卡贫困户，每人每年平均工资 1.2 万元，使得"一人护林，全家脱贫"。④ 2017 年以来，云南省 57.9 万贫困人口参与退耕还林，获补助 10.2 亿元，带动全省 88 个贫困县 18.3 万贫困人口稳定增收脱贫，使贫困地区森林覆盖率达到 60%。⑤

**2. 鲜明特色**

贫困是人类面对的共同难题，消除贫困是社会主义的本质要求，带领群众过上好日子，是共产党人的初心和使命。贫困区县往往自然风光优美，原生态资源丰富，但是工业化水平低，财政支撑能力薄弱，出现"环境越好，生活越穷"的现象。有的贫困地区脱贫攻坚往往很少考虑生态保护，而生态建设往往很少考虑扶贫开发，出现"两张皮"现象。贫困地区如何应对消除贫困与保护环境双重挑战？如何实现"环境美，居民富"？习近平总书记坚持用系统化思维加强生态建设，把绿色发展理念运用到精准扶贫工作中，把生态环境治理作为脱贫工作的重要抓手，把打造绿水青山作为脱贫攻坚的重要路径，把生态文明建设和脱贫攻坚同步推进，既算好生态账，又打好脱贫战，既增绿，又增收，农民得实惠，生态得保护，实现经济建设与环境保护协调发展，为贫困地区找到了一条推动生态经济发展的特色脱贫之路。生态扶贫理念是习近平扶贫思想不断发展创新的重要成果，遵循了社会发展的规律和趋势，丰富和发展了

---

① 习近平. 习近平谈治国理政（第二卷）[M]. 北京：人民出版社，2017.
② 党的十九大报告辅导读本 [M]. 北京：人民出版社，2017.
③ 党的十九大报告辅导读本 [M]. 北京：人民出版社，2017.
④ 党的十九大报告辅导读本 [M]. 北京：人民出版社，2017.
⑤ 习近平. 习近平谈治国理政（第二卷）[M]. 北京：人民出版社，2017.

马克思主义反贫困理论，继承了我党历届领导人反贫困的宝贵经验，满足了贫困地区经济社会发展的需求，符合我国共同富裕和全面建成小康社会的目标要求，丰富了习近平精准扶贫思想体系的内涵，既是我国扶贫攻坚的指导思想和行动指南，也为其他发展中国家摆脱贫困提供了借鉴意义。

### （二）习近平生态扶贫理念为高校学生资助工作提供了根本遵循

#### 1. 习近平生态扶贫理念为高校学生资助工作指明了方向

青年学生是祖国的未来和希望，是生态文明和美丽中国建设的生力军，习近平总书记十分重视培养青年学生的生态保护意识和可持续发展。他将生态文明建设上升为中华民族永续发展的千年大计，提出"像保护眼睛一样保护生态环境，像对待生命一样对待生态环境"[①]。他要求"必须坚定不移贯彻创新、协调、绿色、开放、共享的发展理念"[②]。他号召"开展创建节约型机关、绿色家庭、绿色学校、绿色社区和绿色出行等行动"[③]。党中央国务院《关于加快推进生态文明建设的意见》强调：动员全党、全社会积极行动，深入持久地推进生态文明建设，加快形成人与自然和谐发展的现代化建设新格局，开创社会主义生态文明新时代。习近平总书记一贯重视教育，一直强调教育扶贫的先导地位。他认为"治贫先治愚，扶贫先扶智。教育是阻断贫困代际传递的治本之策"[④]。他要求推进教育精准脱贫，帮助贫困人口子女接受教育。在党的十九大报告中，他要求"优先发展教育事业"[⑤]。2015 年 11 月 27 日，习近平总书记在中央扶贫开发工作会议上提出："要坚持精准扶贫、精准脱贫，重在提高脱贫攻坚成效""要解决好'扶持谁'的问题，确保把真正的贫困人口弄清楚，把贫困人口、贫困程度、致贫原因等搞清楚，以便做到因户施策、因人施策。"[⑥] 在党的十九大报告中，习近平总书记要求："注重扶贫同扶志、扶智相结合，深入实施东西部扶贫协作，重点攻克深度贫困地区脱贫任务，确保到

---

① 中共中央文献研究室编，习近平总书记重要讲话文章选编［M］. 北京：中央文献出版社，党建读物出版社，2016.

② 习近平. 中国共产党第十九次全国代表大会文件汇编［M］. 北京：人民出版社，2017.

③ 习近平. 习近平谈治国理政（第二卷）［M］. 北京：人民出版社，2017.

④ 习近平. 习近平谈治国理政（第二卷）［M］. 北京：人民出版社，2017.

⑤ 中共中央文献研究室编，习近平总书记重要讲话文章选编［M］. 北京：中央文献出版社 党建读物出版社，2016.

⑥ 中共中央文献研究室编，习近平总书记重要讲话文章选编［M］. 北京：中央文献出版社 党建读物出版社，2016.

2020 年我国现行标准下农村贫困人口实现脱贫。"① 习近平生态扶贫理念把脱贫致富与生态保护作为扶贫开发的两项重要工作，把经济和生态作为衡量扶贫工作成效的两项重要指标，这就要求做好新时代扶贫工作必须贯彻绿色发展理念，把生态环境保护放在突出位置，不仅仅是让贫困人口达到脱贫线，更重要的是贫困地区和贫困人口的全面提升。作为扶贫工作的重要方面，高校应当构建资助对象、资助标准、资金分配、资金发放协调联动的精准资助工作体系，引导家庭经济困难学生成为绿色发展的参与者、贡献者和引领者，实现人、自然和社会的协调统一发展，达到脱贫与可持续发展的双重目标。

2. 习近平生态扶贫理念是高校家庭经济困难学生成长成才的行动指南

习近平生态扶贫理念把生态保护与精准脱贫有机结合，在保护生态中发展，在发展中保护生态，实现生态保护和扶贫开发的良性循环，改变了过去粗放掠夺式的发展模式，拓宽了贫困地区脱贫的途径，让贫困群众在绿色发展中脱贫致富。习近平总书记十分重视激发贫困群众的内生动力和培养贫困群众的自我发展能力，转变对贫困的认识，端正对贫困的态度，增强战胜贫困的勇气。他强调"没有比人更高的山，没有比脚更长的路"②。在深度贫困地区脱贫攻坚座谈会上，他指出："智和志就是内力、内因。没有内在动力，仅靠外部帮扶，帮扶再多，你不愿意'飞'，也不能从根本上解决问题。"③ 在河北阜平县考察扶贫开发工作时，他鼓励大家"只要有信心，黄土变成金"④。习近平总书记十分重视贫困地区经济社会协调发展和全面进步，他指出："扶贫既要富口袋，也要富脑袋。要坚持以促进人的全面发展的理念指导扶贫开发，丰富贫困地区文化活动，加强贫困地区社会建设，提升贫困群众教育、文化、健康水平和综合素质，振奋贫困地区和贫困群众的精神风貌。⑤"因此，高校应当把"扶困"与"扶智"，"扶困"与"扶志"结合起来，激发家庭经济困难学生的内生动力，建立国家资助、学校奖助、社会捐助、学生自助"四位一体"的发展型资助体系，变"输血"为"造血"，帮助家庭经济困难学生实现可持续发展和绿色成长。习近平总书记高度重视在全面建成小康社会进程中发挥青年的生力军和突击队作用，十分关心青年一代的健康成长，大力倡导培养

① 习近平. 习近平谈治国理政（第二卷）[M]. 北京：人民出版社，2017.
② 习近平. 习近平谈治国理政（第二卷）[M]. 北京：人民出版社，2017.
③ 习近平. 习近平谈治国理政（第二卷）[M]. 北京：人民出版社，2017.
④ 习近平. 在北京大学师生座谈会上的讲话 [N]. 人民日报，2018-05-03-02.
⑤ 章权，王琳. 重庆三峡学院：做好三篇大文章 强化党建促教学 [N]. 重庆日报，2017-10-20-34.

青年的生态文明理念。在同各界优秀青年代表座谈时，他指出："中国梦是我们的，更是你们青年一代的。中华民族伟大复兴终将在广大青年的接力奋斗中变为现实"①。他给全国广大青年提出"坚定理想信念、练就过硬本领、勇于创新创造、矢志艰苦奋斗、锤炼高尚品格"五点希望②。2014 年"五四"青年节，在同北京大学师生座谈时，他号召广大青年树立和培育社会主义核心价值观，要在"勤学、修德、明辨、笃实"四个方面下功夫③。习近平总书记在党的十九大报告中对青年一代提出"有理想、有本领、有担当"的要求。2018年 5 月 2 日，习近平总书记在北京大学师生座谈会上，向广大青年提出"爱国、励志、求真、力行"四点希望。④，给新时代高校家庭经济困难学生指明了前进的方向。

## 二、大学生生态文明素养的现状调查

为了解当代大学生生态文明素养现状，2018 年 11 月至 2019 年 2 月，笔者采用自编问卷组织三峡库区某高校大学生在问卷上做答。问卷共 25 道题，涉及三个方面的指标：生态文明基本知识、生态文明素养行为、生态文明建设教育。经检验，问卷内部一致性和稳定性较好，相关量表具有比较高的效度，能够较为准确地反映调查对象的现实状况。本次有效答题人数 6726 人，其中理工科 3675，文科 3051 人；男生 2886 人，女生 3840 人；大一 2786 人，大二1875 人，大三 1821 人，大四 244 人；共产党员 58 人，预备党员 139 人，共青团员 6219 人，群众 310 人。结果统计如下：

（一）现状分析

1. 从认知上看，当代大学生对生态文明基本知识掌握到位

当问到"何时将生态文明纳入'五位一体'战略布局"时，选择"十八大"（47.9％）和"十九大"（41.15％）两项合计 89.05％。当问到"生态文明建设的重大意义是什么"时，选择"建设生态文明，是关系人民福祉、关乎民族未来的长远大计"（40.51％）、"建设生态文明，创造更多物质财富和精神财

① 习近平. 习近平谈治国理政（第二卷）[M]. 北京：人民出版社，2017.
② 习近平. 习近平谈治国理政（第二卷）[M]. 北京：人民出版社，2017.
③ 习近平. 习近平谈治国理政（第二卷）[M]. 北京：人民出版社，2017.
④ 习近平. 在北京大学师生座谈会上的讲话 [N]. 人民日报，2018－05－03－02.

富以满足人民日益增长的美好生活需要"（28.1％）、"建设生态文明，尊重自然、顺应自然、保护自然"（20.25％）三项合计达88.86％。当问到"关于生态文明建设的战略任务，十八大报告提出了哪四大战略任务"时，选择"优、节、保、建"（61.46％）、"优、节、护、建"（25.68％）两项合计达87.14％。当问到"每年世界环境日是几月几日"时，选择"6月5日"（43.5％）、"12月1日"（31.86％）、"3月15日"（18.69％）三项合计达94.05％，见表9-1。

表9-1　大学生生态文明基本知识现状

| 题目 | 选项 | 人数/个 | 比例% |
|---|---|---|---|
| 何时将生态文明纳入"五位一体"战略布局？ | 十九大 | 2768 | 41.15 |
| | 十八大 | 3222 | 47.9 |
| | 十七大 | 224 | 3.33 |
| | 十九届三中全会 | 512 | 7.61 |
| 生态文明建设的重人意义是什么？ | 建设生态文明，更加自觉地珍爱自然，更加积极地保护生态 | 749 | 11.14 |
| | 建设生态文明，尊重自然、顺应自然、保护自然 | 1362 | 20.25 |
| | 建设生态文明，是关系人民福祉、关乎民族未来的长远大计 | 2725 | 40.51 |
| | 建设生态文明，创造更多物质财富和精神财富以满足人民日益增长的美好生活需要 | 1890 | 28.1 |
| 关于生态文明建设的战略任务，十八大报告提出了哪四大战略任务？ | 优、节、保、建 | 4134 | 61.46 |
| | 优、节、护、建 | 1727 | 25.68 |
| | 优、利、保、建 | 533 | 7.92 |
| | 促、节、保、建 | 332 | 4.94 |
| 每年世界环境日是几月几日？ | 12月1日 | 2143 | 31.86 |
| | 3月15日 | 1257 | 18.69 |
| | 8月3日 | 400 | 5.95 |
| | 6月5日 | 2926 | 43.5 |

当问到"你对'美丽中国'了解吗"，选择"基本了解"（52.88％）、"听说过"（25.1％）、"很了解"（17.69％）三项合计95.67％。当问到"你对

'绿色消费'了解吗"，选择"基本了解"（60.56％）、"很了解"（27.06％）、"听说过"（10.62％）三项合计98.24％。当问到"你对若干环境问题（全球变暖、臭氧层破坏、酸雨、荒漠化、生物多样性减少等）了解吗"，选择"基本了解"（64.33％）、"很了解"（24.13％）、"听说过"（10.24％）三项合计98.7％，见表9－2。当问到"你认为生态文明建设与大学生密切相关吗"，选择"密切相关"（64.64％）、"相关（33.02％）"两项合计97.66％，如图9－1所示。

表9－2　大学生生态文明基本常识了解程度

| 题目 | 选项 | 人数/个 | 比例％ |
|---|---|---|---|
| "美丽中国" | 很了解 | 1190 | 17.69 |
| | 基本了解 | 3557 | 52.88 |
| | 听说过 | 1688 | 25.1 |
| | 不了解 | 291 | 4.33 |
| "绿色消费" | 很了解 | 1820 | 27.06 |
| | 基本了解 | 4073 | 60.56 |
| | 听说过 | 714 | 10.62 |
| | 不了解 | 119 | 1.77 |
| 若干环境问题（全球变暖、臭氧层破坏、酸雨、荒漠化、生物多样性减少等） | 很了解 | 1623 | 24.13 |
| | 基本了解 | 4327 | 64.33 |
| | 听说过 | 689 | 10.24 |
| | 不了解 | 87 | 1.29 |

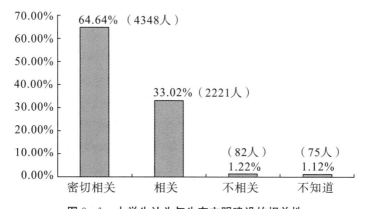

图9－1　大学生认为与生态文明建设的相关性

287

2. 从行动上看,当代大学生积极践行生态文明素养行为

当问到"你对使用一次性产品(例如,一次性筷子)的看法"时,选择"偶尔使用"(76.78%)和"拒绝"(17.93%)两项合计94.71%。当问到"在挑选商品或礼品时,你会选择怎样的包装",选择"简单包装"(71.72%)、"无所谓"(12.85%)、"不包装"(10.12%)三项合计达94.69%。当问到"在遇到践踏草坪、破坏名胜古迹等行为时,你会怎么做"时,选择"及时制止"(60.78%)、"内心指责"(35.74%)两项合计达96.52%。当问到"你愿意在公共场合进行环保宣传吗",选择"愿意"(55.0%)、"非常愿意"(36.54%)两项合计达91.54%。当问到"你看过多少部环保题材电影"时,选择"1~2部"(40.34%)和"3~5部"(34.55%)、"5部以上"(19%)三项合计93.89%。当问到"你一般会选择哪种出行方式"时,选择"步行"(50.46%)和"公交"(31.95%)、"校车出行"(13.74%)三项合计96.15%。当问到"你一般每个月平均逛淘宝购买商品件数是多少"时,选择"5件以下"(70.0%)和"5~10件"(15.48%)、"不买"(11.69%)三项合计97.17%。当问到"你一般平均每个月参加社会环保实践活动(建设绿色班级教室、美化教室环境、班集体清捡垃圾)次数是多少"时,选择"3次以下"(51.89%)和"3~5次"(25.51%)、"没参与"(13.9%)三项合计91.3%,见表9-3。

表9-3 大学生生态文明素养现状

| 题目 | 选项 | 人数/个 | 比例% |
|------|------|---------|-------|
| 你对使用一次性产品(例如,一次性筷子)的看法 | 拒绝 | 1206 | 17.93 |
| | 偶尔使用 | 5164 | 76.78 |
| | 经常使用 | 291 | 4.33 |
| | 无所谓 | 65 | 0.97 |
| 在挑选商品或礼品时,你会选择怎样的包装 | 华丽包装 | 357 | 5.31 |
| | 简单包装 | 4824 | 71.72 |
| | 不包装 | 681 | 10.12 |
| | 无所谓 | 864 | 12.85 |
| 在遇到践踏草坪、破坏名胜古迹等行为时,你会怎么做 | 及时制止 | 4088 | 60.78 |
| | 内心指责 | 2404 | 35.74 |
| | 不管 | 133 | 1.98 |
| | 无所谓 | 101 | 1.5 |

续表

| 题目 | 选项 | 人数/个 | 比例/% |
|---|---|---|---|
| 你愿意在公共场合进行环保宣传吗 | 非常愿意 | 2458 | 36.54 |
| | 愿意 | 3700 | 55.0 |
| | 不愿意 | 211 | 3.14 |
| | 无所谓 | 357 | 5.31 |
| 你看过多少部环保题材电影 | 1~2 部 | 2713 | 40.34 |
| | 3~5 部 | 2324 | 34.55 |
| | 5 部以上 | 1278 | 19 |
| | 没看过 | 411 | 6.11 |
| 你一般会选择哪种出行方式 | 校车出行 | 924 | 13.74 |
| | 打车 | 259 | 3.85 |
| | 公交 | 2149 | 31.95 |
| | 步行 | 3394 | 50.46 |
| 你一般每个月平均逛淘宝购买商品件数是多少 | 5 件以下 | 4709 | 70.0 |
| | 5~10 件 | 1041 | 15.48 |
| | 10 件以上 | 190 | 2.82 |
| | 不买 | 786 | 11.69 |
| 你一般平均每个月参加社会环保实践活动（建设绿色班级教室、美化教室环境、班集体清捡垃圾）次数是多少 | 3 次以下 | 3490 | 51.89 |
| | 3~5 次 | 1716 | 25.51 |
| | 5 次以上 | 585 | 8.7 |
| | 没参与 | 935 | 13.9 |

3. 从建议上看，当代大学生对生态文明教育充满期待

当问到"你认为自己有必要进行生态文明素养教育吗"，选择"很有必要"（50.19%）和"必要"（42.25%）两项合计 92.44%。当问到"你接触生态文明思想'启蒙教育'时间是"，选择"更早"（59.63%）、"高中"（33.42%）两项合计达 93.05%。当问到"你通过什么方式了解到生态文明建设"，选择"学校的普及教育活动"（48.29%）、"网络媒体"（32.4%）、"广播电视"（14.85%）三项合计达 95.54%。当问到"你最乐意接受环境保护教育的方式是什么"，选择"环保实践"（71.44%）、"网络媒体"（19.39%）两项合计达 90.83%，见表 9-4。

表 9-4　大学生生态文明建设教育调查情况

| 题目 | 选项 | 人数/个 | 比例/% |
|---|---|---|---|
| 你认为自己有必要进行生态文明素养教育吗 | 很有必要 | 3376 | 50.19 |
| | 必要 | 2842 | 42.25 |
| | 没必要 | 309 | 4.59 |
| | 无所谓 | 199 | 2.96 |
| 你接触生态文明思想"启蒙教育"时间是 | 高中 | 2248 | 33.42 |
| | 大学 | 314 | 4.67 |
| | 更早 | 4011 | 59.63 |
| | 没接触 | 153 | 2.27 |
| 你通过什么方式了解到生态文明建设 | 广播电视 | 999 | 14.85 |
| | 学校的普及教育活动 | 3248 | 48.29 |
| | 报纸杂志 | 300 | 4.46 |
| | 网络媒体 | 2179 | 32.4 |
| 你最乐意接受环境保护教育的方式是什么 | 环保实践 | 4805 | 71.44 |
| | 网络媒体 | 1304 | 19.39 |
| | 课堂教学 | 421 | 6.26 |
| | 政府宣传 | 196 | 2.91 |

## （二）问题梳理

### 1. 有的大学生对生态文明知识的掌握不牢固

当问到"何时将生态文明纳入'五位一体'战略布局?"时,选择"十八大"的仅占47.9%,而选择"十九大"的同学占了41.15%,其余同学选择"十七大"(3.33%)和"十九届三中全会"(7.61%)。当问到"生态文明建设的重大意义是什么?"时,选择"建设生态文明,是关系人民福祉、关乎民族未来的长远大计"的仅占40.51%,其他同学的答案是"建设生态文明,创造更多物质财富和精神财富以满足人民日益增长的美好生活需要"(28.1%)、"建设生态文明,尊重自然、顺应自然、保护自然"(20.25%)、"建设生态文明,更加自觉地珍爱自然,更加积极地保护生态"(11.14%)。当问到"每年世界环境日是几月几日?"时,选择"6月5日"的同学仅有43.5%,其他同学的选择是"12月1日"(31.86%)、"3月15日"(18.69%)、"8月3日"(5.95%)。当问到"你对'美丽中国'了解吗?"时,选择"基本了解"

（52.88％）和"很了解"（17.69％）的同学两项合计仅有 70.57％。

2. 有的大学生对生态文明素养的践行不自觉

当问到"在挑选商品或礼品时，你会选择怎样的包装？"，学生回答按重要性排序依次为：简单包装（71.72％）、无所谓（12.85％）、不包装（10.12％）、华丽包装（5.31％）。当问到"你一般每个月平均逛淘宝购买商品件数是多少？"，选择选择"5 件以下"（70.0％）和"5~10 件"（15.48％）的同学加起来达 85.49％。当问到"你一般平均每个月参加社会环保实践活动（建设绿色班级教室、美化教室环境、班集体清捡垃圾）次数是多少"时，选择"3 次以下"（51.89％）和"3~5 次"（25.51％）的同学两项合计为 77.4％。

总体上看，近年来，高校适应国家坚决打赢污染防治攻坚战的新形势，重视和加强绿色教育。大学生对绿色发展理念的认知和认同不断增强，对简约适度、绿色低碳生活方式的理解和践行不断深入，对投身绿色发展及生态环保事业的信心和决心不断提高。同时也要看到，如何提高大学生对生态文明和建设美丽中国的认知度和践行度，是当前高校开展绿色教育面临的重要问题。

### （三）对策建议

习近平总书记在全国教育大会上指出：培养什么人，是教育的首要问题。① 他在全国高校思想政治工作会议上强调：我国高等教育发展方向要同我国发展的现实目标和未来方向紧密联系在一起，为人民服务，为中国共产党治国理政服务，为巩固和发展中国特色社会主义制度服务，为改革开放和社会主义现代化建设服务。② 他要求："全社会都要按照党的十八大提出的建设美丽中国的要求，切实增强生态意识，切实加强生态环境保护，把我国建设成为生态环境良好的国家。③"经济社会的绿色发展需要绿色人才来支持，绿色人才则需要绿色教育来培养。因此，以绿色发展理念为指导，加强学生的绿色知识和技能，培养德才兼备的绿色人才，服务国家生态文明建设，是教育系统义不容辞的责任和使命。高校应当坚守育人初心和教育强国使命，从强化人与自然和谐共生的理念、促进学生的可持续发展这两个方面着手，从提高思想认识和开展实践行动两个维度发力，建立全过程一体化大学生绿色教育工作体系。

---

① 习近平在全国教育大会上强调坚持中国特色社会主义教育发展道路 培养德智体美劳全面发展的社会主义建设者和接班人 [N]. 中国教育报，2018－09－11－01.

② 习近平在全国高校思想政治工作会议上强调把思想政治工作贯穿教育教学全过程 开创我国高等教育事业发展新局面 [N]. 中国教育报，2016－12－09－01.

③ 习近平. 习近平谈治国理政（第二卷）[M]. 北京：人民出版社，2017.

1. 把绿色教育纳入高校人才培养和思政工作，构建工作体系，完善工作机制，明确价值导向。

近年来，很多高校把生态文明素养教育纳入学生工作，但存在教育零散化、活动随意化、工作实效性不强、长效机制不健全等问题。有学者概括为"重专业知识传授，轻绿色教育理念；重硬实力建设，轻绿色文化普及；重绿色科技创新，轻推广示范应用；重传统指标考核，轻绿色行为要求"。①笔者发现，一些大学生绿色知识欠缺，绿色理念不强，没有把绿色理念内化为绿色素养，外化为绿色行为，出现知行不一的现象。据调查，大学食堂"光盘"氛围已逐渐形成，但有的大学生在聚会、请客时还是大手大脚、铺张浪费，认为这样才有面子②。正确处理经济发展与生态环境保护的关系，是我国建设社会主义现代化强国进程中必须正确处理的重大课题，也是扎根中国大地办大学必须给学生讲清楚的重大问题。高校应当把绿色教育作为加强和改进大学生思想政治工作的重要抓手，作为深化教育教学改革和创新人才培养模式的重要方面，作为促进学校内涵发展和特色发展的重要机遇。绿色教育是一个综合性的系统工程，涉及众多部门、二级院系和全体学生，可以由学生处牵头制定大学生绿色教育实施方案，把绿色教育纳入学生思想政治教育规划、纳入《辅导员工作手册》和《学生手册》、纳入学生综合素质测评指标体系和对二级学院学生工作的考评指标体系，建立例会制、项目制、奖惩制等工作机制，以绿色思想塑造学生，以绿色课程教育学生，以绿色环境熏陶学生，以绿色行为规范学生，以绿色社团锻炼学生，以绿色标兵引领学生，以绿色作品鼓舞学生，用绿色文化滋养学生，把绿色教育有机融入管理育人、课程育人、科研育人、实践育人、文化育人、网络育人、心理育人、服务育人、资助育人、组织育人等"十大育人体系"中去，构建全员全程全方位的绿色教育工作格局，为学生成长打上绿色环保印记。

2. 组织大学生深入学习贯彻习近平生态文明思想，树立马克思主义生态观，坚持人与自然和谐共生

习近平总书记指出："绿色发展，就其要义来讲，是要解决好人与自然和

---

① 许文博，张雪花，张宏伟. 新时代高校绿色校园内涵解析［J］. 天津科技，2018（8）：73-75.

② 熊丙奇. 大学食堂为何能做到"光盘"［N］. 中国青年报，2016-10-19-02.

谐共生问题。"① 习近平总书记在全国生态环境保护大会上的讲话中指出："每个人都是生态环境的保护者、建设者、受益者"，"生态文明是人民群众共同参与共同建设共同享有的事业"②。从本质上看，生态危机是以人与自然的尖锐矛盾为表现的人与社会的矛盾。大自然的资源是有待开发管理的社会福利还是人类福祉的阻碍？从可怕的难以驯服的力量到富饶的经济资源，从给人鼓舞的精神力量到国家的必要组成部分，公众对于大自然的理解一直在发生变化，今天的自然资源保护政策依然受到不同历史时期的迥异的环境观的影响。正如华莱士·斯特格纳（Wallace Stegner）所说："没有任何一个地球上的国家像美国这样迅速地糟蹋了与生俱来的自然，也没有任何一个国家像美国这样费尽心力来保护剩下尚未被糟蹋的自然。"③ 在解决全球生态危机的实践中，马克思主义生态观在认识论、价值论和方法论三个方面提供了思想指南。马克思主义生态观具有基于哲学的生态批判精神、和谐发展的生态哲学视野和改造世界的生态实践情怀的特征。④ 自然观是马克思主义生态观的核心内容。人与自然是生命共同体，人是自然的一部分，人类不应去征服自然、改造自然和奴役自然，而应该尊重自然、顺应自然和保护自然。马克思指出："动物只生产自身，而人再生产整个自然界。"⑤。人、自然、社会和谐发展，山清、水秀、天蓝、地绿、水净是我们所追求的画风。高校要发挥思想政治理论课主渠道作用，采取讲座、论坛、报告会等形式，树立大学生正确的生态观，提高大学生的生态理论素养，帮助大学生明白自身的生态权利与义务，理解生态利益的共同性以及人、自然、社会的一体性，把个人梦、青春梦和民族复兴梦、美丽中国梦结合起来，养成自觉的生态环境保护意识和行为。

3. 引导大学生践行绿色发展方式和低碳生活方式，追求可持续发展，助力打赢污染防治攻坚战

习近平总书记指出："生态环境问题归根结底是发展方式和生活方式问

---

① 中共中央宣传部. 习近平新时代中国特色社会主义思想三十讲［M］. 北京：学习出版社，2018.

② 习近平在全国生态环境保护大会上强调坚决打好污染防治攻坚战推动生态文明建设迈上新台阶［N］. 人民日报，2018-05-20-01.

③ ［美］詹姆斯·萨尔兹曼，［美］巴顿·汤普森. 环境保护法（第四版）［M］. 徐卓然，胡慕云，译. 北京：北京大学出版社，2016.

④ 董强. 马克思主义生态观研究［M］. 北京：人民出版社，2015.

⑤ 中共中央马克思恩格斯列宁斯大林著作编译局. 马克思恩格斯文集（第一卷）［M］. 北京：人民出版社，2009.

题。"① 他在北京世界园艺博览会开幕式上的讲话中强调："杀鸡取卵、竭泽而渔的发展方式走到了尽头，顺应自然、保护生态的绿色发展昭示着未来。"② 在环保问题上，不能仅仅看表态坚决与否和调门高不高，更要看具体行动和实际效果，把"知"和"行"结合起来。生态文明是国家和民族的千年大计，青年大学生是生态环保事业的中坚力量，要勇敢担当起时代赋予青年的环保责任。高校应当通过"两微一端"、宣传栏、校园电视台、广播站、讲座、演讲、辩论、漫画、手抄报比赛等多种宣传载体和文化活动，帮助大学生树立生态意识、环保意识和节约意识，引导他们培养生态道德和行为准则，从小事做起，从身边做起，从自己做起，比如，开展光盘行动，反对浪费粮食；节约水电，杜绝长流水和长明灯；掌握垃圾分类知识，养成绿色低碳的生活方式，减少能源资源消耗和排放污染。开展"绿色校区""绿色教室""绿色寝室""绿色达人"创建评比，让绿色理念渗透到学习生活中去，尊重自然，融入自然，自觉保护环境、爱护环境。同时，积极参加学生环保社团活动、绿色科技创新活动和环保志愿服务活动，投身社会公益，影响和带动更多的人，一起投身环保宣传和生态事业。

总之，加强生态文明建设需要一代又一代人为之持续奋斗，深化大学生绿色教育使命光荣而任务艰巨。高校应当把绿色教育纳入人才培养和思政工作，提升学生绿色意识、绿色素养及绿色技能，增强学生绿色价值观和绿色责任感，培养环境保护和未来可持续发展人才，让美丽中国梦绽放得更加绚烂。

## 第三节　引导高校家庭经济困难学生绿色成长的路径

重庆三峡学院在经济欠发达的三峡库区办学，学生资助工作任务重，压力大。学校贯彻习近平生态扶贫思想，把资助与生态、资助和育人、资助与自助结合起来，实施家庭经济困难学生"1333"绿色德育美育计划，引导家庭经济困难学生与自然和谐相处，增强可持续发展能力，成长为又红又专的绿色人才。"1"是指树立一个意识：安全第一、预防为主、自律自护。"3"是指培养三自品格：学会自爱、保持自信、增强自豪。"3"是指弘扬三绿文化：绿色生

---

① 习近平. 推动我国生态文明建设迈上新台阶 [J]. 求是，2019（3）：1—3.
② 习近平. 共谋绿色生活，共建美丽家园——在中国北京世界园艺博览会开幕式上的讲话 [N]. 人民日报，2019—04—29—02.

活、绿色发展、绿色使者。"3"是指修炼三大特质：美丽心灵、精神气质、综合能力，有力提升了资助育人工作的针对性和实效性。其主要做法如下：

## 一、引导高校家庭经济困难学生绿色成长的有效路径

### （一）加强思想教育，帮助家庭经济困难学生树立绿色理念

学校百安新校区占地 1980 亩，山顶和山脚高差 175 米，大自然的鬼斧神工赋予这块土地唯一的不可复制的地形地貌。学校因势利导，突出绿色生态理念进行规划设计，形成"一心一轴，一环两带"的格局，建设三峡馆、三峡诗词林、三峡珍稀植物园等特色景观，打造绿色美丽校园，涵养家庭经济困难学生的绿色气质，培养良好的审美情趣和人文素养。通过开展学习党的十九大精神知识竞赛、党章学习小组、菁英团校、"学习新思想千万师生同上一堂课"、观看扶贫话剧《薪火》等活动，引导家庭经济困难学生听党话，感党恩，跟党走，培养自信自强的底气、修身养性的静气、不怕困难的锐气、承担责任的勇气、诚信廉洁的正气。学校成立大学生自律委员会，组织学生开展体验式助管，举行大学生绿色寝室、绿色班集体、绿色之星的评比和表彰，营造爱护环境，呵护生态的浓厚氛围，倡导节约资源和保护环境的生活方式。在世界环境日、地球日、水日等重要节点，通过发放宣传资料、张贴海报、举行讲座、播放影片等形式，引导家庭经济困难学生树立尊重自然、顺应自然、保护自然的理念。通过举行校长奖学金优秀学生报告会、十佳校园之星故事分享会、优秀校友交流会等活动，帮助家庭经济困难学生端正对贫困的认识和态度，激励他们珍惜这个伟大的时代和来之不易的学习机会，以乐观向上的精神风貌，克服人生旅途中的种种困难。

### （二）加强经济援助，指导家庭经济困难学生学会绿色生活

学校建立"奖免助贷补勤"六位一体的家庭经济困难学生资助体系。在新校区建设资金紧张的情况下，每年投入一千余万元用于学生奖励资助工作，积极争取社会资源，获得爱心人士杨诗晴女士捐助 500 万元资助家庭经济困难学生。学校坚持精准扶贫和精准资助，规范家庭经济困难学生信息库的动态管理。2017 年重新认定并建立完善 8447 名家庭经济困难学生档案。落实重庆籍农村建卡贫困户学生 6000 元/人/年的补助政策，2017 年发放 3050 人次，金额 316.02 万元。2017 年共发放"三金"12675 人次，金额 213.554 万元；为

51 名学生减免学费 150487.5 元；为 1619 名学生办理民政资助，减免缴费 15.9292 万元；为 111 名入伍、退役学生办理了学费补偿助学贷款代偿级学费资助共计 154.1667 万元；为 2017 级 1135 名家庭经济困难新生办理绿色通道，缓交学费 805.0 万余元；给家庭经济困难新生赠送免费卧具 170 套，金额 5.4 万元；对 79 名家庭经济特殊困难新生发放 300 元/人的生活补助；通过开展校园摄影比赛、成立"小蜜蜂"学生校园讲解团、举行家庭经济困难学生座谈交流会、"国家资助，助我成长"主题征文等形式，帮助家庭经济困难学生树立正确的世界观、人生观和价值观，着力推进绿色发展、循环发展、低碳发展，提高人生境界和生命质量。

### （三）加强心理辅导，启迪家庭经济困难学生培育绿色心灵

学校从新生进校进行心理普测，建立家庭经济困难学生心理档案，筛选出需要关注的学生，积极开展心理回访工作；做好心理知识宣传、日常心理咨询和心理危机干预，培育家庭经济困难学生自尊自信、理性平和、积极向上的社会心态。学校成立大学生心理健康协会，依托 5·25 大学生心理健康节，开展心理健康知识讲座、心理情景剧大赛、心理健康手抄报比赛等活动，帮助家庭经济困难学生掌握心理健康知识，培养良好心理品质，塑造健全人格。通过大学生读书节、大学生体育文化艺术节、大学生科技节、校园之春、艺术展演等载体，给家庭经济困难学生提供展示才华的机会和平台，激发其成就动机，增强他们的自我效能感。坚持开展端午、国庆、中秋、春节慰问活动，增强家庭经济困难学生的获得感和幸福感。学校建立勤工助学基地，开发校内学生勤工助学岗位 56 个，待遇从 150 元/人/月提高至 300 元/人/月；学校勤工助学中心 2017 年为家庭经济困难学生提供家教、促销、礼仪等勤工助学岗位 7584 人次，发放报酬 25.68 万元。学校加强家庭经济困难学生诚信教育、感恩教育和励志教育，2017 年生源地贷款毕业生确认率高达 98%。

### （四）加强学习辅导，带领家庭经济困难学生开展绿色实践

学校通过新老生交流会、导师制、学生党员帮带后进生、高年级优秀学生担任低年级班主任助理、指导学生制订学习计划、职业生涯规划大赛等形式，帮助家庭经济困难学生快乐学习。学校适应地方经济社会发展需求，积极开办环境科学、环保设备工程、旅游管理、食品质量与安全、园艺、风景园林等绿色专业，在课程体系中加入低碳经济等绿色教育内容，组织开发和编著节能减排系列专著和教材，开设《能源环境与可持续发展》《绿色能源与低碳生活》

《生态农业与食品安全》等 300 多门选修课，用绿色、环保、节能的理念养成学生的环保意识。学校以绿色生态为主题，开展家庭经济困难学生社会实践。与三峡移民纪念馆等单位建立大学生绿色实践基地，邀请重庆市公安局、市检察院第二分院、万州区强制隔离戒毒所、三峡监狱等单位专家进校园，深化大学生法治、禁毒、防艾等主题教育，依托三下乡和青年志愿者进社区，向社区居民宣传绿色知识。组织 100 多人赴渝北、梁平等 5 个区县的 32 个单位开展暑期带薪实习，选拔 10 人到万州工商银行寒假社会实践，选送 4 人到云阳资助中心参加实践锻炼。学生建筑模型设计大赛、计算机博弈大赛等绿色科技活动获华为"未来种子（中国）扶植计划"20 余万经费资助。大学生绿色环保协会特色品牌活动获"希尔顿·公益未来成才基金项目"A 类项目立项，全国仅 30 个。

（五）加强就业指导，鼓励家庭经济困难学生争当绿色标兵

学校培育绿色职业发展体系，开设《大学生职业发展与创业指导》《大学生就业指导》等课程，举行大型"双选会"和专场招聘会，举办就业创业公益性培训讲座，建立免费就业短信平台，开展自荐书设计比赛、模拟招聘会和毕业生就业经验交流会，帮助家庭经济困难学生做好就业准备，提高就业能力，从容就业，回报社会。2017 年帮助 942 名家庭经济困难毕业生向人社部门申领求职补贴 75.36 万元，为 43 名家庭经济困难毕业生发放求职路费补助 1.29 万元。积极开展家庭经济困难学生创新创业教育，在学校最核心地块建设了占地 3500㎡的"太阳鸟"众创空间，每年投入不低于 300 万元，现已入住学生创业团队 93 支，2017 年实现创业产值 540 万余元。学校鼓励家庭经济困难学生到西部去、到边疆去、到祖国最需要的地方去，勇作时代创客，书写人生华章。学生就业率保持在 97% 以上，家庭经济困难学生就业率高于全市平均水平，学校获评重庆市大学生就业示范中心和创业示范中心、全国大学生志愿服务西部计划优秀高校项目办等荣誉，涌现出"全国大学生就业创业人物"彭俊华、"中国大学生自强之星提名奖"获得者邹海涛等典型。

## 二、引导高校家庭经济困难学生绿色成长的成功经验

学校通过构建"扶困＋扶智＋扶志"的"大扶贫"工作格局，推动了资助工作做深、做细、做实，促进了家庭经济困难学生成长成才，提升了思想政治工作的质量和效益。学校申报的《探索绿色教育之路，建设特色转型高校》被

重庆市委教育工委、市教委批准为全市教育领域综合改革项目。学校实施大学生绿色教育的办学实践，得到 2016 年 11 月进校开展教育部本科教学工作审核评估的专家组高度肯定。学校提交的论文《关于开展大学生绿色教育的探索与思考》获得 2017 年西南片区高师院校学生工作研究会第 25 次年会一等奖，并在党的十九大精神专题研讨会暨全国高等师范院校学工部长论坛上交流发言。在全国高等学校学生信息咨询与就业指导中心主办的 2017 年征文活动中，提交的论文《助推大学生绿色就业——来自重庆三峡学院的探索与思考》荣获三等奖。《光明日报》《中国教育报》等媒体对学校教育教学改革及绿色人才培育给予高度关注和积极评价。中国教育电视台《中国教育报道》节目于 2018 年 3 月 2 日和 3 月 3 日晚分别以题为《重庆三峡学院——扶"贫""志""智"三管齐下资助贫困学生》和《重庆三峡学院太阳鸟众创空间：让有梦想的学生展翅翱翔》做了为时共 8 分钟的专题报道，引起了热烈反响。

## （一）健全关爱机制，突出全员性，是促进家庭经济困难学生绿色成长的前提

消除贫困是我党的目标和宗旨，是全面建成小康社会的必然要求。习近平总书记指出："脱贫攻坚已经到了啃硬骨头、攻坚拔寨的冲刺阶段"。[①] 他要求："各级党委和政府必须坚定信心、勇于担当，把脱贫职责扛在肩上，把脱贫任务抓在手上。"[②] 高校应当提高政治站位，围绕立德树人根本任务，做到全员、全过程、全方位育人，把家庭经济困难学生冷暖放在心上，让每位学生都享有一流的成长发展机会，不让一个学生因家庭经济困难而失学。比如，学校完善领导干部结对帮扶贫困生制度、领导干部结对联系少数民族学生制度等，实行一对一精准帮扶，9 位校级班子成员分别联系 1 个以上二级学院党总支，21 位党总支书记及 47 位党员干部至少联系了 1 个党支部，3 位机关党总支书记和 82 位党支部书记至少联系 1 个学生寝室，帮助解决工作学习和生活中的实际困难。[③]

---

① 中共中央宣传部. 习近平总书记系列重要讲话读本（2016 年版）［M］. 北京：学习出版社，2016.

② 中共中央宣传部. 习近平总书记系列重要讲话读本（2016 年版）［M］. 北京：学习出版社，2016.

③ 章权，王琳. 重庆三峡学院：做好三篇大文章 强化党建促教学［N］. 重庆日报，2017-10-20-34.

## （二）完善认定机制，突出精准性，是促进家庭经济困难学生绿色成长的基础

习近平总书记强调："脱贫攻坚贵在精准，重在精准，成败之举在于精准。"① 由于地区发展不平衡，贫困的标准和家庭经济困难学生的准确认定还存在一些值得研究的地方。学校完善制度设计，健全家庭经济困难学生认定机制，组织学工人员深入巫溪、巫山、云阳、忠县等地乡镇村一线，对部分家庭经济特别困难学生进行家访。作为全国智慧校园建设试点单位，学校投入2000 余万元建设智能化安防系统、学生公寓人脸识别门禁系统，建成无线校园位置大数据平台，校园主要节点实现无线网络全覆盖，建成智慧校园基础支撑平台，运用大数据技术采集家庭经济困难学生校园消费、学习、违纪等全方位的数据，建立家庭经济困难学生成长监测平台和数据模型，做到扶真贫，真扶贫。

## （三）激发动力机制，突出主体性，是促进家庭经济困难学生绿色成长的重点

习近平总书记认为比物质贫困更危险的是观念的贫困，他在福建宁德工作时就提出"弱鸟可望先飞，至贫可能先富"的观点。当前，有的家庭经济困难学生出现精神贫困现象，产生"等要靠"思想和依赖心理。这就要求高校改变过去保障型资助模式，坚持发展性资助理念，坚持资助育人导向，鼓励他们通过劳动获取报酬，提升学生积极进取、吃苦耐劳、诚实守信、感恩自强的品质。通过心理演讲比赛、心理讲座、沙盘游戏等形式多样、内容丰富的活动，促进学生心理健康素质与思想道德素质、科学文化素质协调发展。2018 年寒假，学校组织 2015 级广告学专业袁爱华等 170 名获得国家奖助学金的同学，利用返乡过年机会，担任资助宣传大使，到中学母校宣传国家资助政策，取得良好效果。

## （四）拓展发展机制，突出可持续性，是促进家庭经济困难学生绿色成长的关键

当前，有的家庭经济困难学生出现经济困难、学习困难、心理困难、交往

---

① 中共中央宣传部. 习近平总书记系列重要讲话读本（2016 年版）［M］. 北京：学习出版社，2016.

困难和就业困难"五难"俱全的现象，给高校资助工作带来新的难题和压力。学校坚持系统思维和立体资助，指导家庭经济困难学生把发展作为摆脱贫困的根本出路，从经济帮扶、思想引导、学习指导、心理辅导等方面全方位帮助家庭经济困难学生，激励他们思想上自信，学习上自觉，生活中自立，作风上自律，就业上自强。在学生中持续开展"三清三守"（清扫、清除、清理，守时、守纪、守信）专项行动，有效培养学生爱护校园、教室、寝室等学习生活环境的良好行为习惯，创建干净整洁、和谐美好的校园环境。通过"五抓"即抓制度保障学风、抓教风带动学风、抓管理促进学风、抓活动吸引学风、抓考风倒逼学风，要求家庭经济困难学生坚持早晚自习和课外自主学习，鼓励他们主动考取职业资格证书，增强品德、专业、专长、情商、外语、身体六个方面的核心竞争力。

总之，绿色是生命的象征和大自然的底色，大学生是生态文明建设的生力军，是绿色发展理念的倡导者和践行者。加强绿色教育，培养绿色人才，是高校义不容辞的重要使命。高校应当贯彻习近平生态扶贫思想，把绿色教育作为立德树人的重要内容，扎实推进家庭经济困难学生绿色资助各项工作，培养大批服务美丽中国建设和促进未来可持续发展的优秀人才。

## 第四节　高校家庭经济困难学生绿色成长的典型案例

### 一、发展农村中蜂养殖　助力家乡脱贫致富——三峡学子、宁夏彭阳县养蜂致富带头人陈泽恩

#### （一）案例主题

三峡学子陈泽恩怀揣甜蜜梦想，放弃大学期间的创业公司和优厚待遇，回乡发展生态空中农业养殖中华蜜蜂，获得了良好的经济效益和生态效益。致富路上他不忘乡亲，积极响应国家政策，帮助越来越多的贫困户通过养蜂走上了脱贫致富的道路。

陈泽恩，男，汉族，1990年6月出生，宁夏固原市人，被聘为国家蜂产业技术体系固原养蜂试验站"十三五"期间固原市彭阳县"中华蜜蜂健康高效饲养技术"试验示范蜂场负责人。

#### （二）案例发生时间、地点

2015年至今，宁夏回族自治区固原市彭阳县孟塬乡小石沟村。

### （三）案例发生过程

陈泽恩母亲早逝，自小随父亲生活，家里经济条件差，父亲打零工供他念书。2011 年他考入重庆三峡学院美术专业，成了家族里第一个走出贫困山区的大学生。

**怀揣初心　砥砺奋进**

大学毕业后，陈泽恩毅然回到了生他养他的家乡，开始了他的"甜蜜事业"。父亲拿出了自己创业几年来所有的积蓄，支持他在家乡用科学的技术养殖中蜂。到 2015 年底，陈泽恩便将自家养蜂规模扩大到了 80 箱，当年实现收入 10 多万元。

**筑巢引"蜂"生态致富**

陈泽恩之所以选择养蜂作为脱贫致富的突破口，还出于他对家乡生态环境的关注和热爱。陈泽恩的家乡彭阳县地处黄土高原核心干旱区，农村人口占了四分之三，自然灾害相对频繁，是一个以农业经济为主的国家扶贫重点县。在陈泽恩看来养蜂是一种空中生态农业，是利国利民、一举多得的产业。

富有艺术细胞的陈泽恩勇于创新。他把家里的旧窑洞改造成"新产品研发基地"，开发出原生态的"酿在盒子里的土蜂蜜"，用蜂蜜和当地的五谷杂粮酿造出了芳香四溢的蜂蜜酒。他投资 30 万元大力发展中华蜜蜂养殖产业，注册了"彭阳县山旮旯中蜂养殖合作社"和"梦原香"土蜂蜜商标，对蜂蜜和蜂蜜酒采用木盒瓷罐式等多种包装提高档次，运用实体店+互联网等多种渠道进行销售。如今，陈泽恩的养蜂规模已经扩大到近 300 箱，年产蜂蜜超两吨，年收入 60 多万元，早已摆脱了贫困的帽子。"搞深加工，做护肤品，发展旅游产业……"陈泽恩给自己的未来规划了很多蓝图，他的"甜蜜事业"也越酿越香甜。

**能人带头　助推脱贫**

面对家乡的脱贫困境，陈泽恩决心将自己的致富经验与乡亲们分享，帮助更多的贫困户掌握养蜂的"渔"、提升养蜂的"智"，一起发展养蜂产业。他牵头成立了"孟塬乡中蜂养殖协会"，带动当地建档立卡贫困户和一般户大力发展中华蜜蜂养殖。通过"基地+合作社+协会+农户"的产业链，为乡亲们定期举办养蜂技术培训班，上门为乡亲们做技术指导，手把手传授养蜂技术。他还利用微信建立"孟塬乡中蜂养殖技术交流群"，为孟塬乡父老乡亲提供交流和学习的平台，及时解决乡亲们在养蜂过程中遇到的问题。2016 年在政府的支持下，他为双树村 122 户贫困户投放中蜂蜂种 664 箱，提供养蜂用具 124

套，仅养蜂一项就为这些贫困户带来人均 2000 元的纯收入。

2017 年全村发展养蜂 103 户 1140 箱，其中建档立卡贫困户发展养蜂 53 户 540 箱。截至目前，全村发展养蜂 103 户，100 箱以上养蜂大户 2 家，年产蜜 7500 公斤以上，产值近 120 万元。2018 年，陈泽恩继续抢抓机遇，借助当地得天独厚的地理位置和优质的蜜源大力发展蜂产业。他投资建设蜂蜜生产灌装室、包装室、贮藏室、化验室各一间，引进蜂蜜灌装机、化验检测设备各一套，完成食品生产许可证 "SC" 认证；完善了电商实施设备，为当地精准扶贫户解决销售难的问题，实现土蜂蜜和土特产走出大山走向市场，助推脱贫攻坚。截至目前，孟塬乡发展养蜂 456 户 4500 多箱，其中贫困户养蜂 324 户 2600 多箱，蜂蜜年产量达 4 万公斤以上，产值近 700 多万元，每户平均增收上万元。

（四）社会效果

陈泽恩养蜂创业、带领村民脱贫致富的先进事迹受到越来越多主流媒体的争相报道。《返乡养蜂追逐甜蜜梦》（工人日报）、《脱贫攻坚得靠 "头雁" 领》《一位年轻养蜂人的 "甜蜜事业"》（人民日报）等，先后都报道了陈泽恩返乡创业、带动当地贫困户致富的优秀事迹。新华社、宁夏电视台等媒体也做了相应报道。

2017 年 7 月，全国政协副主席、中国宋庆龄基金会主席王家瑞一行专程赶往小石沟村中蜂养殖基地实地了解彭阳县脱贫攻坚工作推进情况，现场考察

并听取了陈泽恩带领贫困户养殖中蜂致富的事迹。

当地村民对陈泽恩和养殖蜜蜂的看法也有个转变的过程。开始推广养蜂时，许多村民怕被蜜蜂蜇，有的还说养蜂赚来的钱是"飞财"，容易来也容易走。经过陈泽恩不断的宣传，特别是养蜂一年多下来实实在在的收益，一下子就调动起乡亲们的积极性，吸引越来越多的村民加入了养蜂的行列。眼看着陈泽恩的事业一步步发展，曾经背后嘀咕的村民也纷纷竖起了大拇指——"这个大学生就是不一般！"

陈泽恩先后被评为"全市优秀致富带头人""全市优秀蜂农""彭阳县创业之星""彭阳好青年""固原市优秀青年创业致富带头人"。

（五）本人收获与体会

回首几年来的创业之路，陈泽恩颇多感慨。他说，回乡创业，诸多不易，一路布满荆棘。但只要付出得到老百姓的信任，得到了各级政府部门的认可、支持和鼓励，在他的带动下，就一定能实现致富梦。在成为一名光荣的共产党员之后，陈泽恩更加坚定发展生态养蜂、加快家乡脱贫致富的决心。

## 二、扎根西藏做电商　深入藏民助脱贫——三峡学子刘玉琦西藏开展电商扶贫

（一）案例主题

三峡学子刘玉琦心怀"西藏情结"，在西藏的电商扶贫工作过程中找到了自我的价值和灵魂的归宿，谱写了三峡学子献身西藏、造福西藏，推动西藏可持续发展的美丽赞歌。

刘玉琦，男，汉族，河北省邯郸市人，1990年12月生，重庆三峡学院工商管理学院市场营销专业2014届毕业生。2017年5月赴西藏开展电商扶贫工作，任西藏班戈县神州买卖提电子商务有限公司县域经理。2018年7月，任西藏电子商务有限公司项目经理。

（二）案例发生时间、地点

2017年5月至今，西藏自治区那曲市班戈县。

（三）案例发生过程

2011年9月，故事的主人公刘玉琦怀着对未来的美好憧憬，迈着坚实的步伐，来到了远离家乡的重庆三峡学院，开启了大学生涯。

### 挑战自我　结缘西藏

说到西藏，刘玉琦也像其他人一样被她的纯洁与神秘所吸引。2013年7月，他和其他三位同学一起踏上川藏路。经过这次进藏之旅，刘玉琦的心中深知自己终将会回到这里奉献青春。

### 打造特色通渠道　依托电商助脱贫

班戈县平均海拔4750米，自然条件恶劣，生态环境脆弱，产业基础薄弱，基础设施和公共服务缺口大，仍是国家级贫困县。但他发现，他真心爱上了这个充满人情味和真善美的地方。于是他暗暗下定决心，一定要尽自己的力量帮助当地藏民摆脱贫困过上好日子。

　　班戈县是纯牧业县，主要饲养牦牛、犏牛、绵羊、山羊、马等，工业主要有畜产品的加工等。得天独厚的绿色畜产品资源成为班戈县脱贫攻坚的重要突破口。班戈县近年来积极推动传统畜牧业向现代畜牧业的转型升级，正走上绿色化、科技化、集约化的发展道路。

　　在班戈县这样的地区开展扶贫攻坚工作，仅仅发展特色农牧产业还远远不够，更重要的是让特色农牧产品能够顺利走出西藏、实实在在为农牧民增收。习近平总书记指出："可以发挥互联网在助推脱贫攻坚中的作用，推进精准扶贫、精准脱贫，让更多困难群众用上互联网，让农产品通过互联网走出乡村，让山沟里的孩子也能接受优质教育。"因此，通过互联网大力发展电子商务，打造班戈县特色优质农畜产品，打通网络销售直通渠道，促进农牧民增收脱贫，具有巨大的潜力。2015年，班戈县被确立为国家电子商务进农村综合示范县，成为中国海拔最高的农村电商示范县之一，当地的农畜产品销售也迎来了新的发展契机。恰逢其时，刘玉琦加入了班戈县神州买卖提电子商务有限公司，正式在西藏开启了一段电商扶贫的全新历程。

　　刘玉琦在重庆三峡学院就读期间学习的是市场营销专业，因此，他既喜欢互联网，也很熟悉互联网。作为县域经理，刘玉琦所在的神州买卖提电子商务有限公司入驻了班戈县电子商务公共服务中心，与班戈县携手打造了"我有半亩园"精准扶贫农产品上行项目高原升级项目——"班戈牧场"。在他们的共同努力下，班戈县的电商平台打破了高原交通壁垒，将当地的特色畜产品销往西藏市场，乃至国内外市场，打造了班戈县绿色有机牛羊肉品牌，帮助越来越多的西藏牧民实现了脱贫致富。

在班戈县电子商务进农村综合示范项目建设和运营期间，刘玉琦所在的班戈县电子商务公共服务中心共建设自有销售平台 3 个、第三方销售平台 2 个，当前在平台销售的产品有班戈玉、高原藏香、民族手工艺品、新鲜牦牛肉、智能电视等 20 余种产品。截至目前共完成电子商务交易额约 150 余万元。同时，他们还建设完成 26 个乡（镇）与村级电商服务站；共完成电商各类主题培训 50 余场次，培训人次 2000 余人次；解决本地就业 30 余人；带动了本县 875 户贫困户，共计 3226 贫困人口实现脱贫。

（四）社会效果

班戈县的电子商务扶贫工作在刘玉琦的努力下成效卓著。2017 年 10 月 30 日，西藏卫视《西藏新闻联播》在"班戈县：电商平台促商机家庭牧场增收入"报道中报道了班戈县开展电子商务进农村，建设牧业科技产业园，让牧家特色商品不愁销路，极大程度提升了群众的经济收入。报道中，刘玉琦作为班戈县商务公共服务中心负责人介绍了他们在各乡镇建设广告牌宣传电子商务，让网购的理念深入人心；还针对农牧民开展电商培训，给他们提供货源和技术支持，帮助他们设淘宝店铺，培养更多的电商人才。

2018年10月21日晚，中央电视台《新闻联播》在"西藏：多措施稳步推进脱贫攻坚"的报道中，介绍了那曲班戈县电子商务公共服务中心通过对贫困户开展电商培训，帮助他们开设网店销售当地特色产品，稳步推进脱贫攻坚的先进事迹。在电视采访中，那曲班戈县商务公共服务中心经理刘玉琦说："运营到现在，共培训人次达到1800人次，其中贫困户占到80％以上，整个电子商务交易额是180万左右。"

### （五）本人收获与体会

在西藏开展电商扶贫的这段时间里，刘玉琦发现自己慢慢地变得淡然了很多，更重要的是学会了感恩、纯真和善良。在班戈县工作一年多之后，他又回到了梦想开始的地方——拉萨，在西藏电子商务有限公司这个更高的平台上，继续为西藏的脱贫攻坚工作贡献自己的青春和力量。他将会像雅鲁藏布江一样，继续奔向未知的远方，无所畏惧，勇敢向前，发出自己灿烂的光芒。

## 三、全国大学生就业创业典型人物——三峡学子彭俊华

2017年9月，由教育部全国高等学校学生信息咨询与就业指导中心主办的"闪亮的日子——青春该有的模样"大学生就业创业人物事迹征集结果揭晓。重庆市推荐的基层就业、创业人物和军营大学生战士共13名大学生获奖，其中三峡学院毕业生彭俊华获"闪亮的日子——青春该有的模样"大学生就业创业人物称号。

彭俊华曾在《三峡都市报》社担任记者。工作期间，写出了大量优秀新闻作品，并获得第十九届"重庆新闻奖"。2015 年底，他通过公务员招录考试，到其他区县工作。在新的岗位上，彭俊华扎根基层，发挥特长，在新浪微博开通个人的自媒体账号"@驻村微日记"，以年轻的视角宣传新农村新风貌，得到广泛的好评。

### 彭俊华：从驻村队员到"微博网红"

从城市的繁华到农村的宁静，从林立的高楼到乡间的田野，彭俊华的就业轨迹在很多人看来跳跃很大。2014 年 7 月，他从重庆三峡学院毕业以后，在重庆万州《三峡都市报》工作了一年之后，通过公务员录用考试，成了忠县磨子土家族乡的年轻干部。艰辛的工作环境让他褪去稚嫩，而他带来的新观念也逐渐影响着这个偏远的土家族乡村。

### 一个选择，他把青春写进土家族乡的田野

《三峡都市报》社是彭俊华就业的第一站，在这段时光中，他几十次到基层调研采访，报道了很多带着泥土味儿的新闻。踏实努力地工作，也让他得到了重庆新闻界最高奖"重庆新闻奖"的肯定。长期奔走在乡间的树林和田坎中，他发现自己对脚下这片土地更有感情，于是一个想法萌生了：到农村去。

2015 年 12 月 25 日，这一天是彭俊华到新单位磨子土家族乡人民政府报到的日子。因为是单位年轻人中唯一的男生，领导把他安排在建设管理办公室，下乡进村的机会也更多了。

谈起第一次看到村民住的吊脚木楼，彭俊华感慨地说这种原汁原味的土家族建筑很难在城市看到。木楼盖小青瓦，留花格窗，飞檐起翘，木栏扶手，走马转角，古香古色。村民居家还有小庭院，院前有篱笆，院后有竹林，青石板铺路，刨木板装壁，松明照亮，一家过着日出而作，日落而息的田园宁静生活。安静的乡村环境让他更坚定了当初来基层工作的信念。

### 一则新闻，他发掘出全乡首个"重庆好人"

随着全国扶贫攻坚深入推进，彭俊华被推荐为石梯村驻村工作队员。在村里，彭俊华认识了名叫罗成先的老人。小时候的一场疾病，让罗成先只能蹲着行走，身高连70厘米都不到。同行的村主任介绍，罗成先做了一件很了不起的事，他的母亲73岁那年瘫痪卧床不起，全靠同样残疾的罗成先照料，而罗成先悉心照料了瘫痪母亲20年，直到他母亲93岁安然辞世，成为村里最长寿的老人之一。

彭俊华把罗成先的故事写下来首发在《忠州日报》上，得到了重庆本地媒体的跟进。新闻发出当天，全国有新华网、人民网、新浪、腾讯、网易等105家网站转载罗成先的事迹，甚至中共中央国家机关工作委员会的官方网站"紫光阁"，也刊载了罗成先的新闻，主人公热爱生活、顽强不屈的品质通过网络影响了成千上万的人。

后来，罗成先被重庆市委宣传部、市文明办等6部门联合授予"重庆好人"的称号，成了全乡第一个被全市表彰的好人典型。在彭俊华的倡导下，罗成先所践行的爱老孝老写进了《村规民约》，成了全乡村民的精神滋养和行为准则，成了石梯村面向全国的一张文化名片。

### 一条微博，他随拍艾特成为科普网红

2016年11月16日下午，彭俊华和办公室领导去村里开展安全巡查，一只色彩艳丽的野生红腹锦鸡，突然出现在距离巡逻车10米远的丛林下。当时，他不知道红腹锦鸡的身份，于是就拍照并在新浪微博上艾特了科普类的博主——@博物杂志。

2分钟后，他就被"翻牌子"了。截至目前，这条微博已经被全国网友转发评论近6000次，阅读量达到441万，粉丝数更是逐渐增加到近千人。"网红"，这个有时代特征的称呼，从此被单位的同事叫出名了。

彭俊华渐渐认识到，网络时代的信息传播速度真是快到难以置信。他也开始思考：自己真的是"网红"吗？在新浪微博这个平台上，应该向大家分享什么，及时传递哪些价值观呢？他现在下乡时候常常会留意一些不常见的动物植物上传到微博，给"盆粉"们科普一下。

### 一个心愿，他写自媒体日记宣传美丽农村

彭俊华从农村第一时间传来的带着泥土味儿的照片反而还有点新鲜了。毕

竟，在他微博评论中，连莴笋都不认识的网友大有人在。

彭俊华的微博 ID 是@驻村微日记，在自己的那方微博空间里，他带着全国各地的粉丝认识长在地里的农家蔬菜；分享一条河是如何从浑浊变清澈的；讨论红薯是蒸着好吃还是煮来好吃；见证一场城里人到农村购买山货的爱心扶贫活动。

好多粉丝私信和评论都说，看了彭俊华的微博后特别想去当村干部，将青春和汗水播撒在乡间田野。而他也想着，但愿通过@驻村微日记的努力，今后会有更多的人爱上农村，爱上来自田坎山坡父辈童年的味道。

彭俊华的选择，彭俊华的微博，彭俊华的日子，就是青春该有的模样！

## 四、万州区十大创业青年——三峡学子潘鸿鹰

潘鸿鹰现任重庆优美依科技有限公司董事长，重庆创米网络科技有限公司创始人、重庆掌萌科技有限公司董事长。

潘鸿鹰 2012 年考入重庆三峡学院计算机科学与技术专业学习。父母都是农民，两人一直在外打工。潘鸿鹰从小远离父母，一直想靠自己的能力来减轻家里的经济负担。大学时代，他创立了重庆优美依科技有限公司，2015 年，获得重庆市万州区广播电视台 A 轮融资，带领团队荣获全国大学生创业大赛移动互联网创业专项赛铜奖、全国互联网优秀开发企业、万州区生态涵养发展建设创新团队等十多个团队荣誉，个人也荣获万州区向善向上十佳青年、万州区创业十大青年、青年企业家协会优秀会员等二十多个个人荣誉。一个奔走在互联网行业的重庆企业，五年时间，他通过自己的努力，建立起了属于他的商业帝国。潘鸿鹰的创业经历让他明白了创业辛酸和生活的艰难，也让他有了一颗关爱他人，回报社会的善良之心。在创业的过程中，哭过、笑过，一路走来，大学生老板逐渐成长起来，并走向一名成熟的创业者。

2012 年，潘鸿鹰和优美依科技的联合创始人朱玉兵踏上了创业之路，从两个人的小团队到六十多人的企业。从最原始的几平方米办公房到千多平方米的办公楼，创业过程中，失败过，跌倒过，但是他们始终没有放弃一个互联网创业者的创业梦想。他们带着团队从电子商务到互联网科技研发，将一个小型的微型企业，用五年的时间打造了一个价值上千万的科技企业、重庆市优秀开发企业、万州龙头开发企业。

创业历程，回忆起来，真的别有一番滋味，2013 年，潘鸿鹰慢慢和同伴走上电商之路，与其说是电商，还不如说是淘宝卖东西，但也正因为有了淘宝店，到后来的天猫旗舰店，到最后从电商到科技企业的转变，电商时期的创业，让他明白了创业的艰辛。刚开始做电商的时候，没有涉足过电商的他，只是看着别人做得是如何的风生水起，但却没有想到自己迈入电商的第一步就是一个火坑，做了两三个月，毫无起色，被逼无奈，上当受骗，导致团队一直处于水深火热之中，每天和团队成员吃着几元钱的餐食，过着废寝忘食的日子，终于在一段摸索之后，生活慢慢回归正轨。2013 年年底，他的团队成功入驻天猫旗舰店，2014 年初的时候，在区工商局的帮助下，他成功拿到了大学生创业补助和大学生后续补助，这一笔资金对他的人生有了一个大的改变，资金的进入，天猫旗舰店经营顺风顺水。2014 年年底，营业额超过 500 万。

2015 年年初，问题来了，他和他的团队渐渐明白纯粹的电子商务时代马上快终结了，这时候他们毅然决然放弃了天猫旗舰店，忍痛转卖了盈利的店铺，杀入了科技行业，2015 年下半年，企业发展越来越快，得到了重庆市万州区广播电视台的认可，在八月份签署了重庆优美依科技有限公司投资协议，成功拿到了电视台的投资。他们经过不懈努力，"三峡特购网"正式上线，入驻本地企业 120 家，日交易量超过 4.3 万元，在网站建成后的一个月里，一家牛肉干生产企业通过平台卖出近 10 万包五香牛肉干。2016 年，他们的经营范围不断扩大，潘鸿鹰这时候也意识到企业发展需要多元化，在股东一致同意下，他们投资了重庆大白鲨传媒有限公司，将品牌打造、营销这一块独立到传媒企业上。2017 年，注定是潘鸿鹰不平凡的一年，2017 年，他投资了重庆掌萌科技有限公司，专注于幼儿教育行业。重庆优美依科技在企业稳步发展的同时，正在申报高新技术企业和上市工作。

创业之路总是艰苦的，潘鸿鹰和他的团队这一群普通大学生的蜕变可以说是很不容易的，从前期的犹豫到后来的坚韧，这些经历都是一次一次的磨炼与升华。现在的潘鸿鹰面对未来再多的变化都不再如当初那么彷徨，因为他坚信，唯一不变的就是变化。面对现在的大学生创业，他也依旧很是看好，看着创业圈子不断的新老更替，涌出的新的思想不断冲击着老思维，很是感慨。想想自己，也是一腔热血，想到就去做，深信年轻最不怕的就是失败，站在风口上猪都可以飞起来。而现在的自己也经历了成长，更加成熟了，明白什么更重要，什么需要大力度投入。对于未来的趋势，潘鸿鹰也有了自己的见解，有了更长远的未来规划。

从长远来看，人生最重要的就是体验，他希望能体验完所有的东西。小时候家里很穷，穷人的日子体验过了，后来家境逐渐富裕，创业以后，既经历过苦痛、迷茫，又享受过欣喜、激动，这就是很好的体验与成长过程。他也经常说，没有什么苦是熬不过去的，咬咬牙，总会过去的。他还需要不断的努力，不断地学习，积累更多的经验，把企业做得更大更强。路还长着，还要继续昂首挺胸地走下去，创业是九死一生，但他不畏惧，因为踏上这条路，就没有退路，只有向前。

## 五、"爱心闺女"刘晓珍大爱无边　当义工风雨无阻

面对贫困，每个人都有自己的态度。但是对于三峡学院民族学系的大二学生刘晓珍来说，却是带着一颗乐观的心，打工改变自己的生活；她怀揣感激，带着一颗感恩的心当义工，成为养老院老人们的"亲闺女"。因为执着，因为爱心，她被重庆市委宣传部、市委教育工委、市教委、团市委评为感动重庆校园十大人物，被团中央评为中国大学生"自强之星"。

### 打工供自己上学

刘晓珍原是福建人，后一家人定居重庆北碚。因家里子女多，家庭一直很贫困，姐姐和哥哥也因此早早辍学，妹妹在重庆工商大学上大学，沉重的负担让她的家庭举步维艰。虽然哥哥姐姐尽量照顾刘晓珍和妹妹，但是他们各自都有自己的家庭需要照顾。为了让刘晓珍和妹妹继续完成学业，年过五旬的父母只能外出打工。

为了减轻家里的负担，刘晓珍利用休息时间，勤工俭学，做各种兼职工作。"两年以来，她几乎做过每一样兼职！"她的同学告诉记者。记者了解到，她在报刊亭做过一学期的销售员，为房地产公司做过宣传代理，在万州区国土局做过档案整理员，她卖过月饼，在大街上分发过营销传单，做过手机促销员……做兼职很辛苦，大清早起床，入夜才回寝室是常有的事情。靠着辛苦打工，她基本上能挣齐自己每月的生活费用。

### 风雨无阻当义工

尽管自己打工时间很紧，但是她还抽时间去养老院做义工，当志愿者。有的义工做了一次就不再去了，但刘晓珍一做就是两年。她服务的地点是王牌路乐康老年公寓。每一周，她要去 2 至 3 次。她给老人们剪指甲、洗头、按摩、洗脚，陪老人聊天。这里有 50 多位老人，大多行动不便，老人们说，每次看到小刘到来，觉得就温馨了很多。刘晓珍告诉记者，第一次来这里做义工的时候，她给一位老人剪指甲，那位老人犹豫着问刘晓珍：收钱不？多少钱一剪啊？刘晓珍一听，眼泪都要掉出来了。于是当时就想，自己以后无论多忙多累，每周都要来看看他们。

于是 50 多位老人们就有了一个开心果。记者在乐康公寓看到，刘晓珍一边给一位婆婆捶腿，一边给老人讲开心的事情，几位老人围坐在一起，显得十分开心。养老院的负责人告诉记者，刘晓珍做义工风雨无阻，这让他们感动不已，而她不但不图一分回报，连一顿饭也没有在这里吃过："从来没有见过这样心地善良的年轻人！"

刘晓珍打工、做义工从来没有耽误过学习。她获得过国家励志奖学金，多次获得学校奖学金，还被评为"首届感动重庆校园人物"，现就职于重庆农商行涪陵支行。

## 六、创办乡村教育公益项目 助力三峡库区脱贫攻坚——获2020 年第十五届中国大学生年度人物入围奖的三峡学子刘喆妮

刘喆妮，女，汉族，21 岁，重庆万州人，中共党员，重庆三峡学院教师教育学院小学教育（师范类）专业 2016 级本科生。她深学笃用习近平新时代中国特色社会主义思想，积极向党组织靠拢，担任班级团支书，积极为同学服务，每学期均获得奖学金，学业成绩名列前茅，综合素质优异。作为未来服务乡村教育的定向师范生，她更是身体力行专注教育反哺三峡库区，在教育公益领域有一番不俗的作为，荣获重庆三峡学院 2019 年度校长奖学金、"十佳校园之星"、优秀毕业生、重庆市普通高等学校学生志愿服务活动先进个人、重庆市 2020 届优秀大学毕业生等荣誉。

### 参加"小橘灯"义务家教 让青春在公益中闪光

自大一开始，刘喆妮便作为志愿积极分子，参加学校组织的"小橘灯"义

务家教活动，每周风雨无阻，坚持服务长达一年。此外，还自告奋勇增加服务量，挤出空余时间服务两个学生家庭。其中一个家庭的孩子属于心智障碍群体，为了帮助他健康成长，刘喆妮查阅了大量资料，广泛学习对这类群体的帮扶经验。她利用课余时间，来到万州区特殊教育中心，与心智障碍孩子一起学习；多次参与万州区残疾人联合会、万州区青年志愿者协会组织的助残活动，与他们保持着良好的互动沟通。

作为师范生，刘喆妮将自身师范实践融入志愿活动。刘喆妮曾作为负责人之一，参加由万州区团区委、陈家坝街道、德立社会工作服务中心组织的为期一年的"益苗计划—移民社区青年"志愿服务，被评为"优秀负责人"。

### 创办"竹信封"公益项目 让爱心在田野上飞扬

刘喆妮生在三峡、学在三峡、爱在三峡、行在三峡。大一暑假，她作为团队最小成员前往渝鄂交界的万州区普子乡，作为舞蹈、性教育者和小营长面向当地乡村留守儿童开展乡村夏令营，服务时长达三周，学生对象90余人。刘喆妮虽从小在城市长大，但毫不抱怨，由此与乡村留守儿童结下了不解之缘。

第二年，她作为联合创始人，组建大学生公益团队。她希望借助乡村夏令营的模式，吸纳更多本地高校青年，关注库区乡村教育，带动大学生自我成长。第二年的乡村夏令营共有90余人报名，其中不乏重庆主城区学校的学生，最终遴选30人，分为三支队伍前往库区乡村学校、社区开展为期两周的夏令营，共服务留守儿童280余人。

第三年，经历过前两次的成员、队长角色，刘喆妮决定将更多成长机会留给学弟学妹，专注课程设计，此次担任课程组长。其团队作为重庆市唯一入选的大学生支教团队，成功入选西部阳光基金会、北京益微青年乡村夏令营，和全国一百多支团队一起再次奔赴乡村。

刘喆妮和那群孩子从小班一起升到中班、大班，每年的相聚陪伴，已经成了常态。除此之外，为了维系和孩子们的长久陪伴，刘喆妮助力团队开创了"竹信封"——组织大学生每周和乡村孩子固定通信。目前已经稳定开展一年，组织大学生80余人，通信数量高达1200封。目前，他们还开展了童年—课线上直播课，为乡村学校的孩子们带去多节线上活动课。

刘喆妮等人联合创办的公益团队逐渐成了大学生全知、全情、全意、全行的成长平台，并组织了丰富的户外徒步、乡土研学、城市探索等成长活动，还链接了前往成都、武汉、深圳的公益游学资源，助力大学生们在社会奉献中寻觅自我价值。同时，它还逐渐成了小学全科师范生专业实践成长的重要平台，吸纳了数十位未来乡村教师关注乡村教育，塑造职业情意。

### 运用"互联网＋"拓展资源　让温暖在关注中汇聚

刘喆妮深知：只有自我的不断成长，才能更好地为乡村带去更多支援教育。她积极参与社会公益实践交流，曾多次参加北京益微青年、北京西部阳光基金会、成都小童大义、长沙天使支教等社会公益、企业的交流学习活动，和众多主创一起思维碰撞，对社会及乡村教育的现状和未来提出自己的见解。刘喆妮还赴深圳参加由二十一世纪教育研究院主办的第三届 LIFE 教育创新峰会，主动向业内前辈请教学习，更加深度地向社会学习教育创新。

刘喆妮关注家乡，希望尽自己的一点力量，链接更多资源，打造大学生的成长平台，带动更多人关注我们的三峡。教育必须摆在优先发展地位，作为未来乡村教师的她亦从中找到了方向。除了夏令营，她还努力为孩子们带去具有重庆三峡学院特色的三峡文化课程，希望用乡土教育寻根，而非逃离家乡、嫌恶乡村。她还是国内最大性教育平台"你我伙伴"成长中的性教育种子教师，立志为乡村儿童带去同等的科学性教育课程。

她深知库区教育的发展离不开外界的资源支持，为库区内支教学校链接更多资源。她促成了乡村夏令营团队与你我伙伴性教育平台、北京益微青年、萤火公益、广州日慈基金会、四川小童大义、广州蓝信封留守儿童关爱中心、阅读星球、米公益、益路同行、一公斤盒子等公益组织的合作，为乡村留守儿童带去了丰富多样的多元智力、性教育、阅读课程。

她链接中华思源工程扶贫基金会、新浪扬帆公益基金，为乡村儿童带去儿童读物 100 余册。目前正在积极链接西安蚂蚁公益慈善基金会、无锡衡山慈善基金会发起的"为孩子送新衣活动"，希望用大学生的力量，为库区留守儿童带去衣物、文具。

### 依托"云课堂"开展教学  让奉献在抗疫中延续

2019年9月，刘喆妮踏入实习岗位，成了34名流动儿童的班主任老师。她借助实习学校和公益团队便捷的交通优势，积极地与实习学校领导协商，顺利地将公益资源引入实习学校。至此，孩子们每周都会与重庆三峡学院的大学生志愿者哥哥姐姐一对一通信，互诉衷肠、共话成长；孩子们也会每周接受大学生志愿者带来的心理艺术课程，在绘画中培养社会情感能力；孩子们也曾迎来了重庆三峡学院绿色环保协会的志愿者们带来的别开生面的垃圾分类课程……

在疫情期间，刘喆妮响应"停课不停学"，坚守实习岗位，还与伙伴们将公益团队升级改造为"云课堂"模式，每周通过线上直播的形式为实习学校里所带班级的孩子开展生命健康课程，目前已经持续两个半月。从疫情期间的心灵陪伴到如今每周六的兴趣拓展，孩子们的学习兴趣大幅提升，欢声笑语沿着虚拟的网线传播，越来越多的人加入"云课堂"中，全家联动更是屡见不鲜。

除了学校工作，刘喆妮还与北京益微青年公益发展中心合作，为防疫健康课程的迭代优化不断建言献策，积极促成防疫项目的课程落地。她还组织本地大学生队伍前往当地村小，为孩子们带去防疫物资和防疫课程。当看到孩子们终于戴上了合适的儿童口罩，用上了合格的洗手液，她内心十分富足。

扎根家乡，服务家乡，为家乡的留守儿童们做更多力所能及的小事，是刘喆妮同学一直想做的事，也是她一直在做的事。在未来的乡村教育沃土上，也一定会出现她的身影。

# 第十章　精神之钙：高校家庭经济困难学生党建工作研究

要以提升组织力为重点，突出政治功能，健全基层组织，优化组织设置，理顺隶属关系，创新活动方式，扩大基层党的组织覆盖和工作覆盖。

——习近平

发挥高校基层党建在资助育人过程中的引领作用，是促进教育公平正义、实现共产党执政理念的重要保障。基层党组织是团结带领群众贯彻党的理论和路线方针政策、完成党的任务的重要保证。因此，发挥高校基层党建在资助育人中的引领作用，帮助家庭经济困难学生坚定理想信念，听党话，跟党走，提高资助育人的实效性，是新时期高校党建工作的重要使命。高校学生党员的积极参与，对实现教育精准扶贫、精准资助有着极大的推进作用，也让学生党员在实践中增强了党性修养、严以律己、以身作则，带动家庭经济困难学生共同进步。本章从做好家庭经济困难学生党员发展工作、加强家庭经济困难 学生党员教育管理谈起，重点关注如何充分发挥高校学生党支部、高校学生党员在精准扶贫、精准资助中的重要作用，提升高校家庭经济困难学生资助工作水平，探讨建立基层党建引领资助育人工作的实践和全面服务家庭经济困难学生成人成才的长效机制。

## 第一节　构建高校学生党支部服务精准扶贫的长效机制

做好家庭经济困难学生的思想政治教育工作，要比普通学生更复杂，难度更大。为此，需要充分把握这个学生群体中的优秀分子，发挥学生党员的榜样示范教育，从而带动更多的家庭经济困难学生共同进步。

## 一、做好家庭经济困难学生的党员发展工作

高校党组织是精准扶贫工作的有力依托，不仅是学生思想引领、职业规划、道德修养等方面锻炼的场所，也是服务学生的有效载体。家庭经济困难学生是一个家庭的希望，他们的成长与发展是全面精准扶贫中的重要方面。在当前社会转型期的新形势下，解决好高校家庭经济困难学生的入党问题、家庭经济困难学生党员的发展问题，有利于高校学生安全稳定、和谐发展、高校党建工作突破创新，意义重大。当前，高校应当创新基层党组织组建方式，加强基层党组织的战斗堡垒作用，将高校学生党建工作与家庭经济困难学生帮扶工作有机统一起来。

### （一）选拔一批优秀党务骨干，成立党务骨干党支部

由辅导员或有丰富党务工作经验的老师担任党支部书记，该支部主要起到示范引领作用；选拔品质优、学习好、能力强、综合素质突出的家庭经济困难学生党员开设党务骨干培训班，对他们进行入党后的继续教育，加强理想、信念教育，注重培养他们的集体荣誉感、责任感、使命感，坚定共产主义信仰；对优秀家庭经济困难学生党员骨干的培养能大大提升各基层党支部的战斗堡垒作用，发挥好该批党员的传帮带作用，以积极、自律的道德品行、出类拔萃的学习成绩、实践中磨炼出的工作能力为其他家庭经济困难学生做好表率和示范作用，同时党务骨干也可以将学习、成长经验传授给低年级家庭经济困难学生。

### （二）把党支部建到创新创业团队上

对家庭经济困难学生群体要把扶贫和扶志有机结合起来，除常规的助学贷款、助学金、励志奖学金、勤工俭学岗位机会外，顺应当前"大众创业、万众创新"的新形势，排摸家庭经济困难学生群体中积极要求进步、有创业想法的学生，开办家庭经济困难学生创业试点培训班，鼓励家庭经济困难学生党员积极创业，在政策允许范围内为他们提供人、财、物的各种支持，扶贫、扶志不能仅仅停留在口头上，必须引导家庭经济困难学生党员通过实际行动赚得"第一桶金"，才能让他们腰杆子硬起来，让他们体会到赚钱之不易和艰辛，才能更好地培养他们的感恩意识、诚信意识，让他们的综合素质得以在实践中加强，让他们的认知水平得以在实践中提升，这部分"先富起来"的家庭经济困

难学生又将会给其他同学带来很好的示范效应，家庭经济困难学生党员个体素质提高、传帮带作用的有效发挥将大大提升学生党支部的战斗力和号召力，同时将大大提升学校的帮困助学特别是助学贷款还贷工作效率。

（三）党支部在开展工作时应特别注重平台工具创新

"互联网＋党建＋帮困助学"模式将有助于对家庭经济困难学生党员思政教育的实效性，网络学习平台的打造有助于家庭经济困难学生党员利用好碎片化时间随时随地学习，提高学习效率，同时避免枯燥的党建知识带给学生的抵触情绪；同时这种互联网＋平台也可以增强学习的趣味性，家庭经济困难学生党员群体也可以通过平台和党建工作者实现有效沟通，同时保护好这个群体的隐私。

## 二、充分发挥学生党支部在家庭经济困难学生成长成才中的积极作用

2018年5月22日，教育部党组印发《关于高校党组织"对标争先"建设计划的实施意见》（教党〔2018〕25号），提出基层党支部要做到"七个有力"，服务师生有力是其中一个方面。提升党员群体的服务意识，精准帮扶家庭经济困难学生，帮助他们摆脱家庭贫困，是学生党支部必须担当起的责任。提升学生党支部在学生中的积极引领作用，形成学生党员、入党积极分子多层次协同帮扶体系，对家庭经济困难学生的帮助从单纯的物质帮助转化为物质加技能帮扶，达到既精准帮助家庭经济困难学生，又培养学生党员、入党积极分子的服务意识，将二者结合，实现互赢发展，实现党组织的可持续发展。

（一）学生党支部服务精准扶贫工作的重要价值

1. 立德树人是学生全面发展的根本需要

习近平在全国高校思想政治工作会议上强调高校要思考"培养什么样的人、如何培养人，以及为谁培养人这个根本问题，要坚持把立德树人作为中心环节，开创我国高等教育事业发展新局面"。党的十八大报告首次把"立德树人"明确为教育的根本任务，党的十九大报告提出了"落实立德树人根本任务……培养德智体美全面发展的社会主义建设者和接班人"。高校担负着培养人才的重担，学生党员、入党积极分子和家庭经济困难学生，占所有学生人数的比例较大，在学生中的影响力较强。但因上述两大群体的特殊性，成长、成

才问题又是关系到学生未来发展的问题，需要正确地把握学生发展规律，遵循学生的发展需求，将立德与树人有效结合，并贯穿学生的成长始终，真正实现学生的全面发展，推进高等教育的内涵式进程。

**2. 授之以渔是高校精准扶贫工作的关键需求**

人们常说，授之以鱼不如授之以渔。高校精准扶贫工作不能仅仅停留在家庭经济困难学生能够在经济上不影响正常的学习和生活，在解决学生的经济问题的同时还需要解决学生的成长发展问题，而后者是关系到学生未来状况的根本，体现更高层面的育人价值。扶贫工作的开展要与家庭经济困难学生的专业技能提升、综合素养培养有机结合。习近平总书记在《在打好精准脱贫攻坚战座谈会上的讲话》中提出"对症下药、精准滴灌、靶向治疗"。高校扶贫工作的靶向目标就是提高学生可持续发展能力，技能扶贫是关键。高校家庭经济困难学生是一个非常的群体，他们是一个家庭的希望，这份希望的寄托不单单是学有所成，而是将影响几代人的生存命运，让他们多学技能，并能传授技能、运用技能，使之有一技之长，这是高校需要解决的问题。根据家庭经济困难学生的现实发展和生活需要，将课余时间充分利用，提供给学生多一项技能的机会。有效利用学校的硬件设施，培养学生综合能力，达到授之以渔的目的，使高校精准扶贫工作内涵式发展，努力实现"造血式"扶贫。

**3. 心知行统一是学生党支部服务理念的必要保障**

学生党支部的建设是评价高校党建工作的基础性标准，经过推荐、选拔、发展、培养等严格的环节，使得学生党员和入党积极分子在学生中具有较高的群众基础和良好的品行，是学生中的佼佼者。近年来，学生党员队伍的不断壮大，在人数的稳步上升中，学生党员的日常管理、综合素质、道德修养均应得到有效地提高。2014 年 5 月 28 日，中共中央办公厅印发《关于加强基层服务型党组织建设的意见》，明确要求基层党支部引领全体党员增强服务意识，学生党员在学生中具有榜样、引领、标杆作用，朋辈效应为做好学生工作提供了有力的支持，正是因为学生党员的特殊性，心知行合一的服务理念既是不忘初心的充分体现，也是实践中为人民服务的真情诠释。学生党支部应加强对学生党员的管理引领、教育引导，充分发挥学生党员的正能量，做到为人民服务的正向标。

## （二）学生党支部服务精准扶贫工作的有效途径

**1. 帮物＋帮能，帮助经济困难学生实现学有所能**

家庭经济困难学生在高校中占有一定比例，高校对他们给予相应的政策补贴和优惠待遇，采取绿色通道、助学金等多种形式，帮助家庭经济困难学生免受经济的困扰，同其他学生一起沐浴教育的阳光。但是单单的经济扶持只能帮助学生完成一段旅途，人生的道路很漫长，如何使经济困难学生能够经过高等教育后，摆脱家庭贫困，甚至是帮助地区摆脱贫困，或许这才是高等教育最终完成的教育使命。历史的车轮不断前行，一技之长、一人多能是时代赋予新时代大学生的要求，技能扶贫尤为重要。利用课余时间，打破专业的束缚，普及简单的技能，允许学生考取相应的资格证书，从单维到多维，培养家庭经济困难学生可持续发展能力，增强精准扶贫成效。

2. 扶贫＋扶智，扶助经济困难学生身心健康

如何帮助家庭经济困难学生实现身心健康，帮助学生实现全面发展，是对于家庭经济困难学生帮助的根源和实际意义所在。在日常生活中，不免会出现"极端"的性格状态。一些学生极度自卑，不愿与他人交流，担心同学瞧不起，将自己封闭起来，性格敏感；一些学生极度自负，认为自己理应得到经济帮扶，对于帮助不屑一顾。面对这两种学生，一味地说教在现实中略显苍白无力，通过技能培训的方式，潜移默化地培养学生自信、感恩、自强的健康性格，既不伤害学生的自尊心也不会影响学生的日常生活，从而达到事半功倍的效果。社会性是人的基本属性之一，社会生存能力是人的基础能力，社会生存能力不是与生俱来的，需要后天的培养和教育，对于经济困难学生的社会生存能力尤为关注。通过技能培训，为学生们提供互学、互助的机会，有着相似的经历、相似的环境、相似的心理变化，都会使群体中的成员建立信任。在活动中学习技能、感悟道理、锻炼能力。

3. 精识＋精式，互助扶贫工作精准开展

国家在扶贫工作中明确强调"精准"。"精准"就是根据不同的地区和不同的贫困户开展具有针对性的扶贫措施。从过去的"大锅饭"式扶贫向"小炉灶"式扶贫转化，实现扶贫的准确性和高效性。在高校认定家庭经济困难学生环节，精确识别是提高扶贫准确性的前提，通过谈话、观察、调查，准确识别，让真正的家庭经济困难学生受到扶持和帮助。在确定家庭经济困难学生后，应根据学生不同的性格、地域、家庭环境，充分了解学生的学习需求，精确扶贫方式。因材施教一直贯穿于教育始终，"大锅饭"式的教育不再适用于现代教育，只有从学生的角度出发，高校中的精准扶贫才高效。

4. 从心知到知行，培育学生党支部服务意识，助力精准扶贫

高校学生党员是党的事业发展的有力的后备力量，与其他基层党组织相比

较，学生党支部对学生党员、入党积极分子的日常管理、能力培养、道德修养、思想政治引领等各个方面起到了关键作用。初入大学，入党启蒙教育开启了学生进入党组织的第一道大门，学生对于党的认识不深、对于党的基本理论了解不深，高校党员发展工作的重要性可想而知，帮助学生树立积极的入党意愿，端正入党动机，摆正入党态度，从发展到管理应一直贯穿始终。但仍会有学生党员在理论素养、工作作风、服务意识等方面还存在一定欠缺。党的宗旨是全心全意为人民服务，通过培育党支部的服务意识，密切联系群众，把联系家庭经济困难学生作为有效依托，提高群众意识、服务意识，进一步密切与普通学生的联系，巩固群众基础。全心全意为人民服务，走好群众路线，依托党建平台，发挥学生党员积极引领作用。学生党支部通过管理、教育、培养，要求学生党员明确党员初心，摆正心态，学生党员是为学生服务的，没有特殊权利；校内服务和校外实践全面开花，端正心态，不能只关注社会评价，忽略校园服务，从心态到心理培育学生党员的服务意识。树立较高的服务意识，为精准扶贫工作添砖加瓦。

## 第二节　发挥学生党员在高校资助工作中的先锋作用

党的十九大报告强调：要健全学生资助制度，为高校开展资助工作指明了方向。高校家庭经济困难学生的发展问题越来越引起高校党建思政工作者的重视。高校应当坚持立德树人根本任务，加快完善全员育人、全过程育人、全方位育人格局，充分发挥大学生党员在家庭经济困难、身心障碍、学业受挫、行为偏差、就业困难等方面的特殊大学生群体中的作用，找准定位，主动作为。

### 一、加强高校家庭经济困难学生党员的教育管理

高校家庭经济困难学生不仅仅是学校，而且已成为整个社会不可忽视的群体，家庭经济困难学生党员更是这一弱势群体中独特的成分，是目前高校思想政治教育工作面临的一个重要性课题，更是高校党建管理的一个重要课题，切实关注他们在经济、思想、心理等方面的动态，做好教育管理，是摆在我们面前的一项紧迫任务。

### （一）高校家庭经济困难学生党员作用发挥情况

家庭经济困难学生党员是具有较强个人能力、具有一定先进性的积极分子。调查显示，普通同学与家庭经济困难学生党员虽然在各项指标的量化评定有一定的差距。但总体上对家庭经济困难学生党员在按时出勤、自主学习、为人处事、勤俭节约、责任心等方面都予以了较高的肯定。根据有关数据可看出，家庭经济困难学生党员在自主学习、观念更新、为人处事、明礼诚信、创业实践等方面对普通学生的影响还是比较积极的。家庭经济困难学生党员认为，在明礼诚信、为人处事、自主学习方面对普通学生的影响较大。[①]

### （二）高校家庭经济困难学生党员存在的问题

一是对自身身份认知的定位问题。高校家庭经济困难学生党员首先在经济上存在一定困难，这种经济上的困难带来了生活上的不富足、心态上的不自信以及由比较而带来的心理压力。由于经济条件以及生活阅历的差异，家庭经济困难学生的心理负担比一般学生重得多，往往是自尊心越强，自卑心就越重。有的家庭经济困难学生试图通过获得优异成绩来改变自己的"贫困"形象，而一旦不能获得理想的成绩，容易出现不适应症状，如自闭、不参加社团活动、不求上进、自暴自弃等等。在面对不公平对待时，容易产生暴躁情绪、反叛情绪等不利于自身发展的消极现象，走出校园后可能不能很好地融入社会。二是高校对家庭经济困难学生党员的人文关怀仍需加强。当前高校的帮困助学工作在物质上对家庭经济困难学生党员群体帮助力度很大，但是由经济上的困难带来的心态甚至心理问题并不容易解决，扶贫相对易、扶志相对难。当前高校对党员管理，普遍存在着重视入党前教育培训，而对学生群体入党后的教育、培训、考核则缺乏有效抓手，个别家庭经济困难学生党员的党性还有待提高。三是在当前社会转型的大背景下，社会贫富差距拉大，社会主义核心价值体系尚未完全构建起来，有的社会问题伴随着移动互联工具能够迅速在大学生群体中传播，不公平现象和腐败现象容易诱发个别家庭经济困难学生党员思想情绪波动，甚至理想信念产生动摇。

---

① 周翔. 贫困生党员影响力的调查研究 [J]. 消费导刊，2011 (4)：144.

## (三) 提高家庭经济困难学生党员的综合素质和服务能力

### 1. 完善解困助学体系，让家庭经济困难学生党员生活得更有尊严

有的高校家庭经济困难学生外出兼职率较高，耽误了学习时间，但是面对高额的生活费用和父母的年迈，他们不得不占用本来就不多的课余时间兼职。在家庭经济困难学生党员中这种现象更加突出，因为大部分党员都是学生中的佼佼者，生活上更加自立。高校应当加大资助力度，激励家庭经济困难学生努力学习，刻苦钻研，使他们生活得更有尊严，得到同学的认可。高校要发挥自身科研优势，广泛与社会建立联系，为企业解决一些实际困难，争取他们设立以企业或企业家命名的专项奖助学金，资助在校家庭经济困难学生党员。同时，可以坚持"谁赞助，谁优先选人"的原则，高校、企业、家庭经济困难学生三方受益，各得其所，充分调动家庭经济困难学生的学习积极性，激励他们战胜困难的决心。

### 2. 加强心理健康教育，优化家庭经济困难学生党员的心理品质

高校应当加强家庭经济困难学生党员意志品质的培养，提高他们的心理素质是解决心理问题的有效途径。高校要重视心理教育，积极开展心理健康宣传教育工作，让家庭经济困难学生党员了解心理卫生的基本知识，了解心理健康的标准及维护和增进健康的一些基本方法和途径。尤其要突破家庭经济困难学生党员的"高分低能、高智商低社交"的心理障碍。心理咨询是一项专业性很强的工作，是一种职业性的帮助行为。因此，高校应加强引进和培养专业的心理咨询人员，并以此为骨干力量长期为家庭经济困难学生开设心理咨询门诊，开展多种方式的咨询活动。学校要正确引导他们的消费行为，形成家庭经济困难学生和其他同学间互帮互助的和谐局面，多开展有意义的、互动性强的集体活动。在校园里营造鄙弃奢侈、平等团结、崇尚简朴的气氛，减轻家庭经济困难学生的贫困感觉和自卑意识，为其提供锻炼的舞台，发挥他们的潜力，增强他们的自信心。

### 3. 注重榜样示范，提高家庭经济困难学生党员的服务意识与能力

家庭经济困难学生党员要想带动普通学生共同进步，首先要培养和提高这些积极分子的服务意识与相关的各方面能力。这些能力包括与普通学生沟通的能力。协调、控制自身成长与群众期望之间的能力，合理使用自身影响力的能力等方面，这些能力的提高不仅需要高校为其提供一定的交流沟通平台，关键还需要家庭经济困难学生党员提高自身的服务意识。这种服务意识的提高需要

学校、社会、家庭等多方面共同努力，最终才能够使得家庭经济困难学生党员在生活、学习、工作上，主动地开展对普通学生的积极影响工作。

## 二、发挥学生党员在高校精准资助中的先锋作用

学生党员队伍是高校思想政治教育和学生事务管理中的骨干队伍，是大学生中一个优秀的群体，在大学生中起着先锋模范作用。在高校资助工作中，通过搭建学生党员与家庭经济困难学生之间的帮扶平台，用学生党员良好的心理状态、积极的生活态度，勇于进取的作风鼓舞和带动家庭经济困难学生，有利于家庭经济困难学生树立正确的"三观"，满足他们自立自强、实现自我的精神需求。

### （一）建立学生党员家访制度，助力家庭经济困难学生精准认定

家庭经济困难学生认定工作是高校所有资助工作的开端，准确认定家庭经济困难学生，是资助工作得以公平、公正、合理开展的重要前提。目前各高校认定工作的主要依据是教育部、财政部《关于认真做好高等学校贫困生认定工作的指导意见》（教财〔2007〕8号），存在着量化指标真实性核实难等问题。建立学生党员家访家庭经济困难学生制度，让学生党员利用寒暑假期间家访同乡的家庭经济困难学生，可以比较直观地了解困难学生的家庭情况，为精准认定家庭经济困难学生收集第一手资料。学生党员家访家庭经济困难学生，架起了学校与家长之间沟通的桥梁，为受访家庭带去学校的问候与关心，帮助家长了解孩子的在校表现、专业发展和就业前景。学生党员的家访活动，有利于党员自身的教育与培养。通过面对困难家庭，让学生党员了解到现有学习生活条件的优越，感激父母的付出，珍惜学习机会；也让学生党员了解到国家为实现教育公平，"不让一个学生因家庭经济困难而辍学"而做出的努力。实施学生党员家访家庭经济困难学生活动，既是一种感恩教育，也是一种爱国教育，将鼓励学生党员不断加强党性修养，增强党员意识，发挥先锋模范作用，带动帮扶对象共同进步。

### （二）组织多种形式的实践活动，助力家庭经济困难学生能力资助

一个完善的家庭经济困难学生资助体系应该是以资金资助为基础、以能力资助和心理资助为重点，促进学生自立自强、全面健康发展的系统。但目前高校资助工作者受人力物力等条件的制约，在帮助家庭经济困难学生能力脱贫上

还捉襟见肘。高校学生党组织是一支业务能力强、综合素质高的队伍，在助力家庭经济困难学生能力资助上大有可为。由学生党支部牵头，组织家庭经济困难学生开展多种形式的社会实践活动，如"三下乡"进行资助政策宣讲，参观革命老区，组建家庭经济困难学生志愿服务队、开展公益活动等。通过形式多样的社会实践活动，不断地开拓家庭经济困难学生的视野，提高他们的团队协作能力、沟通协调能力和组织管理能力，为家庭经济困难学生提供能力资助，满足他们自我实现的需求。

### （三）搭建精准资助帮扶平台，助力家庭经济困难学生心理资助

不可否认，物质上的匮乏对家庭经济困难学生的精神产生了较大的影响。家庭经济困难学生中存在自卑、抑郁、学习障碍、自我封闭等心理问题的比例较普通大学生高。建立一支经过培训的学生党员心理辅导队伍，发挥学生党员密切联系群众的优势，在家庭经济困难学生中开展心理素质普查、举办心理减压拓展活动、宣传心理健康知识活动等，增强家庭经济困难学生的心理素质。搭建"一对一"帮扶平台，对有心理健康障碍的家庭经济困难学生，配合学校心理咨询中心做好跟踪帮扶。树立优秀学生党员典型，发挥优秀学生党员的朋辈教育作用，对家庭经济困难学生进行励志教育，鼓励家庭经济困难学生见贤思齐，积极向党组织靠拢。

## 第三节　发挥高校基层党建在资助育人过程中的引领作用

党的十九大报告指出，加强基层组织建设，要以提升组织力为重点，突出政治功能。在党委和政府全力推进"精准扶贫、精准脱贫"大背景下，高校基层党组织应当贯彻"以人为本"和"三全育人"理念，发挥基层党建的优势，以培养高质量、高素质的人才为目标，把资助工作深入到对家庭经济困难学生资助水平提高和素质教育的拓展上来，推动学生资助工作向更高层次、更高水平发展。

### 一、基层党建引领高校资助育人工作的意义

高校党组织尤其是基层党组织处于学校工作的最前线和育人工作的第一线，是资助育人的重要阵地。高校基层党组织在准确把握家庭经济困难学生需

求的基础上，发挥党建优势，引入校内校外各种社会资源，拓宽资助渠道，解决学生的实际困难，坚持"全员育人、全过程育人、全方位育人"理念，实施"大爱教育"，着力解决贫困生的实际困难，扶困育人，更好地贯彻党和国家的资助政策，把党的关怀传递给每一位贫困生。高校基层党建要充分发挥自身在维护公平、服务学生、凝聚人心、促进正义中的作用，成为资助育人落到实处、取得实效的重要载体。

资助工作对于基层党建工作也具有推动和催化作用。资助工作虽然针对家庭经济困难学生，但其影响力和辐射的广度却不仅仅局限于家庭经济困难学生这个群体。在开展资助育人过程中，要特别重视思想政治教育渗透于学习与工作，渗透于社会生活，渗透于日常行为，渗透于各个领域。家庭经济困难学生个人受资助的过程，也是个人接受教育的过程，并且这种教育和情感体验通过基层党建实现教育面的扩大，以潜移默化式的功能延伸拓展到党员本身和党组织领导下师生群体，实现全员育人、全方位育人、全过程育人的目的。

## 二、基层党建引领高校资助育人工作的途径

针对家庭经济困难学生群体的思想状况、道德修养、心理素质、学业状态、资助渠道拓展等深层次问题，高校以党建促资助．以党建促育人，提升资助育人的水平和实效。以南京信息工程大学信息与控制学院机关党支部为例，支部党员包括主管学生工作的院领导以及辅导员、教学秘书、班主任等。支部充分发挥基层党建优势，构建了"四扶三温暖"工作模式。[①]"四扶"即生活上扶困、情感上扶爱、心理上扶志、学业上扶智，"三温暖"即温暖家庭经济困难学生的生活、温暖他们的心灵、温暖他们的成才之路。

### （一）拓展资源，切实解决学生生活困难

深入开拓社会资源。加大物质资助的力度。解决家庭经济困难学生实际生活困难，是做好资助育人工作的前提。支部工作引入校内校外各种社会资源，促成了全员育人的新局面。支部与有关公司积极开展洽谈，争取达成协议，设立奖励品学兼优家庭经济困难学生奖学金。支部与校外企业签署了共建协议，优先推荐家庭经济困难学生到企业实习、就业。支部联系校外企业，在中秋

---

① 李沛武，范天森. 交往理论视域下基层党建引领高校资助育人的实践 [J]. 金华职业技术学院学报，2014（2）：66—69.

节、端午节为家庭经济困难学生送月饼、粽子等。支部联系校内餐厅，为家庭经济困难学生在节假日送上爱心餐券，传递浓浓的爱意和深深的祝福。

（二）结对帮扶，无微不至真情关爱学生

支部贯彻学校党委"两联系三服务"的精神。要求教工党员联系困难学生，教工党员在联系困难学生中开展结对帮扶服务。针对需要重点帮扶的学生，支部每位党员"一对一"联系一到两名特困生，根据学生不同困难情况制定个性化的帮扶措施，开展"四个一"帮扶活动，即每星期至少与帮扶学生联系一次，每学期至少为帮扶学生做一件解决生活困难的实事，每学期帮扶学生制定实施目标规划，每学期至少与帮扶学生家长联系一次。另外，支部还为帮扶学生集体过生日、赠送生日贺卡和生日礼物。对于就业困难的"双困生"，开展个性化的就业指导和"一扶一"就业援助活动，分类指导，动态跟踪，帮扶他们就业。

（三）完善人格，引导学生自信自强自立

支部加强贫困生的理想信念教育，用社会主义核心价值体系武装家庭经济困难学生，引导他们积极向党组织靠拢。建设健康向上的校园文化。发挥优秀家庭经济困难学生的榜样力量，引导他们恪守校训，举行"自强之星"评选活动、"励志笃学"主题征文演讲活动、国家奖学金励志奖学金获得者先进事迹报告会等，营造自强自立、奋发向上的校园环境，激发广大家庭经济困难学生以优秀典型为榜样，树立良好的学风，勇于拼搏，励志成才。建立"心灵花园工作室"，支部党员和心理教育专家每周为家庭经济困难学生开展团体辅导和素质拓展，传递大爱教育、责任教育和感恩教育。建立"爱心漂流工作站"，给受资助者发放"爱心漂流卡"，组织他们到敬老院、孤儿院、学校做义工献爱心，并登记入卡。开展"写一封感谢信""发一条感谢短信"等感恩教育活动。建立家庭经济困难学生诚信档案，启动信用评价反馈机制。依托学生党员和学生干部建立家庭经济困难学生心理问题预警机制，对家庭经济困难学生的各种心理问题早发现、早干预。支部党员从感恩、励志、珍惜、回报、自立自强等方面与家庭经济困难学生开展精神交流和指导。

（四）提升素质，促进学生成长成人成才

只有全面提升家庭经济困难学生的能力素质．才能从根本上解决贫困问题。支部按照学校提出的培养导向，确立了"资助—自助—助人""授鱼—授渔"一体化育人理念，实施素质领航"全方位育人"，激发家庭经济困难学生提升自己的专业能力、实践创新能力、就业创业能力等综合素质，从根本上解决贫困问题。支部联系校外企业提供基金，支持家庭经济困难学生参加专业竞赛。支部联系设立"科研助手"勤工助学岗位，选拔学习优秀的家庭经济困难学生进入教师课题组和实验室，以"技术型"岗位的形式做教师的科研助手，实现"能力回报式"资助转向。支部建立"家庭经济困难学生人生导师工作室"，联系专业教师担任家庭经济困难学生的人生导师，进行专业辅导、就业指导、生活引导、心理疏导，全面引领学生成长、成人、成才。为家庭经济困难学生开设"就业能力提升课程"，联系培训机构、共建企业、校外专家进行专业技能、职业素养和社会礼仪等方面的培训，组织家庭经济困难学生到这些单位开展培训和实训。

总之，高校党委要把在大学生中发展党员工作作为一项最重要的任务，提到学校党委工作的议事日程上来，统筹做好高校党建、德育和思想政治教育工作，有组织有计划地做好在家庭经济困难学生中发展党员工作，不断提高家庭经济困难学生党员的党性修养，发挥学生党员在高校精准扶贫、精准资助中的先锋模范作用，帮助家庭经济困难学生实现经济脱困、能力脱困和心理脱困，促进家庭经济困难学生健康成长成才。

# 参考文献

1. 中共中央马克思恩格斯列宁斯大林著作编译局. 马克思恩格斯文集第 1 卷 [M]. 北京：人民出版社，2009.

2. 马克思恩格斯全集（第四十卷）[M]. 北京：人民出版社，1992.

3. 毛泽东. 毛泽东选集（第一卷）[M]. 北京：人民出版社，1991.

4. 中共中央文献编辑委员会. 邓小平文选（第三卷）[M]. 北京：人民出版社，1993.

5. 中共中央文献编辑委员会. 江泽民文选（第一卷）[M]. 北京：人民出版社，2006.

6. 胡锦涛. 坚定不移沿着中国特色社会主义道路前进为全面建成小康社会而奋斗—在中国共产党第十八次全国代表大会上的报告 [M]. 人民出版社，2012.

7. 习近平. 习近平谈治国理政 [M]. 北京：人民出版社，2017.

8. 十八大以来重要文献选编（上）[M]. 北京：中央文献出版社，2014

9. 中共中央宣传部. 习近平总书记系列重要讲话读本 [M]. 北京：学习出版社，2016.

10. 党的十九大报告辅导读本 [M]. 北京：人民出版社，2017.

11. 中共中央宣传部. 习近平新时代中国特色社会主义思想三十讲 [M]. 北京：学习出版社，2018.

12. 习近平. 在同各界优秀青年代表座谈时的讲话 [N]. 人民日报，2013-05-05-002.

13. 习近平. 青年要自觉践行社会主义核心价值观 [N]. 人民日报，2014-05-05-002.

14. 习近平. 在知识分子、劳动模范、青年代表座谈会上的讲话 [N]. 人民日报，2016-04-30-002.

15. 习近平. 习近平在全国高校思想政治工作会议上强调把思想政治工作

贯穿教育教学全过程 开创我国高等教育事业发展新局面［N］. 中国教育报，2016－12－09－001.

16. 习近平. 在中国政法大学考察时的讲话［N］. 人民日报，2017－5－4－001.

17. 习近平. 习近平在全国教育大会上强调坚持中国特色社会主义教育发展道路 培养德智体美劳全面发展的社会主义建设者和接班人［N］. 中国教育报，2018－09－11－001.

18. 习近平. 新华社习近平同团中央新一届领导班子成员集体谈话［J］. 中国发展观察，2018.

19. 董强. 马克思主义生态观研究［M］. 北京：人民出版社，2015.

20. 习近平. 共谋绿色生活，共建美丽家园——在二〇一九年中国北京世界园艺博览会开幕式上的讲话［N］. 人民日报，2019－04－29－002.

21. 习近平. 习近平在全国生态环境保护大会上强调坚决打好污染防治攻坚战推动生态文明建设迈上新台阶［N］. 人民日报，2018－05－20－001.

22. 习近平. 推动我国生态文明建设迈上新台阶［J］. 求是，2019（3）：4－9.

23. 冯荫民. 勤工俭学的由来及其在国内外的发展［J］. 新疆学院学报，1995（4）：31－35.

24. 张云鹏. 勤工俭学的演变及其概念界定［J］. 辽宁师范大学学报（社科版），1990（1）：32－35.

25. 周明晶. 发展型资助理念下高校贫困生心理扶贫探析［D］. 浙江：浙江大学，2019.

26. 朱晓东. 高校勤工助学现状与改革研究［D］. 江西：江西农业大学，2011.

27. 安国启. 志愿行动在中国［M］. 北京：中央文献出版社，2002.

28. 魏娜. 志愿服务概论［M］. 北京：中国人民大学出版社，2018.

29. 沈杰. 志愿行动：中国社会的探索与践行［M］. 北京：人民出版社，2009.

30. 吕艳艳. 高校贫困生参与志愿服务活动的实践探索——从高校资助工作实现精神育人的角度［J］. 太原城市职业技术学院学报，2017（02）：76－77.

31. 张文智. 新时代大学生志愿服务的问题研究［D］. 长春：东北师范大学，2019.

32. 郑淑杰. 大学生心理健康教育 [M]. 北京：教育科学出版社，2014.

33. 徐亮. 为心灵打开一扇窗——大学生心理健康教育 [M]. 天津：南开大学出版社，2014.

34. 鲁忠义，安莉娟. 大学生心理健康教育 [M]. 北京：教育科学出版社，2015.

35. 郑日昌. 大学生心理诊断 [M]. 济南：山东教育出版社，1999.

36. 郑淑杰. 大学生心理健康教育 [M]. 北京：教育科学出版社，2014.

37. 刘淑伟. 高校贫困学生人际交往障碍、成因及对策研究 [D]. 兰州：兰州大学，2011.

38. 徐晓琴. 社会工作介入高校贫困生人际交往障碍研究 [D]. 兰州：兰州大学，2011.

39. 李小霞. 高校贫困生"人际关系贫困"初探 [J]. 广西青年干部学院学报，2015（01）：32-34.

40. 李雨奎. 高校贫困生择业心理障碍现状及对策分析 [J]. 文教资料，2006（29）：17-18.

41. 李海星. 大学贫困生心理健康状况的调查分析 [J]. 健康心理学杂志，2001（6）：424-425.

42. 陈玲，储昭辉，苏小松. 基于案例的扶志教育在贫困大学生就业中的作用与路径研究 [J]. 六盘山师范学院学报，2019（3）：80-85.

43. 张名艳，张阳. 论精准扶贫视域下高职院校家庭经济困难学生的就业精准帮扶 [J]. 教育与职业，2019（16）：61-65.

44. 曾继平. 贫困大学生就业指导中的思想政治教育研究 [D]. 重庆：西南大学，2012.

45. 宋冰，张维香，熊志忠. 确立主体意识 促进全面发展——马克思人学视角下高校贫困生的成才路径 [J]. 当代青年研究，2008，（12）：82-85.

46. 布鲁斯 R. 巴林杰. 创业管理：成功创建新企业 [M]. 薛红志，等译. 北京：机械工业出版社，2017.

47. 吕森林，申山宏著. 创业从一份商业计划书开始 [M]. 北京：电子工业出版社，2019.

48. 亚历山大·奥斯特瓦德，伊夫·皮尼厄. 商业模式新生代 [M]. 王帅，等译. 北京：机械工业出版社，2015.

49. 季跃东. 创新创业思维拓展与技能训练 [M]. 北京：科学出版社，2016.

50. 李爱国. 大学生生存型创业和机会型创业的行为动机、影响因素及转化对策研究［M］. 北京：经济科学出版社，2017.

51. 侯瑞刚. 大学生就业与创新创业的多维度研究［M］. 北京：中国水利水电出版社，2019.

52. 一凡，辛锋. 如何突破人生的危机：自我教育论［M］. 北京：华夏出版社，1991.

53. 黎春娴. 高校贫困生的社会支持及其对价值观影响的研究［M］. 长春：吉林人民出版社，2018.

54. 李润海，刘书林. 树立正确的成才观［N］. 人民日报，2000－06－13－009.

55. 张耀灿，陈成文，罗洪铁等. 成才不是梦——高校贫困生的今天与未来［M］. 北京：人民出版社，2005.

56. 周翔. 贫困生党员影响力的调查研究［J］. 消费导刊，2011（4）：144.

57. 李丽敏，刘晓玲. 发挥学生党员在高校"精准资助"中的先锋作用［J］. 科教导刊，2017（12）：49－50.

58. 杜婉婕. 学生党支部服务理念视域下精准扶贫工作长效机制研究［J］. 科技资讯，2020（3）：216－217.

59. 李沛武，范天森. 交往理论视域下基层党建引领高校资助育人的实践［J］. 金华职业技术学院学报，2014（2）：66－69.

60. 张婕，卞西春. 关于搭建高校家庭经济困难学生志愿服务平台的思考［J］. 黑龙江教育（高教研究与评估版），2018（2）：82－84.

61. 张涛. 大数据时代高校精准资助新模式初探［J］. 科教导刊，2017（11）：31－32.

62. 米燕燕. 高校家庭经济困难学生学习状况与帮扶措施——以徐州医学院药学院为例［J］. 武汉冶金管理干部学院学报，2014（4）：46－49.

63. 崔源，薛媛. 高校家庭经济困难学生精准资助体系构建研究［J］. 改革与开放，2017（8）：101－102.

64. 贾涛，孟莉，翟天赐. 家庭经济困难大学生心理健康状况与心理帮扶体系研究［J］. 黄山学院学报，2018（1）：101－104.

65. 白露，顾晓涛，吕庆涛. 构建全程化、多维度高校贫困大学生资助工作体系路径探析［J］. 辽宁经济，2014（10）：82－83.

66. 李佳蓉. 高校家庭经济困难学生的思想教育路径［J］. 西部素质教育，2020（7）：27－28.

# 后　记


## 听，花开的声音

　　"每一次，都在徘徊孤单中坚强；每一次，就算很受伤也不闪泪光；我知道，我一直有双隐形的翅膀，带我飞，给我希望……"每当听到这首《隐形的翅膀》熟悉的旋律，笔者总会联想到家庭经济困难大学生向上向善，自强不息，勇于攀登的精神风貌。在美丽校园里，和其他大学生一样，他们也有追求，也有梦想。说不一样，其实也一样，一样的青春年华，一样的热血儿郎。面对经济和学业的双重压力，许多同学不等不靠，自强自立，顺利找到了人生的新起点。但也有一部分同学，面对纷繁复杂的社会无所适从，陷入成长误区。贫穷，可能限制对渴望美好的想象；贫穷，可能折断追求理想的翅膀。弱者把贫穷看作阻碍自己发展的绊脚石，强者把贫穷当成激励自己奋进的精神财富。《菜根谭》有云：嚼得菜根，百事可做。王勃在《滕王阁序》中写道：穷且益坚，不坠青云之志。贫穷不可怕，也不可耻，可怕的是对贫穷的态度，可耻的是甘于贫穷的行为。这世间，唯有青春与梦想不可辜负。只有吃得苦中苦，方为人上人。周杰伦在《蜗牛》中唱到："小小的天，有大大的梦想，重重的壳裹着轻轻的仰望，我要一步一步往上爬。"电影《哪吒》有句经典台词："我命由我不由天"。孟子云："天将降大任于斯人也，必先苦其心志，劳其筋骨，饿其体肤，空乏其身，行拂乱其所为，所以动心忍性，增益其所不能。"习近平总书记强调："祖国的青年一代有理想、有追求、有担当，实现中华民族伟大复兴就有源源不断的青春力量。"同学们，命运掌握在自己手里，心若在，梦就在，爱拼才会赢；有梦想就有希望，有梦想就有明天，有梦想就有奇迹；梦就在前方，为了它，你要去闯！希望同学们牢记党和国家对家庭经济困难学生的关心、鼓励和扶持，感恩奋进，砥砺前行，以"越是艰险越向前"的英雄气概和"狭路相逢勇者胜"的斗争精神，正确认识贫困，积极战胜贫困，用勤劳的双手创造美好新生活。

　　寒门出贵子，家贫子读书。常言道，穷人的孩子早当家。一滴水就是一片海洋，一个孩子就是一个世界。家庭经济困难学生成长成才需要更多的爱心汇聚，高校资助育人工作任重而道远。可能很多人对 20 世纪 90 年代"希望工程"宣传画上，那位充满求知渴望的大眼睛女孩，印象依旧深刻。有爱就有温暖，有爱就有希望。2017 年 2 月，中共中央、国务院印发《关于加强和改进新形势下高校思想政治工作的意见》强调，要"坚持全员全过程全方位育人"。教育部党组下发的《高校思想政治工作质量提升工程实施纲要》指出，要以立德树人为根本，以理想信念教育为核心，以社会主义核心价值观为引领，以全面提高人才培养能力为关键，形成全员全过程全方位育人格局，切实提高工作亲和力和针对性，构建"十大育人"体系，资助育人是其中的重要组成部分。

　　教育扶贫是我国扶贫战略中的重要组成部分，资助工作是一项系统工程、希望工程和民心工程，需要引起各级政府、高校、社会的高度重视，齐抓共管，形成合力，帮助同学们扬起青春的风帆，激励他们思想上自信，学习上自觉，交往上自主，生活上自立，发展上自强，帮助他们按时毕业、顺利就业和勇于创业，开拓进取，努力实现人生价值，把他们和其他大学生一样，培养成为堪当民族复兴大任的时代新人。课题组围绕立德树人任务，对我国高校家庭经济困难学生资助工作的成绩、经验进行回顾，对问题进行梳理，就高校家庭经济困难学生这一特殊群体成长成才的理论基础、遵循原则、主要内容和具体问题进行深入剖析，对特色做法进行归纳总结，将日常工作经验上升到理论层面，为高校家庭经济困难学生健康成长提供方法路径，为助力脱贫攻坚贡献高校力量，为促进全面小康贡献高校智慧，是一件有意义和有价值的事情。

　　滚滚长江东逝水，浪花淘尽英雄。我的家在长江边，我们的学校在三峡库区。校园层次分明，布局错落有致，景色四季迷人。我们与三峡有缘，与三峡有情，和三峡同行。长江三峡地区，山高坡陡，沟壑纵横。在远离省会中心城市的经济不发达地区办学，学校家庭经济困难学生比例较高，资助工作压力较大。学校立足三峡，服务重庆，放眼世界，坚持用红岩精神和三峡移民精神教育学生，依托独特的山地校园开展重庆市大学生校园马拉松接力总决赛、全国高校大学生迷你马拉松重庆三峡学院站暨师生全民健身活动，培养学生"三峡人"爱国奉献，吃苦耐劳，诚实守信，开拓开放的特质，鼓励学生积极投身"一带一路"和成渝地区双城经济圈建设，取得了良好的资助育人效果。

　　本书为重庆市教委重大教学改革项目"精准扶贫视野下高校贫困生创新创业教育'双循环'体系的构建与实践"（编号：191024）和重庆市高教学会重

点项目"高校引领基础教育美育实验改革研究"（编号：CQGJ19A21）的阶段性成果。课题组深入学习贯彻习近平新时代中国特色社会主义思想，深刻体会习近平总书记关于扶贫工作、教育工作和青年成才的重要论述，结合长期从事教育教学和就业创业指导的工作实践，围绕高校家庭经济困难学生成长成才这一主线，从思想引领、学习方法、人际交往、志愿服务、勤工俭学、就业创业、绿色教育等十个方面展开论述。参加本书撰写的有：杨华（第一章），刘健（第二章），蔡贞（第三章），刘亚兰（第四章），向春荣（第五章），袁颖（第六章），曾继平、林辉春（第七章），张尚民、胡秀忠（第八章），任江林（第九章、第十章）。臧小林负责项目组的领导、组织、协调、框架设计及全书的统筹工作。

本书撰写过程中，恰逢新冠病毒肆虐。党和国家领导人高度重视，全国人民众志成城，用爱、奉献、责任和担当谱写了一曲最美的抗疫赞歌，见证了伟大的中国精神与强大的中国力量。抗疫和战贫两个战场，都是硬仗。全国人民抗疫不松劲，战贫不停步；战"疫"战"贫"都要赢，2020一定行！

本书在编写过程中引用了许多专家、学者的研究成果和资料，在此一并表示感谢。由于水平有限，错误在所难免，请专家同行批评指正。本书在撰写和出版过程中，得到了四川大学出版社和重庆三峡学院相关单位的大力支持，在此表示诚挚的谢意。

这里的山路十八弯，这里的水路九连环，百里三峡美如画，高峡平湖世界殊。我们将继续在三峡这片热土上耕耘，在高等教育改革的大潮中踏浪前行。

期待所有梦想都开花，祝愿每位同学都成才。我听见花开的声音，那是同学们在祖国的万里长空放飞青春梦想，那是同学们在拼搏奉献中绽放美丽人生！再过二十年，我们再相会，那时的天，那时的地，那时祖国一定会更美！

臧小林

2020 年 6 月 15 日